사회복지를 위한

사회문제론

Social Problems

사회복지를 위한

사회문제론

Social Problems

김치영

정현태 · 오윤수 · 이은정

파워북

머리말

사회문제론을 출간하면서……

온 지구가 미국 발 금융위기에서 촉발된 경제침체로 몸살을 앓고 있다. 가히 온 지구적인 현상이다. 이제 더 이상 독야청청이란 존재할 수 없다. 개인이 홀로 존재하는 것이 아니라 무리를 이루어 사회를 이루듯이 국가도 홀로 존재하는 것이 아니라 지구라는 전체로 살아가고 있다.

사회문제가 개인의 문제가 아닌 것은 직접적으로 관계가 없을 것 같은 나 자신이 잠재적 대상자라는 특징 때문이다. 현대사회가 사회문제를 양산하고 있다고 느낄 때마다 잠재적이 아닌 현실적인 두려움이 다가 온다. 혹시 저 문제가 나에게도 현실화되지 않을까 하는 두려움. 하지만 우리 저자가 사회복지전문가라는 것이 다행이다.

사회복지가 사회문제에 대한 공동체적인 대처이기 때문이다. 현대사회에서 양산되는 사회문제를 우리 사회복지사가 제대로 인식하고 해결책을 찾아보기 위해 이 책을 저술하게 되었다.

사회문제에 대한 책이 부족해 사회문제를 해결하지 못하는 것은 아니지만 사회복지를 공부하는 학생들에게 사회문제에 대한 시각과 해결에 대한 실마리를 조금이라도 더 줄 수 있기를 바라는 마음이다.

본 교재는 총 5부로 구성되어 있다.

제1부는 서론 격으로 사회문제의 정의 및 사회문제에의 접근(제1장)을 다룬다. 제2부는 사회문제 중 사회적 불평등과 빈곤문제를 다룬다.

제2부는 빈곤문제(제2장), 여성빈곤 문제(제3장), 노동문제(제4장), 불평등문제(제5장), 교육문제(제6장)로 구성되어 있다.

제3부는 사회적 일탈과 부적응문제를 다룬다. 제3부는 범죄문제(제7장), 성 범죄문제(제8장), 정신건강과 약물남용문제(제9장)로 구성되어 있다.

제4부는 사회해체와 사회변화문제를 다룬다. 제4부는 가족문제(제10장), 정보화문제(제11장), 다문화문제(제12장), 환경위기와 환경문제(제13장), 인권문제(제14장)로 구성되어 있다.

제5부는 맺음말로 현대사회문제와 사회복지(제15장)를 다룬다.

제1장과 제15장을 제외한 모든 장은 들어가기, 개념, 원인과 배경, 현황, 이론적 접근, 해결대책, 사회복지적 측면(개입) 그리고 생각할 거리로 나누어져 있다.

제5장 교육문제를 예로 들면, 들어가기에서는 교육문제를 다루기 위한 간단한 설명을 한다. 개념에서는 교육문제에 대한 개념을 설명하며, 현황은 우리나라 교육의 문제점을 보여준다. 이론적 접근은 사회학 이론 즉, 기능주의 이론, 갈등주의 이론, 상호작용주의 이론을 통해 교육문제에 대한 접근을 시도한다.

이 부분이 본 저서가 다른 저서와 구별되는 특징 중 하나이다. 그 다음 해결방안에서는 교육문제 해결을 위한 여러 방법을 제시한다. 사회복지적 측면은 교육문제해결을 위한 사회복지 측면에서의 대책과 노력에 대해 서술한다. 그리고 마지막으로 교육문제에 대해 생각해 볼거리와 논의할 주제를 제시하였다.

인간이 존재하는 한 욕심도 함께 할 것이고, 욕심이 있는 한 인간 사이의 문제는 계속될 것이다. 사회문제가 없는 사회를 생각한다는 것은 어리석은 일이지만 사회문제가 갈수록 적어지는, 심각성이 약해지는 사회를 꿈꾸는 것은 당연하다. 아니 사회복지를 공부하는 사람에게는 책임이고 의무이다. 우리들의 자식 세대에는 지금보다 나아진 사회를 물려주기 위해 분투하는 어느 정도는 어리석은 몇 사람들이 유토피아를 상상하며 교재를 낸다.

2009년 5월

안정된 삶을 바라며……

저자 일동

제3부 사회적 일탈과 부적응문제

제4부 사회해체와 사회변화문제

제5부 변화하는 세상

제1부

사회문제에 대한 이해

제1장 사회문제 이론

제 1 장

사회문제 이론 – 패러다임 접근

학습목표

1. 사회문제 개념 습득
2. 사회문제가 나타나는 사회현상
3. 사회문제에 대한 이론적 관점

인간은 살아가면서 끊임없이 이런 저런 '문제'에 부딪친다. 자녀문제, 배우자 문제, 노부모 봉양문제, 대학진학문제, 돈문제 등 수 많은 문제들이 우리를 괴롭힌다. 동시에 신문이나 방송을 보면 교통사고나 화재, 가스폭발사고, 2001년 9월 11일 미국 뉴욕이나 2008년 11월 27일 인도 뭄바이에서 있었던 테러 등 대형 참사가 우리를 불안하게 한다. 그뿐 아니라 자살의 증가와 청소년 비행문제, 노인이나 장애인, 아동 등 약자에 대한 학대문제, 깊어만 가는 경제적 불평등과 빈곤문제 등이 우리를 우울하게 한다. 더군다나 근래에 와서는 환경오염문제, 광우병이나 중국산 저질 싸구려 식품에 의한 먹거리 문제, 인터넷 등 정보통신수단을 통해 벌어지는 문제 등 새로운 사회문제가 풍요해진 사회의 그림자인 양 깊이 드리우고 있다.

사람이 살아가는 사회에서 문제가 없었던 적은 없었고, 새로운 시대에서는 새 사회문제가 발생하여 왔다. 수천 년 전의 점토판에서도 요즘 젊은이들의 행실을 보면 말세가 왔다는 글이 발견되는 것을 보면 인간의 역사에서 사회문제는 당연히 존재하는 것처럼 보인다. 경제가 발전하여 절대적인 삶의 수준은 여유로워지고, 대학교육이 일반화되어 교육수준이 높아지고, 학문과 이론의 정교해짐에 따라 지식과 정보는 넘쳐나고, 과학과 기술의 발전으로 편리하고 편안한 생활을 영위하지만 현재도 사회문제는 줄어들 기미를 보이지 않고 가까운 미래에도 사회문제가 쉽게 해결될 것 같지 않다.

그렇다면 이처럼 우리 삶의 뒷면인 양 자리 잡고 있는 사회문제란 무엇인가? 사회문제는 왜 발생하고, 어떻게 유형화할 수 있는지 그리고 사회문제를 보는 이론들에는 어떤 것이 있는지 알아보자. 사회문제를 해결하기 위해 어떤 처방을 하고 있는지 살펴보자.

1. 사회문제의 정의와 분류

1) 정의 및 특성

일반적으로 위에서 언급한 어떤 한 개인이 겪는 자녀문제나 노부모문제, 대학진학문제 등을 사회문제라고 하지 않는다. 사회문제란 이와는 다른 어떤 개념범주를 가지고 있다.[1] 그것은 어떤 한 사회에서 문제라고 판단하고 인정하는 현상을 가리킨다. 하지만 사회문제에 대한 개념정의는 그리 간단하지 않다. 이 말은 우선 사회와 문제라는 두 개의 추상적인 개념의 복합어라는 면에서 정의가 어렵고, 어떤 현상을 한 사회의 문제로 볼 것이냐는 객관적인 측면과 주관적인 측면의 요소들을 고려한 판단으로 결정되며, 이런 판단은 결국 판단자 개개인의 주관성을 배제하기 어렵기 때문에 합의적인 정의에 도달하기 어렵다(Merton & Nisbet, 1971: 1; Henslin, 1990: 4~5; 최성재, 1995: 23 재인용).

2008년 9월 이후 실시된 경찰의 대대적인 성매매 단속에 윤락업소가 문을 닫고 윤락업에 종사하던 여성들이 목숨을 끊는 자살 사건이 일어났다. 많은 사람들은, 성매매는 사회문제의 하나이고, 이를 금지하는 법이 있으니 당연히 단속을 하고 성매매를 하는 사람들을 처벌하여야 한다고 말한다. 하지만 적지 않은 사람이 실제적인 이유를 들어 성매매를 금지하는 것은 비현실적이라고 말한다. 단속과 처벌이 심해지면 음성화되고 이는

1. 이런 차이를 이해하는 데 미국의 진보적인 사회학자 C. W. Mills(1977: 14~17; 원석조, 2001: 14~15에서 재인용)의 견해가 유용한 단초를 제공한다. 그는 문제를 개인적 곤란(private troubles)과 공적 쟁점(public issues)로 구분한다. 개인적 곤란이란 개인의 성격 때문에 야기되거나 그를 둘러싼 가까운 주변 사람들과의 관계(사회생활의 제한된 영역)에서 발생하는 사적인 문제를 말한다. 반면 공적 쟁점은 사적인 문제의 차원을 넘어 사회 전체 또는 사회구조에 관련된 문제이다. 실업이 좋은 예인데, 적정 실업율의 상황에서 어떤 사람의 실업은 개인의 문제이다. 하지만 경제 상황에 의해 대량 실업이 일어나면 그것은 공적 문제가 된다. 이는 개인의 차원을 넘어 사회의 기회구조가 붕괴되기 때문이다.

성매매 특별법 시행으로 경찰이 대대적인 성매매 단속에 나선 가운데 윤락업소에서 일하는 20대 여성이 단속을 원망하는 유서를 남기고 자살을 기도했다.

지난달 29일 오후 8시쯤 서울 성북구 하월곡동 속칭 '미아리 텍사스'의 한 업소 3층 방 안에서 종업원 A모씨(여, 24세)가 다량의 알약과 술 등을 먹고 쓰러져 있는 것을 업주 김모씨(여, 61세)가 발견해 인근 병원으로 옮겼다.

A씨 방에선 '공창을 인정해 달라', '당신들 정치 싸움 때문에 난 25살 나이에 죽는다', '우릴 희생양으로 삼지 말라' 등의 내용이 담긴 수첩 5쪽 분량의 유서가 발견됐다.

A씨는 유서에서 "당신들 딸들처럼 좋은 아버지, 좋은 엄마(를 두고), 좋은 환경에서 태어났다면 이 먼 곳에 돈이 필요해서 안 왔을 것"이라고 세상을 비관한 뒤 "당신들은 얼마나 자기주의적인지 알아야 한다"고 적었다.

A씨는 다행히 생명엔 지장이 없는 것으로 알려졌으며, 경찰은 A씨가 회복하는 대로 정확한 자살기도 동기와 경위 등을 조사할 계획이다.

사회에 더 큰 해를 가져온다는 것이다. 성매매에 종사했던 사람들은 아무런 후속조치 없이 무조건 단속과 처벌만 하면 어떻게 하느냐며 생존권에 호소한다. 그들은 매춘도 하나의 직업으로 인정하고 일정한 지역을 성매매를 위한 곳으로 지정해 달라고 요구한다. 매춘의 역사가 인류의 역사와 궤를 같이 하고, 2000여년 만에 세상에 드러난 폼페이의 유적에서도 윤락업소 표시가 발견될 정도로 뿌리 깊은 것이지만 그것은 하나의 사회문제이고 어떤 방식으로든지 해결해야 할 숙제이다. 그러나 사람들의 입장에 따라 다른 방식으로 성매매라는 사회문제를 바라본다. 성매매 자체가 사회문제라고 생각하는 사람도 있다. 이들은 성매매는 없어져야 하고, 이를 위해 성매매업소와 그에 종사하는 사람, 이룽 이용하는 사람들에 대한 단속과 업소 폐지가 사회문제를 해결하는 방법이라고 생각한다. 반면 성매매의 현실은 인정할 수밖에 없다는 사람들은, 성매매 자체는 사회문제가 아니고 미성년자들의 이용이나 그들에 대한 비교육적인 영향, 성매매업소의 탈세, 성매매 여성에 대한 인권유린, 성병이나 AIDS 등 건강문제가 사회문제라는 것이다. 그렇기에 이들은 성매매에 대한 단속과 처벌보다는 성매매로 인한 부정적인 면을 없애는 것이 성매매라는 사회문제를 해결하는 것이라고 주장한다. 여하튼 두 부류의 사람 모두 자신의 주장이 사회 전체를 위한 것이라고 생각한다. 이처럼 사회문제를 바라보는 시각과 그 해법은 상당히 주관성이 개입되기에 사회문제에 대한 정의는 공통된 합의점을 찾는 것이 쉽지 않다.

비록 다양한 의견이 있지만 사회문제를 정의하기 위한 기본적인 요소를 Horton과 Leslie(1955: 4; 원석조, 2001: 13에서 재인용)의 견해를 통해 알아보자. 사회문제는 첫째, 사회에 기원을 두고 있다. 인간에 의해 야기되고 인간이 피해를 보는 것을 사회문제라 한다. 그러므로 홍수나 태풍, 지진 등 자연재해를 사회문제라 하지 않는다.

둘째, 사회적 규정이다. 누군가에 의해 문제로 규정되어야 한다. 알려지지 않은 것은 사회문제일 수 없다. 현대사회에서 사회문제를 이슈화하는 역할은 언론이나 지식인, 사회단체 그리고 사회복지사의 몫이라 할 수 있다.

셋째, 사회적 조치이다. 어떤 문제가 사회문제라고 규정된다는 것은 어떤 식으로든 해결되어야 한다는 것을 뜻한다. 문제가 해결될 필요가 없다고 생각하거나 그 사회가 아무리 노력하여도 해결할 수 없는 것은 사회문제일 수 없다. 예를 들면 1970년대 이전의 교육불평등은 현재보다 더욱 심하였다. 하지만 그 당시에는 그것이 사회문제가 아니었다. 어차피 대다수의 사람이 대학교육을 받을 수 없는 빈곤한 상태였고, 교육 인프라가 이루어지지 않은 상태에서 해결될 수 있는 문제도 아니었기 때문이다. 하지만 현재는 모든 이에게 형식적인 교육의 기회가 열려 있고 교육의 중요성이 더욱 커졌지만 실질적인 교육기회에의 접근 불평등이 존재하고 사람들이 이를 심각하게 느끼기에 사회문제로 인식되고 있다.

사회문제라는 개념에 대한 학자들의 견해는 〈표1-1〉과 같이 다양하다. 최성재(1995: 25~27)는 이들 학자들이 정의하는 개념들의 공통적이고 중요한 요소들을 찾아 다음과 같이 사회문제를 정의한다.

사회문제는 어떤 사회적 현상이 ① 사회적 가치(또는 규범)에서 벗어나고, ② 상당수의 사람들이 그 현상으로 인하여 부정적인 영향을 받고 있으며, ③ 그 원인이 사회적인 것이며, ④ 다수의 사람들이나 영향력 있는 일부의 사람들이 문제로 판단하고 있고, ⑤ 사회가 그 개선을 원하고 있고, ⑥ 개선을 위하여 집단적 사회적 행동이 요청되는 것이다.

구체적으로 인터넷 중독을 예로 들어 보자. 인터넷의 발달과 이에 대한 올바른 사용은 인간의 삶을 편리하고 경제적인 유용성을 가져다준다. 하지만 인터넷에 중독되면 현실의 삶에 소홀해진다. 직장이나 사회생활을 소홀히 함으로써 가장의 역할에 문제가 생기며 청소년은 학업이나 학교생활에 소홀하게 된다. 이는 건전한 사회생활을 이루어야 하는 사회적 가치에서 멀어지는 것이다. 이로 인해 가족이나 친구 등 주위의 사람들이 어려움을 겪게 된다. 인터넷 중독이 사회적 원인에 의한 것이라고 할 수 있다. 지금까지 정부가 추진해 온 국가 정보화 사업과 인터넷 교육 등은 인터넷 보급과 이용의 양적 확산과 정보 및 오락물 또는 상업 거래의 소비적인 측면만을 일방적으로 강조하여 왔다. 무조건적인 이용과 소비만이 강조되어진 편향적인 국가정보화 정책이 인터넷 중독에 대해 무감각하게 만들거나 또는 매우 관용적으로 만든 경향이 있다. 이에 많은 사람들과 전문가들이 인터넷 중독에 의한 부정적인 요소를 사회문제로 생각하고 그 개선을 요구하고 있다.

사회문제는 사회 가치관이나 윤리의식, 시대와 사회 환경 등의 변화에 따라 영향을 받는다. 예를 들어 인종문제는 19세기까지 서양에서 사회문제가 아니었다. 다만 뜻있는 사람이 제기하는 인권문제였으며 노동력을 싸게 공급받기 위한 경제문제였다. 많은 사람들은 백인과 흑인은 '다른' 인간이고 차별받는 것을 당연한 것으로 여겼다. 하지만 20세기 들어 인종문제가 심각한 사회문제로 인식되었다. 미국의 경우 1960년대 흑인인권가인 마틴 루터 킹이나 말콤 엑스 등에 의해 진정한 의미의 사회문제화 되었다. 그리고 2008년 비록 흑백 혼혈이지만 최초의 '흑인' 대통령이 당선되었다. 한국의 경우 다인종사회가 아니었기에 인종문제라는 것이 없었다. 하지만 2000년 전후 동남아를 비롯한 많은 외국인들이 노동이나 결혼 등의 이유로 입국하여 적지 않은 수를 이루자 사회문제화 되고 있다. 이처럼 사회문제는 고정된 것이 아니고 사회를 이루는 사람들의 가치관에 따라, 환경과 시대의 변화에 따라 달라지고 다르게 정의된다(〈표1-1〉 참조).

〈표1-1〉 사회문제에 대한 여러 학자들의 정의

학자	사회문제에 대한 정의
Merton & Nisbet(1971: 1)	"사회질서의 상당부분이 일반적으로 받아들여지고 있는 하나 또는 그 이상의 규범을 위배하고 있다고 간주되는 행동양식"
Perry & Perry(1976: 4~5)	"사회의 상당수의 사람들이 그들의 가치와 윤리기준에 의하여 사회질서를 위협한다고 판단하고 사회적 행동으로 그 개선이 가능하다고 생각하는 현상"
Etzioni(1976: 34)	"사회적으로 형성되며 사람들이 문제로 인식하고 사회가 그 상태의 개선을 바라는 사회적 상태"
Shepard & Voss(1978: 1)	"한 사회의 다수의 사람 또는 일부의 영향력 있는 사람들에 의하여 바람직스럽지 못한 것이라고 생각되어 주의를 요하게 되는 사회적 상황"
Sullivan et al.(1980: 10)	"사회의 한 영향력 있는 집단이 어떤 사회적 상태에 대하여 사회의 가치를 위협하고 있고 집단적 행동으로 개선이 가능하다고 인식하는 것"
Rubington & Weinberg(1981: 4)	"사회의 다수의 사람들의 가치와 양립할 수 없는 상태로서 그 다수의 사람들이 그러한 상태를 변화시키기를 동의하는 상태"

Kornblum & Julian(1992:3)	“삶의 질과 사회의 가치를 위협하는 상태로서 그것을 개선하기 위하여 무엇인가를 해야 한다고 사회의 대부분의 사람들이 동의하는 것”
Henslin(1990: 4)	“사람들이 관심을 가지고 있고 변화되기를 원하는 사회의 한 측면”
Eitzen & Zinn(1992: 2)	“다수의 관찰자들이 부적합하고 개선이 필요하다고 느끼는 사회적 상황”
Lauer(1992: 33)	“어떤 조건이나 행동유형이 ① 다른 조건이나 행동유형과 모순되고 바람직한 삶의 질과 양립할 수 없으며 ② 사회생활의 여러 다른 수준에서 작용하는 요소들에 의하여 야기되거나 촉진되거나 계속되고 ③ 집단 간의 갈등에 관계되며 ④ 그 해결을 위해 사회행동이 필요한 것”

출처: 최성재(1995: 23~24)에서 재작성.

2) 분류

사회문제는 다양한 모습을 갖고 있으므로 사회문제를 이해하기 위해서는 사회문제에 대한 적절한 유형분류가 요구된다. 하지만 사회문제에 대한 정의가 학자마다 다르듯이 사회문제에 대한 분류도 학자에 따라 다양하다(〈표1-2〉 참조).

본 저서에서는 사회문제를 다음과 같이 분류하기로 한다.

첫째, 사회적 불평등 및 빈곤문제이다. 이는 사회의 구조적 원인에 의해 발생하는 사회 구성원 간의 불평등과 빈곤현상을 말한다. 자본주의가 발전해 나가고 세계화와 그에 따른 경쟁체제가 강화될수록 나라 간에 그리고 한 나라 안에서도 계층 간에 불평등과 빈곤이 심화되어 가고 있다. 첫 번째 유형에 속하는 문제들로는 빈곤, 노동, 불평등, 교육 등이 있다.

둘째, 사회적 일탈행위 또는 사회에의 부적응 문제이다. 사회적 존재인 인간은 개인의 신체적, 심리적 또는 사회문화적인 이유로 사회에 적응하지 못하거나 그로 인해 사회적 일탈행위를 하는 개인이 존재해 왔다. 물론 현대에는 이런 문제가 보다 심해지는 경향을 보인다. 두 번째 유형에 속하는 문제들로는 범죄, 정신건강, 알코올 및 약물중독, 성(性)범죄 등이 있다.

셋째, 사회해체 또는 사회변화이다. 과학기술과 정보의 발달은 산업화로 시작된 전통적인 가치관이나 사회구조의 변화를 급속도로 진행시키고 있다. 이런 변화에 따른 구체적인 문제로는 정보화, 다양한 가족문제, 환경, 다문화, 인권 등이 있다.

이런 구분은 연구와 공부의 필요성을 위한 것이고, 강조된 부분의 차이이지 명확하고 분명하게 구별되는 분류가 아니다. 예를 들면 교육은 사회변동의 문제이면서 동시에 불평등의 문제이다. 교육기회의 확대나 교육수준의 증대는 경제력이 좋아지고 사회가 필요로 하는 기술력이 증대한 측면이란 의미에서 사회변동 문제이지만, 근래에 보여지는 공교육의 무력화와 사교육의 강화는 부모의 경제적 사회적 지위나 능력에 따라 자녀의 교육기회의 차이와 질 좋은 교육에의 접근 가능성의 차이를 가져오고 있다. 그 결과 사회적 계층의 고착화와 '빈곤의 대물림' 문제가 발생하고 있다. 이런 의미에서 현재는 교육문제를 사회적 불평등 문제로 다루는 것이 보다 타당하다고 할 수 있다. 다른 많은 문제들도 서로 영역을 넘나들고 있다.

〈표1-2〉 학자에 따른 사회문제의 분류

학자명	분류	세부 사회문제
Merton & Nisbet(1971)	사회해체문제	인구, 인종, 가족, 노동, 교통, 빈곤, 지역, 사회해체 및 갈등
	일탈행위문제	정신장애, 범죄 및 청소년비행, 약물중독, 자살, 성문제
Henslin(1990)	사회적 일탈행위	성적 일탈행위, 알코올 및 약물중독, 강간, 살인, 범죄
	사회적 불평등	부와 빈곤, 인종차별, 신체 및 정신건강
	사회변화 및 거대문제	가족변화, 도시문제, 인구 및 식량문제, 환경문제, 전쟁, 테러
Schneider et al., 권오훈 역(1992)	비극으로서의 사회문제	정신질환, 자살, 알코올중독
	부정으로서의 사회문제	인종차별, 빈곤, 성차별
	위협으로서의 사회문제	범죄, 인구폭발
	추행으로서의 사회문제	집단살인, 집단자살
	고압적, 간섭으로서의 사회문제	낙태, 안락사
	예측된 결함으로서의 사회문제	관료주의, 공모된 부도덕
고영복 편(1991)	사회구조적 문제	도시, 노사, 빈곤, 범죄
	가족과 세대문제	가족, 여성, 청소년, 노인
	삶의 질의 문제	환경, 인구, 보건의료, 여가
	한국적 특수문제	부정부패, 지역감정과 지역문제, 학력주의와 학력경쟁 등
김영모(1982; 2000)	일탈(반사회적 행위)	범죄, 비행, 약물중독, 자살, 인종문제

	불평등(사회제도의 모순에 의한 구조적 문제)	빈곤, 실업, 폭력, 노사갈등, 지역감정
	사회해체	결손가정, 이혼, 사별, 홍등가, 빈민촌
최일섭 · 최성재 공편(1995)	사회변동 · 사회해체 문제	가족문제, 환경문제, 노인문제
	사회적 불평등 문제	빈곤문제, 성차별문제, 노사문제
	사회적 일탈문제	청소년비행 문제, 범죄문제, 성폭력문제, 약물중독문제, 정신건강문제

출처: 각 학자들의 저서를 통해 분류(Merton & Nisbet은 김대원 외, 2004: 23 참조).

2. 사회문제의 접근 방법

사회문제를 이해하고 이에 대한 해결책을 찾는 데는 여러 가지 제도적 학문적 접근방법이 있을 수 있다. 여기서는 사회과학 이외의 접근방법과 사회과학적 접근방법으로 나누어 보기로 한다. 사회과학 이외의 접근방법은 일반적으로 논리적이고 실증적이라기보다는 주관적이고 윤리적 당위성에 의존하며 가치지향적인 경향이 있다. 반면 사회과학적 접근방법은 객관성과 사실에 근거를 두고 사회문제를 이해하고 그 원인을 설명하는 시각을 취한다. 해결방법도 이런 원인과의 관계에 근거하여 찾는다.

1) 사회과학 이외의 접근방법[2]

(1) 종교적 접근방법

종교는 많은 곳에서 중요한 사회규범으로 작용하고 있다.[3] 종교적 관점에서 사회문제는 신이 내린 도덕적 및 윤리적 계명의 위배이자 죄로 간주되며 그 문제는 신에 대한 개인적 또는 집단적 기도와 참회 또는 고행으로 용서 받아 해결할 수 있다고 믿는다.

---

2. 일부 무슬림의 경우 테러를 성전(聖戰)으로 생각하여 자신의 생명과 타인의 생명에 침해를 가한다. 최일섭 · 최성재(1995: 31~33)를 참조.
3. 일부 과격 무슬림의 경우 테러를 성전(聖戰)으로 생각하여 자신의 생명과 타인의 생명에 침해를 가한다.

(2) 법률적 접근방법

법률적 접근에 의하면 사회문제는 법규의 위반이다. 법규위반자에 대한 체포, 고발, 처벌이 문제를 해결하는 방법이다. 현대에서는 처벌보다는 치료와 재발 방지에 노력하는 경향이 있다.

(3) 저널리즘적 접근방법

대중매체가 현대사회의 사람들에게 미치는 영향은 지대하다.[4] 저널리즘적 접근방법은 일차적으로 대중들에게 법규범이나 도덕규범의 위반을 널리 알려 그들에게 충격을 주거나 수치스럽게 하는 것이다. 이런 저널리즘적 접근 방법의 일차적 목적은 사회문제의 폭로이고 이를 통해 사회문제의 이해, 예방, 해결, 관련자 처벌 등의 이차적 목적을 이룰 수 있다.

(4) 문학 · 예술적 접근방법

문학이나 예술은 사회와 개인에게 커다란 영향을 미친다. 문학 · 예술적 접근은 사회적 현실을 작가의 시각으로 서술하거나 비판함으로써 대중으로 하여금 사회문제를 간접적으로 경험하고 이해하도록 하고 경우에 따라서는 해결책을 제시하기도 한다.[5]

2) 사회과학적 접근방법[6]

사회문제를 과학적으로 연구하기 시작한 것은 19세기부터이다. 산업혁명과 자본주의의 발달과 그로 인한 사회적 혼란과 모순은 사회문제를 만들어냈다. 이에 사회문제에 대

---

4. 2008년 10월에 있은 고 최진실씨의 자살은 적지 않은 사회적 파장을 낳았고, 많은 모방자살을 가져왔다. 이후 소위 '최진실 법'이란 것을 만들어 사이버 상의 언어폭력인 '악플'에 대한 제재를 하자는 논란을 가져왔다.
5. 지난 2005년 출판된 공지영의 소설 『우리들의 행복한 시간』('우행시')은 출판 1년 만에 40만 부 이상이 팔린 베스트셀러이고, 2006년 영화로도 제작되었으며 '우행시'라는 유행어도 만들었다. 이를 통해 많은 사람들이 사형제도에 대해 관심을 갖고 생각해 보는 계기가 되었다.
6. 이 항목은 원석조(2001: 21~29)에서 큰 도움을 받았다.

한 과학적 연구 즉, 사회학이 등장하였고 이를 통해 사회적 혼란과 모순을 극복할 수 있기를 바랐다(김대원 외, 2004: 24). 사회문제를 바라보는 관점(perspectives)은 역사적 발전 단계를 거치면서 다양하게 전개되어 왔다.

(1) 사회병리론적 관점

사회문제를 사회과학적 입장에서 연구한 최초의 이론이 사회병리이론이다. 이 관점은 일종의 도덕주의적 관점이라고 할 수 있는 데 사회문제의 원인을 개인의 도덕성에서 찾기 때문이다. 사회병리론은 사회를 유기체로 바라보며 사회문제는 사회라는 유기체가 병이 든 상태로 파악한다. 병든 부위는 제거해야 하듯이, 병든 사람은 격리되어야 하듯이 사회문제의 해결도 범죄자를 사회로부터 격리시키거나 생물학적 단절을 위해 우생학의 적용이 필요하다고 본다.

(2) 사회해체론적 관점

1910년대 이후 사회문제의 규모가 커짐에 따라 사회병리학적 관점에서의 접근의 한계가 드러났다. 이에 사회문제를 보다 객관적이고 가치중립적으로 바라보는 시각이 받아 들여져 사회해체론이 등장하였다.

사회해체적 관점은 사회문제를 개인의 행위가 아니라 사회구조와 연결해 파악하였다. 사회해체를 최초로 정의한 사람은 Thomas와 Znaniecki이다. 이들에 의하면 사회해체에는 무규범, 문화적 갈등, 붕괴의 세 가지 형태가 있다. 무규범은 행위의 기준이 존재하지 않는 것을 말하며, 문화적 갈등은 두 개 이상의 대립되는 규칙이 존재하여 한 가지 규칙을 어기지 않을 수 없는 상태를 말한다. 붕괴는 규칙을 지키더라도 약속된 보상을 받지 못하거나 오히려 제재를 받는 것이다. 이런 규칙의 해체는 개인의 행동에 대한 규제력을 약화시키며, 범죄와 비행 등 사회문제는 개인에 대한 사회적 규제력의 약화로 일어난다.

사회해체론적 관점은 사회를 상호의존적인 각 부분들의 합체로 본다. 사회문제는 이 부분-전체의 관계에 문제가 생겼음을 의미한다. 부분－전체 관계의 혼란은 사회적 규칙을 파괴하여 예측 불가능성, 무질서, 좌절, 불만, 방향감각의 상실, 삶의 무의미 등과 같은 사회해체를 야기한다.

(3) 가치갈등론적 관점

가치갈등론은 사회문제를 계급별, 인종별, 성별 등 어떤 특정한 집단의 입장에서 규정해야 한다고 말한다. 가치갈등론자(L. Frank, W. Waller, R. Fuller, R. M. Myers)들은 사회문제를 가치들 간의 상호 충돌 또는 불일치로 이해한다. 사람은 자신이 속한 집단의 가치를 갖기에 객관적인 입장이란 있을 수 없다. 이처럼 사회의 다양한 집단은 서로 다른 이익을 갖고 서로 적대적이기에 문제가 발생하는 것은 자연스러운 현상이다. 그렇기에 사회질서를 유지하기 위해서는 제도화된 타협을 통해 이익갈등을 해소하는 것이 필요하다.

(4) 일탈행위론적 관점

일탈행위론적 관점에 의하면 사회문제란 사회적 규범으로부터의 반복된, 체계적인 이탈을 의미한다. 일탈행위론은 다양한 학설로 이루어져 있다. E. Durkheim과 R. Merton의 아노미 론이 일탈행위론의 시조이다. Merton은 Durkheim의 이론을 발전시켰는데, 아노미(무규범)는 문화적 목표가 과잉 강조되거나 이러한 목표를 성취하기 위한 합법적 기회가 차단될 때 사회의 한 부분의 사람에게 정상적인 일이 될 수 있다는 것이다.

일탈행위론의 또 다른 이론은 Sutherland의 접촉차이이론이다. 그는 일탈을 일으키는 사회구조적 조건보다는 일탈이 일어나는 사회과정에 관심을 기울였다. 사람은 일탈의 행위와 접촉함으로써 일탈을 배운다고 주장하였다(김영모, 2000: 28~29).

하위문화론도 있다. 즉, 일탈은 하나의 하위문화이다. 그렇기에 특정 계급이나 계층의 문화적 가치관의 차이가 일탈행위를 유발하는 가장 근본적인 요인이다. 이처럼 일탈행위론은 다양한 이론을 포함하기에 한 마디로 설명하기가 쉽지 않지만 가장 중요한 요소는 일탈행위가 사회집단에 참여함으로써 학습된다는 사실이다. 그러므로 일탈행위는 개인이 가지고 있는 인격적 속성이라기보다는 사회에서 인식하는 역할의 한 속성이다. 일탈행위도 하나의 역할이라는 것이다.

(5) 낙인이론적 관점

낙인이론은 상징적 상호작용론에 기초하고 있는데, 일탈행위론이 일탈행위의 원인에 관심을 갖는 반면 낙인이론은 사람들이 어떻게 문제를 규정하는가 하는 과정에 보다 큰 관심을 기울인다. 그러므로 낙인이론은 사회문제의 객관적 규정보다는 주관적 규정의 과정을 중요시한다(김영모, 2000: 31~32).

E. M. Lemert는 일탈을 1차적 일탈과 2차적 일탈로 설명한다. 1차적 일탈은 다양한 요인에 의해 일어나는 최초의 일탈이다. 1차적 일탈이 일어난 후 이 일탈에 대해 일탈자 자신과 사회가 낙인을 지운다. 2차적 일탈은 일탈자가 스스로를 범죄자와 비행자라는 자기 이미지를 형성하고, 사회도 이에 대해 범법자라고 반응한 결과로서의 일탈이다. 2차적 일탈은 낙인의 고통에 의해 만들어진 비동조행위인 것이다.

또 다른 낙인론은 K. T. Erickson이 말하는 일탈의 사회적 기능이다. 그에 의하면 일탈도 사회적 질서를 유지하는 데 기능적인 측면을 가지고 있다. 일탈이 일어나고 이에 대해 엄격히 처벌함으로써 사회구성원들에게 사회적 규범을 재확인하고 강화시켜준다는 것이다. 이를 낙인론적으로 해석하면 일탈행위에 대한 낙인을 통해 사회의 규범을 재확인함으로써 사회질서를 유지해 나간다.

사회문제를 바라보는 이들 다섯 관점은 각 시대와 사회상황에 따라 발달되어 왔다(〈표 1-3〉 참조). 이들 다섯 관점의 차이는 근본적으로 인간과 사회를 어떻게 바라보는가하는 관점의 차이이다. 사회병리론은 개인에 관심을 기울이며, 사회해체론은 사회적 규범을 중요시 여긴다. 가치갈등론은 사회 구성집단 간의 가치에 대한 인식 차이를 눈여겨보며, 일탈행위론은 일탈자의 역할을 강조하며, 낙인이론은 사회적 상호작용에 초점을 맞춘다.

〈표1-3〉 사회문제에 대한 접근 관점

학자	사회문제에 대한 접근 관점
Rubington & Weinberg(1981)	-사회병리학적 접근 -사회해체론적 접근 -가치갈등론적 접근 -일탈행위론적 접근 -낙인론적 접근
Horton, Leslie & Larson(1991)	-사회해체론적 접근 -개인일탈적 접근 -가치갈등적 접근
Lauer(1992)	-사회해체론적 접근 -사회변화론적 접근 -가치갈등적 접근 -일탈이론적 접근

	-사회구조론적 접근
Henslin(1990)	-기능주의적 시각 -갈등주의적 시각 -상호작용주의적 시각
Etzioni(1976)	-합의적 및 구조기능주의적 접근 -갈등주의적 또는 소외론적 접근 -상징주의적 상호작용주의 및 민속학적 접근 -신보수주의적 접근

출처: 최일섭 · 최성재, 1995: 37~39에서 인용, 재작성.

3. 사회문제를 바라보는 패러다임[7]

앞 절에서 사회문제를 바라보는 관점에 대해 알아보았다. 이 절에서는 사회문제를 바라보는 패러다임에 대해 살펴보기로 한다. 패러다임은 어떤 것에 대한 관점을 조직화 시켜주는 근본적 모델 또는 개요(scheme)이다(Rubin and Babbie, 1998: 63). 일종의 '인식의 틀'로서 이론과는 다르다. 이론은 어떤 현상을 논리적으로 설명해 주는 진술인데 반해 패러다임은 어떤 한 현상에 대한 설명이 아니라 현상들을 바라보는 틀이다[8]. 예를 들면 아래에 나오는 기능주의 패러다임이라는 것은 하나의 사회현상을 설명하는 '이론'이 아니라 가족문제, 청소년문제, 빈곤문제 등 모든 사회문제를 바라보고 해석하고 진단하는 인식의 틀 또는 근본적 관점을 뜻한다.

사회문제를 바라보는 아래의 패러다임은 하나의 사회문제를 이해하고 설명하는 관점이라기보다는 사회현상 전반에 대해 포괄적으로 설명할 수 있는 패러다임이다. 이런 패러다임일수록 적용범위도 넓고 유용성도 큰 동시에 그 생명력이 높다.

사회문제를 바라보는 패러다임을 언급하기에 앞서 사회문제를 분석하는 틀에 대해 알아본다. 그런 후 이 틀에 맞추어 각 패러다임을 살펴보면 사회문제의 전반에 대한 이해가 쉬울 것이다. 최일섭 · 최성재(1995: 47~49)은 Etzioni가 말한 사회적 현실, 인간의

7. 이 절은 최일섭 · 최성재(1995: 45~74)를 참조하였다.
8. 이 절의 참고문헌인 최일섭 · 최성재(1995)에는 패러다임과 이론을 구별하지 않고 서술하여, 기능주의 이론, 갈등주의 이론, 상호교환주의 이론, 교환주의 이론 등으로 표현하고 있다.

본성, 사회문제의 정의라는 세 가지 요소에 사회문제의 원인, 사회문제의 해결방법이라는 두 개의 요소를 덧붙여 다섯 요소를 사회문제를 바라보는 분석틀로 제시한다.

이 다섯 요소를 통해 기능주의 패러다임, 갈등주의 패러다임, 상호작용주의 패러다임, 교환주의 패러다임 등 사회학의 대표적인 네 패러다임을 살펴보자.

1) 기능주의(functionalism)

기능주의는 사회과학의 주류적 패러다임으로서 가장 먼저 발전하였고 현재까지 가장 널리 적용되는 패러다임이다. 기능주의 패러다임은 사회를 체계로 구성된 것으로 파악하며 체계를 구성하는 부분(하위체계)은 상호 연관되어 있다고 본다. 각각의 체계는 고유의 기능을 갖고 생존을 위한 욕구와 요건이 있다. 이러한 체계는 균형과 항상성(homeostasis)을 가지고 있어 사회가 혼란이나 무질서에 빠지면 원래의 상태로 돌아가려는 경향이 있다.

사회적 현실 사회는 개인 간의 상호작용이 어떤 일정한 형태로 유형화되고 제도화된 것이다. 사회가 존재하고 있다는 것은 사회가 균형상태를 이루고 있으며 각 하부체계는 최소한의 기능적 요건을 충족하고 있다는 것이다. 사회체계는 균형을 유지하려하고 균형이 파괴되는 경우 균형상태를 회복하려 한다.

인간의 본성 기능주의는 인간의 본성을 선하지도 선하지 않지도 않은 중립적인 것으로 본다. 그 결과 인간은 환경의 영향을 받는다. 인간은 환경 즉 문화 속에서 사회화 과정을 통해 사회적 욕구를 배우고 이 사회적 욕구는 인간행동의 주요 동기가 된다.

사회문제의 정의 기능주의론의 대가 Parsons에 의하면 사회문제는 "어떤 사회체계가 상위체계에 대하여 기능적 요건을 충족하지 못한 상태", 또는 "한 사회체계가 사회적으로 합의된 규범을 준수하지 못하고 있는 상태"이다. 반면 Merton은 사회문제를 "사회적 또는 문화적으로 설정된 목표를 달성하기 위한 수단이 사회적으로 합의 되고 인정된 것에서 벗어난 것"으로 규정한다.

사회문제의 원인 사회문제가 발생하는 것은 사회전체의 기능적 결함 때문이 아니라 사회체계 일부의 기능인 사회화 기능과 사회통제 기능의 실패이다. 또한 사회문제는 사회의 분배기능의 결함이기도 하다. 즉 사회문제는 사회전체에 근본적인 문제가 있어서가 아니라 개인, 가족, 일탈적 하위문화, 사회제도, 기회구조의 일부 등에 문제가 있기 때문이라고 한다.

사회문제의 해결방법 사회의 사회화기능과 통제기능을 강화하거나 수정하고 재사회화 또는 재활기능을 강화하는 것이 필요하다. 또 사회의 물질 및 기회의 분배기능을 수정하는 것도 유용할 수 있다.

기능주의적 시각에 근거하거나 기능주의적 시각과 일부를 공유하는 이론으로는 사회병리론, 사회해체론, 사회변화론, 일탈행위론, 하위문화론, 접촉차이론 등이 있다.

2) 갈등주의(conflict theory)

갈등주의는 기능주의 패러다임에 대한 비판과 대안으로 등장하였다. 기능주의가 파악하는 세계는 유토피아와 같은 비현실적인 세계이다. 사실 이 사회는 가치와 제도에 대한 갈등이 상존하는 세계이다. 갈등주의는 K. Marx나 G. Simmel, M. Weber의 영향을 받았다. 갈등주의는 여러 가지 분파가 있는 데 여기에서는 변증법적 갈등주의와 기능적 갈등주의를 중심으로 설명하기로 한다.

사회적 현실 변증법적 갈등주의자인 R. Darendorf는 사회를 희소자원을 소유하고 지배하려는 경쟁과 투쟁의 갈등이 이루어지고 있는 상태로 파악한다. 반면 기능적 갈등주의에서는 상호관련된 이해관계의 집단들이 희소자원을 소유 또는 지배하려고 갈등을 계속하면서도 통합과 적응을 이루고 유지하고 발전하는 상태로 사회를 바라본다.

인간의 본성 변증법적 갈등주의에 의하면 인간은 선천적으로 조화와 화평으로 공존을 지향하는 본성을 지니고 있으나 후천적으로 환경에 의해 정・반・합의 변증법적 갈등의 본성을 형성하게 된다고 본다. 기능적 갈등주의에 의하면 인간은 본성적으로 이기적인 존재로 부와 권력, 사회적 인정 등 보상을 얻으려는 요구를 지니고 있으며 또한 적대적 충동과 타인에 대한 사랑과 애정의 본능도 갖고 있다.

사회문제의 정의 변증법적 갈등주의에 의하면 사회문제는 "희소자원의 불균등한 소유로 인하여 발생하는 갈등현상"이다. 기능적 갈등주의는 사회문제를 "자원의 불평등한 분배에 대한 갈등의 결과로서 사회체계의 통합과 발전에 역기능적인 현상을 나타내는 것"으로 설명한다.

사회문제의 원인 "비합법적인 사회통제와 착취", "불균등한 분배를 가져오는 사회의 권위와 권력의 구조"가 사회문제의 원인이다. 변증법적 갈등주의는 사회문제의 원인을 사회제도에 돌리지만 기능적 갈등주의는 사회뿐 아니라 개인의 적대적 본능으로 보아 개인의 책임도 거론한다.

사회문제의 해결방안 변증법적 갈등주의의 해결책은 소득과 재산을 평등화하는 것이 가능하도록 사회를 재조직하는 것이다. 예를 들면 생산수단의 공유화, 자유경쟁시장의 폐기, 세제의 전면개편 등이다. 단기적으로는 힘들겠지만 장기적으로는 역사의 발전과정에서 필연적으로 이루어지게 된다고 본다. 기능적 갈등주의는 사회문제의 해결을 사회의 전면적 재조직이 아니라 단편적인 개혁, 개선, 보완으로 가능하다고 본다. 예를 들어 세제의 개선, 사회복지 급여의 보편적이고 제도적인 방향으로의 강화 등이다.

갈등주의와 시각을 공유하는 이론으로는 가치갈등주의, 사회긴장론 등이 있다.

3) 상호작용주의(interactionism)

기능주의 패러다임과 갈등주의 패러다임이 사회현상을 거시적 차원으로 접근하고 분석하려는 입장이라면 상호작용주의는 개인 간의 상호작용과정과 상호작용이 개인과 사회에 미치는 결과에 관심을 갖는다. 상호작용주의는 여러 분파가 있으나 상징적 상호작용주의가 가장 핵심적인 패러다임을 이룬다. 이 패러다임은 인간이 상호작용의 도구로 언어나 몸짓 등의 상징을 사용하고 상징의 주관적 의미를 중요시하기에 상징적 상호작용주의라 부른다. 상징적 상호작용주의 패러다임은 H. Mead가 이론적인 발판을 놓았고 그의 제자인 H. Blumer와 Kuhn이 발전시킨 패러다임이다

사회적 현실 개인들이 상호작용과정에서 주관적인 의미를 부여함으로써 사회적 현실이 만들어진다. 따라서 사회적 현실의 창조자는 개인이고 사회적 현실은 항상 유동적이고 변동적이다. 여기서 주관적이라는 것은 개인 각자의 주관성을 말하는 것이 아니라 집단의 공통적인 규칙에 의하여 의미를 부여하는 것이다.

인간의 본성 인간의 본성은 매우 가변적인 것이며 이로 말미암아 사회세계와 개인세계가 끊임없이 재창조된다. 또 인간의 행위는 자발적이고 비결정적인 잠재력에 의해 지배된다.

사회문제의 정의 사회문제는 사회의 한 집단이 다른 집단의 의미에 동의할 수 없는 것으

로 규정하고 그 집단의 의미대로 행동하지 않는 것을 말한다. 따라서 어떤 집단(또는 전문가)이 상황과 행동을 정의하느냐에 따라 한 현상이 사회문제일 수도 있고 아닐 수도 있다.

사회문제의 원인 상징적 상호주의 패러다임은 사회문제의 원인을 상호작용에서 어떤 현상이나 행동에 대한 의미에 동의할 수 없다는 판단을 하는 것, 어떤 현상을 바람직하지 않은 행동으로 낙인을 찍는 것, 어떤 행위에 대하여 다른 의미로 사회화된 것으로 본다.

사회문제의 해결 사회변화의 주체가 개인이기에 개입의 주된 대상도 개인이다. 하지만 개입의 주체는 사회제도여야 한다. 해결방안으로는 적절하게 상징에 의미를 부여하고 동의할 수 있도록 사회화하거나 재사회화하는 것, 적절한 사회화제도나 재사회화제도를 확립하는 것, 낙인행위를 유발할 수 있는 상황을 조성하지 않는 것, 부정적인 낙인 사용에 신중을 기하는 것 등이 될 수 있다.

상징적 상호주의 패러다임과 시각을 공유하는 이론은 낙인이론(labeling theory)[9]이다.

4) 교환주의(exchange theory)

교환주의 패러다임은 이론적인 완성도가 앞의 세 패러다임보다 엄밀하지 못하지만 사회과학의 가장 중요한 주류적 패러다임의 하나로 인정받고 있다. 교환주의 패러다임은 사회적 행동을 적어도 두 사람 간에 교환자원을 주고받는 반복적인 행위가 이루어지는 것으로 본다. 주는 자원은 비용이 되고 받는 자원은 보상이 되며, 교환관계에 있는 당사자는 가능하면 비용에 비해 보상이 크도록 행동하려 하며 권력적으로 대등한 입장에서 교환관계를 유지하려 한다.

교환주의 시각에는 교환행동주의, 구조적 교환주의, 합리적 선택이론 등이 있다.

사회적 현실 교환행동주의에 의하면 사회는 소집단 간의 보상추구 행동이 정교화되고 분화되고 유형화된 것이다. 교환행동주의가 모든 행동을 교환관계로 보는 반면 구조적 행동주의에는 당사자 간에 보상의 이익을 추구하는 관계만 사회적 행동으로 이해한다. 결국 이 패러다임에 의하면 교환관계로 이루어지는 권력을 얻기 위한 경쟁과 분화, 그리고 통합의 반복된 과정과 제도화가 사회이다.

---

9. 낙인이론 : 사회적 일탈행위, 낙인찍는 대상(ex. 주홍글씨).

인간의 본성 교환행동주의는 인간을 이기적이고 합리적인 존재이며 환경의 변화에 적응하는 존재로 보며, 구조적 갈등주의에서는 인간을 이기적이고 갈등적인 존재이며 자유와 독립을 추구하려는 속성을 가진 존재로 파악한다.

사회문제의 정의 및 원인 교환주의에서 사회문제는 교환관계가 단절되거나 불균형을 이루고 있는 상태로 정의되며, 사회문제의 원인은 교환자원의 부족, 고갈. 가치하락이다.

사회문제의 해결방안 교환관계에 균형화가 이루어지도록 변화를 가하는 것이 사회문제의 해결방안이며 몇 가지 전략을 소개하면 다음과 같다. 첫째, 동등한 가치를 가진 다른 자원으로 보상하는 것. 둘째, 보상할 수 있는 다른 자원을 개발하는 것. 셋째, 새로운 자격이나 지위를 획득하는 것. 넷째, 제도의 강화 등을 통한 강제력을 사용하는 것. 다섯째, 권력이 약한 당사자끼리 연합하여 권력이 큰 상대방에 대해 연합적인 활동을 하는 것. 여섯째, 기술이나 지식의 향상을 통한 소유자원의 질 향상을 꾀하는 것 등이 있다.

4. 사회문제와 사회복지학적 접근 과제

사회문제에 대한 연구는 사회학에서 출발하였다. 따라서 사회문제의 연구에 있어서는 사회학의 연구를 차용하지 않을 수 없다. 그러나 사회문제에 대한 사회학적 접근과 사회복지학적 접근은 여러 차원에서 다르다(최성재, 최일섭 공편 참조).

본서에서는 사회복지학적 접근을 시도하지 않을 수 없다.

사회복지학은 '응용사회과학'이라고 하는데, 즉 사회문제의 해결을 과제로 하는 응용적 측면을 동전의 한 면으로 하고 있고 동전의 다른 면은 사회과학의 여러 패러다임들을 문제의 이해와 해결의 기반이 되는 패러다임적 측면을 바탕으로 하고 있기 때문이다. 따라서 사회복지학에서 사회문제의 접근은 일차적으로 사회학적 연구에서 밝혀진 원인적 요인들을 발견하여 적절한 해결책을 찾는 데에 초점을 두지만 문제해결의 논리적 근거는 사회과학적인 연구의 결과를 토대로 하고 있다.

사회문제에 대한 사회복지학적 접근은 아직까지 미흡한 점이 많다. 다시 말해서 고유의 접근방법이 형성되어 있지 않다는 것이다.

사회복지학적 접근은 문제해결 지향적이라는 데에는 비교적 합의적이라고 할 수 있다.

그러나 문제해결에 있어 다양한 차원이 존재한다는 것이다. 그 차원을 보면, 문제의 근본적인 원인 제거의 차원, 문제의 최종적인 해결의 차원, 문제에서 파생되는 부작용이나 고통을 최소화하는 차원 등으로 구분할 수 있다.

사회복지학적 접근은 문제해결의 다양한 차원에 있어서 어디까지 개입이 가능한가?

생각할 거리

1) 사회문제 이론에 있어서 사회학 이론에 대한 중요한 요소를 제시해 보자.
2) 사회문제를 보는 시각, 즉 개인적 시각과 체제적 시각에 관한 사례를 중심으로 설명해 보자.
3) 사회문제 이론에서 있어서 거시적 이론, 미시적 이론, 하위 이론들을 구분하여 설명해 보자.
4) 사회복지학에서 "왜? 사회문제를 연구해야 하는가?"를 토론해보자.

제2부

사회적 불평등과 빈곤문제

제 2 장

빈곤문제 – 빈곤은 해결 가능한가?

학습목표

1. 빈곤의 개념 및 상황
2. 빈곤문제 접근을 위한 관점
3. 빈곤의 문화 및 계층화

1. 들어가기

사회복지의 역사를 살펴보면 사회복지는 그 발생부터 빈곤 문제와 깊이 연관되어 발전되어 왔던 것을 볼 수 있다. 빈곤은 동서고금을 막론하고 인류사와 더불어 함께해온 사회문제의 하나로 개인적으로는 생존에 관련된 심각한 문제이며, 빈곤문화는 학교를 포함한 사회제도를 거부하며 조기임신, 동거 등으로 아동기의 기간이 단축되며 특히 빈곤으로 인한 부모의 부적절한 아동양육은 자녀를 신체적, 정서적, 사회적, 지적으로 부적절한 아동으로 만들며 아동의 학교생활의 실패는 성장 후 노동시장에서의 실패로 이어지고 다시 부적절한 부모가 됨으로써 빈곤은 악순환 되며 세습화 되어가고 있다. 거장에서 발생하는 빈곤이 해결되지 않고 지속되거나 심지어 악화되고 있는 것은 다양한 요인들의 상호작용에 의해 발생되기 때문이다.

우리나라는 1960년대 이후 고도경제성장에 힘입어 경제외적인 분야에 있어서도 괄목할만한 발전을 거듭해 왔으며 놀라운 삶의 질의 향상을 가져오게 되었다. 2000년도에 이르러 정부와 시민사회는 세계화를 향하여 보다 높은 차원의 목표 추구를 위한 새로운 인식과 노력을 경주하게 되었다. 그러나 앞만 보며 성장해 온 우리나라는 빈부 격차로 인한 사회계층간의 대립이 갈수록 심화되어졌고 빈곤한 가정에서 태어난 아이들은 그렇지 않은 아이들에 비해서 여러 가지로 불리해서 그들이 커가면서 다시 빈곤층으로 살아갈 가능성이 커져서 계속해서 빈곤의 악순환이 반복되게 된 것이다.

더욱 심각한 것은 빈곤은 아동에게 정상적인 발달과업을 성취하는 데 장애를 가져올 뿐만 아니라 성인이 되어서까지 부정적인 영향을 미치게 된다는 것이다. 학교 실패, 실업의 가능성, 만성적인 복지의존성, 강력범죄, 무기력감과 절망감 등이 모두 빈곤과 연결되어 있다고 보고되고 있다. 게다가 아동들이란 스스로 독립적인 삶을 살아가기 매우 어려운 미성년자들로서 사회가 다양해지고 변화하면 할수록 어른들과 사회는 아동들이 건전하게 자라날 수 있도록 해야 할 막중한 책임이 있는 것이다. 우리나라의 아동복지는 1960년대까지는 아동구호에 중점을 둔 시기였으며, 1970년대 이후에는 아동보호에 대해 관심을 갖고 집중적으로 복지사업을 전개하였다. 그리고 1980년대 중반 이후부터를 좀 더 전문적인 아동복지의 시대로 이끈 시기라고 구분할 수 있다. 이제 2000년대를 맞이하여 진정한 의미의 아동복지의 실현을 위한 빈곤에 대한 국가적 대응과 시민사회의 도전은 2000년대가 요구하는 시대적 과제이며 반드시 이루어야할 과업이라고 할 수 있다.

빈곤에 대하여는 국가와 시대에 따라 또는 빈곤문제를 보는 관점에 따라 서로 다른 내용으로 그 개념을 규정하지만, 우리나라 헌법 제34조 제1항에서 "모든 국민은 인간다운 생활을 할 권리를 가진다"라고 규정하고 있고, 동조 제2항에서 "국가는 사회보장 · 사회복지의 증진에 노력할 의무를 진다"라고 규정하고 있으며 동조 제5항에서는 "신체장애자 및 질병 · 노령 기타의 사유로 생활능력이 없는 국민은 법률이 정하는 바에 의하여 국가의 보호를 받는다"라고 규정하여 우리나라도 복지사회를 지향함을 천명하고 있다.

가난은 인간 삶의 기본 토대를 위협한다. 인간을 단지 '춥고 배고프게' 하는 문제가 아니라 인간으로서의 존엄성을 파괴하는 심각한 문제이다. 우리 사회는 가난에 대해 집합적 경험을 가지고 있다. 보릿고개로 상징되는 절대 빈곤이 바로 그것이다. 그러나 오늘날 대부분의 사람들은 가난을 '과거의 일'로 생각하는 경향을 보인다. 그러나 사라졌던 가난이 우리 눈앞에 다시 나타난 것은 1997년 말의 경제위기를 전후한 시기였다. 가난의 재등장 이였다. 어떤 이는 이것을 과거의 가난과 양상이 다르다고 해서 '신 빈곤(New poverty)'이라고 불렀다. 이와 같이 사회보장제도는 시대의 흐림과 국가의 경제능력에 따라 변화 · 발전하여 왔고, 우리나라도 1999년에 국민의 기초생활을 보장하기 위하여 국민기초생활보장법을 제정하는 등 국민의 복지증진을 위해 다양한 사회복지정책을 입안 수행해오고 있다.

인간은 생존을 목적으로 행동하며 존재하고 있으나 이러한 인간의 생존은 매우 불안하고 불확실하다는 문제점을 안고 있다. 이러한 문제점을 해결하고 가치 있는 생존을 이루기 위해 인간은 사회제도를 만들어 운영해왔으나 타인, 집단, 제도 체제 등과 욕구실현의 불평등, 불충족, 불만족에 의하여 수많은 사회문제가 발생하게 되었다. 여러 사회문제 중 인간의 생존을 직접적으로 위협하는 문제로 빈곤을 꼽을 수 있다. 빈곤이 해결되지 못한다면 인간은 생명과 생활을 유지하지 못해 생존자체가 불가능해지기 때문이다. 지금부터 우리는 인간의 가치 있는 생존을 위해 우리나라에서 이루어지고 있는 빈곤에 대한 사회복지정책의 현황과 문제점을 알아보고자 한다. 구체적인 연구방향으로는 ① 빈곤에 대한 개념 규정, ② 빈곤의 현황 및 문제점 파악, ③ 빈곤의 현황과 문제점에 따른 대책 마련에 초점을 두고 있다.

2. 빈곤의 개념

1) 빈곤(poverty)

빈곤은 만성적이고 지속적인 물질적 결핍이라 정의된다. 물질적 결핍이란 구체적으로 한 단위의 경제주체가 갖는 자원에 대한 지배 정도가 일정 수준에 미달하고 있는 상태를 의미한다. 이 정의에서 보면 세 가지 요소가 주목된다. 먼저 경제 주체에 대한 관심에 따라 국가, 기업, 가계 혹은 개인으로 나뉠 수 있는데, 한 국가 내에서 빈곤의 정도 및 동향을 말할 때는 주로 가계에 그 초점이 맞추어져 있다. 둘째로 자원이란 이 경제 주체가 동원할 수 있는 소득과 부를 의미한다. 마지막으로 일정 수준이란 인간다운 최소한의 생존을 위해 충족되어야 할 욕구의 수준, 즉 기본적 욕구 충족의 수준을 의미한다. 빈곤이란, 특히 한 가정의 구성원이 기본적 욕구를 충족하기 위해 필요한 최소한의 자원, 즉 최저생계비를 확보하지 못한 상태를 말한다. 빈곤이란 어떤 사람이 ① 사회의 밖에서 개체적 삶을 영위할 수 없는 존재, 곧 사회에 통합된 존재이면서도, ② 해당 사회의 전반적 발전수준에 부합되는 사람다운 생활을 영위하기 위해 필수적인 물적 조건을 구비하지 못함으로써 ③ 현실적으로는 해당사회로부터 배제당하고 있는 상태이다.

2) 빈곤선(poverty line)

빈곤선 이하의 소득을 가진 자는 빈곤정책의 대상이 되는 국가의 공식적 빈곤자이다. 국가가 빈곤정책의 대상자를 정하기 위해 그 이하 수준을 빈곤자로서 정책대상으로 삼는 그 선이 바로 빈곤선이다. 영국의 사회학자 벤저민 S. 라운트리(Benjamin S. Rowntree)가 『빈곤-도시생활의 한 연구(Poverty-a Study of Town Life)』(1901)에서 제기한 개념으로서 육체적 능률을 유지하는 데 필요한 최소한도의 생활수준을 말한다. 빈곤선은 일상생활에 필요한 식비, 집세 등과 연령, 성별, 직업 등의 수준에 따라 생활자원을 마련할 수 있는 최소한도의 생활비를 산출하기 때문에 생활자원이 빈곤으로 규정될 수 있는 절대적인 기준으로 사용할 수 있다. 빈곤선은 최저생계비와 동일한 개념으로 볼 수 있다. 최저생계비는 건강하고 문화적인 삶을 유지하기 위한 최소한의 비용이라 정의 할 수 있기 때문이다. 또한 빈곤선은 사회복지대상을 선정하는데 그 기준이 되기도 한다.

3) 절대적 빈곤(absolute poverty)

절대적 빈곤이란 인간이 살아가는데 절대적으로 필요한 최소한의 자원을 충족시키지 못하는 상태를 의미한다. 절대적 빈곤은 생활필수자원이 절대적인 기준인 빈곤선 또는 최저생계비에 도달하지 못할 때의 상태이며, 수치나 지수로 계량화하여 빈곤을 측정하고 있다. 절대적 빈곤의 측정방법에는 최저생계비 방식과 엥겔방식이 있다. 최저생계비 방식은 의식주의 기본적인 욕구를 해결하는 데 드는 비용을 계산하는 방법이며, 엥겔방식은 음식비가 소득에서 차지하는 일정한 비율을 빈곤선으로 산정하는 방법이다.

절대적 빈곤에 대한 특징은 다음과 같다.

① 빈곤개념인 절대적 빈곤은 최저생활을 유지할 수 없는 수준, 즉 최소한의 기본적 욕구 음식, 주거, 의복 등을 해결하지 못하는 수준을 말한다.

② 1899년 charles booth로부터 세계최초로 대규모 과학적 조사가 시작되었다.

③ 1901년 seebhom Rowntree(라운트리)에 의해 1차 빈곤 즉 연료, 음식, 거저, 피복 등 기초생필품을 구입할 능력이 안 되는 수준, 2차 빈곤 4가지 기초 생필품은 구입할 능력이 있지만 소득의 일부를 주거이전, 노조조합, 통근, 경조사비등 다른 용도로 사용하는 경우로 구분하였다.

4) 상대적 빈곤(relative poverty)

상대적 빈곤이란 다른 사람들과 비교해 상대적으로 적게 가지고 있는 상태를 의미하는데 개인의 상황을 사회의 평균소득수준 또는 표준생활수준과 비교함으로써 규정된다. 현대사회에서는 절대적 빈곤보다는 상대적 빈곤 개념이 주로 사용되고 있다. OECD국가들은 중위가구소득의 40~60%, EU국가들은 평균가구소득의 40~60% 미만을 상대적 빈곤으로 규정하고 있다. 현재 우리나라에서 공식적인 빈곤가구는 절대빈곤층인 최저생계비 이하의 가구와 최저생계비 120% 이하에 속하는 차상위계층 정도를 의미하고 있다. 다시 말해 절대적 빈곤의 개념으로 빈곤가족이 정의되고 있다고 할 수 있다. 우리나라는 매년 물가상승률을 감안하여 최저생계비(빈곤선)를 책정하고 있는데 2003년도에는 4인가구를 중심으로 1.019천원이 최저생계비로 책정되었다. 이 금액은 도시근로자 평균소득이나 중위소득의 약 1/3이라는 매우 낮은 수준으로, 우리나라의 공식적인 빈곤가족은 경제적으로 매우 어려운 집단을 지칭하고 있음을 알 수 있다(한국여성복지연구회, 2005).

상대적 빈곤의 특징은 다음과 같다.

① 한 사회의 평균적인 생활수준에 비교하여 빈곤을 규정하는 것이다. 따라서 중요한 것은 사회의 평균적인 생활수준을 정확히 파악하는 일이다.

② 상대적 빈곤의 개념은 불평등의 개념에서 파악하고 있는데, 자기가 다른 사람에 비하여 주관적으로나 객관적으로 소득 · 교육, 원력 기회 등이 박탈되어 있는 빈곤이다

③ 현대사회의 풍요한 생활환경 속에서 나타나는 불평등 혹은 상대적 박탈 즉 필요한 생활지원이 결핍되어 있는 것을 말하는 것으로 최근 세계적인 빈곤연구의 경향은 상대적인 빈곤개념에서 더욱 주목한다.

④ 1979년 Townsend는 상대빈곤을 일상식품을 획득하고 사회활동에 참여하며 그들이 속한 사회에서 관례적인 생활조건과 편의시설을 갖기에 필요한 자원을 결여하고 있

는 사람이라 정의했다.

5) 주관적 빈곤(subjective poverty)

주관적 빈곤은 자신이 충분히 갖고 있지 않다고 느끼는 것을 말하는데, 이는 제3자의 판단에 의해 어떤 객관적인 수준이 정해지는 것이 아니라 개인의 주관적인 판단 수준에서 결정된다. 빈곤에 대한 대책으로는 사회보장정책 · 기회평등대책 · 노동시장정책 · 조세정책 등이 있다.

다음은 주관적 빈곤에 대한 두 가지 방식이다.

① Kilpatrick, 1973; Rainwater, 1974 : 빈곤은 부모와 두 명의 자녀를 둔 가족이 그 지역사회에서 살아가는데 최소 비용이 얼마인가를 설문조사하여 얻은 액수들을 평균하여 산출 결정된다. 이것의 장점은 사회구성원들이 일반적으로 간주하는 빈곤선이 무엇인가 알아내어 사회의 현실을 상당히 반영한다고 할 수 있다. 단점은 어떠한 다른 사람들의 상황에 막연한 질문이기 때문에 개인의 상황 질문일 때 고려할 수 있는 여러 요인들이 포함 되지 않을 수 있는 단점이 있다.

② Leyden 방법

이 방법은 네덜란드의 Leyden 대학의 학자들에 의하여 개발. 빈곤선의 책정은 그들 자신들의 상황을 고려할 때 그럭저럭 살아가는데 소요되는 최소소득이 얼마인가 이를 바탕으로 이사람들이 판단한 최소소득과 그들의 실제소득관계를 분석하여 결정한다.

6) 신빈곤(New Poverty)

전통적인 '빈곤'은 장애인이나 노인처럼 노동 능력이 없거나 일할 미약한 사람들에 의해 야기되는 지속적인 소득의 부재가 빈곤의 주요 원인이었다. 그러나 산업구조가 재편되는 후기 산업사회로 접어들면서는 노동능력이 있어도 실업상태에 있거나 일을 하고 있으면서도 극도의 생활고에 시달릴 수밖에 없는 사람들이 급격히 증가하는 추세를 보이는데, 이들이 경험하는 새로운 형태의 빈곤을 신빈곤이라고 한다. 엄밀히 말하면 신빈곤이란 새로운 신자유주의적 세계경제질서－탈규제 · 유연화 · 민영화 · 복지축소 · 노조무력화 등－에 의해 연유되는 빈곤현상을 말한다. 우리나라에선 90년대 초에 등장하기 시작해 1998년 외환위기를 겪으면서 보편화되었다. 일반적으로 신빈곤의 원인으로는 산업구조의 변화, 고용 불안정, 소비구조 고도화, 사교육비 증가로 인한 경쟁능력 상실 등이 있다. 즉 과거의 빈곤이 경제활동에 참여하지 못한데 따른 물질적 박탈에 초점이 맞춰져 있다면 소위 신빈곤은 경제활동에 참여하면서도 빈곤상황을 벗어나지 못하는 상황을 의미한다. 과거의 빈곤은 노력하면 벗어날 여지가 있던 '희망의 빈곤'이었다면 현대의 빈곤은 한번 빠지면 빈곤상황을 벗어날 수 없는 '절망의 빈곤'의 양상을 보인다. 한국노동연구원 금재호 연구위원이 발표한 '근로빈곤의 실태와 정책과제' 보고서에 따르면 현재 우리 사회 전체 빈곤가구(가구소득이 전체 평균소득의 50%에 못 미치는 가구)의 절반 이상이 노동빈곤 상태인 것으로 나타났다. 신빈곤 층은 '가난한 노동자', '불안정안 일자리'의 양산 및 이들에 대한 사회적 차별과 배제에 기인한다. 즉, 실업의 문제와 다양한 저임금과 고용불안이라는 불안정 노동 층의 빈곤화가 '신빈곤'의 원인이다. 통상 이들은 일을 할 수 있다는 이유로 각종 사회적 보호를 받지 못해 스스로 목숨을 끊거나 일을 해도 생활을 유지할 수 없다는 현실적 여건으로 빚을 지게 되는 악순환을 겪는다. 이러한 '채무노동'은 빈곤의 악순환을 필연적으로 잉태한다. 이와 함께 이미 언급했듯 높은 사교육비와 의료비 지출, 천정부지로 치솟는 주택가격은 이들의 자녀들도 빈곤에서 헤어나지 못하게 발목을 잡고 있으며 '대를 잇는 빈곤'의 경향으로 나타난다.

3. 빈곤의 원인과 배경

빈곤은 시대에 따라 상이한 원인에 의해 발생한다. 우리나라 빈곤의 역사적 배경으로 일제 강점기와 한국 전쟁 그리고 경제개발 시대의 폭발적인 도시화 현상으로 이어지는 절대 빈곤의 배경이 있다. 이 시기는 산업 시설의 부재, 취약한 농업 생산력, 인구 과잉 등으로 국민의 절대 다수가 기본적인 의식주 문제를 해결하지 못하는 극심한 빈곤 상태에 놓여 있었다. "사람은 많고 일자리와 먹을 것은 없는" 전형적인 절대 빈곤의 시대였다. 1980년대 후반기 이후는 상대적인 빈곤의 배경을 이루는 시기로 볼 수 있는데, 지속적인 고도성장으로 절대 빈곤이 사라지고 물질적 풍요가 가시화되는 시기였다. 이렇게 빈곤문제가 잊혀 질 쯤 1997년에 사상 초유의 경제 위기를 겪으면서 새로운 신빈곤의 시대가 오게 되었다. '신빈곤'은 첫째, 세계화와 신자유주의 이데올로기의 득세와 둘째, 산업 구조의 양극화와 이로 인한 노동시장 분절 구조, 셋째, 인구와 가족 구조의 변화로 발생한다.

최근 우리나라의 빈곤 양상은 과거 절대 빈곤 시대와 달리 일을 하면서도 가난에 시달리는 이른바 노동 빈민의 문제가 가장 심각한 것으로 드러났다. 이 문제를 장기적이고 근본적인 안목을 가지고 접근하지 않는 한, 이 새로운 빈곤은 우리 사회에 매우 어두운 그림자를 오래도록 드리울 것이다. 미시적 원인과 거시적 원인으로 설명할 수 있는데 전자는 빈곤의 원인이 사회체제에 대한 개인의 적응의 실패에 초점을 둔 것이며, 후자는 사회체제의 결함으로 인하여 발생하는 대량의 빈곤에 초점을 둔 설명이다. 미시적인 차원에서 빈곤의 원인으로 들 수 있는 것은 ① 개인의 동기 부족, 즉 낮은 성취동기와 열망수준, 게으름, 의타심, 과다한 출산, 음주, 도박 등 개인의 결함에 의한 원인과, ② 부양의무자의 사망, 질병, 불구, 폐질 등과 같은 비자발적인 개인적 원인으로 나눌 수 있다.

거시적 설명의 대표적인 것은 빈곤이라는 본질적 사회문제의 근원이 자본주의적 생산양식 그 자체에 있다는 설명이다(부익부 빈익빈). 사회제도적인 차원에서 빈곤의 원인을 설명한다면, 그 원인으로서는 농촌 출신 도시이입자의 취업기회의 제한과 불안정한 취업, 저소득층 자녀의 교육기회 제한 등으로 인한 빈곤의 세습화, 각종 사회보장제도의 불비 등을 들 수 있다.

1) 미시적－개인적 원인론

(1) 인적자본이론(human capital theory)

인적자본에 대한 투자가 개인의 생산성을 결정하며, 개인의 생산성 여하에 따라 임금과 소득이 결정된다. 교육이나 훈련에 대한 개인적 투자가 많으면 지식과 기술을 가지게 되고 생산성은 향상되며, 결국 높은 수준의 임금과 소득을 가져오게 된다. 이 이론은 1960년대 미국에서 활발히 연구, 발전되었고 임금결정요인, 빈곤, 소득불평등과 같은 현상을 이해하는데 크게 기여하였다. 무엇보다 이 이론은 1960년대 미국의 빈곤정책의 개발에 이론적인 밑바탕이 되었다.

(2) 개인선택이론

빈곤이 여가와 노동 간에 어느 것을 택하느냐, 또는 안정을 추구하느냐 아니면 위험을 감수하고 도전을 하느냐 하는 양단간에 대한 개인의 선택에 의해 결정된다는 것이다.

(3) 상속이론

개인의 소득은 상속받은 인적. 물적 재산의 격차에 의해 영향을 받으며, 재산에는 물질적인 재산뿐만 아니라 유전적 인자, 부모의 양육, 사회적 교류 등이 포함되어있다.

(4) 우연성이론

이 이론에 따르면 어느 한 개인이 소득을 많이 올리는 것은 요행이나 운과 같은 얘기치 못한 요인에 의해 결정되며 빈곤하게 되는 것 또한 불운 때문에 발생한다는 것이다.

기업도산, 교통사고, 화재, 수해와 같은 불운의 결과 빈곤하게 된다.

2) 거시적－사회적 원인론

(1) 선발이론(screening theory)

이 이론은 사용자들은 근로자들의 진정한 생산성에 관한 정보가 불확실하기 때문에 어떤 배경적 특성을 잠재적으로 높은 생산성을 갖고 있는 근로자들을 선발하기 위한 정보에 칠요한 도구로 사용한다고 주장한다.

(2) 직무경쟁이론(job competition theory)

“근로자들은 취업기회를 두고 경쟁한다.”

이 이론에 의하면 근로자들 사이에서 직무를 할당할 때 그러한 직무수행에 필요한 기술들을 가르치는 데 필요한 훈련비에 있어서의 근로자들 간의 상대적 차이가 중요함에 따라서 훈련비가 적게 든다고 판단되는 근로자일수록 더 좋은 직무를 갖게 되고, 많이

들수록 나쁜 직무를 갖게 되는 훈련비의 과다에 따른 근로자들의 서열이 형성된다. 이때 근로자들의 훈련비용에 대한 정보가 통상 없기 때문에 사용자들은 흔히 근로자들의 교육수준, 나이 , 지능의 정도와 같은 배경적 특징을 이용하여 구별한다.

(3) 노동시장분절이론(segmeted labor market theory)

노동시장은 분절이 되어 있고, 분절된 노동시장들에서의 임금결정과정은 서로 다르고, 또한 이러한 분절된 노동시장에 속한 근로자들 사이에는 매우 제한된 이동이 있다고 주장. 노동시장의 분절이유는 흔히 두 가지의 이론으로 나누어 설명되는데 하나는 내부노동시장이론이고 다른 하나는 이중경제이론이다.

(4) Marxist 계급이론

자본주의 사회에서 발생하는 빈곤에 대해 보다 근본적인 시각을 제공하는 것은 marxist 이론으로, 이때 빈곤은 자본주의 경제의 생산양식 그 자체로부터 생겨나는 것으로 제시된다. 이때 생산수단의 소유 여부에 따른 생산의 사회적 관계는 소득을 결정하는데 가장 근본적인 역할을 한다. 즉, 자본가는 생산 수단을 소유하기 때문에 노동자의 노동력을 착취하여 이윤을 증가 시킬 수 있으므로 높은 소득을 누릴 수 있는 반면, 노동자들의 소득은 유일하게 그들의 노동력을 판매함으로써 나오기 때문에 빈곤해질 수밖에 없다는 것이다.

(5) 빈곤문화론(culture of poverty)

빈곤문화론을 세 가지 측면에서 간략하게 보면 다음과 같다.

가. 빈곤문화의 특징

① 사회의 주된 제도들에 참여 혹은 동화하는 것을 막아서 사회의 지배적인 가치를 수용하는 것을 거부한다.

② 빈곤문화에서의 가족관계는 특이하여 어머니 중심적인 가족이 선호되거나, 아동으로서의 기간이 짧아 어린 나이에 성 관계를 경험하거나, 합법적인 결혼 없이 동거 한다.

③ 쉽게 체념하고 운명주의자가 되고 출세에 대한 동기가 약하고 현재 중심적인 생활을 영위하게 된다.

나. 빈곤을 깨기 위한 대책

① 부적절한 부모에 대한 심리치료, 교육, 상담 등을 통하여 부적절한 아동 양육 방법을 고치는 것.

② 상기의 방법을 보완하기 위하여, 아동들에 대한 조기 교육을 통해 나쁜 양육으로 부터 분리시티는 것.

③ 정규학교 교육을 통하여 빈곤아동들이 그들 부모의 아동양육방법을 배우지 않도록 훈련시키는 것.

다. 비판적 시각

이념적 혹은 인종차별적 성격을 가진다고 비판을 받는다. 즉 빈곤문화의 특징이 실제로 가난한 사람들에게 존재하지 않을 뿐만 아니라 이러한 빈곤문화가 세습되지 않는다는 것과 결국 빈곤문화는 존재하지 않고, 빈곤한 자와 빈곤하지 않는 자의 차이는 빈곤하지 않을 수 있는 기회의 차이라는 것임.

4. 빈곤의 현황

빈곤의 현황은 다음 〈표2-1〉과 같다.

〈표2-1〉 빈곤 현황

소득별	분배지표별	2006			2007		
		전국 전 가구	전국가구 (1인 및 농가 제외)	도시가구 (1인 및 농가 제외)	전국 전 가구	전국가구 (1인 및 농가 제외)	도시가구 (1인 및 농가 제외)
시장소득 (%)	지니계수	0.338	0.320	0.313	0.344	0.329	0.324
	상대적빈곤율(%)	17.5	15.6	14.7	17.5	15.9	15.6
가처분소득 (%)	지니계수	0.312	0.297	0.292	0.316	0.302	0.300
	상대적빈곤율(%)	14.6	13.0	12.5	14.8	13.4	13.0

출처: 2006~2007 통계청

위 통계자료를 보면 전체적으로 2006년에서 2007년으로 지니계수(빈부격차와 계층 간 소득분포의 불균형 정도를 나타내는 수치로, 소득이 어느 정도 균등하게 분배되어 있는지를 평가하는데 쓰임. 0에 가까울수록 소득 불평등 정도가 낮다는 것을 의미. 보통 0.4이상이면 불평등

〈표2-2〉 소득 분배에 대한 견해

	연령, 교육 정도, 성별	2007						
		15세 이상 인구	공평	매우 공평	약간 공평	보통	약간 불공평	매우 불공평
전국	15~19세	100.0	2.2	0.4	1.8	24.2	42.2	31.3
	20~29세	100.0	2.8	0.7	2.2	19.4	42.1	35.7
	30~39세	100.0	2.0	0.4	1.6	17.6	42.6	37.7
	40~49세	100.0	2.4	0.5	1.8	18.7	43.2	35.7
	50~59세	100.0	2.3	0.5	1.8	20.8	42.6	34.3
	60세 이상	100.0	2.0	0.3	1.6	27.1	43.8	27.2
	65세 이상	100.0	1.8	0.2	1.5	28.7	43.6	25.9
	초졸 이하	100.0	1.9	0.3	1.6	26.2	43.9	27.9
	중 졸	100.0	1.9	0.3	1.6	26.2	43.9	27.9
	고 졸	100.0	2.3	0.5	1.8	18.8	41.9	37.0
	대졸이상	100.0	2.7	0.5	2.1	20.1	43.4	33.9
	합계	100.0	2.3	0.5	1.8	20.8	42.8	34.1

출처: 2007년 통계청.

정도가 매우 심한 것으로 판단.) 및 상대적 빈곤 율이 점점 상승 하고 있으며 2007년 시장 소득에 상대적 빈곤 율은 15%대로 중간계층 50%를 기준으로 하기 때문에 매우 높은 것으로 판단된다.

〈표2-2〉의 소득 분배에 대한 견해 통계자료를 보면 거의 모든 집단 들이 약간 불공평, 매우 불공평하다는 것에 합 70%이상을 지지하고 있다. 이 통계가 뜻하는 바는 현재 우리나라의 소득 분배는 불공평하다는 것과 그 부분을 대부분의 사람들이 인지하고 있다는 것을 뜻한다. 그리고 결국 소득 분배가 가장 미치지 못하는 부분인 빈곤층이 충분히 파악되고 있지만 정부는 그에 따른 합당한 대책을 마련하지 못하고 있다. 또한 빈곤 예방 및 감소에 대한 정부 평가 통계자료를 보면 매우 잘함 1%, 잘하고 있음 10%, 보통 33%, 잘 못하고 있음 47%, 매우 잘못함 10%로 잘 못하고 있음이 합 57%로 과반수를 훌쩍 뛰어 넘어 버린다. 이는 현재 정부가 체면 세우기식의 빈곤 예방 및 대책에 정책을 내세우고 있고, 또한 그 효과도 매우 미미하다는 것을 의미한다.

그리고 경제적으로 매우 어려운 절대 빈곤층의 규모는 공공부조 수급자 규모를 통해 파악해 볼 수 있다. 대표적 공공부조제도인 국민기초생활보장의 수급자 수는 매년 늘어나는 것을 볼 수 있다(〈표2-3〉, 〈표2-4〉).

〈표2-3〉 빈곤 예방 및 감소에 대한 정부평가

평가항목별	응답자
매우 잘함	1%
잘하고 있음	10%
보통	33%
잘 못하고 있음	47%
매우 잘못함	10%
소계	100%

출처: 2007년 통계청.

〈표2-4〉 국민기초생활수급자 가구원별 현황

재산가액	계	1인 가구	2인 가구	3인 가구	4인 가구	5인 가구	6인 가구	7인 이상 가구
2001	698,075	353,437	149,106	105,980	62,126	19,966	5,492	1,968
2002	691,018	371,166	144,295	98,189	54,151	16,865	4,624	1,728
2003	717,861	399,220	146,655	98,532	51,997	15,636	4,248	1,573
2004	753,681	426,701	152,454	101,200	52,094	15,516	4,153	1,563
2005	809,745	463,181	161,044	108,067	55,050	16,444	4,304	1,655
2006	831,692	482,842	163,478	108,631	54,510	16,269	4,278	1,684
2007	852,420	511,975	164,300	104,564	50,843	15,111	4,061	1,566

출처: 보건복지가족부, 2007.

수급자 중 가장 큰 비율을 차지하고 있는 형태는 노인세대이며, 그 다음이 일반세대이다. 그 다음으로는 장애인 세대, 모자세대, 부자세대, 소년소녀가정세대 순으로 나타났다(〈표2-5〉).

우리나라의 빈곤층의 크게 도시빈곤층과 농촌빈곤층으로 나누어 볼 수 있다. 우리나라의 농촌 빈곤거구는 (1) 생활능력이 없는 거택보호대상자와 (2) 경작농지를 가지고 있지 못하거나 경작규모가 영세한 농민 또는 농업노동자가구들로 구성되어 있다. 도시빈곤층은 농촌의 경우와 같이 생활능력이 없거나 생계에 미치지 못하는 저소득을 갖는 생활보호 가구들, 1960~70년대에 도시로 이입해 온 영세 농민층의 이입 민들, 낮은 중산층에 속해 있던 가구가 가구주의 사망, 가구원의 질병, 사업의 실패, 실직 등 불의의 사고로 인해 빚을 지게 되거나 가세가 기울어 살고 있던 집을 팔거나 전세금을 빼내 영세민

〈표2-5〉 국민기초생활수급자 가구유형별 현황

시 도	계	노인세대	소년소녀 가정세대	모자세대	부자세대	장애인 세대	일반세대	기 타
2001	698,075	237,443	13,613	70,152	19,128	100,313	217,462	39,964
2002	691,018	235,893	13,638	65,132	17,289	104,009	216,645	38,412
2003	717,861	238,790	13,932	66,636	17,158	112,987	230,827	37,531
2004	753,681	240,030	14,387	70,951	17,916	123,418	249,393	37,586
2005	809,745	244,565	14,823	77,985	19,450	136,892	276,227	39,803
2006	831,692	242,470	14,713	81,189	19,963	144,747	288,945	39,665
2007	852,420	245,935	14,475	82,920	19,934	154,066	294,872	40,218

출처: 보건복지가족부, 2007.

으로 전락한 가구들로 볼 수 있다.

한국에서 1995년에 고소득가구 상위 20%가 1년 동안 번 근로소득과 이자소득 및 부동산 임대소득을 합친 총소득은 가구당 평균 4354만 원으로 1994년의 3599만 원보다 21% 증가했다. 반면 저소득가구 하위 20%의 총소득은 1994년에 가구당 평균 430만 원이었던 것이 1995년에는 394만 원으로 오히려 8.4%가 감소했다. 이들 사이의 소득 격차는 1994년 8.37배에서 1995년에 11배로 확대되었다. 특히 1997년 말의 IMF 구제금융 사태 이후 빈부격차는 더욱 커지고 있다. 실업자가 엄청난 숫자로 늘어나고 있고, 일용근로자도 일감이 없어 노는 날이 많아졌다. 반면에 부유층은 금융자산이 많아 고금리의 혜택을 즐기는 것으로 나타났다. 이러한 상황의 결과로 한국의 빈부격차는 1980년대의 초반 상황으로 후퇴한 것으로 나타나고 있다. 소득수준을 10단계로 나눴을 때 상위 1~3단계를 부유층, 다음 4~7단계를 중산층, 8~10단계를 저소득층이라고 한다면, 90년대 이후 부유층의 31%~32% 수준을 유지하려 왔으나 1998년에는 28.5% 수준으로 하락한 것으로 나타났다. 그리고 이러한 격차는 더욱 커질 것으로 예측되고 있다.

아마도 세계에서 부유한 사람들이 가장 많을 뉴욕의 경우에도 뉴욕시민 10명 중 3명이 생계유지에 필요한 최저 소득인 '빈곤선' 이하에서 생활하고 있는 것으로 나타나고 있다. 1993년에 뉴욕시 인구의 27%인 190만 명의 연간 수입이 빈곤선인 7365달러 이하라는 것이다. 그리고 미국은 1990년대에 들어 장기 호황을 누리고 있으나, 부유층과 극빈층 간의 소득격차는 더욱 늘어나고 있는 것으로 조사되었다. 또한 미국에서 6세 이하 어린이 중 빈곤 속에서 살아가고 있는 어린이가 4명중 1명꼴이 550만 명에 이르고 있는 설정이라는 것이다. 우리나라의 외환위기 이후 한국의 중산층이 붕괴되고, 빈곤층의 규모가 커졌을 것이라는 추측은 모두가 어느 정도는 하고 있을 것이다. 하지만 그 실체에 대해선 2년이 지난 오늘까지도 분명히 밝혀지지 않았고, 보고된 바 없다. 빈곤문제는 결식아동이나 노숙자 숫자의 급등이라는 단편적 측면에서만 사회적 주목을 받아왔다. 이는 '빈곤에 대한 사회적 불감증'을 키웠고 일반 시민들은 물론, 정부조차도 정확한 실태를 파악하지 못하고 있다.

한국에서는 그간 경제성장의 결과 절대적 빈곤층의 규모가 크게 줄어든 것이 사실이지만, 상대적 빈곤률은 감소하지 않고 오히려 약간 증가했다는 것을 알 수 있다. 그러나 상대적 빈곤은 아주 심각한 것은 아니다. 한국의 소득분배는 다른 나라에 비해 나쁜 편이 아니며, 특히 주요 제 3세계 국가에 비해서는 나은 편이다. 그러나 우리나라 빈곤층의 규모는 결코 작지 않다. 우선 정부의 생활보호 대상이 되는 층을 기준으로 보면, 우리나라 생활 보호 대상자는 1992년 현재 약 220만 명으로 전체 국민의 약 5%이다. 이들은 정말 극빈층이라고 해야 할 것이다. 그런데 이 사람들만을 절대적 빈곤층이라고 보기도 어렵다. 소득이나 재산이 기준보다 더 많은 사람들 중에서도 많은 사람들이 절대 빈곤의 상태에 있다고 볼 수 있다.

1) 빈곤 재생산 구조에 대한 문제

(1) 주거 조건

도시 빈민들이 빈민촌의 불량 주택 지역에 거주하는 가장 큰 이유는 역시 빈민촌의 저렴한 집값 및 방값 때문이다. 일반 주택가보다 훨씬 낮은 주거비용으로 살아가는 것이 가능하기 때문이다. 그런데 값싼 주거비용 못지않게 중요한 이유는 빈민촌이 도시 빈민에게 적합한 생활 방편을 제공해 주기 때문이다. 빈민촌은 건축일, 노점, 부업 등 각종의 취업 망이 존재하고 있어 도시빈민들이 용이하게(불안정하지만) 취업 기회를 가질 수 있으며, 마치 농촌의 공동체처럼 상부상조하는 전통이 보존되고 있기 때문이다. (이는 도시 빈민의 대부분이 농촌 출신이라는 점과 빈민은 열악한 생활 조건을 극복하기 위해 서로 공동체적 유대관계를 맺을 수밖에 없다는 점에서 연유한다.) 빚을 얻는 등의 신용거래를 할 수 있는 것이다. 그러므로 물질 숭배적이고 개인주의적인 도시 생활에서 지극히 열악한 수준의 생활을 영위할 수밖에 없는 도시빈민 계급에게 빈민촌은 '최적의' 주거 기반을 제공하고 있는 것이다. 사실 도시빈민의 주거환경은 열악하기 그지없다. 3분의 2 이상의 가구가 세입자로서 매년마다 오르는 방세 때문에 쫓겨 다녀야 하며, 더욱이 재개발의 강행으로 인해 폭등하는 주거비로 생존에의 위협이 심화되고 있다. 이러한 상태에서 상수도, 하수도, 도로 등 기본 시설들이 매우 불량하며, 특히 상수도 문제는 심각한 실정이다. 이러한 상하수도 및 도로 등의 시설은 정부가 마땅히 설치해주고 불편이 없도록 해줘야함에도 불구하고 빈민촌에서는 그 부담과 희생이 모두 도시빈민에게 전가되고 있는 것이다.

(2) 취업 및 소득 문제

도시빈민 계급의 취업은 주변적 부문, 즉 도시 비자본주의 부문에서 불안정하게 이루어진다. 가구주 남자의 경우 건축 노무자가 가장 많고, 주부의 경우에는 파출부나 노점. 행상에 종사하는 비율이 높다. 그러나 건축일은 겨울에 일이 없지 비가 오면 일을 못하지 해서 대개 일 년 중 반년은 일이 없어 문자 그대로 반실업 상태이다. 파출부나 노점, 행상의 경우에도 그러한 반실업 상태는 매일반이다. 또한 노동력의 대가는 지극히 낮다. 그러므로 소득은 불안정 할 뿐더러 매우 낮은 수준에 묶일 수밖에 없다. 그나마 빈민촌은 주거비가 저렴하며, 빈민촌의 시장도 물가가 매우 싸기 때문에 도시빈민의 생활에 커다란 도움이 되고 있기는 하지만, 그럼에도 불구하고 지출은 매우 한정되어 식료품비와 주거비가 소비 지출에 많은 부분을 차지하고 있다. 이러한 실정에서 저축은 하늘의 별따기이며, 오히려 고리채의 빚만 늘어가는 것이다.

(3) 교육문제

학력의 경우 도시빈민에 관한 조사이든, 영세민에 관한 조사이든 매우 낮게 나타나고 있다. 가구주를 중심으로 보면 도시빈민의 14.3%가 미취학이고, 6.9%가 국졸, 26,5%가 중졸이었으며, 고졸 은 이상은 32.3%에 불과했다. 이 같은 사실은 저학력과 빈곤이 밀접한 상관관계를 지니고 있음을 잘 말해주고 있다. 이러한 이유로 도시빈민 1세대는 자신들의 빈곤의 악순환을 극복하기 위해 자녀들의 교육에 온 힘을 쏟아보지만 매우 어려운 실정에 놓일 수밖에 없다.

도시빈민 젊은 자녀의 경제활동은 교육수준의 면에서 가구주에 비해 전반적으로 높은 수준에 있으며, 제조업 분야의 생산직. 하위사무직으로의 진출이 상당히 일반화되어 있는 것이다. 즉, 도시빈민가구의 구성원들의 젊은 자녀의 경우는 공장노동자로 취업하고, 저학력의 가구주나 가구주 부인은 막노동, 잡역, 행상 등에 취업함으로써 가족단위로 볼 때 이른바 '공식, 비공식' 양 부문에 동시적으로 종사하는 경우가 많게 된다. 이렇듯 도시빈민 자녀들은 고등교육을 받을 기회가 없는 채 빈곤의 재생산 구조에 편입하게 되는 것이다.

2) 빈곤문제에 대한 현행제도의 서비스의 한계점

(1) 주거서비스 부문

저소득층에 대한 주거지원은 주택공급(국민임대주택, 다가구주택 매입임대 등)과 주거비용에 대한 지원(기초수급자에 대한 주거급여, 저소득층 전세자금 지원 등)으로 구분된다. 하지만 주택공급정책과 주거비 지원정책의 상호 연계가 불충분하여 저소득층에 대한 주거지원이 원활하지 못한 상태에 처해 있다. 보건복지부의 2005년 통계에 의하면 영구임대주택, 다가구매입주택에 거주하는 기초수급자 가구는 전체 수급자 75만 가구의 11.6%에 불과한 것으로 보고되었다. 기초수급자(시설수급자 제외)에게 주거안정에 필요한 주거급여를 가구 규모별로 일정액 지원이 되며 주거형태(자가, 임차)별 구분이 없고, 주거비가 생계비에 상당부문 포함(최저주거비는 가구별 최저생계비의 17.7%) 되어 있는 것이 특징이다(〈표2-6〉 참조).

〈표2-6〉 주거급여 수준 (원/월)

가구규모	1인	2인	3인	4인	5인	6인
주거급여	33,000		42,000		55,000	
생계급여에 포함된 주거비	37,937	85,121	118,426	158,784	175,219	206,120
계 (최저주거비)	70,937	118,121	160,426	200,784	230,219	261,120

출처: 통계청(2005).

하지만 이러한 주거지원조차도 최저생계비가 중소도시 전세가구 기준으로 설정되어 대도시 지역 기초수급자의 주거비는 부족한 실정이다. 기초수급자 가구 중 대도시 임차가구는 20만 가구(전체 수급자의 25.7%)이며, 전세자금 융자는 매년 3만 호(6천억 원)를 대상으로 지원토록 하고 있으나 활성화되지 못하다. 차상위계층(최저생계비의 100~120%) 중 지역별 최저주거비 부담이 소득의 20%를 초과하는 가구는 29만 가구로 추정하고 있다. 따라서 다가구주택 매입임대사업 물량확대 및 공급방식 다양화와 기초수급자 대상 주거급여 현실화 유도를 유도해야 하는 한계점을 가지고 있다(보건복지부, 2005).

(2) 최저생계비 대상 선정 부문

한국보건사회연구원(2008)은 보건복지부의 수탁을 받아 연구해 최근 발간한 '차상위계층 실태분석 및 정책제안'이란 정책보고서에서, 저소득 빈곤층의 상당수가 홍보 부족이나 제도상 허점으로 기초생활 보장제도에서 제외되고 있다고 분석했다. 이 보고서는 소득 계층별로 4,400가구를 표본 조사해 분석한 "차상위계층"의 실태에 대한 정부 차원의 체계적인 첫 실태조사로, 중간보고 격이다.

이 보고서를 보면, 소득 인정액이 최저생계비 이하에 있는 비수급 극빈가구의 약 33.2%가 부양의무자 기준을 충족하는데도 생계비를 지원받는 기초생활 보장제도의 수급권자에 포함되지 못한 걸로 나타났다. 소득 인정액이 최저생계비 이하에 있는 비수급 극빈가구의 약 40.4%는 부양의무자 기준이 지나치게 까다로워 기초 수급권자에서 탈락했다. 실제 경제적 실상에서는 이들 가구와 수급가구의 차이는 거의 없는 것으로 조사됐으나, 탈락한 것이다.

최저생계비 대상 선정의 부문의 한계점은 다음과 같이 들 수 있다. 첫째, 빈곤의 예방과 대응이라는 측면에서 체계적으로 꾸려지지 않았고 둘째, 국민 기초생활 보장제도라는 단일 제도가 생계 · 주거 · 의료 · 근로 등의 다양한 욕구부문에 대한 대응으로 지나친 부담을 짊어지고 있으며 셋째, 각 욕구 부문별로 프로그램을 운영하는 부처가 서로 달라 제도 간 유기적 조정이 어렵다는 점을 가장 큰 한계점으로 지적했다. 넷째, 특히 부처 간 운영과 관련해, 주거, 근로, 교육 등 각 담당소관이 나뉘어 있어 유기적인 프로그램 운영의 한계를 지니고 있다고 보고서는 꼬집었다.

(3) 보육 · 교육서비스 부문

현재 도시근로자 평균소득 60% 수준 이하 가구의 4세 이하 보육비 / 교육비를 부모의 소득에 따라 차등지원하고, 평균소득 80% 이하 가구의 만5세아 자녀의 보육 / 교육비를 무상 지원하고 있다. 하지만 차상위계층에 대한 지원 및 지원단가가 미흡 고등교육 단계에서의 저소득층에 대한 지원 부족하다는 한계점을 가지고 있다(보건복지부, 2005. 〈표 2-7〉 참조).

〈표2-7〉 보육료 지원 대상 및 지원 비율

구분	지원기준	소득수준(4인 가구)	지원율	아동 수	비 고
1층	법정저소득층	기초생활수급자	100%	44천 명	◦ 지원 단가 −0~1세 299천 원 −만2세 247천 원 −만3~4세 153천 원
2층	최저생계비의 120% 수준가구	136만 원 이하	80%	58천 명	
3층	평균소득50% 수준이하가구	170만 원 이하	60%	80천 명	
4층	평균소득60% 수준이하가구	204만 원 이하	30%	90천 명	

출처: 통계청(2005).

5. 빈곤문제에 대한 이론적[1] 접근

1) 기능주의 이론

빈곤은 하나의 일탈행동 이며 빈민은 사회에 적응 못하고 공헌 못하는 행동한다. 사회계층의 밑바닥. 물질적 사회적으로 아주 적은 보상을 받고 있다. 빈곤은 사회에 생산적인 공헌 하도록 동기부여 기능을 더 이상 수행할 수 없을 때 사회문제제도가 충분히 보상해주지 못한 다수 빈민 / 사회제도 속 불공평 요소가 있을 때 문제 발생한다. 빈민들은 3D업종 일을 하기 때문에 사회유지 위한 중요 과업을 한다. 그들의 상황에 적응할 수

1. 빈곤이론 : 매우 복잡하고 설명하기 어렵다. 빈곤이론들이 전개되는 데 출발점이 되는 세 가지 독립변수들이 있다. 자원결핍, 개인적 결함, 제도적 결함이다(닐 길버트 · 폴 테렐, 남찬섭 · 유태균 역, 『사회복지정책론』, 2007, 나눔의 집, 252~255쪽 참조).

없어 사회기능에 위협 제기할 때 사회문제 된다(빈곤은 하나의 객관적인 상황. 빈곤은 주로 경제적인 의미로 정의. 절대적 빈곤을 의미).

- 기능주의는 빈곤을 게으름이나 노동력의 상실로 인한 당연한 결과로 인식; 어려서 노동력이 약하거나 늙어서 노동력을 상실하는 사람은 보호자가 없을 경우, 노동력이 있더라도 게으른 사람은 자신에게 필요한 소득과 재산을 얻지 못하기 때문에 가난하다.

2) 갈등주의 이론

기득권이 빈곤으로부터 이익을 얻기 때문에 발생함. 기득권이 현재의 자원배분이 공평치 못하고 정당하지 못하기 때문에 이를 개선하기 위해서 무엇인가 하지 않으면 안 된다고 느낄 때 사회문제가 됨. 빈곤문화는 지배집단이 빈민들의 현실안주. 침범 못하게 보호하는 방편이다. 빈곤을 경제적인 문제로 규정. 상대적 빈곤이다. 개인이 결함보다는 사회구조적 요인으로 설명한다. 사회는 스스로 불평등과 빈곤을 생산해내는 구조를 가지고 있기 때문에 빈곤이 발생하는 것이다. 갈등 이론의 시각에서 보면 사회문제는 언제나 사회에 존재하고 있지만, 실제로 이것이 사회 구성원들에게 사회문제로서 인정되는 것은 사회의 한 집단 혹은 전체사회가 현재의 자원배분이 공평치 못하여 이를 개선하기 위해 무엇인가를 하지 않으면 안 된다고 느껴진 이후이다. 갈등 이론의 한계는 개인들의 빈곤에 대한 구체적인 원인을 쉽게 설명할 수 없다는 점, 그리고 자본주의의 틀 내에서 빈곤 대책을 구성하기가 용이하지 않다는 점에서 찾을 수 있다.

- 갈등주의적 관점은 빈곤을 사회의 경제제도와 복잡하게 관련되어 생긴다고 인식한 사회가 가지고 있는 자원을 공평하게 분배하지 않으면 빈곤문제를 해결할 수 없다고 보기 때문에, 계급간/계층간 소득의 분배와 재분배를 통한 빈곤의 해결을 강조한다.

3) 상호작용주의 이론

현실에 대한 주관성 강조. 사회 영향력 있는 집단들에 의해 규정되기 때문에 사회문제 된다. 객관적인 양의 박탈이란 존재하지 않음. 빈곤은 상대적인 것이다. 빈민집단을 보는 부정적인 인식에 관심. 낙인과 기대행동. 빈곤은 경제적 박탈감 문제가 아닌 개인의 자화상에 관한 문제이고 빈곤에 대한 경제적 개념규정은 복잡성을 은폐할 가능성. 복합적이고 주관적 요소 고려이다.

6. 문제해결을 위한 방안 및 대책

1) 빈곤문제에 대한 기관의 역할

(1) 중앙정부의 역할

우리의 상부상조 전통에 바탕을 둔 사적 소득이나 일시적 빈곤대책으로는 현재의 빈곤 문제나 불평등 구조를 해결할 수 없다. 우선 적극적인 일자리 창출을 목표로 한 거시적인정책의 수립과 사회보장제도 확충, 그리고 소득 불균형 완화를 목표로 한 조세정책의 개혁이 필요하다. 또한 실업대책을 비롯한 고용정책, 기초생활 보장제도의 충실한 시행이 어느 때보다 중요하다. 우선 정부에서는 고용상태가 불안정한 저소득 임시적 노동자들을 위해서 정부차원에서의 정책적이고 제도적인 장치를 마련하여 생활에 맞는 최저생계 기준을 설정하고 최저생계이하로 전락되는 사람들에 대한 별도의 생계보호 대책을 마련해야한다.

또한 최근 IMF이후 가장 눈에 띄게 나타나는 경제문제는 실업문제이기 때문에 정부대책도 주로 실업자를 위한 실업대책 및 실업자 가정 생활지원 사업을 중심으로 제공되어야 한다. 실업대책으로는 실업급여지급, 공공근로사업, 직업훈련 및 취급알선, 그리고 사업자금 융자 등의 사업이 있으며, 실업가정 생활 지원 사업으로는 한시적 생보사업, 자녀교육비보조, 생활안정자금 융자 등의 사업이 있다. 그리고 일용직, 임시직 등의 취업구조를 가지고 있는 저소득층에게 가장 절실한 문제는 일감감소와 그에 따른 수입 감소이다. 보다 장기적인 실업대책 차원에서 일거리 창출이 우선되어야할 일이지만 취업이 어려운 최저생계비 이하의 빈곤층에 대해서는 생계보호를 확대하는 일도 중요하다.

근로 능력 있는 자활보호가구라도 대부분의 저소득층은 구조적으로 고용이 불안정하고 수입이 불규칙적이기 때문에 일시적 또는 계절적으로 생계보호를 해주는 방안을 모색하여야 할 것이다.

빈부격차해소책을 강구할 때는 다음과 같은 원칙을 고려해야 한다.

첫째, 세법개정은 가진 자 층의 활력을 살리면서 기부, 자선을 통한 민－민간의 상조를 유도하는 방향이어야 한다.

둘째, 생계비보조 등 단순한 소득이전보다 취업의욕 유지와 자녀 교육 등 자조 노력 지원 예산을 늘리도록 한다.

셋째, 이전소득 성격의 예산 확대 편성 때 저 소득 층 지원 비율이 더 높도록 한다.

넷째, 각종 연금제도는 결코 빈곤층의 노후 안전망이 될 수 없다. 기초연금을 도입하고 중산층 이상을 지원하는 공무원 연금, 사학연금, 국민연금에 대한 정부의 지원을 줄여 장차 빈곤층을 지원할 수 있는 예산상의 여력을 갖추어야 한다.

최근 정부에서는 2000년부터 국민 생활 보장 제도를 실시하고 있다. 이 제도는 최저생계비 이하의 모든 국민에게 의식주 의료 교육 등 기초생활을 국가가 보장하는 제도이다. 더불어 잘사는 질서공동체사회를 만들기 위해 사회안전망의 기본 틀을 갖추는 빈곤정책의 획기적 전환을 의미한다. 이제는 가난한 생활을 청산하고 희망의 새 천년을 여는 중요한 정책일 것이다.

가. 가족정책

가족해체 현상, 즉 미혼모 및 이혼과 사별로 인한 편부모 가족의 증가 현상은 빈곤과 밀접한 연관을 갖고 있다. 특히 미혼모나 편부모의 경우 특별한 기술이 없어 취업을 하지 못하고 가족을 부양하기 어려운 상황에 있다. 특히 자녀의 부양으로 인해 노동시장에 참여할 기회를 제한 받게 되어 더욱 어려운 상황이다. 이러한 가족의 자녀들은 아동기의 보호 결핍으로 이해 세대를 이어 빈곤에서 빠져 나오지 못 하는 경우가 발생하기도 한다. 이러한 경우에 대비한 가족정책으로 미혼모 예방, 부부가정에 대한 지원, 양육책임을 회피하는 모의 책임 강화 등이 중요하게 지적되어야 한다.

나. 기회의 평등을 위한 대책

기회의 평등을 위한 대책은 미래의 빈곤을 예방하기 위해 시기적으로는 노동시장에서 참여 이전에 이루어져야 한다. 이러한 대책은 빈곤의 악순환을 방지하기 위해 가난한 가정의 아동들에게 초점을 맞추어 그들에게 현물, 서비스 그리고 기회를 제공하는 것이다. 이러한 빈곤대책의 대표적인 것으로는 아동양육 프로그램을 들 수 있다. 아동양육 프로그램은 일단 빈곤한 가정에서 태어난 아동은 그렇지 않은 아동에 비해 여러 가지 면에서 불리하여 그들이 다시 빈곤한 가능성이 높다는 가정 하에 빈곤가정의 아동들에게 열악한 주거환경, 교육환경, 건강 환경 을 개선해 주기 위한 다양한 프로그램이 제공되는 것이다. 기회를 제공하는 프로그램으로는 탁아서비스 프로그램, 취학 전 아동을 위한 프로그램(미국의 Head Start 프로그램),정규교육에 대한 재정적 지원 프로그램 빈곤가정의 산모와 아동을 위한 건강 프로그램(미국의 WIC 프로그램) 학교급식 프로그램 의료보호 프로그램 공공주택의 제공 주택비 보조 프로그램 주택자금융자 프로그램 등이 있다.

다. 노동시장정책

노동시장정책은 근로능력이 있으면서 가난한 사람들을 대상으로 그들이 노동시장에서 경험하게 되는 각종 불이익을 해소하여 소득보장 프로그램에 의존하지 않고 자립 할 수 있게 하는 대책을 말한다. 소득보장 프로그램이 빈곤을 일시적으로 완화해 주는 소극적인 정책인 반면 노동시장정책은 근본원인을 해결하는 적극적인 정책으로 이해되고 있다. 노동시장정책에는 크게 나누어 훈련과 재훈련 프로그램, 고용을 위한 프로그램, 피고용자에 대한 임금보조 프로그램 그리고 최저임금제도 등 네 가지가 있다

우리나라의 경우 이와 관련된 제도로는 직업훈련기본법 고용정책기본법 장애인고용촉진 등에 관한 법률 남녀고용평등법 고령자고용촉진법 최저임금법 고용보험법 등에 근거한 제도들이 있으나 빈곤정책으로서의 영향을 크지 않은 편이다.

라. 조세정책

빈곤대책을 논하는데 있어 조세정책은 사회보장정책과 밀접한 상호 연관성을 갖고 작용하기 때문에 조세정책 하나만 독립적으로 논한다는 것은 바람직하지 못하다 조세정책 하나만 고려할 경우 빈곤의 정도가 악화되는 것처럼 보일지라도 사회보장급여와 동시에 고려하면 결과적으로 빈곤은 완화될 수 있다는 것이다 일반적으로 공공부조가 빈곤층의 소득을 빈곤선 위로 끌어올리는 능동적인 정책이라면 조세정책은 빈곤선 이

하의 소득계층들에게는 면세의 혜택을 주고 또한 빈곤선 바로 위에 있는 빈곤층의 소득에 대해서는 과세 후 빈곤선 이하로 떨어지지 않도록 하는 수동적 대책이라고 할 수 있다 조세정책을 통한 빈곤대책의 방법으로는 소득세의 면세점을 조정하는 방법, 사회보장세의 최저소득한도를 조정하는 방법, 간접세의 면세 등이 있다.

마. 소득보장정책

앞에서 논의한 기회의 평등을 위한 빈곤정책은 미래의 빈곤을 예방하기 위한 것 이고 노동시장정책은 현재의 근로능력이 있는 가난한 사람들을 대상으로 하여 그들의 소득능력을 높여서 그들 스스로 빈곤에서 벗어나게 하는 정책이다 반면에 소득보장정책은 이상의 두 가지 정책이 실패로 인해 노동시장에서 소득으로 빈곤에서 못 벗어 난 경우 마지막으로 직접적인 소득이전을 통하여 빈곤을 해결하는 방법이다 각종부조 프로그램 사회보험 가족수당 의료보호 등이 여기에 속한다고 할 수 있다.

(2) 지방자치단체, 기업, 민간, 종교단체의 역할

지방자치단체는 생계보장, 의료보장과 같은 가족생활과 관련하여 긴급대책을 수립하며, 기업은 재취업 프로그램 등 기업복지서비스 체재를 강화하며, 노조는 실직방지와 재고용을 위한 실업자 조직을 구축하며, 민간단체는 자원 활동을 통해 즉각적인 도움을 주어야 한다. 또한 지방자치단체에서는 구청시설, 지역사회복지관 등 복지시설을 개방하여 노숙자에게 제공토록 하며, 기업, 민간 및 종교단체에서는 정기적인 음식제공 지원을 위한 음식은행(Food Bank)제도 도입 등 급식대책을 마련하고, 또한 질병에 대한 의료지원, 상담 등을 병행하도록 하며, 정기적으로 사회복귀 할 수 있도록 하는 기술 및 인성교육 프로그램을 마련한다.

2) 빈곤 가족 발생 예방대책 방향

(1) 조세를 통한 소득재분배 확대

철저한 소득포착, 탈세규모의 축소, 조세부담이 비형평성 시정을 통해 조세수입을 확대하고 불필요한 조세감면 대상을 대폭 축소, 소득보장정책의 기능을 갖는 조세제도의 도입에 대한 검토가 필요하다.

(2) 사회 경제의 활성화

다양한 경기부양책을 통한 사회 경제의 활성화는 궁극적으로 빈곤가족의 발생을 예방하는 효과가 있다(일자리 창출 노력, 직무분할, 민간 기업에 대한 채용보조금 지급, 저생산성 근로자 미취업자 직업훈련 및 재훈련의 강화).

(3) 여성취업 보장

기혼여성의 취업기회 제한, 여성의 임금차별, 임시직 고용 등의 병폐를 시정하여 여성들도 사회에 당당하게 홀로 서서 가족을 부양 할 수 있도록 지원해야한다.

(4) 저소득 가정 자녀에 대한 지원 확대

보육사업, Head Start[2]와 같은 취학 전 아동교육대안, 교육복지투자 우선 지역 지원사업 등이 있다.

(5) 이혼가족에 대한 지원

양육비사항 합의를 의무화하고 부양의무자의 담보제공 명령 제도를 도입하고 경제위기로 이혼위기 처한 가정에 우선적 지원, 해체가족 아동에 대한 아동수당 또는 가족수당의 우선도입을 동해 아동에 대한 지원을 강화해야 한다.

3) 빈곤가족에 대한 지원 대책 방향

(1) 국민기초생활보장제도의 개선

수급자를 확대하고 수급수준을 개선해야 하며 탄력적으로 선정기준을 적용하고 급여수준도 강화해야한다. 차상위계층이란 특정의 기준시점에서 소득 인정액이 최저생계의 이상인 계층이며 따라서 공공부조에서 배제된 집단이라 할 수 있다.

---

2. Head Start : 헤드스타트(스타트는 아동에 대한 조기교육프로그램을 의미함).

(2) 의료지원 확대

빈곤가족 내에는 만성질환자, 장애인 등이 많이 있다. 그러므로 급여대상의 확대가 시급하고 지원수준이 매우 낮아 실효성을 거두기 어려우므로 의료급여의 확대가 요망된다.

(3) 자립지원의 강화

빈곤계층은 교육수준이 낮고 여성가구인 경우가 많다. 취업보다는 창업지원에 대한 정책적인 노력이 강화될 필요가 있다. 또한 효과적인 자활지원 프로그램의 개발과 보급도 시급하다.

• 자활프로그램 내용

사회적응프로그램, 지역봉사, 자활근로사업, 주거현물급여 집수리 사업, 수익금(자립준비 적립금), 창업 지원 사업(자활공동체 창업자금 지원 사업), 자활소득공제사업

예) 복지간병인사업단, 집수리 사업단, 청소사업단, 폐자원재활용사업단, 음식물재활용사업단, 영농사업단, 외식사업단, 장애통합교육보조원사업단, 산모 신생아 도우미 지원 사업단 등

(4) 빈곤아동을 위한 지원 강화

현재 가족이 당면하고 있는 빈곤문제를 해결하기 위한 방안이지만 장기적으로 빈곤에 대한 예방책이다.

가. 급식지원사업의 개선

결식에서 벗어나 적극적 급식지원 사업으로 전환, 급식 아동 선정기준 확대, 급식지원 전달체계 확대, 급식단가 현실화를 포함하고 있다 그 외에 아동급식지원 조사의 연중실시 및 발굴 강화, 민간 아동급식단체와 협력체계 구축, 급식장소 확대, 자활근로사업에서 결식아동급식사업추진, 공휴일 · 조식 등 결식 지원 강화가 제시되었다.

나. 영유아 보육료 지원 확대 및 다양한 보육서비스 개발

보육료 지원을 확대하고 다양한 보육서비스 형태를 도입하도록 한다.

다. 방과 후 보호 및 학습지원, 문화지원

지역아동센터를 확대해 나가는 동시에 전문가를 배치하여 지역아동센터가 지역사회 기존 복지 인프라와 연계한 종합적인 아동 보호·육성체계를 구축할 수 있도록 현실화해야 한다.

라. 심리사회적지지

빈곤가족 아동들의 심리적 상담, 사회기술훈련, 문제해결능력 배양 등을 통해 학교와 가정에 잘 적응하도록 도와야 한다.

〈정부에서는 빈부격차에 관한 해결책으로 빈부격차 차별시정위원회를 설치하여 다음과 같은 정책을 실시하였다.〉

• 일을 통한 빈곤탈출 지원 …… 여성·장애인 고용기회 확대

2004년 우리사회가 당면한 가장 큰 문제 중 하나는 사회경제분야에서 양극화가 심화되고 있는 현상이다. 한편에서는 자동차, IT 등 수출이 매달 사상 최대 실적을 기록하며 호황을 누리고 다른 한편에서는 극심한 내수 불황으로 영세자영업자와 택시운전기사들 사이에서 "IMF때보다 더 어렵다"는 불만이 터져 나왔으며 식당주인들의 솥단지 시위도 눈길을 끌었다. 수출과 내수의 분리현상은 대기업과 중소기업, 정규직과 비정규직의 양극화와 함께 궁극적으로 빈부격차를 심화시키는 요인이 되고 있다.

참여정부는 일찍이 빈부격차와 함께 사회통합을 방해하는 요인으로 차별문제에 주목하여 여성, 장애인 등 사회적 취약계층에 대한 고용상의 차별과 기타 생활 속에서 일어나는 차별을 시정하고자 빈부격차·차별시정위원회를 만들었다. 빈부격차를 완화하고 차별을 시정하는 일은 단기적인 처방으로 해결될 수 있는 것이 아니고 제도화와 사회 구성원의 의식변화 등이 수반되어야 하는 장기과제이므로 빈부격차·차별시정위원회는 이러한 문제를 해결하기 위한 기초를 다지는데 주력하고 있다.

• 부동산 가격 안정과 서민주거복지 확대

부동산정책은 보유세(保有稅)① 강화와 주택공급 확대를 통한 시장안정이 첫 번째

---

① 보유세[保有稅]−[명사] 가지고 있거나 간직하고 있는 부동산, 자동차 따위에 부과하는 세금.

목표인데 2004년 8월 재경부에 부동산 실무기획단을 구성하여 종합부동산세 도입의 첫 단계로 2004년 11월 4일 보유세 개편방안을 마련하였다. 서민주거 복지 분야는 12월 현재 국민 임대주택 9만 1천호가 착공되어 연초 목표 대비 91%가 달성되었으며 저소득층을 위한 도심다가구 매입임대사업도 서울지역에 503가구가 입주하여 차질 없이 진행되었다.

• 차별시정기구 일원화 및 여성, 장애인 고용확대

빈부격차 · 차별시정위원회는 차별시정을 원활하게 추진할 수 있는 인프라를 보강하기 위해 여성부, 국가인권위원회, 노동부 등 부처별로 나눠져 있던 차별시정업무를 국가인권위원회로 일원화하는 방안을 2004년 12월 확정함에 따라 향후 차별피해자의 권리구제가 크게 신장될 것으로 기대하고 있다. 또 2004년 7월부터 우리나라 최초로 여성에 대한 적극적 고용평등조치가 시행되어 여성인력활용의 토대를 마련했고 1,000명이상 기업에 대한 여성고용실태를 조사 중에 있다. 장애인의 경우, 민간부문 장애인 고용대책을 수립하여 고용상 차별문제 개선에 기여했다.

• 취약계층보호 지원 및 사회안전망 확충

노동시장 양극화와 가족해체의 증가로 아동에 대한 계층 간 투자격차가 심화되어 빈곤대물림 현상에 대한 사회적 우려가 커짐에 따라 "빈곤대물림차단을 위한 희망투자전략"을 2004년7월 1일 국정과제회의를 통해 발표했다. 이는 빈곤아동에 대한 정부차원 최초의 종합대책으로 의미가 있으며 지속적인 정책추진을 위해 국무조정실 주관으로「아동정책조정위원회」에 상정하여 시행하기로 했다. 또 사회안전망의 사각지대 해소를 위해 차상위계층에 의료급여, 자활지원 등을 확충해나가는 한편 2004년 7월 1일에 위기가정에 대한 긴급보호체계(SOS신고센터)를 구축하고 상담전화를 개통했으며 11월에는 공공복지서비스 전달체계의 개편을 위해 전국적인 현장점검을 실시하였다.

• 일을 통한 빈곤탈출 지원 정책

외환위기 이후 우리사회에서 일자리가 양극화되고, 비정규직이 크게 증가하여 취업과 실직을 반복하거나 일을 해도 가난한 근로빈곤층 문제가 대두되었다. 이에 따라 빈부격차 · 차별시정위원회는 2004년 11월 10일 국정과제회의를 통해 근로빈곤층을 위한 대책으로 "일을 통한 빈곤탈출 지원정책"을 발표했는데 주요내용은 저소득층에게 의료 · 교육 · 주거 서비스 등 기초적 복지를 지원하여 일을 할 수 있는 여건을 조성하는 한편, 사회적일자리와 자활지원 내실화로 일할 능력이 있는 빈곤층에게는 일자리를 제공하고, 취업해 있지만 빈곤한 계층에게는 근로소득보전세제(EITC) 도입을 본격 검토하기로 하는 등 궁극적으로 일을 통해 빈곤에서 탈출할 수 있도록 지원시스템을 구축했다.

7. 빈곤문제 해결을 위한 방향 : 사회복지적 측면 제시

신빈곤을 해결하기 위한 접근은 여러 인구 층이 함께 사는 공동체 삶의 전체 과정을 개선하는 공동체적 전략을 활용하여야 한다. 복지와 관련된 정책수요의 추출로부터 복지공급의 방법, 그리고 사업집행 영역의 설정 모두가 구체적인 지역단위를 준거로 하여 추진하는 것이 공동체적 접근방식이 되겠다. 내용 면에서 공동체적 접근은 지역노동시장, 지역고용, 지역생산에 관련된 정책 뿐 아니라, 주택, 교통, 환경 관련 정책들과의 체계적인 협조 하에 각 부문으로 복지투자 요소를 추출하고 이를 관리해 가는 것을 다루어야 한다. 아울러 주민들의 의식을 고양시키고, 생활방식의 고도화를 자극하며, 공동체 삶의 민주적인 이념과 구조를 만들어 낼 수 있는 프로그램들도 공동체 접근의 중요한 내용으로 담아야 한다.

『빈곤문제의 본질이 개인적 능력의 부족 이외에도 사회구조적 요인에 있음을 그리고 후자가 오히려 더욱 중요한 요인일 가능성에 대해서 주목해야 할 것이다. 정부 정책은 빈곤층을 대상으로 하는 고용의 창출과 빈곤층의 틈새시장의 창출을 위해 좀 더 과감한 시책을 펼 필요가 있다. 상대적 박탈 층을 대상으로 하는 할당제를 강화하고 빈곤층 근로자의 고용업체에 유인책을 제공하며 부적 소득세와 같은 소득 보전시책을 펴서 일단 취업의 기회를 잡은 보호 대상자들이 지속적으로 일을 할 수 있는 기반을 마련해 주어야 한다. 또한 정부가 직접 시행하는 공공 부문에서의 고용확대도 고려해 보아야 할 것이다. 공공전달체계도 첫째로, 빈곤대책을 시행하는 데 있어서 공공전달체계는 통합성과 전문성에 입각한 체제가 되어야 하고 둘째로, 지방자치제의 실시로 중앙정부와 지방정부 간의 조정이 잘 이루어지지 않고 있으므로 이를 시정하기 위한 혼합적 공공전달체계를 구축하여야 한다. 셋째로, 공공전달체계에서 공적 부조를 적절성 있게 집행하도록 공적 부조와 관련된 생활보호법, 의료보호법 등을 혁신적으로 개정하여야 한다. 넷째로, 사회보험의 대종을 이루고 있는 국민연금 관리에 있어서 행정적 편의주의를 지양하고 형평성을 유지하도록 저소득층인 농어촌과 도시자영업자들의 가입을 대폭 확대하도록 공공전달체계를 운영하여야 한다. 다섯 번째로, 공공전달체계에서 수평적 소득재분배의 효과를 얻을 수 있는 의료보험, 국민연금, 가족수당, 실업보험 등을 효율적으로 실시하여야 한다. 여섯 번째로, 공공전달체계의 집행과정에서 효율성을 높이고 평등성을 유지하여야 한다.』[3]

3. 이배근(2002), 「아동빈곤 퇴치를 위한 선진국의 노력」, 『세계의 아동빈곤』, 국제문제논총.

1) 선진국의 노력

OECD국에 포함된 세계의 부국들에 있어서 아동빈곤은 3~25%로 국가 간의 차이가 많으나 대체로 6명당 1명은 빈곤 속에 생활하고 있으며 약 4천7백만 명의 아동들이 그들 국가의 빈곤선 이하에 처해 있다. 상대적 빈곤에 있어서 영국, 이태리, 미국과 멕시코는 아동빈곤이 OECD국 가운데 가장 심한 국가들이며 절대적 빈곤에 있어서는 스페인, 체코, 헝가리, 폴란드가 가장 높은 수치를 보이고 있다. 21세기에 들어서면서 유럽연합(European Union: EU) 국가정상들은 정상회의를 통해 빈곤퇴치를 위한 EU의 국가 간 목표를 수립하였고 미국은 30년 만에 공식적인 빈곤선을 조정하였으며 프랑스의 총리실 산하 경제 분석 위원회는 빈곤과 사회적 배제에 대한 국가적 관심을 집중해왔다. 아일랜드는 빈곤퇴치를 위한 10개년 계획을 발표하였고 영국정부는 10년 내에 빈곤률을 현재보다 50% 감소시키고 20년 내에 완전퇴치를 천명하고 있다. 그럼에도 불구하고 빈곤에 관련된 또는 인구의 상당부분을 차지하는 중간층에 심각한 영향을 미치는 약물중독, 범죄, 무학 등의 사회병리는 오늘날 선진국들이 직면하고 있는 사회문제로 남아있다.

2) 스칸디나비아 국가들

지난 20년간 덴마크, 핀란드, 노르웨이와 스웨덴 등 4기국은 아동빈곤이 5%내에 불과한 부국들이다. 비록 1990년대 저임금, 재정압박, 실직자증가에 직면하였으면서도 아동빈곤이 5% 이내로 될 수 있었던 이들의 국가정책은 고용촉진과 불평등을 감소시키기 위한 소득재분배로 대표될 수 있다. 높은 고용촉진은 남녀평등에 초점을 두는데 있었고 아동양육의 책임도 남녀 사이에 동등하게 배분되었다. 이들 국가들의 출산휴가는 어떤 지역의 국가들과도 비교가 될 수 없을 만큼 관대하여 1999년 노르웨이의 경우 42주 100% 유급출산휴가 또는 52주 80% 유급휴가를 보장받고 있으며 이에 더하여 아동의 나이 3세까지 부 또는 모가 복직이 보장되는 조건으로 육아휴직을 할 수 있다. 덴마크, 필란드, 스웨덴의 어린이집은 거의 무료로 모든 해당 연령의 아동들이 다닐 수 있으며 이와 같은 출산휴가와 육아지원제도는 70% 이상의 여성들의 취업활동을 가능하게 하고 있다.

3) 유럽연합(EU)

유럽연합은 2000년 3월 리스본에서 개최된 유럽연합정상회의인 European Council이 빈곤퇴치를 위한 결정적 단계(decisive step)를 요청하였다. 정상회담은 아동만을 위한 회담이었으며 주요 의제는 빈곤과 사회적 배제에 대한 대처였다. 유럽연합 국가 간 비교가 협약되었고 ECHP(European Community Household Panel)의 모니터링(monitoring) 노력이 동일한 방법과 질문지에 따라 실시되었다.

4) 영국의 노력

1997년 노동당 정부는 영국의 빈곤가정에 대한 빈곤퇴치를 약속하였으며 톰 블레어 수상은 2020년까지 아동빈곤을 퇴치할 것을 정부의 "역사적 사명"으로 천명하였다. 아동수당과 자산조사에 의한 빈곤가정지원, 고용촉진을 통한 약 20만 명의 평균임금의 상승이 이루어졌고 2/3 이상의 영성근로자들의 임금이 30%가 증가되었다. 교육기회의 확대, 서유럽국가들 가운데 가장 높은 청소년 임신율의 감소 등이 장기대책으로 수행되고 있다. 3~4세 아동들을 대상으로 한 무상탁아서비스와 빈곤과 사회적 배제로 가장 도움이 필요한 0~5세 아동들을 대상으로 한 특별한 지원이 이루어지고 있다.

> 영국의 1999년 총인구는 58,774천 명이고 18세 미만의 총 아동 수는 13,337천 명이었으며 그 가운데 5세 이하의 유아는 3,521천 명이다. 연간 인구증가율은 0.2로 세계적으로 최저이며, 도시인구 연평균 증가율은 0.3, 도시인구의 비율은 전체의 89%, 평균 기대수명은 1970년대의 72세에서 1999년 78세로 상승하였다. 연간 신생아 출생자수는 680천명이고 연간 5세 미만 사망 아동 수는 천 명 당 6명, 모성사망률은 10만 명 당 7명으로 매우 낮은 편이다. 1인당 GNP는 미화 22,640불이며 중앙정부의 예산배정에서 보건 분야 전체의 15%, 교육 4% 그리고 국방 분야가 7%로 보고되고 있다.
>
> 영국의 아동복지는 병원, 보건소, 학교보건서비스 등에 의한 아동 출생 전후의 종합적인 건강보호로부터 시작된다. 영국의 약 90%의 임산부들이 국립병원(NHS : National Health Snvice Hospital)에서 분만을 하며 퇴원하게 되면 조산원, 보건요원 또는 가정의에 의해 2~6일간의 재택서비스를 제공받게 된다. 모든 아동은 국립병원에서 치과진료를 포함한 모든 의료적 치료를 무료로 제공받는다. 미취학 아동들은 지역보건당국이나 보

건요원, 가정의 등에 의해 신체적, 정신적 성장발달에 대한 종합적인 보호를 받는다. 학령기의 아동들을 위하여 학교보건서비스가 계속된다.[4]

1992년 7월 잉글랜드와 웨일즈의 보건증진 전략은 심장질환, 암, 정신질환, 교통사고 줄이기, 성적건강 등을 5대 보건목표로 설정하였으며 이와 같은 질병의 퇴치와 아동기의 건전한 생활습관을 길러주기 위한 보건정책은 건전한 가정환경 조성을 위한 정부의 노력을 보여주고 있다. 아동의 기초건강보호를 위한 영국의 독특한 프로그램으로 아동보건감시 서비스(CHS: Child Health Surveillance)가 있다. 아동보건감시 서비스는 지역사회의 의사와 간호원으로 구성된 기초보건 보호 팀이 가정을 방문하거나 지역사회 보건시설을 방문하여 아동보건을 관리하며 가정을 지원하는 프로그램으로 90% 이상의 가정의들의 참여로 아동보건감시 프로그램이 실효를 거두고 있다.

영국의 기초건강보호와 국민보건증진에 대한 노력으로 잉글랜드와 웨일즈에서는 5세 이하 영아 천 명 당 사망률이 1978년 13.1명에서 1992년 6.6명으로 그리고 스코트랜드에서는 1978년 12.9명에서 1992년 6.8명으로 감소되었다. 그러나 이혼, 별거 등 가족해체와 취업여성의 증가로 인해 청소년가장세대가 1980년대에 비해 최근 41%가 증가되었다. 1990년 여성취업률은 62% 이었고 전체 근로자의 42%가 여성근로자이었으나 정규직원으로 2년 이상 동일직장에 근무한 근로여성 또는 5년 이상 근무한 임시직 여성근로자의 45%가 적절한 출산휴가를 받지 못했고 1990년 전체 아동의 25%가 양친이 아닌 편모에 의해 양육되는 등 경제, 사회적 여건이 아동과 여성에게 미치는 영향은 심각한 것으로 나타나고 있다.

5) 미국의 복지개혁

1996년 미국의 복지개혁이 이루어졌으며 저 소득가정을 위한 자산조사와 현금급여를 주축으로 복지개혁은 급여대상자들의 고용촉진과 각주마다 복지제도의 유연성을 허용하는 것을 내용으로 하고 있다. 결손가정에 대한 지원강화, 아동양육을 위한 국가지원, 고용촉진을 위한 세금조정 등 제도적 개혁의 결과 1996년 500만 가정이 복지급여 대상

4. UNICEF, 2001.

이었으나 1999년에는 50%가 감소한 1960년대 수준인 250만 가정으로 감소되었다.

미국의 1999년 총인구는 276,218천 명이고 18세미만의 총 아동 수는 전체 인구의 25.9%인 71,442천 명이었으며 그 가운데 5세 이하의 유아는 19,344천 명이다. 연간 인구증가율은 0.9, 도시인구 연평균 증가율은 1.2이며 도시인구의 비율은 전체의 77%, 평균 기대수명은 1970년대의 71세에서 1999년 77세로 상승하였다. 연간 신생아 출생자수는 3,754천 명이고 연간 5세 미만 사망 아동 수는 1천 명당 8명, 모성사망률은 10만 명 당 8명으로 비교적 낮은 편이다. 1인당 GNP는 미화 30,606불이며 중앙정부의 예산 배정에서 보건 분야 전체의 21%, 교육 2% 그리고 국방 분야가 15%로 보고되고 있다.[5]

미국의 1999년 현재 18세 미만의 아동 수는 71,442,000명으로 1970년대 이후 급격한 감소추세를 벗어나고 있으나 미국 상무성 통계국의 1990년 보고서에 의하면 18세 이하의 아동은 70,895,000명이었는데 이는 1980년보다 1,600,000명이 감소된 숫자이며, 1970년보다는 무려 6백만 명이나 감소된 것으로 나타났다. 이는 미국이 1960년대 이후 출산률이 현저하게 감소되고 있음을 보여주고 있다. 1990년 보고서는 전체아동의 3.4%가 가정을 상실한 고아로 나타났는데, 이 숫자는 1960년 전체 아동의 5.1%가 고아이었던 것에 비해 감소 추세를 보이고 있다. 미국의 가정은 최근 급격히 변화하고 있다. 1,000명당 이혼률은 1985년 5.0에서 1987년 4.8로 감소되었으나 1960년대에 비해 여성가장세대는 140%나 증가되었다. 이들 여성가장세대 가운데 40%는 미혼모이며, 30%는 이혼모이었다. 1988년 여성가장세대의 증가로 인해 평균 5명의 아동 가운데 1명이 양친부모와 함께 살지 못한 것으로 나타났다.

빈곤은 부모의 심신장애나 질병, 적절한 기술의 부족, 저학력, 교통상의 문제를 포함한 다양한 원인에 의한 취업기회의 상실 등에 기인하며 아동들의 가정생활에 나쁜 영향을 미친다. 1999년 현재 미국의 전체아동의 17%가 기본적인 영양을 섭취할 수도 없는 빈곤가정에서 성장하고 있다. 빈곤가정이 갖는 병리현상은 불량한 주거상태와 부적절한 보건서비스라고 할 수 있다. 도심 속의 적절한 놀이공간이 없는 비좁은 골목이나 노상에서 놀아야 하는 아동들은 적대감과 폭력적인 특성을 갖기 쉽다.

5. UNICEF, 2001.

알코올 및 약물남용이 중상류 계층과 저소득 흑인가정 청소년들의 점증되는 문제로 대두되었다. 알코올 및 약물남용과 이에 중독되는 청소년의 수가 증가하고 있으며 이로 인한 10대의 사망이 늘어나고 있다. 약물을 남용하거나 중독 된 부모에 의해 영향을 받고 태어나는 신생아의 수가 증가되고 있는 것도 문제의 하나이다. 미숙아, 저체중아, 근육경직, 수면부족의 영아, 경련을 일으키는 아동, 계속해서 고성으로 우는 아동들이 늘어나고 있다. 뉴욕시의 경우에도 코카인 남용과 에이즈로 인해 영아사망률이 전국평균인 천 명당 10.8을 넘고 있다. 10대 부모를 포함한 일부 부모들의 미숙과 아동양육에 대한 무지, 책임에 대한 포기 등으로 가정 내에서의 부모－자녀 사이의 갈등 또는 부부갈등의 심각한 문제를 야기 시키고 있다. 미국 정부는 1980년대에 들어오면서 빈곤 노인율이 11%로 대폭 감소된 반면 빈곤 아동율은 22%에서 20%로 그리고 1999년 17%로 감소되었다. 문제는 빈곤가정 아동에 대한 정부 지원으로 아동보조금은 빈곤노인 1인당 미국 연방정부의 연간 보조금의 10% 미만이다.

가정 및 아동복지를 위한 정부지원의 2대 주요 정책분야는 주택 및 보건이나 미국의 저소득층의 주택보조를 위한 연방정부의 재정지원은 1978년 320억불에서 1988년에는 90억불로 격감되었다. 이로 인해 1990년대 초에 미국에는 60만~3백만의 무주택자가 발생되었다. 또한 의료보호예산의 격감으로 1970년대 중반 전체 영세민의 65%가 수혜를 받았으나 1980년 이후에는 수혜자가 40%로 제한되었다. 전국 550개 보건소에서 도움을 받아야할 2천만 명 가운데 겨우 5백만 명의 환자만을 다루었으며 수혜를 받지 못한 환자들의 2/3가 어머니와 아동들이었다. 이와 같은 사회복지정책의 변화는 아동복지에 지대한 영향을 미치게 되었다. Clinton 행정부는 아동지원금을 70% 이상 증액하고 자녀가 있는 근로자에게는 아동보육을 위해 최고 30%의 세제를 감면하는 등 아동지원을 확대한 바 있다.

6) 프랑스의 국가개입

1995년 총인구는 58,896천 명이고 18세미만의 총 아동 수는 전체인구의 22.7%인 13,421천명이었으며 그 가운데 5세 이하의 유아는 3,572천 명이다. 연간 인구증가율은 0.4, 도시인구 연평균 증가율은 0.6이며 도시인구의 비율은 전체의 75%, 평균 기대수명은 1970년대의 72세에서 1999년 78세로 상승하였다. 연간 신생아 출생자수는 711천명이고 연간 5세 미만 사망 아동 수는 1천 명당 4명, 모성사망률은 10만 명당 10명으로 매우 낮은 편이다. 1인당 GNP는 미화 23,480불이며 중앙정부의 예산배정에서 보건 분야 전체의 16%, 교육 7% 그리고 국방 분야가 6%로 보고되고 있다.

결혼연령이 점차 늘어가고 있으며 독신자의 수도 전체의 35% 이상으로 증가하는 추세이다. 1988년 이래 이민자들이 증가되고 있으며 연간 28만 명이 프랑스 국내로 유입되고 있다. 첫 결혼 연령은 남자는 평균 29세, 여자는 27세 이다. 이혼율은 심각한 증가를 보여왔으나 1986년부터는 대체로 31%수준에 머물고 있다. 결혼하지 않은 동거상태는 30~34세에 해당하는 전체인구의 남자 9.5%, 여자 8.5%이며 35~39세에 해당하는 전체인구의 남자 6.6%, 여자 5.3%, 40~44세에 해당하는 전체인구의 남자 3.4%, 여자 4.0%에 이르고 있다. 출산아의 30%가 혼외정사에 의한 사생아로 태어나고 있으며 양친부모가 아닌 편친부모가정이 전체가구의 5.9%이고, 18세 이하의 아동을 가진 가정은 전체가구의 9.3%이다. 1989년 15세 이하 아동의 90.4%가 양친부모와 함께 살았고 15~19세 연령층의 83.4%, 20~24세 연령층의 44.2%가 양친부모와 함께 생활한 것으로 나타났다.

1992년 8월 6일 법은 산모의 산전 산후 신체검사를 의무화하였으며 1993년 1월 27일 법은 고용주가 임산부를 해고하거나 근로계약을 변경시킬 수 없도록 규정함으로서 취업모의 가정생활과 직장생활의 조화를 증진시켰다. 1991년 1월 3일 법에 따라 임산부의 근로시간이 최근 신축성을 갖게 되었으며 직장의 규정된 출퇴근시간에 관계없이 임산부 스스로 근무시간을 조정할 수 있게 하였다. 1999년 출산휴가는 제1子와 제2子까지 각각 산전 6주 산후 10주의 총 16주(112일)의 출산휴가를 받을 수 있다. 제3子부터는 산전 8주, 산후 18주의 총 26주(182일)의 출산휴가를 받으며 쌍둥이의 경우에는 휴가일수가 더 늘어난다.

이와 같은 임산부 보호에 관련된 법이 제정되고 출산휴가일수가 확대되고 있는 이유는 프랑스 근로여성 4명 가운데 3명이 25~49세에 해당하고 있으며 이는 프랑스 전체의 1명의 자녀를 가진 어머니들의 77%, 2명의 자녀를 가진 어머니들의 70%, 3명의 자녀를 가진 어머니의 47%가 25~49세의 연령집단에 속해있기 때문이다. 프랑스의 안전한 출산을 위한 제도적 지원은 지난 20년간 1세 이하 영아 천 명당 영아사망률을 1960년 1천 명당 34명, 1970년 18.2명, 1990년에 7.3명에서 1999년 5명으로 급속히 감소시켰으며 출산 후 1년 미만의 신생아 1천 명당 사망률을 1960년 29, 1970년 12.2, 1990년 3.6명에서 1999년 5명으로 감소시켰다. 모자보건에 대한 정부차원의 직접적인 개입이 1989년 12월 18일 법에 의해 강화되었다. 약 만여 명의 의사와 간호원이 모자보건 분야에 종사하고 있으며 결혼 전 상담, 산전산후 상담, 임산부와 탁아소, 유아학교, 가정보육을 받는 6세 이하의 아동들을 위한 의료 사회적 예방조치들이 이루어지고 있다.

7) 스웨덴의 노력

스웨덴의 1999년 총인구는 8,892천명이고 18세미만의 총 아동 수는 전체인구의 21.7%인 1,934천명이었으며 그 가운데 5세 이하의 유아는 478천명이다. 연간 인구증가율은 0.4, 도시인구 연평균 증가율은 0.4이며 도시인구의 비율은 전체의 83%, 평균 기대수명은 1970년대의 74세에서 1999년 79세로 상승하였다. 연간 신생아 출생자수는 86천명이고 연간 5세 미만 사망 아동 수는 1천 명 당 4명, 모성사망률은 10만 명 당 5명으로 매우 낮은 편이다. 1인당 GNP는 미화 25,040불이며 중앙정부의 예산배정에서 보건 분야가 전체의 1%, 교육 7% 그리고 국방 분야가 6%로 보고되고 있다.

스웨덴 국민의 95%가 루터란 교에 소속되어 있으며 성인의 문자 해독율은 100%에 달하고 있다. 1999년 출산율은 1.6으로 매우 낮은 편이다. 18세 이하 아동은 전 인구의 21.7%를 차지하며 이 중 24%에 해당하는 460,000명의 아동이 해외로부터 유입된 가정의 아동들이다. 외국으로부터 매년 800~1,000명의 해외입양들이 유입되고 있으며 이는 전체 아동의 1.5%에 해당한다. 실업률은 전 인구의 1.5%이었으나 최근 약간 증가추세에 있다.

스웨덴 아동복지의 현안문제는 스웨덴으로 유입되는 난민아동들이며, 난민들 가운데 50% 이상이 18세 미만의 아동들이다. 이들 아동들은 그들의 고국에서 폭력과 전쟁 등을 경험하였으며 특별한 보호를 필요로 하는 아동들 가운데는 약물중독이나 범죄, 질병 또는 심각한 정서적 불안상태의 부모들에 의해 신체적, 정서적, 성적학대를 받는 아동들이다. 이민아동의 급증으로 위탁가정이나 그룹 홈에 배치된 아동의 40%가 스웨덴으로 유입된 이민 아동들이다. 일반적인 아동보건 상태는 상당한 수준에 도달해 있으나 알레르기성 과잉반응성 질환이 급증하고 있으며 3명당 1명이 이런 질환에 감염되어 있다.

장애아는 거의 일반가정에서 보호되고 있으나 장애정도가 심한 경우에는 심리적, 실무적인 지원을 하게 되며, 1992년 7월 1일부터 장애아 부모들에 대한 재정지원이 시작되었다. 스웨덴 전국 380만 가구의 세대 당 가족원수에 대한 통계는 1인 가정이 전체의 40%, 2인 가정이 31%, 3인 가정 12%, 4인 가정 12%. 4인 이상 가정 5%로 나타났다 (Sweden, 1996: 1~3). 18세 이하 아동의 동거상태는 부모와 함께 동거하는 경우가 전체의 75%로 다수를 차지하고 있으며 이들 가운데 18%의 아동들은 정식으로 결혼하지 않은 부모들 사이에서 출생하였고 스웨덴의 1/3에 해당하는 아동들이 17세에 이르기까지 부모의 이혼을 경험하며 이들 중 9%는 재혼가정에서 살고 있다.

자녀를 가진 가정에 대해서는 임신기간의 무상건강검진, 유아학교 아동들에 대한 무료검진, 19세까지의 모든 건강검진과 치과검진이 무료로 실시되고 있다. 아동 옴부즈만 사무소(office of the children's ombudsman)가 18세 이하의 아동과 청소년의 권리를 보장할 목적으로 1993년에 설립되었고 민간단체로서 스웨덴아동권리보호협회(Swedish Society for the Protection of Children's Rights)는 어려움에 처한 아동에게 조언을 하며 지원할 수 있는 어린이전화를 운영하고 있다. 대체로 0~6세의 미취학 아동을 가진 어머니들의 80%가 근로여성으로 나타나 부모를 위한 각종휴가제도는 취업 모들에게 매우 필요한 조치로 받아들여진다. 1995년부터 모든 시 당국이 1~6세의 아동들을 위한 탁아소나 가정탁아서비스를 제공할 것과 6~12세 아동들을 위한 방과 후 보호(after school program)서비스를 제공할 것을 의무화하였다.

미취학아동들을 위한 낮 동안의 보호서비스가 확대되어 1992년 통계에 의하면 6세 아동 전체의 96%, 5세 아동의 63%, 4세 아동의 58%가 탁아소나 파트타임그룹, 기타의 서비스를 제공받은 것으로 나타났다. 학령기 아동들을 위해서는 다양한 여가활동센터 프로그램이 활성화되고 있다. 한편 병원에 입원중인 아동들을 위한 놀이치료, 유아교육, 여가활동센터 프로그램 등이 확대되어 있다.

생각할 거리

1. 현재의 우리나라의 빈곤정책(대책)이 어디까지 왔는지 외국의 사례를 들어 비교하여 보자.
2. 우리나라에서 상대적 빈곤보다 절대적 빈곤에 따른 최저생계비를 측정하고 있으며 외국의 경우는 소득 수준에 따라 다르게 측정하고 있다. 그 이유를 토론해보자.
3. 빈곤의 계층화에 따른 부작용은 무엇인가를 토론해보자.
4. 우리나라의 빈곤문화는 어떻게 존재하는지 생각해보자.

제 3 장

여성빈곤의 문제 – 여성의 빈곤화

학습목표

1. 한국사회 여성빈곤의 원인과 실태 파악
2. 성인지적 관점에서의 여성의 빈곤 고찰
3. 여성빈곤문제의 정책적 · 실천적인 대안 모색

1. 들어가기

1) 빈곤의 여성화

빈곤에 관한 여러 보고서들은 빈곤에 있어서 여성이 남성보다 취약함을 알려주고 있다.

빈곤여성의 문제가 새삼스러운 것은 아니지만, 남성 중심적인 가족구조 속에서 여성의 빈곤은 가족의 대표자이자 부양자인 남성빈곤의 파생적 결과로 이해하거나 사별과 같은 부득이한 이유로 남성이 부재한 일부 여성들의 문제로 치부되어 왔다.

그러나 현대사회에 들어서면서 가족가치관의 변화로 인하여 여성 스스로 가구를 대표하거나 가족을 부양하는 경우가 급증하게 되면서 표면화되지 않았던 여성빈곤이 비로소 가시화되고 있다.

현대사회에서 독립가구를 유지할 정도의 소득원이 확보되지 않은 여성들은 빈곤의 위험에 노출될 수밖에 없다. 왜냐하면 여성들은 노동시장에서 독립된 생계부양자로 인식되지 않았을 뿐만 아니라 돌봄 노동에 대한 부담으로 노동시장에서의 진출입이 반복됨으로써 직종과 임금을 비롯한 다양한 차별을 감수해고 있기 때문이다(김혜영 외, 2005).

또한 노동시장에서 여성의 주변적 지위, 모성 및 아내로서의 책임 및 보살핌노동으로 인해 여성의 노동시장 진입자체가 어려운 점, 그리고 진입을 하더라도 불안정한 진입이나 가족생활로 인한 잦은 이탈과 재진입이 이루어지고 있는 점 등이 여성의 경제적 독립을 어렵게 하고 빈곤을 심화시키는 구조적 요인이 된다. 또한 사회보장제도 역시 노동시장의 활동을 전제로 하는 설계를 담고 있어 노동시장에서의 불평등 구조가 사회보장제도로 그대로 반영됨으로써 여성이 사회보장수혜에서 불평등한 지위에 놓이게 된다 (Millar and Glendinning, 1989; Millar, 1996).

실제로 여성들이 주로 종사해온 제조업과 서비스업에서 조차 여성노동자의 비율이 10%이하인 직업이 전체의 70% 이상을 차지할 만큼 노동시장에서의 성별 직종분리는 강하게 남아있으며(진미석 외, 2003), 여성의 노동시장참여의 증가에도 불구하고 노동시장의 성차별적 관행은 크게 변화되지 않고 있다. 오히려 위기극복 방안으로 제시된 노동시장의 유연화전략은 비공식적이고 불안정한 직업의 증가를 수반하는 것으로서 그 결과는 여성노동자에게 더욱 치명적인 것으로 나타나고 있다(장지연, 2001).

빈곤인구 가운데 여성이 차지하는 비중은 높지만, 빈곤조사에서 성별로 조사를 하고 있는 국가는 거의 없다.

빈곤연구에서 여성 빈민 내지 '빈곤의 여성화(feminization of poverty)' 현상에 관심이 나타나기 시작한 것은 1970년대부터였으며, 여성빈곤에 대한 국가적 차원의 조사가 이루어지기 시작한 것은 1990년대 후반에 들어서이다(김영화 외, 2007).

Pearce(1978)는 미국에서 1970년대를 전후하여 빈곤이 급속도로 여성의 문제로 되어가는 것을 빈곤의 여성화(feminization of poverty)라는 용어로 정의함으로써, 최초로 빈곤에 대한 성적 접근의 필요성을 사회정책적 쟁점으로 부각시켰다. 그는 미국 16세 이상 성인빈민 중 3명 중 2명은 여성이며, 노인빈민의 70% 이상이 여성이며, 빈곤가구의 절반 이상이 여성가구주 가구임을 밝혔다(Pearce, 1978). 이는 여성빈곤의 문제가 사회문제로 부상되었음을 보여주는 용어라 할 수 있겠다.

Peterson(1987)도 1970년대를 전후하여 빈곤가구 중 남성가구주의 비중이 감소하는 대신 여성가구주(특히 어린 자녀를 가진 여성가구주)의 비중이 급속히 증가하였음을 밝히고, 빈곤의 여성화는 빈곤인구 구성의 질적 변화를 의미하는 것이라 하였다(Peterson, 1987).

Millar & Glendinning(1989), Millar(1996)도 빈곤 위험이 양성간에 차별적으로 부과되는 빈곤의 성 영역(gender dimension of poverty)을 구성하고 있음을 지적하였다. 성별분업에 의한 자원통제력에서 여성들의 상대적 소외는 노동시장 접근, 가족 내 여성역할, 사회보장체계 등에서 지속적으로 고착·진행되어 궁극적으로 여성들의 경제적 의존으로 귀결된다. 남성－생계부양자, 여성－가정주부라는 성별분업체계에서 남성 생계부양자의 부재는 경제적 자원접근통로의 상실을 의미하며, 이는 결과적으로 여성가구주 가구의 빈곤을 심화시키는 주원인이 된다.

여성빈곤의 실태를 보여주기 위해 논자에 따라 전체 빈곤인구 중 여성가구주 가구에 사는 빈자의 비율을 검토하기도 하고 혹은 남성 빈곤율 대비 여성빈곤율의 비율(gender poverty ratio)에 초점을 두기도 하며 혹은 전체 가구의 빈곤율 대비 여성가구주 가구의 빈곤율을 분석하기도 한다.

Pearce의 1976년 조사결과에 의하면 16세 이상의 빈민 중 2/3, 성인빈민의 70% 이상이 여성이며, 빈곤가구의 절반 이상이 여성가구주 가계였다(여지영, 2003). 그리고 이러한 수치는 시간이 지남에 따라 더욱 높아지고 있는데 이는 '경제적 빈곤 계층 증가의 상당부분을 여성이 차지하고 있다'는 사실을 나타낸다. Parker는 세계 공식 노동력의 1/3 이여성이고 비공식노동의 4/5를 여성이 수행하지만 여성이 받는 소득은 세계소득의 10%에 불과하며 세계자산의 1%만을 여성이 소유하고 있다고 발표한 바 있다. 즉 빈곤의 여성화란 빈곤이 여성가구주 가계에 살고 있는 삶에 더욱더 집중되는 과정을 말하는 것이다.

Logers도 빈곤의 여성화란 여성 개인 자체의 경제적 취약성의 증가에 그 원인이 있다기보다는 불안정한 시장경제 속에서 여성가구주 가구가 위험에 처할 확률이 높다는 것을 의미한다고 지적했다. 소득이 낮은 계층에서 빈곤 여성가구주의 증가율이 더 높게 나타나는 현실은 빈곤의 여성화 현상을 설명해 주는 동시에 위기의 심각성을 더해가고 있음을 말해준다.

UN에서도 세계 인구 중 약 13억 명이 빈곤에 시달리고 있으며 이들의 70%가 나이 어린 소녀를 포함한 여성들이라고 하였고 여성들은 빈곤계층에 편입되기 쉬운 집단으로 보고 이를'세계적인 빈곤의 여성화 현상'으로 규정한 바가 있다.

2) 성 인지적 관점에서의 여성 빈곤

성 분석에 대한 논의가 대두되기 시작한 것은 1995년 제4차 북경여성대회에서 성 주류화(Gender Mainstremming)의 개념이 행동강령에 "정부 및 관계자는 모든 정책과 프로그램에 성관점을 주류화하는 능동적이고 명시적인 정책을 장려해야 하며, 이를 위해 어떤 결정을 내리기 전에 그 결정이 양성에게 미치게 도리 영향을 반드시 분석해야한다"고 규정함으로써 여성정책에 있어서 성주류화를 각국에 권고하였다.

이 행동강령은 여성빈곤 퇴치전략을 명시하고 정책 반영할 것을 권고하고 있다. 절대빈곤과 빈곤의 여성화, 실업, 증가되는 환경파괴, 계속되는 여성폭력, 권력과 통치제도로부터 인류의 반인 여성을 지속적으로 제외시키는 것등은 발전 평화 및 안전의 지속적인 추구와 인간중심적 지속가능한 개발을 보장하는 해결책 강구의 필요성을 강조하게 한다. 또한 세부적 목표로서 "성(Gender)에 근거한 방법론을 개발하고 빈곤의 여성화를 연구를 수행한다"라고 제시하고 있다.

우리나라 여성부 자료에 의하면 "성인지적 정책이란 남성과 여성의 특성과 차이를 반영함으로써 정책의 효과가 양성 간에 형평성과 평등을 가져오도록 하는 정책"을 말한다. 이러한 성인지적 정책은 서구의 경우 성분석(gender analysis), 양성평등분석(gender equality analysis), 성별영향평가(gender impact analysis)라는 명칭으로 부르고 있다.

성인지적 정책은 성별에 영향을 주는 요소들 즉, 지역, 연령, 계층 등의 영향을 고려해야한다는 것이 핵심이다. 기존의 양성평등이라는 차원을 여성과 남성을 동등하게 한다는 소극적 의미가 아닌 생물학적 성(sex)의 차이가 아닌 사회 속에서 만들어지는 남성과 여성과 관련된 사회적, 문화적 그리고 심리적 특성 등에 의해 결정되는 사회적 성(Gender)의 차별을 바로잡기 위한 각 개인의 욕구를 그들의 입장에서 해결하고자 하는 적극적의미를 포함한다. 즉, 여성과 남성의 다름과 같음에 대한 이해와 요구를 반영하는 정책을 의미한다. "빈곤의 여성화"에 대한 논의 또한 이러한 성인지적 관점에서 논의되어야 한다는 것이다.

Jackson(1994)은 여성의 종속된 지위는 단순히 빈곤에서 나오는 것은 아니기에 빈곤에 대한 논의에서 성인지적 관점은 빈민들 중에서가 아닌 사회전체에서 왜 여성의 불평등이 재생산되고 있으며, 어떻게 재생산되고 있는 지에 대해 초점을 맞추어야한다고 지적했다.

성인지적 관점에서 "빈곤의 여성화"에 대한 분석은 가족, 시장, 국가의 관계 속에서 왜, 어떻게 재생산되고 있는지 분석할 필요가 있다. 가부장적 가족주의와 가족 내 성별 노동분업은 남성은 가장으로서 생계 책임자로서 주체자로서 역할을 하고 있지만 여성은 경제적 의존자로서 주변자로 역할을 하고 있다. 여성의 주된 역할은 보호노동 즉, 양육 또는 노인수발, 혹은 장애, 간병하는 역할로서 무불노동의 주체라고 본다. 이는 가족 내에서 뿐만 아니라 노동시장 내에서도 여성의 가족 내의 성별분업이데올로기가 영향을 끼치게 되고 여성의 노동에 대한 폄하가 이뤄져 역할 뿐만 아니라 저임금구조를 갖게 된다.

빈곤의 여성화의 대부분을 차지하는 여성가구주의 경우 경제적 책임자 뿐 아니라 부양의무자로서 이중의 역할을 책임져야 한다. 이 중 하나의 역할이 어떤 방법을 통해서든 해결되지 않으면 문제에 봉착하게 되고 설사 부양의무를 대신할 자원이 있다하더라도 정규직 또는 1차 노동시장에 들어가기는 제한점이 크다. 결국 여성은 비정규직, 저임금이라도 참여할 수밖에 없는 구조이다.

노동시장 내에서 여성은 경제활동이 증가하고 있지만 출산의 신체적 특수적 역할과 강제된 자발성에 의한 또는 제도적 배제로 인한 육아, 다른 구성원의 보호 등의 역할로 인하여 노동시장단절을 경험하게 된다. 이러한 출산은 결코 개인적인 한 가족만의 문제가 아닌 범국가적 차원의 구성원의 창조적 의미임에도 불구하고 여성에게 경력단절과 생산성저하의 의미로서 해석되고 통계적 차별로서 불평등의 원인으로 자리 잡고 있다. 또한 노동시장 내에서 여성 직종의 특징을 보면 서비스업, 판매업등과 같은 가내노동의 연장선상에서 주류를 형성하고 있음을 알 수 있다. 이러한 여성직업의 게토화는 빈곤의 여성화에 한 원인으로 분석되어지고 있다. 그리고 비정규직의 여성화는 노동시장의 성별불평등을 극명하게 드러내고 있는 것이다.

국가적 차원에서 사회복지정책은 주소득자인 남성을 중심으로 형성되어 있다. 여성은 보호노동의 주된 역할로 인식함으로써 국가의 사회적서비스 또한 주변적, 의존자로 인식하게 된다. 즉, 복지의 수혜자의 특성에 대한 정책형성이 남성은 경제적 독립성과 의사결정권자로서 인식하는 반면 여성의 경우 단순 보조적 소득지원과 환경적 요인과 상관없이 정책을 형성하는 불평등을 조장하고 있다. 이는 결국 국가적 차원의 보호조차도 차별화되고 있다.

더불어서 여성의 차별적 원인이 노동시장 내에서 또는 한 시기적 영향요인으로 분석 또는 정책을 형성하게 된다. 하지만 특히 "빈곤의 여성화"는 여성의 생애주기 전체를 통해서 여성을 보는 것이 성인지적 관점이라고 볼 수 있다. Kaufman & Hotchkiss(2003)은 생애주기관점에서 차별은 더 커지고 이에 대해 훈련 상의 차별과 승진에서의 차별, 차별에 따른 노동시장선택 등의 요인을 통해서 일정시점의 차별이 생애주기적으로 장기간 영향을 미침을 알 수 있다. 이러한 논리에서 중점적으로 일정시점의 차별은 결국 이후의 노동시장선택에 영향을 미친다는 것이다. 이는 결국 피드백의 효과라고 볼 수 있다.

결과적으로 여성정책을 형성하는 데 있어서 여성을 포함하고 있는 가족, 시장, 국가 등을 포함한 틀 속에서 한 시기의 여성이 아닌 노동시장 내에서의 여성의 문제 또는 소득지원이 아닌 전 생애를 통한 여성의 특수성을 고려한 성인지적 관점에서 여성을 분석하고 여성의 불평등이 왜, 어떻게 재생산되고 있는지 분석해야 한다.

2. 여성 빈곤의 원인과 이론적 관점

빈곤의 원인은 이론적인 관점에 따라 다양한 관점에서 논의된다.

김영모(1996)는 빈곤의 원인을 낙인이론에 근거한 개인의 동기부족이나 낮은 열망수준, 무절제, 나태함, 의타심, 과다한 출산 등을 빈곤의 원인으로 보았고, 기능주의에 근거한 관점에서는 가구주 또는 가구원의 사망, 질병, 불구, 낮은 교육수준 등에서 찾는 한편 갈등이론에 근거하여서는 재산권력, 지식, 기술 자원 등의 소유관계나 종속관계 및 실업 또한 빈곤의 원인이 된다고 보았다.

하지만 여성들이 남성들에 비하여 빈곤할 수밖에 없는 이유는 빈곤과 젠더(gender)간의 구조적이고 체계적인 관계에 있다(조홍식 외 2002). 노동시장의 성분절로 지위와 임금이 낮은 직종, 자본이 적고 직무이동 기회가 없으며 직업 안정도가 낮은 직종에 여성들이 채용되고 있으며 성차별로 인하여 남성에 비해 여성의 소득향상이 이루어지지 못하고 있는 것이다. 또한 가부장적 가치에 기반을 둔 가족구조와 이혼의 증가 등으로 빈곤의 여성화가 지속되고 있는 실정이다.

많은 여성주의 학자들은, Esping-Anderson(1990)[1]이 국가와 시장과의 관계 속에서 계

1. 요스타 에스핑-안데르센(Gøsta Esping-Anderson) : 위스콘신대학교에서 사회학박사학위 취득, 현재 스페인의 폼페우 파브라대학교 사회학교수로 재직. 『복지자본주의의 세 가지 세계』, 『복지국가 유형』 등의 유명한 저서가 있다.

급(계층)에 기초하여 복지국가 유형을 비교한 연구결과에 대하여, 성(gender)이 계급(계층) 등과 함께 중요한 분석차원이 되어야 함을 주장하였다. 성(gender)에 대한 분석은 단순히 여성의 문제(women's issue)를 다루는 차원으로 치환될 수 있는 것이 아니라, 복지국가 체제의 본질을 분석하는데 필수적인 통합적 관점을 제공한다는 것이다. 즉, 가족, 노동시장, 사회보장체계 등 복지국가의 주요영역에서 발생하는 사회권, 시민권과 관련된 문제의 중층적 결절점에 성(gender)이 놓여져 있고, 이는 성(gender)의 차원을 고려하지 않고서는 사회권과 관련한 문제의 본질에 제대로 접근할 수 없다는 것을 의미한다.

빈곤문제의 접근도 예외는 아니다. 빈곤은 어떠한 이유에서든 결과적으로 사회의 자원배분에서 가장 소외된 집단의 문제, 즉 사회구성원으로서 최소한의 생활을 누릴 사회적 권리를 박탈당한 사람들의 문제이다. 따라서 이러한 빈곤문제 역시 다른 사회권 문제와 마찬가지로 문제의 본질에 접근하기 위해서는 성(gender)적 차원의 접근이 필요하다. 그러나 오랜 빈곤의 역사에 비해 빈곤문제에 대한 성적 차원의 조명은 불과 30년이 채 안되었다. 빈곤은 개인이 아니라 가구단위로 파악되기 때문에 여성이 주로 가구의 일원인 피부양자로 머물던 것에서 미혼모, 이혼, 사별 등으로 부양자의 역할을 담당해야 하는 여성가구주 가구가 급격히 증가한 시점에서야 비로소 빈곤문제의 성적 차원이 가시적인 문제로 드러나게 되었다(Millar and Glendinning, 1987).

1) 가족의 구조변화와 여성빈곤

가족의 근대적 변화 가운데 주목할 만한 것은 친족제도와 지역사회의 중요성이 해체되고 사적관계의 중요성이 부각되면서 개인의 정체성과 가치의 주된 영역으로 가족이 부상하게 되었다는 점이다. 전통적인 친족체계와 지역사회의 심리적 안전망이 급속히 약화되면서 사랑과 결혼은 전통과 종교가 제공하던 삶의 가치와 규준, 혹은 자기정체성의 주요 자원으로 등장하게 된 것이다(김혜영 외, 2005). 그러나 근대가족은 바로 가족 유대의 기초가 되는 사랑의 가변성으로 인해 구조적인 불안정성이 내포되어 있다.

즉 가족형성의 토대가 사랑이라는 점에서 사랑의 소실은 바로 가족의 해체사유가 되는 것이다. 더구나 삶의 질과 교육수준이 높아지고 가용할 만한 과학기술의 발달은 개인 삶의 기준과 방식이 자신의 내면화된 준거체제에 따른 개인 선택의 문제로 전환시켜 왔다(김혜경, 2001). 그 결과 현대사회는 독신과 함께 이혼 및 재혼가구가 증가하게 되었고,

이러한 가족형태의 다양성은 남성부양자와 가정주부, 그리고 미성년의 자녀로 구성된 전형적 핵가족만을 정상적인 가족형태로 인정하기 어렵게 만들고 있다.

이러한 가족 형태의 변화에 기인한 여성의 빈곤위험은 가부장제 남성부양 가족체계가 남녀 노동의 분리를 통해 여성의 남성에 대한 의존을 강화하는데서 잠재적으로 확대된다. 따라서 가족 내에서 남성 부양자의 존재여부와 여성이 행하는 가정 내 무급 보살핌노동의 책임정도가 여성빈곤의 주요 원인으로 설명된다. 가부장제란 남성지배의 체계로서 법, 문화, 사회규범 등에 의해 남성적 우월이 유지되는 성위계적 관계체제를 의미한다.

순수한 형태의 남성부양체계는 보호노동에서 여성의 전문직 특화와 함께 남성은 주된 생계책임자로서 재생산 과정의 재정적 측면을 책임지는 것을 전제하는 엄격한성별노동분업체계이다. 이는 여성의 보호노동이 가정 내에서 사적으로 이루어지는 무급노동이라는 특성 때문에 결과적으로 여성을 남성에게 경제적으로 의존하게 한다는 점에서 여성 빈곤의 잠재적 원인으로 작용한다는 것이다. 이런 남성부양체계를 기초로 하는 사회에서는 임금 세제나 복지급여, 가족법 등의 사회의 모든 체계가 남성을 중심으로 구조화되어 있기 때문에 남성가구주를 중심으로 한 가족이 복지의 기본단위로서 가정된다. 따라서 남녀 간의 관계가 해체되거나 부재하는 경우에는 빈곤의 위험이 커지게 된다는 것이다. 다시 말해서 남성부양체계가 확고한 사회에서는 남성부양자의 존재여부가 여성의 경제적복지에 결정적인 변수가 되며 결혼은 여성에게 빈곤을 예방하는 안전망 역할을 하게 된다. 그러나 여성이 이런 관계에서 벗어나게 되면 독립적 경제 행위자로 생존하는 데에는 상당한 어려움이 존재할 수밖에 없다(김예림, 2005).

이러한 가부장적인 가족주의와 남성부양 가족체계는 여성빈곤과 관련되어 있다. 왜냐하면 남성을 생계부양자로 여기고 여성의 경제적 의존을 당연시하는 가부장적인 가족문화는 여성이 소유한 인적자본의 시장화를 방해하는 주된 요소이기 때문이다. 결혼을 통과의례로 인식해온 가부장적 문화는 여성자신의 인적자본 개발을 소극적으로 대응하게 할 뿐만 아니라 양질의 자본을 소유한 여성들조차 결혼과 사회적 노동 가운데 선택을 강제 받는 현실에서 자신이 소유한 인적자본을 적극적으로 시장화, 상품화하지 못하는 경우가 많기 때문이다. 결국 성별분업체계에 의존하고 있는 남성부양자 가족모델은 가정 내에서 사적으로 이루어지는 여성의 돌봄 노동을 무급화 시킴으로써 여성노동의 산물을 전유할 뿐만 아니라 시장화의 적절한 기회를 차단시킴으로써 여성의 잠재적 빈곤가능성을 방치시키고 있다고 볼 수 있다.

특히 전업주부의 경우에는 유급노동으로부터 배제되고 있으며 남성부양가족의 해체 시 경제적 독립자로 전환하는데 큰 장애를 가지게 되고, 바로 빈곤으로 연결된다. 이는 여러 경험적 연구를 통해 남성부양자가 부재하는 여성가구주 가구가 기타 가구에 비해 더욱 빈곤할 수 있다는 사실이다. Mulroy(1988)는 이러한 남성부양자가 부재하는 여성가구주의 취약성은 여성가구주에 대한 사회적 인식에 의해 더욱 부정적으로 강화될 수도 있다고 하였다.

남성부양자의 부재라는 요소 외에 여성이 가족 내에서 수행하는 무급보호노동은 여성의 경제적 취약성을 초래하는 요소로 작용한다. Allen(1984)은 현대로 올수록 많은 여성들이 직면하게 되는 이중역할(dual role) 즉, 가족과 노동시장의 이중구조, 임금노동과 가사노동의 이중형태 등이 여성의 빈곤화에 주요한 요소임을 지적하였다. 이는 가사, 자녀양육, 노인보호 등 가족 내 보호노동을 행하여야 하는 여성들에게 가족상황은 노동시장 참여를 결정하는 데에 부정적으로 영향을 미침으로써 잠재적으로 빈곤을 초래할 수 있다. 비록 노동시장 참여를 선택한 여성이라 할지라도 무급보호노동을 동시에 수행하여야 하기 때문에 남성에 비해 노동시간이 훨씬 많고 유급노동시간을 줄이게 되는데 이것은 여성의 취업경력 단축과 소득능력을 약화시킴으로써 빈곤 가능성을 높일 수 있다.

미국의 경우에는 자녀가 있는 여성은 남성 소득의 73%, 무자녀 여성은 90%를 각각 획득하는 것으로 나타나 자녀를 둔 여성과 그렇지 않은 여성 간에 소득격차가 존재함을 확인하였으며, 소득의 성별 격차보다 여성간의 가족특성에 의한 소득 격차가 더 큰 것으로 보고되었다. 특히 남성 부양자 없이 자녀를 양육하는 여성가구주의 빈곤은 다른 집단에 비해 더욱 심각할 수 있음이 지적되었으며, 미국에서의 빈곤의 여성화 경향을 연구한 McLanahan & Kelly(1999)의 종단면적 연구에서도 빈곤의 여성화 경향은 여성가구주가 혼자서 양육책임을 져야 하는 상황이 증대했기 때문으로 분석되었다(여지영, 2003). 우리나라의 경우 자녀수가 증가할수록 여성이 노동시장에서 퇴장하며, 특히 6세 미만 자녀의 존재는 과거에 비해 최근 연도로 올수록 여성의 경제활동에 더욱 부정적 영향을 미치는 것으로 보고된 바 있다(박수미, 2002).

자녀요소 외에, 총 가구원 규모가 커질수록 여성의 가내 무급노동의 부담이 증대하여 여성의 경제적 지위향상에 부적인 영향을 미칠 수 있다. 빈곤연구에서 총가구원 수는 빈곤에 정적인 연관을 갖는 것으로 나타났다(금재호 · 정재호 2002; 정진호회, 2001). 이것은 가구원의 증대가 가구 내 욕구의 증대를 반영하거나 가족 내 무급 보호노동의 증대를 반영하여 빈곤위험을 증가시키는 것으로 해석할 수 있다. 즉, 총가구원 수의 증가는 여성가구주 집단에서는 무급보호노동의 증대효과보다는 욕구의 증대, 무급보호노동의 증대를 통해 빈곤위험을 확대하는 요소로 작용될 가능성이 크다.

Esping-Andersen(1999)은 탈상품화(decommodification)의 개념이 상품화되기 이전 상태에 있는 여성들에게 적합하지 않다는 점을 언급하고 여성들은 시장의존성이 아니라 가족 의존성이라는 차원에서 분석되어야 한다고 지적하였다. 남성들은 여성에 비하여 상당부분 탈가족화 할 수 있는 것으로 간주되는데 이는 전형적으로 자신들의 시장노동을 통해서 가능하다. 또한 남성들은 '가계부양자'라는 지위로 국가로부터 가족유지에 필요한 비용들을 보상받거나 지원받음으로써 그러한 능력을 증대할 수 있다. 그러나 남성부양사회에서 여성들이 결혼 등 특정 유형의 가족으로 편입을 하지 않고 독립적으로 생존을 할 수 있는 것은 제한적이고 또한 용이하지 않을 것이다.

또한 남성과 달리 여성의 결혼지위는 노동시장에서 여성에게 상당히 불리하게 작용한다. 이는 여성이 담당하는 가사노동과 돌봄 노동에 대한 사회적 저평가와 이로 인한 완전한 노동력을 시장에서 제공할 수 없을 것이라는 사회통념에 기인하는 것이다. '결혼은 선택, 취업은 필수'라는 여대상의 의식변화에서 엿볼 수 있듯, 여성들의 경제활동은 점차 증가하고 있으며 '평생직업'을 전제로 하는 '평생평등노동권'에 대한 의식이 점차 당연한 것으로 받아들여지고 있다. 그러나 결혼 이후 현격하게 변화되는 여성들의 일, 가족경험으로 인해 기혼여성들은 종종 '직업의식'이 부재 혹은 결핍되어 있다는 평가에 의해 노동시장으로부터 외면당하게 된다. 즉 노동시장은 성별로 구획되어 '남성'과 '여성'을 구분하고 있을 뿐만 아니라, 여성들을 다시 내부적으로 '기혼', '미혼'의 혼인 지위에 따라 구분하고 있다(박홍주, 이은하, 2004). 그 결과 기혼 여성들은 그 누구보다 강한 '가족책임을 가진 개인'으로 '특별한' 범주의 여성노동자로 재분류됨으로써 상이한 노동경험을 강요받게 된다(박홍주, 이은아, 2004).

가정 내에서 여성은 전통적 성역할 분담에 따라서 무임보호노동과 가사노동을 수행하고 있다. 여성의 이러한 보호노동과 가사노동은 여성의 노동시장의 진입을 저해하는 요소로 작용하며 취업 여성들은 가정에서의 노동과 사회에서의 노동의 이중역할로 인해서 과중한 노동에 시달리고 있다. 이러한 과중한 역할은 노동의 질을 저하시키게 된다. 또한 보호노동 즉, 아동의 양육이나 노인의 간병 등과 같은 노동으로 인해서 여성들의 노동시장에서 경력의 단절을 가져오게 된다. 그런데 우리나라의 사회보험제도는 본인의 기여에 따라 급여가 달라지는 구조로 설계가 되어있어서 여성들의 이러한 지위가 사회보장제도에 반영되고 따라서 여성들은 남성들에 비해서 빈곤해질 가능성이 커지게 된다.

2) 노동시장과 여성 빈곤

현대사회에서는 노동력의 보유가 빈곤을 탈출할 수 있는 경로라고 생각하는 경우가 많은 것 같다. 그러나 노동시장에 진입한 여성일지라도 빈곤 위험에서 완벽히 벗어날 수 없다. 왜냐하면 '남성 부양자, 여성 의존자'라는 성별분업논리로 인해서 여성의 저임금과 이차적 노동자의 역할 등을 합리화하기 때문이다.

여성주의자들은 여성노동에 대한 낮은 보상이 남성가구주에게 가족부양에 필요한 임금을 제공한다는 가족임금체계에 의해 뒷받침되었다고 본다. 가족임금이란 개념은 특히 영국에서 노동자들의 요구로 등장하게 되었지만 노동자의 생존임금 확보를 위한 상징적 구호에 불과했던 것으로 지적된다. 따라서 가족임금체계는 남성에게 아내와 자녀를 부양할 정도의 충분한 임금을 얻는다는 신화를 강화하는 한편 여성에게는 남성의존을 전제함으로 임노동을 하는 여성이라 하더라도 임금의 중요성은 덜한 것으로 인식되도록 함으로써 여성의 저임금을 정당화하는 논리로 작용하는 것으로 인식될 수 있다.

이상으로 볼 때 노동시장 내 성불평등과 차별은 여성을 무급보호노동에 전담케 하는 가부장제 이데올로기가 자본주의적 생산관계에 반영되어 나타난 결과라고 할 수 있다. 남성에 비해 여성의 취업기회를 제한하고 상대적 저임금과 잠재적인 여성빈곤을 초래하는 구조적 요인으로 지적될 수 있다.

한편 노동시장분절론 혹은 이중노동시장론은 여성의 경제적 취약성을 보다 구조적 맥락에서 바라보는데 이의 전제는 노동시장을 완전정보와 임금경쟁이 불가능한 상호 이질적으로 분절된 시장들로 구성된다고 보는 것이다.

시장을 통한 차별은 시장진입이전과 이후 차별로 나누어서 분류할 수 있다. 우선 시장진입 이전의 차별은(Premarket Descrimination) 발달기적이고 고용하기 전 기간 동안 선천적인 능력과 재능을 개발시키고 동등한 기회를 차별하는 것으로 소수집단, 저소득계층, 여성의 경우 낮은 교육과 낮은 건강서비스 그리고 여성의 경우 낮은 교육 수준 등 소득을 발생시키는 특성들을 획득하는 데 영향을 미친다(Kaufman & Hotchkiss, 2003). "여성의 빈곤"은 본인뿐 아니라 자녀의 이후 소득활동에도 영향을 미친다.

둘째, 시장차별은 동등한 능력을 지녔다고 할지라도 불공평한 일자리 제공, 승진기회, 또한 실적과는 무관한 어떠한 특징들에 따라 결정되는 임금율이 적용되는 노동시장에서 경쟁할 때 발생한다(Kaufman & Hotchkiss, 2003). 하지만 주의해야 할 점은 이러한 차별의 격차가 축소된다고 하여 빈곤이 감소하는 것은 아닐 것이다. 여성의 교육수준의 증가, 여성 직위 상승, 소득격차가 축소되었다 하더라도 여성의 이혼이나 사별의 증가로 인하여 한부모 가족의 증가라든지 미혼모의 증가는 현 구조 안에서 결국 여성의 빈곤을 증가시키는 요인이라고 볼 수 있다. 또한 여성의 저임금과 미숙련직종의 분포가 넓고 비정규직에 따른 성분절화가 지속되는 한 여성의 빈곤화는 축소되기 어려울 것이다. 하지만 직업훈련을 통한 기술을 습득한다고 문제가 해결될 수 있는 것은 아니다. 고학력, 숙련된 여성노동자의 30%가 비정규직에 있다는 것이 이유이다.

셋째, 이중노동시장론은 여성의 주변화와 노동시장 내 폐쇄적 순환관계를 설명하는 데 유용한 이론이다. 이 이론은 1차 노동시장과 2차 노동시장의 결정적인 변수로 직무와 고용의 상대적인 안전성을 두고 있는데 1차 노동시장의 직무는 상대적으로 높은 임금, 양호한 근로조건, 다양한 내부승진기회, 고용의 안전성 등이 보장될 뿐만 아니라 승진 보수, 책임, 권한 및 지위 등이 경력과 함께 향상되고 시장의 안정성은 강력한 노동조합에 의하여 강화된다. 2차 노동시장은 저임금, 낮은 부가급여, 열악한 근로조건, 고용의 불안전성, 높은 노동이동, 승진기회의 결여 등을 특징으로 갖고 있다. 또한 여성, 소수민족, 연소노동자, 도시빈민층 등으로 구성되어 있고 노동조합의 조직수준이 낮다. 더욱이 1차 노동시장 진입이 어렵고 상대적으로 높은 실업율을 경험하게 된다.

최근 들어서는 비정규 고용의 확산을 정규고용을 중심으로 작동되던 내부노동시장체계(internal labor market system)와 연관 지어 설명하려는 시도가 광범위하게 이루어지고 있다. 노동시장 유연화가 요구되는 경제환경 변화 속에서 정규고용을 중심으로 작동되던 내부노동시장체제의 경직성과 비효율성이 증폭되어 기업이 고용관계의 외부화(externalization)를 추구하게 됨에 따라 비정규노동에 대한 수요를 증대시켰다는 설명이다. 비정규직 여성근로자의 상당수가 정규직으로의 취업전환을 희망하는 비자발적 비정규직이라는 사실이 이러한 이중구조론적 견해를 뒷받침하는 주요한 논거로 이용된다.

우리나라의 많은 비정규직 노동자들은 노동 관련법의 적용 대상에서 벗어나며, 저임금노동력으로 활용되고 언제든지 해고가 용이하다는 점 때문에 비정규직은 노동자 자신의 선택의 문제가 아니라 적어도 노동자의 비자발적인 선택이거나 이를 강제 받고 있다고 보는 것이 타당하다. 특히 비정규직 여성노동자는 노동시장에서 성별과 고용형태로 인한 이중적 차별로 임금, 근속기간 등 제반 노동조건이 매우 열악하며 사회보험, 모성보호와 기타 복지혜택의 적용률, 노동조합 조직률이 상당히 낮은 것으로 나타나고 있어 비정규직 고용형태가 가지는 폐해가 여성에게 집중되고 있음을 알 수 있다.

여성노동의 비정규직화 현상은 여성노동의 일방적인 저평가를 가능케 하는 가부장적 문화에 의해 더욱 강화되며, 성별로 구분된 직종분리와 직무분리는 이를 뒷받침 해주는 메커니즘으로 작용하고 있다. 또한 이러한 성별 분절화는 성별 임금격차를 초래하는 순환적 고리를 이루고 있다. 여성이 특정한 직업에 몰려있고 이런 직종에 대해 낮은 보상을 하는 경향이 있다면 성별 임금격차가 나타날 수밖에 없듯이, 여성들이 집중되어 있는 직종의 비정규직화 경향이 뚜렷하다면 여성임금근로자의 비정규직 비중 역시 증가할 수밖에 없다

현재 노동시장에서 여성은 남성보다 비정규직의 비율이 계속해서 증가하고 있다. 이러한 비정규직의 증가는 정규직과의 소득격차뿐만이 아니라 각종 사회보험 및 부가급여 등 법정 복리제도의 수혜 범위에 영향을 미치게 된다. 따라서 이러한 소득격차는 곧바로 빈곤의 문제와 연결될 수 있다. 따라서 가족 내 성별분업이 고정되어 있고 노동시장에서의 구조적인 성차별과 가족친화적인 제도가 미비한 우리나라 현실에서 비정규직의 확대는 여성의 다양한 고용형태의 선택가능성을 높이는 것이기보다는 역으로 비자발적인 선택을 구조적으로 강요하는 것에 지나지 않는다. 또한 노동시장에서 여성들은 서비스 판매업, 단순노무직 등과 같은 주변적인 경제부문에 집중되어 있다. 이러한 업종들은 대부분 불안정한 고용 형태를 보이고 복지수혜도 낮게 되어서 여성들이 빈곤계층으로 떨어질 가능성이 높아지게 된다.

3) 복지정책과 여성의 배제

한국의 복지정책은 그간 많은 변화를 겪어왔다. 1995년의 고용보험법, 1998년 실업보험과 1999년에는 전 국민을 대상으로 하는 국민연금제가 실시되었고 2000년에는 의료보험의 통합과 산업재해 보상보험이 전 사업장으로 확대됨으로써 복지국가의 핵심이라는 4대 보험제도가 모두 도입되었다. 이 과정에서 사회복지관련 지출과 서비스도 지속적으로 확대되고 있지만, 복지선진국에 비해서는 극히 미미한 성장에 불과하다. 더욱이 한국의 복지제도는 고용주와 노동자가 사회보험의 기여금을 대부분 담당하고 정부는 사회보장체제의 운영과 관리만 하는 성격이 짙다.

특히 우리나라의 보장제도는 임금노동, 그것도 가능한 한 지속적인 취업노동에 기반한 기여금 적립을 전제로 한 것이어서 장기간의 실업이나 보험혜택이 적용되지 않는 영세사업장의 취업자와 비정규직과, 저임금직에 고용되어 있는 사람들에게는 상당히 불리

하다. 즉 사적영역이나 공적영역에서 노동을 했는가의 여부가 아니라 공적영역에서 기여금 납부와 액수에 비례하여 급부를 제공하는 사회보장제도의 기본적 속성 때문에 노동시장에서 주변부의 위치를 점하는 빈곤 여성들은 시작부터 정책대상에서 배제되고 있다고 볼 수 있다(송다영, 2003).

국가를 통한 복지정책은 크게 두 가지로 여성이 배제됨을 알 수 있다. 첫째, 사회 및 사회정책의 성중립성을 전제함으로써 사회적 실천과 제도의 성차이의 특성을 무시되었고 둘째, 여성에게 특별히 적합하고 의미가 있는 쟁점이 복지의 현안에서 주변화되고 배제되는 방식으로 이뤄지고 있다(Kath Woodward, 1997). 결과적으로 복지정책안에서도 여성은 독립적이고 주체자로서가 아닌 주변적, 의존자로서 대상화되고 있다. 이러한 정책 접근이 결국 여성의 빈곤화의 근본적인 문제 해결을 할 수 없게 된다. 노동시장에 진입하고 있건 아니건 간에 사회적 위험에 노출되어 있는 것은 마찬가지임에도 불구하고 남성에 비해 여성은 상대적으로 배제되어 있고 노동시장에 진입하지 못하고 있는 경우 전업주부, 비경제활동인구, 실업자, 실망실업자 등의 경우 더 열악하다. 결국 이러한 배제가 계층화 양상뿐만 아니라 노동시장을 벗어난 노령이후 까지 생애주기적으로 지속되고 있음을 간과해선 안된다. 특히 사회적 위험에 대한 일차적 책임을 가족에 일임하고 있는 국가의 경우 매우 제한적인 체제임을 알 수 있다.

사회보험 가입자격에서의 성별격차는 결과적으로 연금수급내용과 비율에서의 차이를 가져온다. 한국의 경우 개인의 생애주기에서 위험에 대처할 수 있는 노령, 장애, 사망관련 연금 수급에서는 남성이 압도적으로 높지만, 남편의 노동시장 지위에 따라 가입하고 납입한 국민연금을 남편 사망 시에 받는 유족연금에서는 여성이 매우 높은 비율을 나타난다.

요컨대 성별화된 노동시장은 복지의 이중적인 체계와 연계되어 노동시장의 중심노동력을 구성하는 남성들의 경우 실직 시 사회보험의 수혜자 자격이 주어지지만 노동시장의 주변부를 맴돌게 되는 여성들은 수혜대상에서 배제된 채 오로지 자산평가에 기반 한 공공부조 이외는 의존할 방법이 없게 된다. 따라서 노동시장의 진입부터 다양한 차별을 받게 되는 여성들이 이혼이나 사별을 겪으면서 경제적 위기상황에 봉착하지만, 이들이 사회보장제도로부터 기대할 수 있는 지원은 국민기초생활보장법이나 모자복지법에서 제공하는 공공부조뿐이다. 그러나 공공부조는 극소수의 절대빈곤층에 대한 최후의 최소한의 보호시스템이라는 점에서 자녀양육의 부담을 지고 있는 여성가구주에게는 적절한 대안이기 어렵다.

또한 정규직의 경우만 보장하고 있는 기여형 사회보험시스템을 하고 있는 한국의 경우 비정규직과 전업주부에 주둔해 있는 여성의 경우 정규직 20~30%만이 위험분산대상이 되고 있음을 알 수 있다. 또한 저소득계층과 빈곤선이하의 계층은 국가의 사회적보호를 받는다 하더라도 가사 또는 양육, 보호의 임무를 전담하고 있는 가부장적 구조에서 현 "근로연계복지(Workfare)"를 바탕으로 한 사회적 부조제도 또한 제한적 수혜자일 수 밖에 없다.

국가－시장－가족 관계를 통한 양상을 통해서 보았듯이 여성의 빈곤수준은 상대적으로 남성부양자 중심으로 되어 있는 구조 안에서 여성은 더욱 열악함을 나타내고 있고 기혼여성 안에서도 계층 간의 갭이 크게 존재하고 있다는 것을 보여주고 있다.

3. 여성빈곤 정책과제 및 사회복지적 개입

한국사회의 경제발전은 가부장적 성별 분업과 평가절하된 저임금으로 사회적 노동을 담당해 온 여성들의 희생에 기초하고 있음에도 불구하고, 가부장적 관성은 아직까지도 여성에 대한 정당한 사회적 승인을 유보하고 있다. 이는 여전히 남성가장에 의한 가족부양의 형식을 지원하고 유지함으로써 여성을 독립적인 주체로 인식하지 않은 사회문화적 기조를 통해 확인된다. 더욱이 국가복지의 부재를 가족에 의한 복지로 지탱해온 한국사회는 가족복지의 충실한 수행자 역할을 담당해 온 여성을 인정하고 여성 노동을 사회적으로 보호해야 할 것으로 인정하기보다는 오히려 재생산노동과 연관된 여성의 부담과 가치를 도덕적 의무의 영역으로 간주함으로써 그 책임을 여성들에게 전가해 왔다.

그 결과 여성의 사회참여를 확대하는 여성정책을 펴고 있으면서도 여성의 노동시장 참여시 발생되는 돌봄 노동을 해결하려는 사회전략은 크게 미흡한 것이 사실이다. 바로 이 같은 사회정책의 부재는 여성노동력의 상품화, 시장화를 방해하게 되고, 이는 결과적으로 여성빈곤의 위험성을 증가시키는 요인으로 작용한다고 볼 수 있다. 특히 노동시장의 유연화는 가족임금을 받아 가족을 부양하는 정규직 남성노동자 모델의 적실성을 훼손하고 있으며, 이러한 경향은 상당기간 동안 지속될 것으로 전망된다. 뿐만 아니라 지금 같은 이혼과 만혼, 독신가구의 증가추세가 지속될 것이라는 점에서 남성부양자를 매개하지 않은 여성들의 독립적인 생존권의 확보는 매우 중요한 문제로 부각된다.

따라서 빈곤여성을 지원하기 위한 복지정책은 장 · 단기적 차원에서의 종합적 서비스

망의 구축이 필요하다. 단기적으로는 이들이 최소한의 인간다운 삶을 유지할 수 있도록 생계비 보조와 자녀수당 등의 형태와 같은 소득보전이 필요하지만, 동시에 이들 자녀의 양육을 지역공동체와 사회적 차원에서 분담하고 빈곤여성의 노동시장 진입을 도와주는 직업훈련과 고용알선 시스템이 원스톱으로 이루어질 필요가 있다.

그러나 더욱 중요하게는 여성의 노동시장 진입에 있어 이들의 능력과 인적자본 이외의 요인에 의해 여성노동이 차별받거나 저평가되지 않는 평등고용정책이 추진되어야 할 것이다. 뿐만 아니라 가족 내 보호노동과 가사노동에 묶인 여성들은 양질의 인적자본을 소유하고 있다고 할지라도 가족주기와 관련하여 노동경력의 단절을 경험하거나 가족과 일 사이에서 끊임없이 갈등할 수밖에 없다는 점에서 고용정책과 함께 여성의 경력추구가 선택 가능한 것이 될 수 있도록 돌봄 노동의 부담을 최소화하는 제도가 마련되어야 할 것이다. 왜냐하면 여성들이 일과 가정에서 느끼는 갈등은 출산이나 초기 양육과 같은 자연적인 재생산 활동 자체에 기인하기보다는 양육과 노인보호, 가족 복지와 같은 재생산활동을 그 사회가 어떻게 인식하고 대처 하는가에 크게 좌우되기 때문이다. 양육과 노약자보호와 같은 돌봄 노동이 개별가족의 사적 책임인가 혹은 가족 내 여성의 의무로 규정되어 있는가, 그리고 그러한 활동은 임금노동에 비해 낮게 평가되고 있는가, 아니면 일련의 사회적 보호시스템의 작동을 통한 전사회적 책임으로 간주되고 있는가에 따라 여성의 빈곤 가능성은 변화한다.

우리나라 여성가구주[2]의 높은 빈곤 확률과 추정된 원인에 비추어 볼 때, 여성중심정책으로의 패러다임 전환이 수반되지 않는 한, 대다수 여성들의 경제적 독립은 가능하지 않다. 결혼과 관계없이 돌봄 노동을 전담하고 성차별적인 노동시장의 진입부터 차별받는 현실에서 여성이 독립적으로 가구를 형성, 유지하기는 매우 어렵기 때문이다. 이는 곧 여성들이 결혼을 통한 남성부양가족으로 편입되지 않을 경우 독립적 주체로서 여성이 적정수준의 삶을 유지할 수 있는 가능성이 현저하게 낮아짐을 의미하는 것이고, 이런 점에서 여성의 빈곤위험은 독신과 이혼율의 증가라는 현재적 가족변화와 상당히 맞물려 발생하고 있다. 따라서 여성빈곤을 위시한 여성복지정책의 근저에는 남녀의 차이와 평등의 문제를 해결할 수 있는 근본적인 패러다임의 전환이 필요하다. 그리고 이를 위해서는 여성이 전담해 온 돌봄 노동을 '사회적인 돌봄 시스템'으로 재규정함으로써 이제까

2. 통계청에서 '가구주'로 쓰이고 있으며, 일명 '세대주'라고 일컫는다.

지 여성에게 부과해온 돌봄 노동을 사회적으로 인정하고 지원함은 물론 여성의 역할을 전 사회성원이 공유할 수 있는 제도방안을 모색해야 할 것이다. 그리고 이러한 '사회적인 돌봄 시스템'의 구축에는 남녀의 부모권 보장을 통해 돌봄 노동의 가치를 공유하는 남성의 가족화 전략이 포함되어야 한다. 또한 고용과 임금, 승진, 근로조건에서 '여성'이라는 성 범주와 '기혼'이라는 혼인범주로 인해 여성의 평생 평등노동권이 훼손당하지 않도록 다양한 제도 마련을 통해 여성의 독립적인 생존 기반이 확보되어야 할 것이다.

성인지적 여성 빈곤 정책의 과제로써 첫째, 여성 빈곤 해소를 위한 종합대책과 추진체계 마련하여야 한다. 우리 사회 다양한 영역의 구조적인 성차별을 해소하기 위한 종합적인 계획으로 접근이 필요하며 이를 위해 사회적 배제의 관점에서 여성 빈곤을 측정할 수 있는 종합적인 지표 개발이 우선적으로 진행되어야 할 것이다. 또한 여성 빈곤 해소를 노동·가족·사회복지·문화 등 다양한 영역에서 성차별을 개선하기 위한 정책의 큰 틀로 범주화해야 한다. 이를 위해 정부 각 기관·지자체를 아우르는 협력 체계를 구축해야 한다.

둘째, 우선적으로 추진되어야 할 정책 및 성별영향 분석 과제를 분석하여야 한다. 먼저 사회보험=남성, 공적부조=여성으로 그 수혜대상이 성별로 분리되는 문제나 주요한 정책 전달이 가구(가족)을 단위로 생계부양자를 통해 이루어지는 문제 등 현재 사회복지 정책이 갖는 성별 불균형의 문제를 근본적으로 개선하기 위한 노력이 필요하다. 최우선 과제로 여성의 비정규직화를 방지하고 차별을 개선하기 위한 대책을 마련해야 한다. 여성 비정규직이 산업, 직종별로 확대되어가는 경향을 면밀히 분석하여 성차별 규제로 해소되지 않는 고용형태에 따른 차별을 규제하기 위한 법제도가 마련되어야 한다. 또한 경제활동을 비롯한 여타 사회적 관계망으로부터 단절되기 쉬운 여성 노인을 위한 복지 정책이 제대로 마련되어야 할 것이다. 일자리 정책뿐 아니라 기존의 여러 노인복지 제도에 대한 성인지적 분석을 통해 여성노인의 차이와 특성을 고려한 정책이 시행되도록 해야 한다. 그 외 교육, 문화, 주거, 보건의료 등에서 여성 배제 실태를 점검·개선하는 작업을 해당 업무를 담당하는 기관이 적극적으로 수행하도록 하고 장애여성, 이주여성, 탈북여성 등 차별적인 이해와 요구를 가진 다양한 집단의 여성들의 현실을 고려한 종합적인 정책 추진 체계를 갖추어야 할 것이다.

셋째, 성인지적 정책·예산을 위한 인프라를 확충하여야 한다. 먼저 성별영향평가를 확대 시행해 나갈 수 있도록 체계적인 지원 시스템을 마련해야 한다. 아직 성별영향평가 사업에 대한 이해 수준이 낮고 다양한 업무 특성에 맞는 평가 지표를 개발하고 있지 못하기 때문에 이에 대한 맞춤형 지원이 필요하다. 또 성인지 통계 구축, 성별영향평가에 대한 교육 실시 확대, 정부 차원의 성과관리 및 정책 혁신에 성별 지표 포함 등 다양한 인프라를 구축해야 한다.

생각할 거리

1) "빈곤의 여성화"에 대해서 토론해보자.
2) 성인지적 관점에서의 여성의 빈곤문제를 가족, 시장, 국가의 관계 속에서 왜, 어떻게 재생산되고 있는지 토론해보자.
3) 가부장제적 구조 속에서 여성이 수행하는 보호노동에 대하여 토론해보자.
4) 노동시장의 이중구조 중 여성이 구성하는 2차 노동시장에 대하여 토론해보자.
5) 현재 시행되고 있는 여성 빈곤과 관련한 사회복지정책은 바람직한 방향으로 진행되고 있는가? 그렇지 않다면 대안은 무엇인지 토론해보자.

제 4 장

노동문제 – 노동하는 인간

학습목표

1. 노동의 개념 및 중요성
2. 노동과 관련된 고용, 실업, 비정규직 등에 관한 학습
3. 노동문제 해결을 위한 이론적 관점

1. 들어가기

자본주의 산업화는 급속한 경제성장을 이루어 냈고 이로 인해 대중 생활수준은 획기적으로 개선되었다. 자본주의의 고도성장은 절대적 빈곤으로부터 탈피할 가능성을 가져다주었으며, 소득분배의 평등성 또한 높아질 수 있는 계기를 마련해 주었다. 그러나 1997년 'IMF 외환위기' 이후 대마불사[1] 신화가 무너지고 기업 도산이 이어지면서 사상 유례없는 고실업 사태가 벌어졌다. 1998년부터 실업자가 양산되어 '실업자 100만 명 시대' 가 개막하였고 과거 50만 명 내외였던 실업자 수가 98년 2월부터 100만 명을 상회하기 시작했고, 99년 2월에는 178만 명(당시의 실업률 8.6%)에 육박하였다. 그러나 2000년 이후 전체 실업률이 3%로 하락하고 경기침체는 일시적으로 호전되었지만 최근 들어 전반적인 고용사정의 악화와 함께 실업문제가 다시 대두되고 있다.

우리나라가 실업에 관심을 가지기 시작한 것은 1997년 'IMF 외환위기'였고 이후 우리의 상황은 매우 달라졌다. 이제 실업은 우리의 주요한 관심사가 되었고 그 중에서도 청

1. 대마불사(大馬不死) : 대마는 결국 살길이 생겨 쉽게 죽지 않는 일을 뜻하는 명사.

년실업은 심각한 사회문제로 부각되고 있다. 뿐만 아니라 일자리를 가진 사람들 역시 고용이 불안정해지고 고용의 질이 낮아지는 현실에 불안을 느끼고 있다.

비정규직 노동자들의 폭발적인 증가가 이런 현상의 대표적인 예라고 할 수 있겠다.(김종일 외 3, 2007) 비정규직 노동자는 정규직 노동자와 견주어 모든 면에서 불리한 처지에 놓여있으며 특히 임금적인 면에서 정규직의 임금과 50% 이상의 차이를 나타내고 있다.

현재 노동자들의 임금보장을 위해 최저임금제를 실시하고 있지만 이 제도를 교묘히 사용하여 고통 받는 노동자들은 늘어가고 있다.

본서에서는 'IMF 외환위기' 이후 지속적인 상승을 보이는 실업 그리고 비정규직, 임금에 대해 알아보고 분석하여 노동문제의 해결방안을 제시해 보고자 한다.

2. 노동의 개념

1) 노동

경제활동에서 재화를 창출하기 위해 투입되는 인적 자원 및 그에 따른 인간의 활동을 뜻한다. 흔히 자본, 토지와 함께 생산의 3대 요소로 불린다. 노동은 보수를 대가로 한다는 점에서 취미, 여가와 같은 인간의 다른 활동과 구분된다.

2) 실업 – 청년실업

실업은 다음과 같이 두 가지 상태에 동시에 있는 것을 말한다(Barker, 1995: 393, 재인용). 첫째, 일자리가 없다. 둘째, 일자리가 없기 때문에, 경제적 욕구를 독자적으로 충족하는 데 필요한 소득이 없다.

한편 우리나라의 고용보험에 따르면 실업은 고용보험에 가입된 근로자가 실직하여 일할 의사와 일할 능력이 있음에도 불구하고 일자리를 가지고 있지 않은 상태에 놓여있는 것을 가리킨다.

또한 우리나라에서 사용되는 통계적의미로서의 실업이란 "근로의 의사와 능력이 있고 구직의사를 가지고 적극적인 구직활동을 하였음에도 불구하고 소득이 있는 일에 종사하지 못하는 상태"로 정의되며, 실제 통계 측정 상 실업자는 조사가 시행되는 시점을 기준으로 지난 1주간에 1시간 이상 소득이 있는 일에 종사하지 못하는 자를 말한다. 청년실업이란 일할 의사가 있는 청년들이 일자리를 잃거나 일할 기회를 가지지 못하는 것을 말하며, 우리나라는 15~29[2]세를 기준으로 청년이라 정의한다.

3) 비정규직 노동–고용

비정규직 노동(contingent work)이란 노동법상 정의되어 있지 않으며 사회적으로 만들어진 것으로 고용계약, 근로시간, 근로제공방식, 근로제공 장소, 기업특수훈련, 승진체계, 부가급여를 기준으로 하여 '정규노동이 아닌 노동'으로 규정하고 분류하고 있다(윤정향 외, 2002). 통계청의 경우 고용계약기간을 기준으로 분류하고 있지만 다양한 형태의 비정규노동 일반을 포괄하지 못하고 있다. 따라서 비정규노동은 정규노동이 아닌 고용형태로 반사적으로 규정하는 노동계의 주장이 일반적으로 받아들여지게 된다.[3] 비전형적(atypical), 불안정(precarious) 노동 등 다른 용어들(〈표4-1〉 참조)은 더욱 불명확하거나 비 객관적인 표현으로 간주된다(김성희, 2004).

〈비정규직 보호법〉

2006년 11월 30일에 비정규직보호관련 3개의 법안이 대한민국 국회에서 통과되었다. 이 법의 뼈대는 다음과 같다.

근로자 100인 이상 기업(이전에는 300인 이상인 기업)에 적용.

2년간 근무할 경우에 정규직으로 고용된다.

이러한 조건이 비정규직 근로자에게 불리하게 작용할 것이라는 우려가 있다.[1] 첫 번째 조항으로 인해 비정규직 채용이 줄어들 것이라는 우려가 있다. 또 두 번째 항목으로 인해 2년 이하의 근무자는 해고해도 아무런 제약을 받지 않기에 오히려 대량 해고가 예상된다. (출처: 네이버 백과사전)

2. 원래 OECD와 같은 국제기구에서는 청년실업의 개념은 15~24세의 실업률이지만, 우리나라에서는 남자의 군복무를 고려하여 15~29세를 기준으로 사용한다.

3. 양대 노총과 한국비정규노동센터는 비정규 고용에 해당하는 각각의 고용형태를 (1) 임시·계약직, (2) 단시간노동자, (3) 아르바이트, (4) 파견업체 종사자, (5) 용역업체 종사자, (6) 호출·일용노동자, (7) 개인도급 노동자, (8) 재택근로 노동자, (9) 자영노동자 등 9가지로 분류 하였다.

〈표4-1〉 통계청의 비정규직 관련 용어

용어	내용
기간제 근로	근로계약기간을 설정한 근로가 해당됨
전일제 근로	직장(일)에서 정한 소정의 근로시간대에 정상적으로 출근하여 정상근로시간동안 근로하는 자로, 평소 1주에 36시간 이상 일하기로 정해져 있는 경우가 해당됨
시간제 근로	직장(일)에서 근무하도록 정해진 소정의 근로시간이 동일 사업장에서 동일한 종류의 업무를 수행하는 근로자의 소정 근로시간보다 1시간이라도 짧은 근로자로, 평소 1주에 36시간 미만 일하기로 정해져있는 경우가 해당됨
파견 근로	임금을 지급하고 고용관계가 유지되는 고용주와 업무지시를 하는 사용자가 일치하지 않는 경우로 파견 사업주가 근로자를 고용한 후 그 고용관계를 유지하면서 근로자 파견계약의 내용에 따라 사용 사업주의 사업장에서 지휘, 명령을 받아 사용 사업주를 위하여 근무하는 형태
용역 근로	용역업체에 고용되어 이 업체의 지휘하에 이 업체와 용역계약을 맺은 다른 업체에서 근무하는 형태(예 : 청소용역, 경비용역업체 등에 근무하는 자)
특수고용 형태 근로	독자적인 사무실, 점포 또는 작업장을 보유하지 않았으면서 비독립적인 형태로 업무를 수행하면서도, 다만 근로제공의 방법, 근로시간 등은 독자적으로 결정하면서, 개인적으로 모집·판매·배달·운송 등의 업무를 통해 고객을 찾거나 맞이하여 상품이나 서비스를 제공하고 그 일을 한만큼 소득을 얻는 근무 형태
가정내 근로	재택근무, 가내하청 등과 같이 사업체에서 마련해 준 공동 작업장이 아닌 가정내에서 근무(작업)가 이루어지는 근무 형태
일일 근로자	근로계약을 정하지 않고, 일거리가 생겼을 경우 며칠 또는 몇 주씩 일하는 형태의 근로자

4) 임금

노동 용역 보수의 크기를 의미하는 임금수준은 보는 입장에 따라 의미가 달라진다. 노동자의 입장에서는 임금이 소득으로서 생활비의 유일한 원천이기 때문에 보다 많이 받기를 원하며 최소한의 생활을 보장할 수 있는 생활급임금을 요구한다. 기업가의 입장에서는 임금이 비용으로서 생산에 필요한 지급항목인 노무비가 되기 때문에 보다 적게 지급하기를 바라며, 생산성이나 능률에 견주어 결정해야 한다는 능률급임금이나 생산성임금을 주장한다. 또한, 국민경제의 입장에서는 임금이 경제순환에 있어서 구매력이나 가격으로서의 중요성을 지니고 있기 때문에 임금수준이 너무 높거나 너무 낮아도 어려운 문제를 야기하게 되므로 적정선을 꾀하게 될 것이다.

3. 노동의 원인과 배경

1) 실업 – 청년

(1) 경제성장 둔화와 산업구조 변화

경제성장이 둔화되고 특히 외환위기를 겪은 이후 실업률이 높아지고 있으며, 그로 인해 전체적으로 일자리가 줄어드는 가운데 청년층 일자리가 더 크게 감소하고 있다. 특히나 경기 침체시 대부분 기업들이 우선적으로 신규채용을 억제하여 청년실업이 증가하게 된다.

우리나라는 1990년대부터 정보통신을 비롯한 첨단기술 분야가 주요 성장 산업으로 등장하면서 이른바 고용창출이 없는 성장의 징조가 나타나고 있다(김종일 외 3, 2007). 이를테면, 반도체와 같은 고성장 업종의 고용창출력이 크지 않기 때문에 산업구조가 고도화할수록 실업률이 상승하는 추세여서 청년실업 문제가 심화되고 있고 향후 IT나 서비스 업종이 발전하더라도 청년살업의 획기적인 해소를 기대하기 어려울 것으로 전망된다.

(2) 경력직 선호와 상시구조조정

대기업의 청년층 일자리가 19만 5천 개나 줄어들어, 전체 일자리에서 청년층이 차지하는 비율이 42.3%에서 32.2%로 떨어진 것으로 나타났다. 대기업들은 청년들을 새로 채용하는 대신에 이미 노동시장에 진입한 사람들 가운데 자신들이 선호하는 경력을 지닌 사람들을 뽑는 쪽으로 채용 정책을 바꾸고 있다. 경제위기 이전인 1996년에 43.8%에 불과하던 경력직 채용 비율이 2002년에는 81.8%로 거의 두 배 반이나 늘어났다(김종일 외 3, 2007). 기업들은 양성을 위해서 시간과 비용이 소요되는 신규인력채용을 줄이는 대신에, 즉시 활용 가능한 경력직 인력을 수시로 선발하고 있다. 이는 기업의 인적자원 활용의 패러다임이 필요한 인력을 육성(make)하는 방식에서 우수 인재를 외부에서 수혈하는(buy) 방식으로 변화되고 있다. 즉, 기술변화가 빠른 상황에서 신규 졸업자에 대한 추가 교육을 투자가 아닌 비용으로 인식하고 있다는 것을 알 수 있다. 또한 인력운영 면에서 상시 구조조정과 유연화를 추구하면서 수익성 개선을 위해 성과주의를 강화하고 핵심인재 위주로 인력을 운용할 수 있도록 상시 구조조정을 실시하고 있다.

(3) 대졸자의 양적 증가에 비해 질적 수준 미흡

'대학을 나오지 못하면 사람 구실을 제대로 못한다'는 왜곡된 인식이 확산되어 인력 수용과 무관하게 대학 졸업장 따기 경쟁이 발생함으로써 대졸자 수는 1983년 16만 7천명에서 2007년에는 57만 명으로 약 3.5배 증가하였다. 그러나 대학교육에 대한 질적 투자가 미흡하고 개혁이 지연되어 글로벌 경쟁력이 있고 기업이 필요로 하는 인력을 양성해 내지 못하며, 우수한 학생들은 국내 진학보다는 유학을 선호하고 있고, 대졸자의 질적 수준은 기업이 요구하는 능력과 큰 격차를 보이고 있어 기업이 경력자들을 선호하고 있다(〈표4-2〉 참조).

〈표4-2〉 세계주요국의 대학교육 경쟁력 순위(49개국 중)

국가	핀란드	미국	싱가포르	프랑스	영국	독일	한국
지수*	8.86	7.98	7.65	6.27	5.39	4.53	4.11
순위	1	5	6	19	29	35	41

주*: 지수는 대학교육이 경쟁력 제고에 부응하는 정도를 10점으로 조사한 수치
출처: IMD, The world competitiveness yearbook 2002, 재인용
(위의 자료에서도 보다시피 한국의 대학교육의 경쟁력은 주요 경쟁국들에 비해서 매우 뒤쳐져 있음)

(4) 청년층 직업관과 근로의식 변화

청년층들은 '가치 있는 일'보다는 '편하고 쉬운 일'을 찾으면서 인력부족과 높은 실업이 동시에 초래된다. 고학력자들의 높은 기대수준으로 인해 3D업종이나 중소기업 취업을 기피하며 어렵고 힘든 3D업종보다는 편안하고 깨끗하며 손쉽게 소득을 올릴 수 있는 서비스업 취업을 선호한다. 이는 땀을 흘려 노력하여 자신의 인생을 완성시켜 나간다는 건전한 근로의식 부족으로 생겨난 것이다(〈표4-3〉 참조).

〈표4-3〉 중소 제조업의 인력부족률 및 부족원인

	사무관리	전문가	기술 및 준전문가	기능직	단순 노무	서비스 직	판매 관리	전체
부족 인원	17,224	7,333	17,252	72,987	83,768	527	5,862	204,951
부족률	4.1	9.3	9.1	10.8	11.6	3.0	6.8	9.4

출처: 중소기업청, 2002년 9월 26일 보도자료 「중소기업 인력 부족 여전히 심각」.

선진국에서는 어릴 때부터 노동을 해야만 경제적 보상을 받을 수 있다고 인식하게 하지만 우리나라에서는 학교와 가정에서 직업관, 돈의 의미, 시장경쟁 등을 제대로 가르치지 못하고 있다.

2) 비정규직-고용

(1) 신자유주의적 세계화와 노동시장 유연화 정책

신자유주의적인 세계화가 심화되면서 한국뿐만 아니라 전 세계의 기업들이 극심한 생존 경쟁에 휘말리고 있다. 신자유주의가 득세하면서 시장논리가 사회 전반에 깊숙이 침투하였고, 세계화의 흐름으로 자본과 시장의 국경은 사라져 버렸다. 한국기업들은 생산비를 줄이기 위해 임금이 싼 곳을 찾아 생산시설을 해외 재배치하는 한편, 필요 없는 인력을 마음대로 줄일 수 있는 노동시장의 유연화를 끊임없이 요구하고 있다. 기업의 입장에서는 노동시장의 유연성을 채용과 해고의 자유로 이해한다. 다시 말해 기업 원하는 때에 원하는 방법으로 사람을 쓰고, 또 필요한 때 언제든지 사람을 해고할 수 있다면 그것이 바로 유연한 노동시장이라는 것이다. 비록 정규직 노동시장이 일부 경직되어 있다고 해도, 현재와 같은 수준의 비정규직 남용을 정당화할 수는 없다고 주장한다.

〈기업조직이 추구하는 노동의 유연성〉

- 기업의 규모를 줄이거나, 사업구조조정을 통하여 비용절감과 핵심부문만을 남겨 경쟁력을 추구
- 이에 따라 보다 비용절약적인 생산 방법을 추구하여 외부의 용역을 확대
- 내부적으로는 숙련근로자와 기술직의 핵심인력 비중을 늘리며 핵심 분야를 제외한 영역에서는 비정규인력의 활용도 증가
- 과거 상용계약이었던 고용계약의 형태를 파견회사나 하청회사와의 용역계약 형태로 변환
- 시간제 및 임시직 등의 계약직을 과거와 같은 일시적 일정기간의 계약이라는 의미가 아닌 체계적이고 비교적 장기적인 형태로 고용

(2) 노동시장에서의 불일치 현상

노동시장에서의 불일치 현상은 구직자가 기업이 요구하는 자격조건을 갖추었음에도, 임금을 비롯한 근로 조건에서 양자의 격차가 해소되지 않음으로 채용이 이루어지 못하

는 경우를 가리킨다.

〈노동시장불일치 현상의 부정적 영향〉

- 비정규직 등 노동자 고통: 고용불안, 심각한 차별, 노동권 제한
- 사회적 문제 야기: 대규모 빈곤층 양산, 신용불량자 양산, 출산율 저하 등 사회 문제
- 경제기반 잠식: 내수기반 축소와 생산성 저하로 건강한 경제기반 파괴
- 기업 경쟁력 약화: 인적자원 피폐, 생산성 저하, 중기적 경쟁력 약화

3) 임금

실업문제가 노동시장 문제의 양적인 측면을 보여준다면, 임금문제는 그 질적인 측면을 나타내 준다. 노동력 상품의 가격이라 할 임금은 자본가에게는 되도록 줄여야 할 생산비용이지만, 노동자와 부양가족에게는 사회적 기본욕구 충족여부를 좌지우지하는 일차적 조건이 된다. 이때 건강한 노동력의 재생산은 노동력의 한계생산성을 극대화하고자 하는 자본가 측에서만 필요로 하는 것이 아니라, 자신과 가족의 부양을 책임지고 있는 노동자 자신에게 더욱 절실한 과제가 된다. 따라서 임금이 이러한 건강한 노동력 재생산을 뒷받침할 수 없는 수준일 때 문제가 비롯된다고 볼 수 있다. 사회복지와 관련해서 우선 관심을 갖게 되는 것은 임금결정의 구조 자체보다는 그것이 반영되어 나타나는 저임금 및 임금격차 현상이다.

(1) 저임금

외환위기 이후 기업이 추구하는 노동 유연성으로 인해 비정규직이 늘어났고, 이와 함께 저임금 문제도 생겨났다. 내부적으로 숙련근로자와 기술직의 핵심 분야에 투입했고 이를 제외한 나머지 분야에는 비정규직으로 활용을 증가시켰다. 이로 인해 비정규직은 기하학적으로 늘어났고, 정규직보다 낮고 최저임금 수준을 겨우 넘나드는 수준의 임금을 받고 생활하는 저임금 비정규직 노동자들이 나타났다. 이들은 낮은 임금수준으로 생계를 유지하고 있기 때문에 잠재적인 빈곤자의 위치에 있다.

(2) 임금격차

외환위기 이후 세계화가 급속히 진전되면서 양극화 정도가 심화되었고 세계화가 진

전됨에 따라 국가 간 격차가 발생하는 동시에 일국 내의 양극화가 가속화 되었다. 이는 기업은 물론 국가도 과거와는 전혀 다른 '경쟁의 법칙'에 직면하게 되었음을 의미한다.

개별 경제주체별로도 세계화 진전에 따라 명암이 극명하게 엇갈리게 되었고 글로벌 경쟁력을 갖춘 일부 기업들은 보다 많은 매출 증대와 이익을 올리는 반면, 대다수의 기업들은 답보상태를 면치 못하는 양상을 보인다. 그러므로 세계화의 흐름에 유연하고 민첩하게 대응하여 지식 / 기술 등 지적 능력을 효율적으로 축척하는 계층과 그렇지 못한 계층 간에 큰 차이가 발생하는 것이다.

4. 노동의 현황

1) 실업-청년실업

우리나라의 실업문제 현 주소는 산업구조, 노동시장, 근로의식의 변화가 동시에 진해되고 있고 고실업에 대한 사회적 흡수력이 미약한 상태이다. 인력수급의 미스매치가 심화되고 있고 선장 산업의 고용 흡수력아 낮아서 실업 해소에 기여하지 못하고 있고, 비정규직들이 자신을 준(準)실업상태로 느끼고 정규직을 선호하고 있으며, 공식 실업지표와 체감실업률 간 괴리가 확대되고 있다. 〈그림4-1〉은 실업자와 실업률 추이를 나타내는 지표이다.

〈그림4-1〉 실업자와 실업률 추이

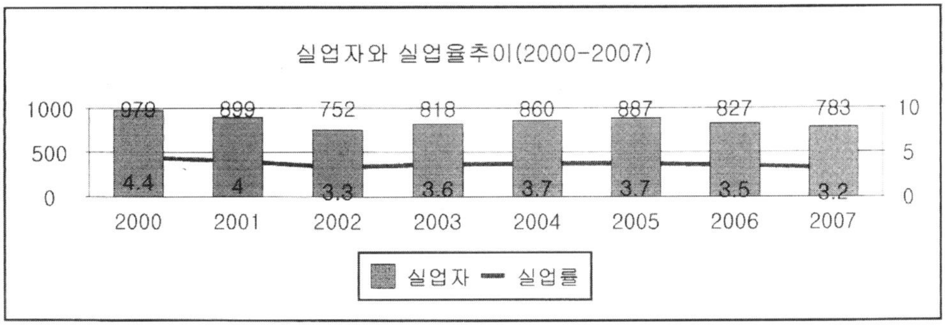

출처: 통계청, 2007, "경제활동인구"

실업률은 2000년 이후로 차츰 줄어들었지만 2002월드컵 이후 다시 상승하고 있다. 그러나 실제 실업률은 훨씬 높은 것으로 추산한다. 경제 위기 이후에 실망 실업자[4]가 상당했음에도 불구하고 이들은 통계상에서 비경제활동인구로 처리되어 실업률 계산에서 빠지고 있기 때문이다.

〈표4-4〉 연도별 연령 실업률

연령계층별	2000	2001	2002	2003	2004	2005	2006	2007
15~19세	14.5	14.4	12.1	13	14.1	12.5	10.4	9.3
20~29세	7.5	7.3	6.6	7.7	7.9	7.7	7.7	7.1
30~39세	3.6	3.2	2.9	3	3.1	3.3	3	3.2
40~49세	3.5	3	2	2.2	2.3	2.5	2.3	2
50~59세	3.2	2.8	1.9	2.2	2.3	2.5	2.2	2.1
60세 이상	1.5	1.2	1.1	1	1.2	1.3	1.4	1.4

출처: 통계청. 2007.『경제활동인구』.

〈표4-4〉는 2000년부터 지난 7년간 연령별 실업률을 나타내고 있는데 30세 미만의 청년들이 다른 연령대에 비해 2~3배 이상의 높은 실업률을 보이고 있다. 특히 청년실업을 나타내는 지표인 15~29세의 실업률이 평균 실업률인 3.2의 두세 배 이상이며, 전체 실업률은 하락하는 반면 청년실업률은 여전히 높은 수준을 유지하고 있다. 이것은 청년실업의 심각성을 보여주는 수치이며, 이것이 해결되어야만 실업률도 줄어들 수 있다는 것을 알 수 있다.

4. 실망실업자란, 일자리를 얻을 생각과 일할 능력이 있음에도 여러 가지 사정으로 구직활동을 포기한 사람들을 가리킨다.

〈그림4-2〉 학력별 실업자 수

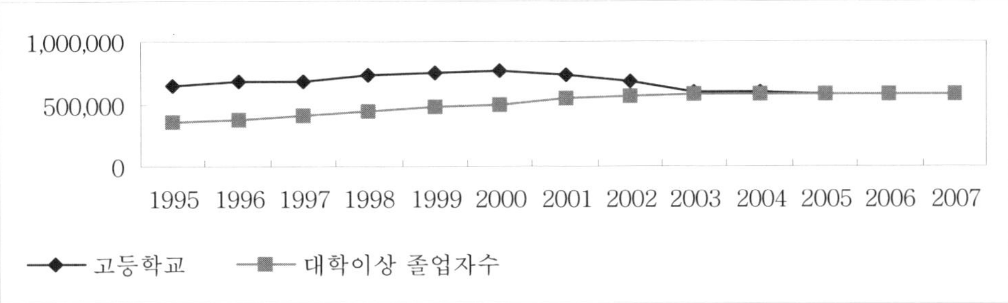

자료: 통계청. 2007. "경제활동인구"

〈그림4-2〉에서도 보다시피 청년 실업의 핵심은 대졸 실업자라 할 수 있다. 청년 실업자 가운데 대졸 실업자가 꾸준히 증가하는 추세이며 2007년에는 고졸 실업자를 앞질렀다.

고졸 이하의 학력자들은 졸업 후 바로 적극적인 구직활동을 하는 반면 대졸자들의 경우 마땅한 직장이 없을 경우 구직 활동을 중지하고 비경제활동 상태로 들어가 장기적인 취업준비를 하는 경향이 강하기 때문이다. 이렇게 비경제활동 상태에 들어간 사람은 실업자 통계에 잡히지 않아 지료상의 실업률과 체감 실업률에 차이가 나는 것이다.

〈표4-5〉 연령별 비경제활동인구수 (단위 : 천 명)

연령계층별	1997	1998	1999	2000	2001	2002	2003	2004	2005	2006	2007
15~19세	3,527	3,564	3,484	3,318	3,139	2,984	2,856	2,772	2,771	2,870	2,973
20~29세	2,526	2,700	2,713	2,644	2,610	2,527	2,523	2,399	2,334	2,359	2,375
30~39세	1,969	2,103	2,112	2,113	2,129	2,122	2,149	2,147	2,141	2,063	2,058
40~49세	1,158	1,306	1,394	1,446	1,538	1,598	1,685	1,684	1,718	1,695	1,671
50~59세	1,150	1,255	1,297	1,373	1,394	1,390	1,455	1,508	1,596	1,679	1,699
60세 이상	2,740	2,991	3,092	3,224	3,351	3,464	3,756	3,837	4,050	4,161	4,228

출처: 통계청. 2007. "경제활동인구"

청년기에 실업을 경험한 사람은 이후에도 실업자가 될 가능성이 상대적으로 높다고 지적한다. 무엇보다도 청년실업은 미래 세대에게 기회와 희망을 주지 못한다는 점에서 다른 실업에 비해 훨씬 심각한 문제이다(김종일 외 2, 2007).

2) 비정규직-고용

(1) 비정규직현황

통계청의 2004년 8월에 실시한 '경제활동 인구조사 부가조사'에 의하면 임금노동자 총 1,459만 명 중 정규직은 44.1%인 643만 명이고, 비정규직은 55.9%인 816만 명으로 전체 노동자의 절반 이상이 비정규직이다.(〈표4-6〉 참조)

그러나 무엇보다 중요한 것은 OECD국가들은 대부분 파트타임이 비정규직의 다수를 점하는데 비하여 우리나라에서는 시간제근로(파트타임) 비중은 7.3%로 그다지 높지 않고 순수의미의 비정규직이 많다는데 다른 나라에서는 찾아보기 힘든 심각한 특징을 보이고 있다.

〈표4-6〉 비정규직 규모 (2004년, 단위 : 천 명, %)

		종사상지위			전체		2003년	
		상용	임시	일용	수	비중	수	비중
임금노동자(1)		7,684	4,829	2,071	14,584	100.0	14,149	100.0
정규직 (2=1-3)		6,428			6,428	44.1	6,307	44.6
비정규직 (3=ⓐ+…+ⓗ, 중복제외)		1,256	4,829	2,071	8,156	55.9	7,842	55.4
고용계약	임시근로	1,006	4,829	2,071	7,906	54.2	7,679	54.3
	(장기임시근로) ⓐ		3,475	1,009	4,485	30.7	4,589	32.4
	(기간제근로) ⓑ	1,006	1,354	1,062	3,421	23.5	3,089	21.8
근로시간	시간제근로 ⓒ	19	453	599	1,072	7.3	930	6.6
근로제공 방식	호출근로 ⓓ		1	665	666	4.6	589	4.2
	특수고용 ⓔ	131	472	108	711	4.9	601	4.2
	파견근로 ⓕ	60	38	18	117	0.8	98	0.7
	용역근로 ⓖ	163	182	68	413	2.8	345	2.4
	가내근로 ⓗ	21	29	121	171	1.2	166	1.2

자료: 통계청 2004년 8월 경제활동인구조사 부가조사 결과

2004년 8월 부가조사 결과를 2003년과 비교하면, 비정규직은 784만 명에서 816만 명으로 31만 명 증가했고, 정규직은 621만 명에서 643만 명으로 12만 명 증가했다. 고용형태별로 장기임시근로는 495만 명(32.4%)에서 449만 명(30.7%)으로 10만 명(1.7%) 감소했고, 기간제근로는 309만 명(21.8%)에서 342만 명(23.5%)으로 33만 명(1.7%)증가했다. 장기임시근로와 기간제근로를 합친 임시근로는 각각 768만 명(54.3%)과 791만 명(54.2%)으로 그 수는 23만 명 증가하였지만 비중은 변함이 없다.

(2) 비정규직 직종 현황

비정규직 중 단순노무직(156만 명)과 기능직(67만 명), 사무직(70만 명), 서비스직(60만 명), 판매직(60만 명)에 몰려 있다(천 단위에서 반올림). 특히 단순 노무직일 경우 50% 이상이 비정규직(〈표4-7〉 참조)이며 이들의 근로조건 또한 열악한 실정이다(〈표4-8〉 참조).

〈표4-7〉 직업별 비정규직 규모와 분포 (단위 : 천 명)

직업분류	2008.08		
	임금근로자	정규직	비정규직
0. 의회의원, 고위임직원 및 관리자	326	283	43
1. 전문가	1,925	1,497	427
2. 기술공 및 준전문가	1,887	1,391	495
3. 사무 종사자	3,325	2,621	704
4. 서비스 종사자	1,645	1,048	597
5. 판매 종사자	1,120	524	595
6. 농업, 임업 및 어업숙련 종사자	55	30	25
7. 기능원 및 관련 기능 종사자	1,664	996	669
8. 장치, 기계조작 및 조립 종사자	1,711	1,377	334
9. 단순 노무 종사자	2,446	891	1,555
전 직종	16,104	10,658	5,444

출처: 통계청 2008년 8월 경제활동인구조사 부가조사 결과

3) 임금

(1) 임금 비교

〈표4-8〉을 통해서 근로시간에 대한 임금을 알 수 있다.

〈표4-8〉 임금비교 (1개월 단위)

고용형태	총근로일수 (일)		총근로시간 (시간)		월급여액 (천 원)		연간특별급여 (천 원)		시간당정액급여 (원)	
	07	06	07	06	07	06	07	06	07	06
정규근로자	22.7	23.3	193.2	198.7	2,027	1925	4,895	4852	11,026	10141
비정규근로자	20.8	21.2	171.4	173.2	1,145	1053	420	426	7,359	6608
파견/용역근로자	21.1	214	208.9	2146	1,144	1082	375	396	6,009	5541
일일근로자	19.7	196	160.6	1636	1,219	1137	31	28	7,972	7366
단시간근로자	20	203	127.3	1277	616	609	85	89	6,232	5702
기간제근로자	21.7	224	193.6	1947	1,425	1335	1,120	1117	8,132	7403

출처: 통계청 2008년 8월 경제활동인구조사 부가조사 결과

가. 월평균 임금(만단위에서 반올림)

정규직은 지난 2년 동안 월평균 임금총액이 2006년 193만 원에서 2007년 203만 원으로 10만 원 인상되었다. 비정규직은 2006년 105만 원에서 2007년 113만 원으로 8만 원 상승하였다. 그 결과 정규직 대비 비정규직의 월평균 임금총액은 약 88만 원 정도로 점차적으로 확대 되어가는 추세이다.

나. 노동시간

월별 노동시간은 2006년 198.7시간이었으나 2007년 193.2시간으로 단축되었고 비정규직의 월별 노동시간은 2006년 173.2시간에서 2007년 171.4시간으로 축소되었다. 정규직이 비정규직보다 20시간 정도로 동시간이 더 길었다.

다. 시간당임금

2006년 정규직의 시간당정액급여 10,141원으로 같은 해 비정규직의 시간당정액급여인 6,608원에 비해 약 3,400원 가량 높았으며, 2007년 정규직의 시간당정액급여는 11,026원이었고 비정규직의 시간당정액급여는 7,359원이었다. 2007년 또한 2006년처럼 약 3,000원 가량 차이가 있었다.

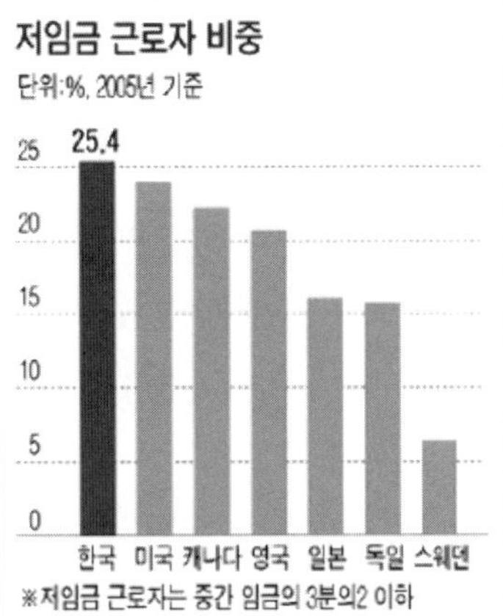

라. 저임금

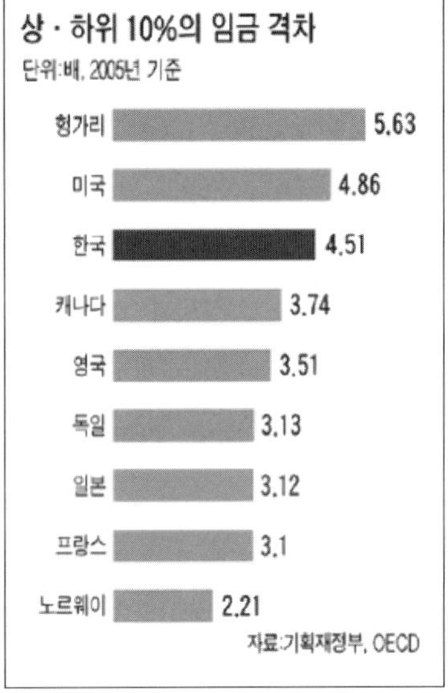

(2) OECD 가입국과 비교

우리나라 근로자들의 임금 양극화가 경제협력개발기구(OECD) 회원국 가운데 가장 심각한 수준인 것으로 나타났다. 근로자 4명 중 1명은 저임금 상태에 있어 OECD 회원국 중 비중이 가장 높다. 임금 격차도 헝가리와 미국에 이어 세 번째로 컸다.

기획재정부와 OECD에 따르면 2005년 전체 근로자 중 저임금 근로자의 비중이 25.4%로 OECD에서 가장 높았다. 저임금 근로자는 중간 임금의 3분의 2 이하를 받는 근로자다. 한국에 이어 미국(24%)・캐나다(22.2%)・영국(20.7%)이 저임금 근로자가 많았다. 반면 아일랜드(17.6%)・일본(16.1%)・독일(15.8%)・뉴질랜드(11.5%)・핀란드(7%)・스웨덴(6.4%) 등은 상대적으로 적었다.

2005년에 우리나라 임금 상위 10% 근로자의 평균 임금은 하위 10% 임금의 4.51배에 달했다. 이는 OECD에서 헝가리(5.63배)・미국(4.86배)에 이어 세 번째다. 폴란드(4.31배)가 우리나라 다음이었고, 캐나다(3.74배)・아일랜드(3.57배)・스페인(3.53배)・영국(3.51배)・독일(3.13배)・일본(3.12배)・프랑스(3.1배)의 순이었다. 특히 핀란드(2.42배)・

스웨덴(2.33배) · 노르웨이(2.21배) 등 북유럽 국가들의 임금 격차가 가장 작았다. OECD 평균은 3.39배.

임금 양극화의 원인은 정규직과 비정규직, 대기업과 중소기업의 임금 격차가 갈수록 벌어지고 있기 때문이다. 또 대기업과 중소기업, 제조업과 서비스업의 생산성 차이가 임금 격차 확대로 이어졌다는 분석이다.

정부 관계자는 "외환위기 이후 대기업과 중소기업 간, 제조업과 서비스업 간의 생산성 차이가 커지면서 임금 격차도 다른 나라에 비해 더 크게 벌어진 것으로 추정된다"고 설명했다.

산업연구원(KIET)에 따르면 2001~2007년 제조업 노동생산성은 연평균 8.7% 증가한 데 비해 서비스업은 2.3% 증가에 그쳤다. 서비스업은 금융보험업(8%)과 운수창고 · 통신업(6.1%)을 제외한 다른 업종의 생산성이 저조했다(중앙일보, 2008).

5. 노동문제에 대한 이론적 접근

1) 기능주의적 관점

기능주의자들에 따르면 급격한 변화 때문에 전통적 경제제도가 균형을 잃게 되는 데, 이에 따라 경제문제가 발생하게 되고, 현대에 들어서 경제 구조가 더 복잡해짐에 따라 경제문제가 더 많이 증가되었다고 보고 있다.

기능주의자들은 경제문제를 해결하기 위해서 급진적이고 광범위한 방법을 꺼려한다. 불균형한 제도에서 변화가 생겨나면 해결방법뿐만 아니라 문제도 생겨나기 때문이다. 불균형한 제도에서 변화가 혼란스럽게 나타난다면, 새로운 균형을 이룩하기가 훨씬 더 어려워진다. 그러므로 기능주의자들이 선호하는 것은 특정하고 제한된 문제에 대해 특정하고 제한된 해결방법이다. 예로는 직업교육을 들 수 있다. 기본적으로 목표로 삼는 것은 경제제도의 와해를 줄이고 경제제도와 다른 사회제도가 더 잘 조화되도록 하는 것이다. 이런 목적을 달성할 경우에만 경제제도가 원만하고 효율적으로 움직일 수 있다.

2) 갈등주의적 관점

갈등주의자들은 경제제도는 어떤 집단에게 이득을 주면서 어떤 집단에게는 피해를 준다고 본다. 한 집단이 경제적 힘을 가지고 다른 집단에게 피해를 주면서 자기 집단의 이해관계를 충족시키려고 행동하기 때문에 경제 문제가 생겨난다. 그러므로 갈등주의자들은 경재재도애소 최근에 나타난 변화를 통해서, 상이한 집단 사이의 경쟁을 볼 수 있다고 주장한다. 서로 상이한 집단은 자기 자신들이 이해관계를 충족하려고 노력한다. 경쟁에서 이득을 보는 측은 가장 힘이 있는 집단이다. 갈등주의 관점에 따르면 대부분의 경재문제가 생긴 이유는 고용주와 기타 파워 엘리트들이 노동자를 착취하기 때문이다.

3) 상호작용주의적 관점

상호작용주의자들은 실업을 겪게 되면 많은 근로자들이 심리적 어려움을 겪는다는 점을 밝히고 있다. 이 경우에 실업자는 자신이 쓸모없는 인간이라 생각하며 절망감을 느끼는 경우가 많다. 이는 구직활동에 영향을 미치게 되고 점차 실망실업자가 늘어나게 되는 것이다. 따라서 경쟁과 성취의 가치를 강조하지 않고 그들이 자립할 수 있도록 협력과 상호지지를 강조해야 한다.

4) 여성주의적 관점

여성 노동시장의 지속적인 발전에도 불구하고 여성 취업자들의 대부분은 열악한 근무환경아래에서 저임금의 비정규직에 종사하고 있고 또한 남성은 고생산성 · 고임금 · 고용안정의 상층부에, 여성은 저생산성 · 저임금 · 고용불안의 하층부에 놓여있어 노동시장의 성분리가 고착화되는 현상이 발견되는데, 이는 중 · 장기적으로 기업과 국가의 생산성 및 경쟁력 향상을 저해하는 요인으로 작용하게 된다(한국산업인력공단 중앙고용정보원, 2004 : 326). 이런 문제를 해결하기 위해서 필요한 것은 경제적으로 불리한 편견과 차별의 벽을 허무는 것이다.

6. 노동문제 해결을 위한 방안

1) 실업 – 청년실업

(1) 국가적 차원에서 청년실업 대책 강구

청년실업이 고착화되면 성장잠재력을 잠식하는 주된 원인으로 작용할 우려가 높다. 그러므로 경기 침체와 저성장이 우려되는 상황이므로 청년실업의 심각성을 인식하고 국가차원에서 대핵을 마련하여야 한다. 청년실업 대책에 적극적인 선진국들을 벤치마킹하여 고용 창출, 취업 지원 및 직업훈련 제공에 초점을 두어 청년실업의 대책을 추진해야 할 것이다.

- **영국의 뉴딜정책(New Deal)** 청년 장기실업자의 감소를 위해 직업훈련, 교육, 노동경험을 쌓도록 하여 고용가능성을 제고하는 정책으로 시행 이후 2년 동안 1만 5천 개의 신규 일자리를 창출(1998년 1월 시행)
- **프랑스의 TRACE** 고용창출, 재취업 지원 및 직업 훈련의 현대화에 초점을 맞춘 청년실업 해결 프로그램으로 이에 참여하는 사람의 과반수에게 장기적인 일자리를 제공하는 것이 목적(1998년 7월 시행)
- **독일의 JUMP** '학교교육'에서 '직업 훈련', '직업 훈련'에서 '고용'으로의 이행을 촉진하는 프로그램(1999년 시행)

(2) 경제 활력을 높여 청년 일자리를 창출

경제가 계속 성장해야 전체 일자리가 늘어나며 그 가운데 청년층 신규 고용이 창출로 일시적인 경기부양이 아닌 성장잠재력의 지속적 확충을 추진해야 할 것이다. 이를 위해 청년고용 창출이 가능한 분야에 대해 수요 진작, 연구개발 및 시설 투자 등 육성책을 우선적으로 실시하며, 청년층이 선호하는 IT, 문화콘텐츠, 디자인 등을 전략사업으로 집중 육성하는 등 청년고용 창출의 효과가 큰 산업분야를 우선적으로 육성시켜야 청년실업률 감소에 힘써야 할 것이다.

(3) 노동시장의 유연화 촉진

청년실업 문제가 양적 · 질적 미스매치에 상당 부분 기인하는 만큼 노동시장 유연화를 적극 추진하면서 비정규직, 인턴제 등을 확대하여 청년층에게 다양한 일자리를 제공하고 청년층이 자기책임 하에서 학교, 학과와 직업을 선택하고 경력형성 기회를 갖도록 해야 하며 동시에 정부는 최소한의 사회 안전망을 확충하는데 주력하여야 한다.

또한 외환위기시 단기 실업대책으로 도입되었던 인턴제를 정규직 일자리로 연결되는 매개체로 정착시켜야 한다. 이는 청년층의 안정적 취업을 돕고 기업의 신규인력 교육비 부담을 줄이는 방안으로서 인턴제를 활용하며, 인턴제실시에 대해 고용보험 혜택과 조세감면 등의 인센티브를 제공해야 한다.

(4) 기업니즈(Needs)에 맞는 인적자원을 양성

기업이나 교육기관은 사내 인력수요, 노동시장의 변화를 감지하고서 필요한 인력 양성이 이루어 져야한다. 이를 위해서는 고급인력 양성에 책임을 지고 있는 대학을 대대적으로 개혁이 필요하며, 평가강화, 인센티브 차등지원, 학부제, 기부금 입학제등을 통해 대학사회의 경쟁도입과 활력부여와 정부 예산과 민간 기부를 확대하여 재원조달에 어려움이 예상되는 기초과학, 인문학 등의 지원이 함께 수반되어야 한다.

교육 · 취업일체형 또는 맞춤형 교육프로그램의 개발이 필요 하다. 노동시장 동향과 규모 등을 감안하여 전업 및 창업교육을 실시하고 산학협동으로 재취업 교육시스템을 개발해야한다. 시장과 기업이 원하는 인력을 수요 지향적으로 키워 내어야 국가자원이 효율적으로 사용되고 해당 개인은 취업과 재기의 기회를 획득할 수 있다. 그리고 기업체에서 다녀간 경험을 쌓은 사람을 재취업교육 전임요원으로 활용하는 등 현장위주 교육을 강화해야한다.

재취업교육, 평생교육 등을 실시하는 각종 기관들의 연계 운영을 강화하고 필요시 통 · 폐합도 고려하여야 한다. 이는 정부 주도로 민관과의 협력으로 고용관련 데이터베이스를 확충하고 구인, 구직정보, 중장기 고용전망, 직업 전망 등의 정보를 제공하고 민간부문의 사이트들과 연계하는 Hub-site로 재구축하여 실업자들의 재교육 네트워크를 강화와 희망의 패자부활전을 마련해 주어야 한다.

(5) 교육개혁

한국의 교육에는 뚜렷한 목표와 가치가 없이 입시교육에만 묻혀있다. 서구처럼 어린 시절부터 학생들의 진로를 미리 결정하는 트래킹(tracking) 시스템은 학력 인플레이션을 막을 수 있는 좋은 방법이지만 한국의 학벌사회를 바꾸긴 힘이 들것이다. 그러므로 가정이나 학교에서 노동의 참됨을 교육하고 노력에 의한 결과가 사회적으로 인정받을 수 있는 사회로 바뀌어야 할 것이다.

산업의 수요의 변화와 관련하여 학교 교육의 대대적인 개혁이 이루어 져야한다. 거의 모든 대학이 백화점식으로 온갖 학과를 개설하고 있는 현실은 잠재 실업자를 양산하는 체제로 비판받아 마땅하다. 그러므로 교육의 공공성을 살리면서도 산업 수요의 변화를 반영할 수 있는 실질적인 대학 개혁이 절실히 요청된다.

(6) 청년고용촉진특별법의 적극 활용과 개선

청년고용문제 해결을 위해 지난 2004년 한시적으로 도입됐던 '청년실업해소특별법'이 2013년까지 5년 연장된다. 정부는 이 같은 내용의 '청년실업해소특별법' 개정 법률안을 국무회의에서 의결하고 법제명도 '청년고용촉진특별법'으로 변경했다. 개정안은 또 청년층의 직장체험 기회 제공을 위한 정부의 지원, 직업진로 설계와 경력개발을 위한 다양한 직업지도 프로그램 개발 · 보급, 각 학교의 프로그램 운영 지원 등 청년층 고용지원 서비스를 위한 법적 토대를 명확히 했다. 아울러 국제경쟁력을 갖춘 청년인재를 육성하고 취업무대를 해외로 확대하는 글로벌 인재 양성사업을 위한 법적 근거도 마련, 청년층의 해외취업 지원사업도 활성화될 전망이다.

그러나 이러한 정책들 역시 기존의 정책과 크게 다를 것이 없으며, 구체적인 내용 없는 말잔치에 불과해 신뢰하기 힘들다.

정부는 이번 대책을 내놓으면서, 청년고용문제의 원인을 고학력자의 과잉공급과 청년층이 선호하는 일자리의 감소 및 이를 해소하는 인프라의 부족, 그리고 경기둔화로 인한 신규채용 둔화로 꼽고 있다. 결국, '경기가 나빠서', 그리고 역시나 '청년들의 눈높이가 문제'라는 것이다.

그러나 청년실업의 원인을 청년들의 눈높이에서 찾는다면 더 이상의 해결방법은 없다. 지금의 고용 불안과 가난이 대물림되는 사회구조는 청년들에게 일자리와 생계문제에 대한 경각심을 심어놓았다. 그리고 한번 비정규직은 정규직으로 되기 힘들고 고용 불안은 곧 삶의 불안으로 이어진다는 사실은 취업준비생과 고시생을 양산하고, 오히려 경제 활동에서 점점 더 멀어지게 하고 있는 것이 사실이다. 그러나 청년들이 턱없이 좋은 조건을 바라는 것만은 아니다. 실업을 피하기 위해 일단 취업만 하면 된다는 '묻지마 취업'은 결국 반복 실업으로 이어지고 있다. '비정규직'이란 고용형태 자체가 언제 실업자가 될지 모르는 가능성을 내포하고 있기도 하다.

지금과 같은 고용악화의 주범은 다름 아닌 대기업이다. 대기업들은 IMF 사태로 인해 대대적인 고용방출을 단행했다. 위기국면을 앞세운 일방적인 고용 회피와 대량 실업, 비정규 노동의 확대는 기존의 고용 관행을 순식간에 바꿔 놓았다. 그리고 IMF 구조조정이 마무리된 후, 재벌 대기업들의 수출은 사상 최대의 호황을 거두었고, 2004년 이후 매출과 수익성이 지속적으로 신장되어 왔다. 그러나 이런 대기업의 수익 신장에도 불구하고 청년층 신규채용은 지속적으로 줄여오고 있는 것이 문제이다. 통계청 자료에 따르면, 매출액 1~30위의 대기업은 2004년에는 4만 8,000명의 청년을 신규로 채용했으나, 2007년에는 3만 3,000명에 그치고 있다.

정부는 이번 대책의 정책목표가 '청년 취업애로계층의 감소'라고 밝히고, 그에 앞서 청년고용 문제의 현황과 원인을 밝히면서 소결로 단기적인 고용촉진대책이 필요함을 지적하였다.

이러한 문제는 투자와 고용여력이 있는 대기업과 정부기관이 사회적 책임성을 높여 청년층에 대한 신규채용을 늘리면, 수월하게 해결될 수 있다.

정부가 진정으로 청년실업문제를 해결할 의지가 있다면, 대기업의 눈치만 보고 있을 것이 아니라, 대기업의 신규채용부터 늘리도록 강제하고, 중소기업에 대한 실질적인 지원을 통해 고용창출이 가능하도록 해야 한다. 이것을 기반으로 할 때 정부의 〈청년고용촉진특별법〉이 비로소 실효성을 거둘 것이라 생각한다.

2) 비정규직-고용

(1) 직무사원제 방안

직무사원제란 정규직처럼 무기계약으로 고용하되, 처우는 직무급을 적용하는 사원제도를 지칭한다. 고용신분이 동일하다는 의미는 기존 비정규직과 같이 기간을 정한 고용계약을 하지 않고, 정규직과 동일한 해고 제한의 보호를 막게 된다는 것을 의미한다.

대신 직무사원에 적용하는 급여는 기존 정규직과는 달리 호봉제 임금이 아니라 직무급이며 시간급이다. 직부별로 시간당 임금단가를 적용하고, 기존 정규직의 교섭임금인상에 준하여 조정한다. 그러나 근속에 따른 호봉승급과 직급 승격은 원칙적으로 적용하지 않는다. 직무가치의 폭이 클 경우 직무등급을 설정하고, 성과에 따른 차등지급하는 고과승급이나 인센티브를 적용할 수 있다.

현재와 같이 고용과 처우가 불안정한 상태도 비정규직 문제를 방치하거나 둘 다 규제하여 기업에 총액인건비 부담을 증가시키는 문제를 유발하는 정책을 추진하기보다는 대안적 방안을 모색하는 노력에 도움이 될 것이다.

(2) 동일가치노동과 동일임금 보장

임금, 근로시간 등 근로조건에 대해서 각국의 법률이 취하는 태도는 동일가치 노동에 대한 동일임금의 보상, 즉 통상근로자와 동등한 대우를 보장하도록 규정하고 있다는 점이다.

그러나 지금 우리나라의 실정은 이와 사정이 다르다. 구조조정기의 실업해소책으로 비정규근로자 활용을 방치함으로써, 결과적으로 정규직의 대체현상을 초래하였다. 그러나 이제는 경제상황이나 노동력의 수급상황이 개선된 만큼 새로운 관점의 접근이 요구된다. 동일가치 노동에 대한 동일임금보장의 균등한 처우는 비정규직고용남용의 억제, 노동시장의 양극화와 사회적 갈등의 완화, 노동의 질과 근로의용을 향상이라는 관점에서 매우 중요한 과제가 아닐 수 없다.

(3) 정규직 신분의 프리미엄 철폐

기존의 복잡한 정규직의 임금보상체계와 복지체계를 단순화하여 비정규직 근로자들도 동일가치 노동에 대해 동일 임금 받을 수 있게 제도적 여건 개선을 조성해야한다. 정규직 해고제한 규정을 완화하며, 동일가치 노동에 대한 동일임금 지급원칙을 관철하기 위해 1년 이상 근속 노동자에게 추가적으로 발생하는 법적 제도적 장치를 모든 근로자에 적용되도록 재설계하는 것이다. 이 경우에도 모든 근로자에게 적용이 보편적으로 적용되어야 하는 초과근로수당이나 사회보험 등은 비정규 근로자에게도 공통적으로 적용되어야 한다. 그러나 상용근로자에만 추가적으로 보장되는 퇴직금이나 연차휴가 등은 이를 해체하여 통상임금에 포함시키거나 사회보험으로 통합 운영하는 방안을 강구해야 한다.

(4) 사회적 안전망 확충

비정규직에 종사하는 근로자들의 사회보장혜택이 낮은 실정을 감안하여 사회적 안전망을 확충하고 이를 내실화할 필요가 있다. 비정규직근로자의 85.4%가 고용보험에 가입되어 있지 않다. 이에 고용보험의 가입범위를 확대하고 실제로 가입하지 않고 있는 근로자들이 가입하도록 내실화해야 한다.

또한 국민연금과 직장의료보험에 가입되지 않는 경우가 각각 85.7%와 83.7%이다. 따라서 비정규직은 직장의료보험보다 보험료가 비싼 지역의료보험에 가입하여 보험료를 납부하고 있는 실정이다. 국민연금의 가입범위를 확대하고 직장의료보험의 사업장 가입대상을 확대하여 적용근로자를 확대하되, 기여에 비례한 급여를 받도록 해야 한다. 비정규 고용형태를 이유로 사회안전망으로부터 배제하는 것은 국제적 기준에 벗어난 것이다.

3) 저임금

(1) 최저임금제의 개선

최저임금제는 노동시장에서 공급이 과잉될 때 기업은 최저임금 이하의 성과를 창출하는 피고용인의 고용을 피할 가능성이 높으며 이것은 바로 실업률 증가로 연결될 수 있다는 문제점을 안고 있다. 또한 최저임금은 인건비 인상을 가져오고 기업은 최저임금으로 인해 상승된 비용을 제품의 가격에 반영시켜 그 부담은 결국 소비자에게 돌아가게 될 가능성이 높다. 그러므로 최저임금의 현실화 및 양극화 줄이기 위한 법제개선 하여 근로자의 평균소득의 50%를 최저임금으로 하는 상대적 결정방식 도입 하여야 할 것이다. 또한 최저임금을 결정하는 과정을 공개하여 공200만 명에 가까운 최저임금 근로자들과 비정규직 노동자, 시급 아르바이트 노동자들의 임금을 언론과 방송에 공개 검증하여야 한다.

(2) 사회보장제도와 소득보장 강화

사회보장제도는 노동자에게 경제활동에 의해서 달성된 삶의 수준을 적정수준에서 영위되도록 하고 빈곤층으로 추락하는 것으로부터 보호하기 위한 것이다.

복지국가에서 "궁핍으로부터의 자유"와 "인간다운 최저생활의 유지"뿐만 아니라 "적정수준에서 안정된 삶을 영위"할 수 있도록 사회보장적 소득보장이 필요하다.

7. 사회복지적 측면 제시

사회정책은 노동자를 보호하기 위해서 기업 내에서 산재, 질병, 노령화 및 폐질을 발생시키는 요인들을 제거하고 비자발적 실업을 예방하며 사회보장제도를 체계적으로 구축하는 것에 중점을 두어야 한다는 결론이다.

이를 위해서는 자본주의 사회의 구조적 모순과 사회적 위험의 관계를 정확하고 객관적인 통계기법을 사용하여 조사하는 것이 필요하며, 소득상실에 대한 상쇄보다는 사회적 위험이 발생하는 원인을 발견하고 예방하는 것이 우선되어야 한다.

1) 역사적 사실은 사회적 위험이 자동적으로 사회복지의 대상이 되지 않는다는 것을 보여준다.
2) 선진국들의 예가 보여주듯 사용자 측면에서 사회문제와 노동문제를 여론화 하였다는 것을 보여준다.
3) 노동복지의 범위, 종류, 질 그리고 비용부담 등에 대한 구체적 조사와 효과분석은 효율적이고 효과적인 사회정책의 수립에 선행되는 중요한 조건이다.
4) 한 이익사회의 경제적 자원은 사용자의 이해관계에 대항할 수 있는 세력의 형성 뿐 아니라 노동자의 사회적 위험을 예방, 상쇄 및 재활할 수 있는 방법들을 결정하기 때문에 민주적이고 시장경제의 경제제도를 구축하여 경제발전을 안정된 기조로 유지하는 것이 요구된다.
5) 실업이 증가하고 있는 현실에서 무엇보다 고용안정과 고용촉진정책을 수립하고 이에 대한 투자를 강화하는 정책이 요구된다.
6) 장기간의 노동시간은 노동자의 건강과 생명을 위협하고 있기 때문에 노동시간의 단축을 통하여 건강한 삶을 영위하도록 하고, 교육에 투자를 강화하여 인적자본의 축적을 이룩하고 노동총량을 가능한 많은 노동자들에게 분배하여 직장을 창출하는 방향으로 설정하여야 한다.
7) 새로운 사회적 위험은 생산과정에서 나타나는 기술적 · 조직적 변동과 구조조정, 경제적 · 사회적 · 정치적 구조의 변동에 의해서 발생한다.
8) 법적으로 보장된 사회급여의 신청은 자립적이고 책임의식을 가지고 있는 개인을 전제로 한다.

노동복지는 무엇보다 생산과정에서 발생하는 사회적 위험을 예방, 치료 및 재활하고 노동자에게 그들의 이익을 대변하고 관철할 수 있는 능력을 배양하는 것이다.

자본주의 사회에서 노동의 문제가 해결되기 위해서는 무엇보다도 분배의 정의를 실현하기 위한 다양한 불평등 완화정책들과 노동자들의 권리를 향상시키는 법적. 제도적 장치들이 필요하다. 이를 위해서는 그동안 노동의 유혈적 착취에 기초하여 자본축적을 이루어왔던 자본가들과 신자유주의적 노동시장 정책과 같은 친자본가적 정책을 지향하고 있는 정부의 전향적인 태도가 필요하다. 그리고 노동자들도 분파적 이익에만 관심을 기울일 것이 아니라 노동자 전체의 이익, 특히 소외된 노동자들의 이익을 생각하는 선도적인 노력이 필요하다고 하겠다. 이러한 노력이 모일 때 진정한 '노동의 민주주의', 나아가 '사회민주주의'를 실현할 수 있을 것이다.

복지국가에서의 노동정책은 대단히 중요하다. 사회복지적 측면에서는 노동문제를 위한 다양한 프로그램이 제시되어야 할 것이다.

〈정책과 프로그램〉

1. 실업자를 위한 프로그램

실업자를 위한 사회안전망의 기능을 1차적으로 수행하고 있는 것이 고용보험제도이다. 이것은 실업급여의 지급을 통해 실업자의 소득을 보장하여 재취업을 촉구하기 위해 고용안정사업과 직업능력 개발 사업을 하고 있다.

따라서 고용보험(Unemployment insurance)이란 실직노동자의 구직기간동안의 생계지원을 위한 실업급여뿐만 아니라, 노동자의 직업능력개발을 위한 훈련과 지원 그리고 실업예방과 고용촉진을 위한 각종 사업주 지원 사업 등 적극적 노동시장대책을 복합적으로 실시하는 사회보험적 고용정책수단이다(최일섭 외, 2002 : 306).

우리나라의 고용보험제도는 근로복지공단에서 관리하고 있는데, 다음과 같은 것을 주요 목적으로 삼는다. 첫째, 실업을 예방하고 고용을 촉진하고 근로자에게 직업능력을 개발 및 향상시킨다. 둘째, 실업상태에 놓인 근로자에게 생활에 필요한 급여를 지급하여 안정된 생활을 유지하고 다시 일자리를 구할 수 있도록 도와준다.

2. 산업재해관련 프로그램

산업재해와 관련된 프로그램은 대부분의 국가에서 가장 오래된 형태의 사회보장 프로그램이다.

우리나라도 산업재해보험제도는 산업재해로부터 근로자와 사업주를 보호하기 위하여 1964년에 도입된 사회보장제도로서 우리나라의 사회보험 중 가장 오래된 역사를 가지고 있다고 볼 수 있다.

현재 근로복지공단에서 산업재해보상보험제도를 관리하고 있는데, 근로복지공단은 '산재근로자가 재해를 극복하고 사회 구성원의 일원으로 복귀할 수 있도록 종합적인 재활서비스를 제공하기 위해 현장에서 요양 · 보상 · 재활 · 사회복귀 촉진으로 이어지는 체계적이고 안정적인 서비스'를 제공하고 있다.

3. 근로자 원조 프로그램

우리나라에서도 근로자에게 '사회서비스'를 제공하는 활동에 적극적으로 나설 필요가 있는데, 이런 역할을 하는 대표적 프로그램이 미국의 근로자원조프로그램(Employee assistance program)인데 살펴보면 다음과 같다(김대원 외, 2004 : 402~404).

1) 알코올 · 약물남용 상담

알코올 · 약물을 남용하는 근로자는 수행하는 업무의 질이 떨어지게 되고 결근을 하게 되고 지각을 함으로써 생산성 측면에서 사업장에 손실을 크게 끼친다. 근로자 원조 프로그램은 알코올 · 약물남용 때문에 업무에 지장을 받는 근로자에게 근로자원조프로그램 담당자가 치료서비스를 제공하도록 한다.

2) 정서적 문제를 가진 근로자에 대한 상담

우울증과 같은 정서적 문제를 겪고 있는 근로자에게 서비스를 제공한다. 근로자 원조 프로그램 담당자가 정서적 문제를 가지고 있는 근로자에게 치료 서비스를 제공하는 경우도 있고, 또는 담당자가 외부 서비스제공자와 연결시켜 줌으로써 중개인 역할을 하는 경우도 있다.

3) 가족상담

근로자는 자신의 가족문제를 직장으로 가져올 뿐만 아니라 직장문제를 가정으로 가져가서 가족 구성원에게 발산한다. 근로자원조 프로그램은 이러한 가족문제와 관련하여 근로자와 그 가족에게 직접 상담을 제공하거나 다른 서비스제공자에게 의뢰한다.

한편 근로자가 해고되었을 경우에 근로자 가족은 재정적으로 어려움을 겪고 있을 때, 근로자원조 프로그램은 근로자가 실업을 겪는 기간에 상담서비스를 제공하거나 외부에 의뢰할 수 있다.

4) 경력상담 및 교육

근로자원조 프로그램은 육체적 · 정신적 건강을 증진시키는 교육프로그램과 직무기술을 향상시키는 교육프로그램에 근로자가 등록하도록 도와줄 수 있다. 많은 기업은 이런 프로그램을 사업장에서 직접 제공하거나 또는 근로자가 이런 프로그램에 등록하는 데 드는 비용을 부담하고 있다.

5) 재정 상담

재정적 어려움을 겪고 있는 근로자에게 원조를 제공한다. 특히 빚(부채) 상담의 경우 근로자는 채권자에게 장기간에 걸쳐 빚을 갚는 것과 관련하여 도움을 받는다.

6) 퇴직계획

근로자원조 프로그램은 퇴직계획과 관련하여 근로자에게 강연회나 세미나 같은 것을 제공할 수 있다. 여기에서 여러 프로그램이 근로자에게 설명된다.

생각할 거리

1) 한국의 산업화와 노동문제를 토론해보자
2) 대운하 건설이 고용확대를 위한 근본적인 실업대책이라 할 수 있는지를 토론해보자.
3) 노동조건의 개선과 고용의 안정을 동시에 이룰 수 있는 방안은 없는지 생각해보자.
4) 한국의 청년실업문제를 해결하기 위한 어떤 대안이 필요한 지 생각해보자.
5) 현 한국의 노동문제 해결을 위한 현실적 대안은 없는가? 토론해보자.
6) 외국인 노동자의 문제를 함께 토론해보자.
7) 실업자들이 주류노동시장에 합류하기 전에 일정한 소득을 보장받을 수 있는 사회적 기업에 대해서 고찰해보자.

제 5 장

사회 불평등문제- 경제적/성 불평등 문제(평등과 불평등)

학습목표

1. 자본주의 사회에서의 경제적 불평등에 관한 관점
2. 현 사회에서의 성 역할의 중요성

1. 들어가기

1) 경제적 불평등의 문제제기

현대 사회의 모든 영역이 민주화가 되어 지면서 대부분의 영역에서는 불평등이 없어지고 있는 현황이나 경제적인 영역에서 만큼은 여전히 불평등의 현상이 나타나고 있으며 경제적 불평등은 순환적이고 자기강화적인 성격이 짙기 때문에 그대로 내버려 둘 경우에 사회의 양극화를 일으켜 사회의 존립 자체를 위태롭게 할 가능성이 높다 할 수 있다.

또 경제적 불평등이 깊어져 사회적 이동이 어려워지면 경제 활동의 유인(incentive)[1]에도 부정적인 영향을 미치게 됨은 물론이고 경제적 불평등이 계속적으로 이어질 경우 빈익빈 부익부의 현상을 초래하며, 현 사회에서도 심각한 사회 문제가 되어 지고 있듯이 경제적 불평등으로 인한 자살이나 범죄의 문제 역시 심각한 현상에 이르게 되어졌음으

1. 어떤 행동을 하도록 사람을 부추기는 것을 목적으로 하는 자극.

로 경제적 불평등으로 인한 사회문제가 제기되어진다고 볼 수 있다.

2) 성 불평등의 문제제기

성 불평등 즉, 젠더(Gender)[2] 불평등은 특정 사회의 경제구조와 사회조직, 그리고 그 사회내의 특정 집단의 문화에 따라 다양한 형태를 띠며, 억압과 착취의 형태를 취하기도 하고, 남성에게도 불리할 수 있다. 하지만 여성의 이해가 아닌 남성의 이해가 지배적이며, 따라서 모든 남성들은 '가부장적 배당'으로부터 이익을 본다. 즉 여성의 가사노동, 자녀양육의 의무, 임금노동, 병원 및 학교 등의 일터에서 여성의 저임금노동, 그리고 여성의 감정적인 배려와 돌봄 등으로부터 혜택을 받는다. 젠더 불평등은 개인적인 문제가 아니라 사회구조에 뿌리 깊게 배어있는 것이므로, 양성평등을 위해서는 사회적인 해결책이 필요하기에 여성에 대한 남성의 차별이 만연되어지고 있는 문화 속에서 성장하여 이론적, 원칙적, 이념적으로 양성 평등을 지지하면서도 실천적 행동에 있어서는 그렇지 못한 현실에 부딪히고 있는 문제와 이와 달리 역 차별의 문제까지 제기되어 지고 있는 현 사회의 문제에 의해 성차별의 문제를 성의 불평등이라는 넓고 객관적인 결과까지 포함하는 시각에서 성차별과 성 불평등에 관한 고찰을 통하여 궁극적으로는 양성 평등 사회의 실현을 지향하기 위하여 문제를 제기한다고 볼 수 있다.

2. 불평등의 개념

1) 불평등

사전적 의미에서의 불평등이란 차별이 있어 고르지 아니함을 뜻 하며, 일반적인 개념에서는 평등의 반대말로 "같지 않다"는 점을 전제로 한다.

수평적, 수직적 측면을 모두 포괄하는 "차이"와 달리 불평등은 수직적 차이에만 관련

2. 남성성 여성성과 같은 남성과 여성의 성(性)에 대한 영문표기.

이 있으며, "좋다, 나쁘다"와 같은 평가가 있으며 그러한 평가되는 차이들이 불평등이 됨을 의미한다.

2) 자유와 평등 또는 부자유와 불평등

자유는 흔히 평등과 대비된다. 하지만 양자는 다른 측면의 상태와 관련된다. 자유(free)란 본래 무엇이 없거나, 무엇으로부터 제약받지 않는다는 뜻이다. 자유가 한편으로는 공짜라는 의미, 다른 한편으로는 해방이라는 의미와 통하는 것은 바로 그 때문이다. 따라서 자유에 대비되는 말은 '부자유'이지 평등이 아니다. 부자유는 압박, 설움, 억압, 구속, 간섭, 지배 등과 관련이 있다. 그러므로 자유와 평등은 반대말이 아니라 서로 다른 측면의 상태를 표현하는 것이라고 할 수 있다.

현실에서 평등과 자유, 불평등과 부자유는 서로 겹쳐져 나타나기도 하고 대립적으로 나타나기도 한다. 먼저 '지배'는 불평등과 부자유 모두와 연관되어 있다. 이것은 서양 중세의 봉건적 '지배'에서 잘 나타난다.

지배가 관계적 개념이라면 불평등은 묘사적 개념이라고 할 수 있다. 물론 불평등은 지배와 피지배 관계의 기초가 되기도 하고 지배로 인해 발생하기도 한다. 한편 지배는 관계적 성격을 지닌다는 점에서, '차이'를 수직적으로 서열화하거나 격리하는 '차별'이나 '배제'와 유사한 의미를 지닌다고 할 수 있다.

3) 불평등의 유형

불평등의 유형은 기준에 따라 다양하게 나뉜다. 불평등을 어떤 측면에서 보느냐에 따라 다양한 유형화가 가능하다.

(1) 경제적 불평등

경제 불평등이란 일반적으로 소득과 부의 분배에 있어서 차등을 뜻하며, 경제적으로 부를 가진 자와 상대적으로 부를 소유하지 못한 자 사이에서 생기는 불평등을 뜻하는 것이라 할 수 있다.

인간의 삶이 지속되기 위해서는 무엇보다도 물질적 생존이 유지되어야 한다는 점에서 경제적 불평등은 인간에게 늘 중요한 관심사로 존재해왔다. 경제적 불평등은 '소득불평등', '재산(소유)불평등', '생활수준의 불평등'등으로 나눌 수 있다. 여기서 생활수준의 불평등은 소득불평등이나 재산불평등의 결과라고 할 수 있다. 그리고 '빈부격차'는 기본적으로 이러한 경제적 불평등의 요소들과 관련된다.

(2) 성 불평등(개념을 통한 의미)

두 가지 개념을 설명함으로써 간략하게 알아보면 다음과 같다.

가. 젠더

젠더(gender)란 사회적으로 구성되는 남녀의 정체성, 즉 사회적, 문화적으로 길들여진 성이며 여성다움, 남성다움을 통칭한다. 부모와 직장인으로서의 역할, 그리고 여성과 남성 간의 관계에서 작용하는 사회적 지위와 개인의 정체성, 성별화의 사회과정을 통해서 젠더 구분과 역할은 경제, 가족, 국가, 문화, 종교와 성별화된 사회질서인 법과 같은 주요한 사회제도 속에 내재되어 있다.

- 여성(woman)과 남성(man)은 젠더를 언급할 때 사용된다.

나. 성

성(sex)이란 신체구조, 특히 성기의 생김새에 따른 남녀의 성 정체감을 말한다. 인간의 호르몬이나 생식기능의 차이 및 유전자, 호르몬 등의 생물학적 요소 혹은 정신, 심리구조 등 본질적 요소들로 인해 역사와 문화를 초월하여 고정 불변한 남녀의 차이나 성적인 선호의 차이들이 발생된다는 것이다.

- 남자(male), 여자(female)와 간성(intersex)은 성을 언급할 때 사용된다.

즉, 젠더와 성으로 남자와 여자를 두고서 차별을 두는 것을 의미한다 할 수 있다.

3. 불평등의 원인과 배경

1) 경제적 불평등의 원인과 배경

자본주의 사회는 경제적 불평등을 전제로 하는 사회이며, 그런 의미에서 볼 때 자본주의 자체가 불평등의 근본 원인이라고 할 수 있음이다.

이러한 경제적 불평등을 야기하는 원인과 배경을 들어보자면 6가지로 나누어 볼 수 있다.

(1) 성장 일변도의 개발 전략

경제적 불평등을 유발한 제일 요인은 선 성장 · 후 분배 정책이다. 그로인해 사회복지가 낙후되었다. 선 성장 · 후 분배 정책의 대표논리는 파이論인데 파이論의 요점은 "나눠 먹을 파이를 키우는 것이 우선"이라는 것이다. 그 결과로 분배에 대한 사회적 관심은 제도 밖에 머물렀고 사회복지가 낙후된 가장 큰 이유다.

(2) 불균형 성장 전략

제한된 자원과 인력으로 특정부문과 지역에 집중 투자해야 한다는 불균형 성장론이 나왔다. 불균형 성장론으로 인해재벌위주, 공업위주, 경부축 중심개발이 이루어졌고 재벌에 대한 특혜는 정경유착, 독과점, 토지투기 등의 문제를 낳았다.

오늘날 노동시장의 분절 구조와 소득격차가 생겼다.

(3) 극심한 부동산 투기

사회 경제적 불평등 가운데 가장 극심한 문제는 토지 · 부동산 소유의 편중현상이었다. 개발이 시작된 뒤부터 부동산 투기가 시작되었는데 부동산 투기의 밑천은 정보와 돈이었다. 정보와 돈을 갖춘 중산층만이 참여할 수 있었고 중 · 하위계층은 처음부터 배제되어 경제적 불평등이 상화되었다. 정부는 부동산 투기의 방지책을 내놓았지만 효과를 거두지 못하였다.

(4) 조세 제도의 미비

선진국의 조세제도는 분배구조를 개선하는데 매우 유용한 수단이다. 그런데 우리나라의 조세 구조는 간접세[3]의 비중이 높고 자산 소득에 대한 과세가 절대적으로 미흡해서 경제적 불평등을 완화하는데 제구실을 하지 못했다. 선진국에서는 직접세[4] 비중이 높고 자산소득에 대한 과세가 엄격하기 때문에 조세소득재분배[5] 기능이 강력하다. 그래서 선진국들의 세후 지니계수는 낮기 때문에 조세제도 불평등환화의 기능을 올바로 하고 있다.

(5) 노동시장의 변화

노동시장의 분배구조에 악영향을 주는 유연화현상이 나타났다. 유연화의 요체는 고용주 마음대로 노동자를 자르고 부릴 수 있도록 노동시장에 대한 정부의 규제를 철폐하는 것이다. 유연화로 인해 나타나는 문제점은 노동시장의 양극화 경향이다. 중간층 노동자들이 상층부보다는 하층부로 이동하여 유연화정책으로 인해 노동시장에서 밀려났다. 우리나라 노동시장은 분절구조를 지니고 있었는데 유연화 현상으로 분절구조가 더 강고하게 되었고 중심노동시장과 주변노동시장의 격차는 더욱 심해졌고 비정규직 고용의 증대는 심각한 형상이다.

(6) 정보사회의 심화

정보사회의 부작용으로 노동계층의 양극화 현상이 나타났다. 노동계층의 내부 불평등이 확대되는 가장 큰 요인은 부가가치 창출의 중심이 지식 산업 쪽으로 이동한다는 것이다. 지식산업은 지식과 정보를 갖춘 소수의 고학력 · 고기술 노동자들만이 갖출 수 있는 것이다. 지식산업이 나타남으로써 대량생산 시대의 중추역할이었던 단순 또는 반 숙련 노동자들의 사회경제적 위상은 크게 약해졌다. 그 결과 전문기술직 노동자와 일반생산직 노동자 사이의 임금격차는 벌어졌고, 정보통신 기술의 급속한 발전과 그로 인한 정

3. 세금을 납부할 의무가 있는 납세자와 세금을 최종적으로 부담하는 조세 부담자가 다른 조세.
4. 국가가 납세 의무자에게 직접 징수하는 조세.
5. 정책적으로 소득 분포를 수정하는 일. 조세나 사회 보장 제도 따위를 통하여 소득의 불평등과 그로 인한 생활의 격차를 줄이기 위하여 행하는 것.

보사회의 심화는 이와 같은 어두운 그림자를 만들어냈다. IMF 외환위기 이후의 일시적 대량 실업 사태, 고질적인 학력차별, 여성차별 등도 경제적 불평등의 악화요인들이다.

2) 성 불평등의 원인과 배경

성 불평등이 나타나지 않기 위해서는 성적인 차별이 없이 평등의 조건이 이루어져야 한다고 볼 수 있다.

그러하다면 이러한 성 불평등이 이루어지는 이유는 성 평등이 이루어지지 않기 때문이라 하여도 과언은 아닐 것이다 평등에는 크게 기회의 평등과 조건의 평등 결과의 평등으로 나누어 볼 수 있을 것이며, 이러한 평등들이 이루어지지 않음으로 인하여 성 불평등이 이루어진다는 것이다.

평등이 이루어 지지 않음으로써 불평등이 일어나게 됨으로 평등을 들어 성 불평등이 일어나게 되는 원인과 배경을 설명하고자 한다.

여기서 기회의 평등이란 여성과 남성 모두에게 동등한 기회가 주어져야 한다는 것이며, 주어진 기회를 누리고 안 누리고는 개인의 선택에 달린 것으로 특정한 성이 불이익을 받아서는 아니 된다는 것이다.

즉, 다시 말해 여성이라 하여 기회가 주어지지 않고 남성이라 하여 기회가 주어지지 않게 되는 것을 말한다.

또한 조건의 평등이라 함은 남녀평등을 상대적 평등의 관점에서 접근하는 것으로 이미 불평등한 구조 속에서 여성에게 기회만 주고 경쟁하도록 하는 것은 실질적 평등을 위한 진정한 노력이 아니라는 것이다. 즉, 여성과 남성, 양성이 동등한 권리를 누릴 수 있도록 선결 조건을 제공되어야 한다는 것이다.

결과의 평등이란 기존의 차별 관행을 개선하고 성별 이데올로기를 불식시켜야 하는 제도적 차원에서 강제성을 띤 적극적 조처로 UN남녀 차별 철폐협약과도 같은 것을 들 수 있음이다. 잠정적이나마 여성을 우대하는 방법과 같은 것을 채택, 그것을 남녀 차별로 간주되지 않는 것과 같은 것을 말한다.

(1) 변화되어지는 문화에 대한 두려움으로 인한 성 불평등

현 사회가 발달되어짐으로 인해 예전의 가부장제 문화와 달리 현 사회에서는 여성의 사회화와 여성들이 가지는 사회적 직위가 높아지게 되고 여성들이 자신의 삶을 가지려 하며, 자신들의 자아정체감을 향해 나아가려는 예전의 사회에서는 볼 수 없었던 전통사회에서부터 세습되어졌던 남아선호와 가부장적, 남성우월이 변화되어짐을 인정하지 못하고 두려워하게 됨으로서 여성들로 인해 나타나는 변화를 받아들이지 않으려는 의식들이 아직 존재함으로 성 평등이 이루어지지 않고 있음이다.

(2) 양성 평등주의를 위한 정책의 미비

여성과 남성의 차별, 남성과 여성의 차별인 역차별을 모두 배재한 양성 평등을 위한 정책의 미비를 원인으로 들 수 있음이다.

여성의 사회진출이 높아짐에 따라 여성 또한 남성과 같은 대접을 받으며, 여성이기에 감수되어야만 하는 문제 즉, 출산, 가사, 육아와 같은 문제를 해결하고 여성의 문제로만 받아들여지는 이러한 문제들을 남성과 함께 평등하게 이루어져야 함인데 양성 평등을 외치는 현 사회에서 실정은 이러한 정책들이 미비하다는 것이다.

(3) 성 불평등을 해소시키고 줄일 수 있는 법과 제도의 문제

성 평등을 외치고 있는 현 사회에서 아직도 직장 내에서나 가정 내에서 부지기수로 이루어지고 있는 성 불평등 문제와 성의 차이로 인한 불평등에 대한 법적인 미비 즉, 현재 명시는 되어져 있으나 실질적으로 행해지지 않고 있음에 대한 어떠한 규제가 없는 주먹구구식의 법과 제도들을 원인이라 들 수 있음이다.

4. 불평등에 대한 이론적 접근

1) 경제적 불평등에 관한 이론적 접근

(1) 시장주의적 접근

시장을 사회의 가장 핵심적인 요소로 간주하고, 시장 논리를 사회 전체의 지배적인 작동 원리로 파악하는 관점을 가리키며, 대표적으로 신자유주의[6]를 의미한다.

즉, 시장에 의해서 결정되는 것이 합리적이고 공정하며, 분배는 시장에서 이루어지는

결정이므로 당연히 합리적이고 공정하며 사회 전체의 효용을 극대화 한다는 관점이다

경제적 불평등은 시장이 인재와 자원을 효율적으로 배분하는 과정에서 생기는 부산물이므로, 꼭 부정적으로 바라볼 필요가 없으며, 이러한 불평등은 계층 이동의 자극제가 되어 경제의 활력을 높이고 오히려 불평등의 고착화를 막는다는 관점이다.

(2) 계급론적 접근

본질적으로 맑스주의에서 발원한 이론적 시각으로써 자본과 노동의 상품 관계에 맞춰져 있으며 생산이 이루어지기 위해서는 자본과 노동은 반드시 결합되어져야 한다는 이론이며, 자본은 노동의 힘을 견제하기 위해 끊임없이 분할 통치를 계획한다는 이론적 관점이다

(3) 제도주의적 접근

실증 경제학을 비판하고 경제 외적인 변수의 중요성을 강조하는 것이며, 제도주의자들의 이론에 따르자면 시장은 상호 의존성, 외부성, 불확실성 등의 영향을 크게 받기 때문에 이것을 보완하기 위해서는 제도적 배치가 필요하다는 이론이다.

2) 성 불평등에 관한 이론적 접근

(1) 기능주의적 관점

기능주의적 관점에서는 성차별의 원인을 그릇된 사회화에서 찾는다. 즉, 편견과 고정관념을 담고 있는 성역할사회화로 인해 여성들은 자신이 열등하다고 생각하며, 남성의 여성지배와 이에 따른 여성의 종속을 내면화하여 자연스럽게 수용하게 된다는 것이다. 이러한 여성의 '열등성'은 남성의 지배와 여성의 예속이라는 상호작용의 양식으로 사회

6. 자유방임적인 19세기 자유주의가 가지는 결함을 인정하고 공공의 이익을 위해서는 정부에 의한 사회정책의 활동 범위를 확대하려는 사상. 사회주의에 대항하여 이상주의적 개인주의를 기조로 자본주의의 자유 기업의 전통을 고수하는 것.

화되며 이러한 남성 중심적 위계질서는 일상생활에서 상호작용의 반복을 통해 무의식적으로 강화되어간다는 것이다.

(2) 갈등주의적 관점

자본주의적 사회발전 과정에서 경제적 자원을 소유한 남성들은 권력을 차지하게 되었고, 그렇지 못한 여성들은 지배 권력인 남성들에게 종속되어 왔으며 성차별은 이런 성간의 불평등한 관계를 반영하고 있는 것이라고 보았다.

남성들은 현재에도 과거와 다름없이 자신들의 지위와 권력을 유지하려 하지만 여성들의 역할이 변화되고 자원과 권력의 소유가 강화되면서 성역할은 점차로 변화하고 있으며, 여성들은 사회에서 그들의 정당한 권리가 침해당하거나 공정한 몫을 받지 못 할 때 성차별을 사회문제로 인식하고 있는 추세이므로 성간의 불평등한 관계는 사라져야 한다고 주장한다.

(3) 상호작용주의적 관점

상호작용주의에서는 남녀 간의 성역할에 관한 합의가 부족할 때 성역할 문제가 사회문제로 인식된다고 본다. 과거의 전통사회에서는 여성은 남성에게 종속된 존재로서 남성에 비해 모든 면에서 열등하고 수동적이며 가정에 예속되어 있다고 규정하였으므로 남성의 여성에 대한 지배를 합리화하여 남성 우위적 성 질서를 유지해왔다. 하지만 오늘날에는 산업화 과정 속에서 여성의 교육수준이 향상되고 사회진출이 확산되면서 점차 여성들은 자아에 대해 눈뜨고 주체적 존재로서 인식되기를 원하는 욕구가 증대되어 전통적 관념에 따른 성정체성 동의하지 않고 있다. 그로 인해 성질서는 다시 새롭게 규정되어야 할 필요성이 대두되고 있다는 것이다.

(4) 교환주의적 관점

성차별의 원인을 남녀 간의 지위 불평등으로 인한 교환상의 불균형과 남녀의 성역할 분담관계에 있어서의 교환 불균형에서 찾는다. 현대사회에서는 여성의 사회진출이 증대되면서 남성이 지닌 교환자원의 가치가 저하되면서 남성에 대한 예속은 약화되는 추세가 나타나고 있다.

(5) 페미니즘 관점

19세기 중반에 시작된 여성 참정권 운동에서 비롯되어 그것을 설명하는 이론까지 포함하는 개념의 페미니즘[7]의 이론적 관점에서 남・녀의 차별을 보자면 여성의 사회진출과 성공을 가로막는 관습적, 법적 제한이 여성의 남성에 대한 종속의 원인이라는 관점을 가진다. 따라서 여성에게도 남성과 동등한 교육기회와 시민권이 주어진다면 여성의 종속은 사라진다고 보는 것이라 할 수 있다.

5. 불평등의 현황

1) 경제적 불평등의 현황

경제적 불평등은 두 가지 측면에서 그 추이를 접할 수 있다. 〈표5-1~4〉는 소득에 관한 불평등, 〈표5-5~10〉은 경제에 관한 불평등이다.

(1) 소득 분배의 불평등

〈표5-1〉 지니 계수[8]의 변화 추이

연도	1979	1983	1987	1991	1995	1997
지니 계수	0.306	0.309	0.306	0.287	0.291	0.283

연도	1998	1999	2000	2002	2003	2004	2005
지니 계수	0.316	0.317	0.319	0.312	0.306	0.310	0.310

7. 여성억압의 원인과 상태를 기술하고 여성해방을 궁극적 목표로 하는 운동 또는 그 이론.
8. 소득 분포의 불평등 도를 측정하기 위한 계수. 저소득층에서 고소득층을 향한 사람 수의 누적 백분율을 가로축으로 하고, 그 사람들의 소득 누적 백분율을 세로축으로 잡았을 때 그려지는 대각선을 현(弦)으로 하는 활 모양의 곡선인 로렌스 곡선과 대각선으로 둘러싸인 면적을 대각선 아래쪽의 직각삼각형의 면적으로 나눈 비율.

□ 도시근로자가구 소득 5분위[9] 배율 추이

• 도시근로자가구의 소득 5분위 배율이 '04년에 악화

〈표5-2〉 5분위별 소득 계층의 소득 점유율, 전 가구

연도	1997	1998	1999	2000	2001	2002	2003	2004
소득5분위배율	4.49	5.41	5.49	5.32	5.36	5.18	5.22	5.41

• '03 → '04년간 소득5분위배율(계층간)이 악화된 것은,

– 최하위 소득계층인 1분위 계층의 소득증가율(2.3%)이 5분위 계층의 소득증가율(6.2%)보다 상대적으로 낮았기 때문임

– 분위별 소득점유율은 1분위(–0.2%p), 2분위(–0.2%p)는 감소한 반면, 3분위(+0.1%p), 4분위(+0.2%p), 5분위(+0.1%p)는 증가

〈표5-3〉 5분위별 소득 계층의 소득 점유율 및 지니 계수

구분	5분위별 소득계층의 소득점유율(%)					배율	지니 계수
	Ⅰ분위	Ⅱ분위	Ⅲ분위	Ⅳ분위	Ⅴ분위	(Ⅴ / Ⅰ)	
2000	7.5	12.7	17.0	22.7	40.1	5.32	0.317
2001	7.5	12.5	16.9	22.7	40.3	5.36	0.319
2002	7.7	12.7	17.1	22.9	39.7	5.18	0.312
2003	7.4	13.2	17.4	23.2	38.8	5.22	0.306
2004	7.2	13.0	17.5	23.4	38.9	5.41	0.310

〈표5-4〉 소득 계층별 소득 증가율

분위 \ 연도	1997	1998	1999	2000	2001
1분위(저소득층)	7.5	–17.2	4.0	10.3	9.7
5분위(고소득층)	4.3	–0.3	5.4	7.0	10.5

9. 소득수준 상위 20%의 소득을 하위 20%의 소득으로 나눈 배율.

(2) 부의 불평등

다음의 표를 통해서 소득 자산의 분포현황을 알 수 있다.

〈표5-5〉 소득 분배와 부의 분배의 비교

구분	상위10%의 몫	상위1%의 몫	지니 계수
소득	25.7%	5.7%	0.385
금융 자산	42.7%	11.8%	0.603
부동산	40.1%	10.5%	0.602
순자산	39.8%	10.4%	0.655

〈표5-6〉 근로 소득과 자산 소득의 지니 계수 비교

연도	1994	1996	1998	2000	2001
근로 소득	0.261	0.266	0.287	0.283	0.296
자산 소득	0.934	0.940	0.930	0.915	0.915

〈표5-7〉 금융 자산의 계층별 분포

연도	하위 10%	상위 10%	상위 5%
1997	692	4.856	6.014
1998	645	5.423	6.621

〈표5-8〉 토지 자산 점유율의 계층별 분포

분위	4분위	5분위	6분위	7분위	8분위	9분위	10분위
연도							
1993	-	-	3.8	9.0	9.0	20.7	57.6
1995	-	2.2	4.0	8.1	10.8	17.5	57.3
1997	1.0	2.5	5.4	7.9	11.8	17.4	54.1
1998	1.5	3.9	6.5	8.8	12.5	20.0	47.3

〈표5-9〉 부(순자산)의 불평등 추이

연도	1993	1994	1995	1996	197	1998
지니 계수	0.571	0.573	0.577	0.570	0.6000	0.655

〈표5-10〉 계층별 소득 금액 비교, 원 단위

	1991년~1997년 월 평균	1998년~2006년 월 평균
빈곤층 1~2분위 평균 소득	724.473	1.001.192
중상층 3~8분위 평균 소득	1.547.741	2.453.089
중하위층 3~5분위 평균 소득	1.244.058	1.925.352
중상위층 6~8분위 평균소득	1.851.424	2.980.824
상위층 9~10분위 평균소득	3.234.621	10.747.999

2) 성 불평등의 현황

남녀 성에 따른 불평등 정도를 몇 가지 측면(〈표5-11~16〉)에서 접근할 수 있겠다.

(1) 문화적, 법적 성 불평등

〈표5-11〉 출생 성비의 비교

	1970	1980	1990	2000	2005	2010
총인구	32.241	38.124	42.869	47.008	48.138	48.875
남자	16.309	19.236	21.568	23.667	24.191	24.540
여자	15.932	18.888	21.301	23.341	23.947	24.334
성비	102.4	101.8	101.3	101.4	101.0	100.8

(2) 교육에서의 성 불평등

〈표5-12〉 성비 별 고등학교, 대학교 진학 비율

연도	고등학교		대학교	
	남	여	남	여
1970	36.7	24.1	11.5	4.1
1975	51.1	35.8	10.8	4.5
1980	74.4	62.2	24.3	8.4
1985	81.9	74.5	50.2	22.9
1990	90.5	83.8	50.0	23.9
1995	90.3	89.4	63.9	33.9
2000	96.8	95.8	99.1	60.7

(3) 경제활동 및 고용 측면에서의 성 불평등

〈표5-13〉 여성의 경제활동 참여 추이 2005년

남자	11,901,983
여자	7,375,387
합계	19,277,370

〈표5-14〉 여성 취업인구의 산업별 분포

연도	1차 산업	2차 산업	3차 산업
1980년	46.5	21.9	31.6
1990년	20.4	28.0	51.6
2002년	10.7	16.5	72.8

(4) 가족의 성 불평등

〈표5-15〉 가사 분담의 실태 2006년

	함께 사는 부부 중 부인	부인이 주도	부인이 전적으로 책임	부인이 주로 남편도 분담	공평하게 분담	남편이 주도	남편이 주로 부인도 분담	남편이 전적으로책임
취업	100.0	87.4	31.9	55.5	10.0	2.6	2.4	0.2
실업	100.0	90.5	33.1	57.4	8.5	1.0	1.0	0.0
비경제활동	100.0	92.2	41.5	50.7	5.7	2.1	1.4	0.7

〈표5-16〉 성별 가사노동 시간

전체 가사 노동 시간	전체 남성			전체 여성		
	평일	주말	휴일	평일	주말	휴일
	0.14	0.25	0.38	2.23	2.27	2.20

6. 불평등문제의 해결방안 및 대책

1) 경제적 불평등

경제적 불평등을 근본적으로 제거할 수 있는 사회는 아마도 이 세상에서는 존재할 수 없을 것으로 보이지만, 상당한 수준까지 완화할 수 있는 방법은 얼마든지 있다. 자본주의 국가 가운데 가장 평등 지향적이라고 하는 스웨덴 같은 나라가 좋은 예이다. 스웨덴의 경우는 우리에게 두 가지 교훈은 주는데 첫째는 보편적인 사회복지를 통해 상당한 정도의 경제적 평등을 실현할 수 있다는 점이다. 둘째는 이러한 평등 지향 정책에도 불구하고, 경제의 활성화가 얼마든지 가능하다는 사실이다. 스웨덴은 세계 최고 수준의 복지국가와 경제를 동시에 유지하고 있다.

(1) 성장과 분배의 조화

선 성장 · 후 분배 정책과 그에 따른 사회복지의 낙후가 경제적 불평등의 가장 큰 원인이라면, 이것부터 고치는 것이 당연한 순서이다. 중요한 것은 구호와 수사가 아니라 정책의 근본적인 전환이다. 분배와 사회복지는 경기 변동의 와중에서 늘 희생양이 되어 왔다. 이처럼 성장과 분배를 상극으로 여기는 풍토가 바뀌어야 한다. 성장은 궁극적으로 분배를 위한 것이고, 적절한 공정한 분배 또한 성장의 기반이 된다는 평범한 진리를 정부와 기업이 똑바로 인식할 필요가 있다.

결론적으로, 성장과 분배의 조화는 말로 되는 것이 아니다. 그것은 정부의 강력한 의지와 일관된 정책, 그리고 기업과 상류층의 상당한 양보가 전제되어야 가능하다.

(2) 균형 성장 전략

이제는 재벌 위주, 공업 위주, 특정 지역 위주의 불균형 개발 전략을 접어야 한다. 경제력 집중을 해소하려면 재벌 개혁이 선행되어야 한다. 그리고 재벌 개혁은 중소기업의 보호 육성으로 이어져야 한다. 그래야 노동시장의 양극화 현상도 완화될 수 있다.

(3) 조세 제도 개혁

조세 제도가 분배 정의를 실현하는 도구로서의 역할을 제대로 하기 위해서는, 재산가에게 특혜를 주는 현재의 제도를 근본적으로 뜯어 고쳐야 한다. 전체적으로 직접세 비중을 높이고 자산에 대한 과세를 강화해야 한다.

먼저, 소득세 개혁이 급선무이다. 자영업자와 고소득 전문직 종사자의 소득을 정확히 파악하여 이에 상응하는 세금을 제대로 물려야 한다. 다음으로는 자산에 대한 과세를 환골탈태의 수준으로 개혁해야 한다. 자산에 대한 과세와 관련하여 가장 논란이 되는 문제는 탈법적이거나 편법적인 상속과 증여 행위이다. 이것은 부의 대물림과 직결되는 문제이기 때문에 반드시 바로 잡아야 한다. 마지막으로, 경제적 불평등이 급격히 심해지고 있는 최근의 추세를 고려할 때, 한시적으로라도 부유세도입을 진지하게 검토할 필요가 있다. 유럽의 여러 나라와 인도 등에서 실시하고 있는 이 제도는 단기간에 경제적 불평등을 완화하는 데 아주 유효한 수단이다.

(4) 부동산 투기 근절

부동산 문제는 우리나라 경제적 불평등의 '주범'이라고 해도 과언이 아니다. 역대 정부가 부동산 투기를 근절하겠다고 갖가지 방안을 내놓았음에도, 부동산 투기가 끊이지 않는 가장 큰 이유는 부동산 과세가 미약하기 때문이다. 궁극적으로는 유럽에서 시행 중인 사회주택(social housing) 제도를 도입하여 도를 넘어선 주택의 상품화 추세에 쐐기를 박아야 한다.

(5) 노동시장 취약 계층에 대한 보호

우리 사회에서는 최근 비정규직 노동자를 포함한 노동시장의 취약 계층이 빠른 속도로 증가하면서 이른바 노동 빈민문제가 심각한 사회문제로 떠오르고 있다. 비정규직 노동자들에게 가장 필요한 것은 고용보장이다. 비정규직 노동자에 대한 근본적인 보호 방안은 근로 기준법 상의 해고 제한 규정을 실질적으로 보장하는 것이고, 결국 이는 기간제(한시적) 근로에 대한 실효성 있는 규제를 통해 달성할 수 있을 것이다. 비정규직 노동자에 대한 각종 차별 대우를 철폐해야 한다. 첫 번째 과제는 '동일 노동과 동일 임금' 원칙을 확립하는 일이다. 비정규직에 대한 차별 대우에는 사회보험도 예외가 아니다. 절대 다수의 비정규직 노동자들은 사회보험의 혜택에서 원초적으로 제외되어 있다. 노동시장 취약의 취업능력을 향상시키는 종합적이고도 체계적인 정책이 필요하다. 산업 구조의 중심이 지식 산업으로 개편되는 추세이고, 정보 사회는 이제 현실로 다가와 있다. 이런 추세를 반영한 직업 훈련과 교육 그리고 이것을 뒷받침하는 사회복지의 확충이 함께 어우러져야 취업 능력의 제고가 이루어 질 것이다.

(6) 사회 경제적 차별 철폐

학력과 성별에 의한 각종 차별이 철폐되어야 한다. 우리 사회의 학력 간의 임금 격차는 외국에 비해 너무 크다. 이것은 이미 병적인 수준에 도달한 우리사회의 학벌주의를 부추기는 한편 교육을 통한 불평등의 악순환을 지속하게 만든다. 학력 간의 임금 격차의 해소는 교육 제도와 사회 구조 전반을 손대야 하는 어려운 과제이다. 그럼에도 불구하고, 이 문제는 우리 사회 구성원들이 힘을 모아 반드시 풀어야 하는 과제이기도 하다.

2) 성 불평등

(1) 사회문화 운동

오랫동안 가부장제 문화에 익숙한 우리 사회는 작은 변화에도 큰 저항이 따를 수 있는 풍토가 조성되어 있다. 남녀평등의 가치도 그러한 변화 중의 하나로서 이미 사회일반의 독립된 가치로 받아들여지고 있으니 이에 대한 저항도 만만치 않은 것이 사실이다. 성 불평등 현상을 시정하는 것은 많은 여성들에게 자유와 평등의 해방감을 줄 것이 틀림없지만 동시에 그에 따르는 사회적 책임과 의무가 주어짐을 잊어서는 안 된다. 인간은 어떤 계기에 쉽게 변화할 수도 있으나 또 다른 어떤 면에서는 변화되기가 매우 어려운 면이 있다. 어떤 사회문화적 운동을 통하여 사람의 가치관과 습관을 고치는 것이 쉽지 않다는 말이며, 우리 모두가 노력해야 할 일이다.

(2) 양성 평등주의 정책

사회정의적인 차원에서 이미 차이가 있는 현실을 반영하여 여성들이 최소한 자기 의견을 정책에 반영하고 활발한 사회참여를 할 수 있도록 그 결과의 평등을 만드는 정책적 접근이 필요며 중앙정부 차원에서 성 불평등 해소를 위한 적극적 정책과 중앙정부 정책이 직접 국민의 삶에 스며들기 위한 지방 정부와 정부 각 부처의 유기적 협조가 필요하다. 특히 불평등 해소가 결실을 맺을 수 있는 구체적인 정책으로 펼쳐져야 할 것이다. 무엇보다도 사회적 노동, 직업 활동 분야에서 양성 평등정책이 주진되어야겠지만 동시에 가사 노동 역시 정당하게 공적으로 평가 받을 수 있는 새로운 정책의 변화가 요구된다고 하겠다.

(3) 법과 제도 개혁

법이란 사회구성원의 다양한 가치관과 이해관계의 조화와 질서를 이루기 위해 국가가 개인이나 집단의 사회적 지위와 역할, 권리, 의무관계, 행동 기준을 정한 사회 규범의 총체라 할 수 있다. 따라서 법은 현 사회의 문화적 흐름을 반영해야 하고 현재 삶의 질을 저하시키지 않는 방향으로 또 그 시대 문제를 해결하는 방향으로 제정, 또는 개정되어야 할 것이다.

그러기 위해서는 정부와 유관 단체, 각종 이해관계 집단들이 충분한 의사소통을 하여 가족법을 개정하되 특히 개정 방향이 여성의 인권과 재산권 및 가사노동의 가치 인정 등이 실현될 수 있도록 해야 할 것이다.

노동 현장의 성 불평등 해소를 위해서 고용 평등 보장과 차별에 대한 권리 구제 제도 강화, 여성 고용 창출 및 고용 촉진, 작장 및 가정과 양립할 수 있는 지원체계확립 및 확대가 요구되며, 제정된 법의 성실한 이행이 무엇보다 우선되어야 한다.

여성계의 입장을 반영한 정책 수립을 위하여 여성 정치 참여 확대가 요구되며 여성대표성 제고를 위한 제도 개선을 고려하야야 할 것이다. 공직 사회의 고위직 여성 할당제는 물론 주요 공직 부서에 여성 배치 및 각종 위원회 여성 참여도 확대하는 것이 필요할 것이다.

7. 불평등에 대한 사회복지적 개입

1) 경제적 불평등에 관한 측면

경제적 불평등으로 인해 피해를 받고 있는 대상자들을 위한 미비한 제도와 법들을 강화하고 현재 마련되어져 있는 법상에서 경제적 불평등으로 피해 받는 이들에게 최대한의 혜택과 도움을 줄 수 있는 방안을 마련하여야 할 것이다.

경제적 불평등으로 인해서 겪게 되는 빈부의 격차로 인해 나타날 수 있는 심리적 상실감과 빈곤으로 인해 신체적, 위생적, 건강의 위협을 받는 이들을 위해 지역사회자원을 활용하여 자원의 연계와 경제적인 활동을 할 수 있도록 하는 직업훈련과 같은 프로그램의 참여와 같은 방법들을 통해 경제적으로부터 오는 불평등을 극복해야 한다고 본다.

2) 성 불평등에 관한 측면

사회복지정책의 일환으로 남녀고용평등법을 들 수 있다. 이법은 남녀의 대우에 있어 차별이 없고 동등한 고용의 기회를 보장받는 것을 주요골자로 하는데 고용, 모집, 채용, 해고, 퇴직, 육아휴직 등에 있어 차별이 발생하지 않도록 보호하는 것이 목적이다.

여성복지의 대상을 요보호여성으로만 범위를 제한하지 말고, 여성노인과 여성장애인에 대한 서비스 제공을 포함하여 일반 여성들도 포괄될 수 있도록 해야 할 것이다. 이를 통해 일반 여성들이 경험하는 욕구의 다양성과 특수성을 충족시킬 수 있는 서비스를 개발하고, 여성의 가사노동과 경제활동을 뒷받침해 줄 수 있는 복지서비스 제공이 확장 되어야 할 것이다.

성차별을 해결하기 위해서는 법과 제도의 정비, 성 평등적 문화 확산 그리고 여성복지정책의 확대를 통해 가능할 것이다.

8. 불평등에 대한 해결방안

불평등에 대한 해결방안에는 정부가 수행해야 하는 역할이 매우 중요하다. 제도적, 법적, 정책적 변화가 이루어져야 하기 때문이다. 하지만 불평등 문제를 정부에게만 맡겨 놓을 수는 없다. 왜냐하면 정부는 국민의 요구에 부응함으로써 제대로 기능할 수 있기 때문이다. 정부의 변화를 위해서는 국민들이 의식을 가지고 정부를 추동시켜야 한다. 정부의 역할 수행을 감시하고 조정하는 것도 바로 국민들의 몫이다. 우리 스스로가 변화를 위해 행위해야 한다는 것이다.

이러한 의미에서 무엇보다도 중요한 것은 사회적 관행의 변화를 요구한다고 하겠다. 폐쇄적 사회에서 개방적 사회로 변화하기 위해서는 제도적 변화와 더불어 소집단 문화, 가족이기주의, 지역적 당파성 등 배타적 관행들이 개선되어야 한다. 그리고 개인의 의식 전환과 노력이 필요하다. 우리 각자가 불평등 해소를 위해서 행위하지 않으면 안 된다는 것이다.

생각할 거리

1) 불평등에 관한 여러 영역이 존재한다. 권력불평등, 교육불평등, 지역불평등, 인종불평등, 소수자 차별 등에 대해서 토론해보자.
2) 평등이라는 개념은 사회복지의 가치와 연관이 있다. 평등에 관한 개념을 다양한 측면에서 고찰해 보자.
3) 불평등 개념을 계층화의 시각으로 파악할 수 있는지 토론해보자.
4) 남성과 여성의 차별에 대해서 구체적으로 사례를 들어 논의해보자.

제 6 장

교육문제 – 공교육과 사교육(교육의 현실)

학습목표

1. 교육환경의 조건
2. 공교육과 사교육의 관점
3. 교육의 중요성 및 참 교육의 방향

1. 들어가기

과거의 전통사회에서는 이러한 교육은 가족이나 친족집단에서 대부분 행해졌으나 근대화가 진행되고 인구의 증가와 도시와 공장, 기업의 발달은 보다 복잡하고 체계화된 지식을 가르칠 사회적 필요를 증대 시켰다. 그리하여 국가가 개입하게 되고 공적 제도를 통한 국민교육을 실시함으로써 개인의 소질과 능력을 발현시키며 동시에 근대국가의 민주시민으로서의 자질을 함양하도록 했던 것 이다. 그러나 한국은행에 따르면 올 상반기 가정에서 지출한 사 · 공교육비 총액은 15조 339억 원이다. 지난해 상반기 13조 7772억 원보다 9.1%나 늘어났다. 문제는 전체 가계 소비지출 243조 9885억 원 가운데 교육비 비중이 6.2%로 사상 최대를 기록했다는 점이다. 교육의 참된 가치를 모두 역행하고 오로지 하나의 가치 좋은 대학을 위한 입시를 향한 교육만 진행된다는 것이 현재 한국 교육의 문제이다.

우리나라의 공교육의 문제는 너무 민간의 의존이 크며 정부의 변화에 따라 주체 없이 변화하는 교육정책이겠고, 현재 만연한 공교육에 대한 불신과 공교육의 가치를 상실하고 오히려 사교육을 부추기는 모습이다.

사교육 문제는 너무 많은 가계지출과 계층의 분화를 일으키는 문제를 보이며, 이러한 교육 문제들은 어느 한부분의 문제가 아닌 총체적인 한국 교육의 문제로 보아 문제해결을 위한 방안이 필요할 것이다.

2. 교육과 교육문제의 개념

1) 사회심리학적 관점

교육은 성격 형성의 과정으로서 사람이 사람답게 되어 가는 사회화의 한 과정이라고 정의할 수 있다. 평생을 통하여 지속되는 재사회화의 과정이며, 요즘과 같이 사회변동이 빠른 시대에는 한 개인이 살아가면서 많은 다양한 경험을 하게 되는데, 성격의 형성과 재형성 기간이 옛날에 비하여 더 자주 그리고 오래 지속된다고 할 수 있다.

2) 사회구조적 관점

사회의 구조 속에서 교육이 어떤 기능을 하는가를 보는 일로 교육의 구조와 기능의 관점에서 본다는 말이다. 즉 교육은 사회통합을 위하여 행동규범을 유지하고 긴장을 처리하는 기능을 수행하는 제도라고 할 수 있다.[1]

행동규범의 유지는 사회에 내제하는 문화. 즉 사회 성원으로서의 역할을 잘 하게 하기 위해서 필요한 지식과 기술, 그리고 그와 관련된 가치와 규범, 그리고 전통과 문화를 배우는 과정이라고 할 수 있다. 이것은 평균수명의 연장과 과학기술의 발전에 따라 재교육을 받지 않으면 안 된다는 현실을 반영하고 있다. 사람은 일생을 통하여 사회구성원으로서의 역할을 다하기 위한 교육을 받게 된다는 말이다. 한편 긴장처리 기능이란 것은

1. T. Parsons는 사회체계가 유지되기 위해서는 반드시 달성되어야 하는 네 가지 기능이 있다고 했다. 그것을 머리글자만 따서 AGIL 이라고 한다. Adaption, goal attainment, integration, latent(latent pattern maintenance tention management)가 그것이다. 최재현 역(1987), 『현대사회학이론』, 형설출판사, 144쪽. A는 주위환경에 적응하는 것으로 경제제도, G는 목표달성과 관련하는 정치제도, I는 사회성원들이 일탕하지 않고 통합되도록 하는 사법제도, L은 문화제도로서 잠재적 행동유형을 유지하는 것이라 할 수 있다. 교육제도는 그 특성상 사회통합을 위하여 행동규범을 유지하고 긴장을 처리하는 기능을 수행한다고 볼 수 있다.

생활양식을 배워 나가는 과정에서 발생하는 긴장과 스트레스를 해소시켜주는 기능을 또한 교육이 담당하고 있다는 것이다. 일반적으로 놀이를 통한 긴장이나 스트레스의 해소는 새로운 활력을 찾기 위해서 필요한 것이다. 교육은 건전한 놀이와 스포츠 등을 가르침으로써 사회적 의무와 역할 수행에 필요한 규범을 습득하는 과정에서 발생하는 각종 스트레스와 긴장을 해소할 수 있도록 해주는 기능을 하는 것이다.

3) 교육적 관점

교육자의 입장에서 보자면 영어 'education'의 라틴어 원래 말(educatio)이 뜻하는 것처럼 '밖으로 이끌어낸다'는 것으로서 교육은 인간의 내면에 있는 개인의 소질과 능력을 이끌어 내어 자아실현을 할 수 있도록 도와주는 제도적 장치이자 과정이다. 인간은 누구나 다 고유한 개성과 능력을 지닌 존재로서 삶의 존재 이유가 있는 것이다. 그것을 발현시켜주는 것이 교육이라는 말이다. 사람하나 하나의 가치가 그가 정말 잘할 수 있는, 즉, 소질 있는 어떤 놀이나 공부를 통하여 나타날 수 있도록 돕는 것, 그것이 교육이다.

결국, 교육은, 놀이(소질)교육, 인격(퍼스낼리티)교육, 직업(일)교육의 세 가지로 대분된다고 할 수 있다. 개인의 소질이나 능력이 어디에 있는지 어떤지를 파악하고, 사람답게 살도록 도덕과 규범을 익히며, 일을 통하여 사회적 존재로서의 소임을 다하도록 개인을 돕는 것이 교육이다.

3. 교육문제의 원인과 배경

1) 사회심리적 관점

(1) 출세지상주의

전통적으로 한국인이 추구해 왔던 사회적 경재의 목표는 출세하는 것이었으며 출세는 관직에 나아가 권력을 얻고 가문의 권위와 명예를 높이는 방법이었다. 전통 사회에서 사회적으로 출세하기 위한 유일한 길은 과거에 급제하는 것이었고, 과거에 급제하기 위해서는 학문에 전념하는 것이었다. 그 이외의 길은 경시되었고, 이것이 현대사회에 이르러서도 공부를 열심히 하여 명문대에 진학하고 고시에 합격하여 출세를 하고 남들에게 권위를 뽐내고 싶어 하는 것으로 그 형태가 바뀐 것이라 할 수 있다. 우리나라 대학체계는 어느 대학, 어느 학과이냐에 따라 그 사회적 위세가 서열화 되어 있어 그 서열에서 어느 위치에 있는가에 따라 사회적 출세의 가능성이 달라진다. 그리고 자신의 적성에 맞는 분야에서 능력을 발휘하기보다 사회에서 보편적으로 인정받는 분야에 진출하고 싶어 한다. 추구하는 가치가 단일화되어 있는 사회에서 그 가치를 추구하려는 열망은 고조될 수밖에 없고 그 가치를 얻기 위한 경쟁은 치열할 수밖에 없다. 서열적인 위계 구조는 현대에 이르기까지 우리 사회의 지배원리로 작용하고 있다. 일원화되어 있는 권위주의적 위계 구조에서 최고의 위치를 차지하고자 하는 출세지상주의가 바로 현대 한국인들의 왜곡된 교육열과 문제의 근원이 되고 있다.

(2) 학벌주의

과거에는 집단이기주의가 혈연집단, 지연집단, 그리고 학연집단의 순으로 집단이기주의적 형태를 보였다. 그러나 근대화와 더불어 점차로 그 외연을 확대하여 이제는 학연집단이 단연 우위를 차지하고 있다. 학연을 중심으로 하는 집단이기주의적 형태가 학벌주의로서 오늘날 교육문제의 중심에 똬리를 틀고 있다.

해방이후부터 실시된 초기의 사법시험이나 행정고시들과 같은 시험제도는 조선시대의 과거제도와 비슷한 속성을 지녔지만 점차 학벌, 즉 명문대학 출신 여부와 관련되게 되었다. 실제로 초기 국가공무원의 상당수가 명문대학 출신자에 의해 독점되었고 이들은 한국 경제, 제계, 사회 각계에서 주요한 권력집단으로서 그들의 신분 집단성을 보여주고 있다.

특정 학벌에 의한 관료사회의 점령은 고등교육의 수요를 높이는 계기가 되었고 이로부터 학력의 인플레이션 현상과 학력의 상품화 현상이 촉진되었다. 결국 명문대학에 들어간다는 말은 명문대학에서 가르쳐 줄 수 있는 실용적인 지식이나 기술의 획득에 관계없이 한 사회를 여러 부분에서 이끌어 나가는 신분집단이나 구성원에게 필요한 소양과 지식 그리고 기술로서의 문화적 자산을 얻는 것으로 인지되기 때문에 이것을 상징하는 학벌주의는 쉽게 사라지지 않는다.

(3) 황금만능주의

우리나라에서 경제성장주의가 모든 것에 우선하는 가치로 등장하게 된 것은 1961년 5 · 16 군사 쿠테타로 정권을 잡은 박정희 대통령 때부터이다. 그 때부터 경제개발 5개년계획을 추진한 결과 많은 부작용도 있었지만 오늘날 중진국으로 발돋움하게 되고 OECD 회원국이 되기도 했다. 그러나 그 경제성장은 서구 선진 자본주의 국가들이 과거 300년 동안에 이루었던 것을 약 30년 만에 해치우는 역사의 단축 현장이었다고 볼 수 있다. 그 와중에 엄청난 사회변동이 야기되었으며 크고 작은 부장용이 그치기 않았다, 그 중에서 가장 큰 문제 중의 하나가 바로 황금만능주의이다.

일찍이 맑스가 자본주의의 돈이 신처럼 추앙되는 물신주의(fetishism)를 비판한 적도 있거니와 오늘날 황금만능주의는 그가 말했던 물신주의와 조금도 다르지 않다.

그리고 머튼(R. Merton)은 이 사회의 문화적 목표는 제도화된 수단을 개인이 어떻게 받아들이느냐에 따라 네 가지의 적응 유형을 분류하고 목표와 수단의 불일치 현상을 아노미와 일탈의 원인이 된다고 말한바 있다.[2]

황금만능주의는 돈을 벌겠다고 문화적 목표는 받아들이되, 취직하여 돈을 버는 것이 아니고 사기나 절도와 같은 비 제도화 된 방법으로 한탕해서 돈을 벌겠다는 것으로 어떻게 하든 돈은 벌면 좋다는 생각을 만연시켜 각종 범죄나 일탈의 온상이 되고 있다. 이러한 황금만능주의는 정상적인 제도화된 공교육에 대한 관심을 기피하게 함으로써 교육을 황폐화하는데 큰 문제가 있는 것이다.

2) 사회구조적 관점

(1) 공교육의 퇴조－사교육시장의 팽창

오늘날 한국의 현실에서는 원론적이고 정상적인 교육의 의미는 찾아보기가 매우 힘들게 되었다. 이른바 사교육비가 해마다 총 20조 원이나 되는 어마어마한 시장을 형성하고 있어서 이것을 부담하는 부모들이 허리가 휘고, 그것이 부담이 되어 차라리 외국으

2. R. Merton에 의하면 목표와 수단 두 가치를 다 받아들이면 동조형, 목표만 받아들이면 개혁형, 수단만 받아들이면 의식형, 둘 다 거부하고 새로운 대안을 제시하면 혁신형이라고 본다.

로 이민 가는 것이 낫겠다는 사람들이 줄을 잇는 것만 보아도 우리의 현실에서 공교육이 퇴조하고 있음을 어렵지 않게 짐작할 수 있다.

경쟁이 치열한 현재의 교육상황에서 사교육은 어느 정도 불가피한 측면도 없지 않으나, 그 정도가 지나쳐 공교육을 훼손하는 데까지 이르고 있는 것은 묵과하기 어렵다. 말 그대로 입시학원은 교육에 대한 시장논리가 그대로 적용되는 곳이며 학원이 존재하는 한 교육제도가 어떻게 변경되든 학원의 수요를 창출하고 이윤을 높여 갈 것이기 때문에 정부가 강조하는 것처럼 실제로 공교육이 정상화되려면 학원을 비롯한 사교육시장이 현재보다 더 많이 축소되어야 한다.

현재 우리의 교육재정은 정부가 공교육 재정을 감소시킴으로써 교육환경이 더욱 열악하게 되고 학부모가 사교육에 의존함으로써 교육의 공공성이 매우 약화되는 현성을 빚고 있다. 우리 사회의 공교육투자가 적다는 것은 교육과학기술부가 9일 발표한 '2008년 OECD 교육지표 조사 결과'에 따르면 2005년 기준 우리나라의 국내총생산(GDP) 대비 공교육비 비율은 7.2%로 조사 대상 26개국(평균 5.8%) 중 3위였다.

특히 공교육비 가운데 정부가 부담하는 비율은 4.3%로 OECD 평균(5%)보다 낮은 반면 민간이 부담하는 비율은 2.9%로 1위였다. OECD 평균이 0.8%인 점을 감안하면 이보다 3배 이상 높은 수치이다. 민간이 부담하는 비율은 2.9%(OECD 평균 0.8%)로 26개국 중 최고를 기록했다.

공교육비의 민간 부담률은 유치원, 초·중·고교, 대학교의 교육비 가운데 재단 전입금, 입학금, 수업료, 기성회비, 급식비, 기숙사비 등 민간이 부담하는 금액을 말하는 것으로 학원비 등 사교육비는 포함되지 않는다.

공교육비에 대한 민간 부담률이 높다는 것은 그만큼 교육 복지에 대한 정부의 지원이 부족하다는 것으로 해석될 수 있다.

공교육비 민간부담이 GDP의 2.9%이라고 했으니, 23조 3천 억 원 정도다. 여기에 현재 공교육비를 능가하는 올해 규모 30조원의 사교육 시장을 포함하게 된다면 민간이 지출하는 교육비는 OECD 국가들과 비교 할 수 없을 만큼 늘어난다. 이는 우리나라의 초·중등 전면 의무교육이 다른 OECD 국가에 비해 늦어진데다 고등교육기관의 70%이상이 사립교육기관인데 그 원인이 있는 것으로 밝혀졌다.

이러한 현실을 해결하게 위해선 교육비중 민간부담 교육비를 경감시키고 사교육비의 축소 대책을 마련하여 대폭적인 공교육 재정의 확충이 필요하다 하겠다.

그리고 또 다른 문제는 유형 무형의 에너지 소모라고 생각되는데 소모적 경쟁에의 교육구조 과정에서 발생하는 각종의 사회적, 개인적 스트레스도 매우 큰 고통을 수반하는 것이다.

명문대 합격자 중 70%가 과외를 한 학생들이고 나머지 30%만이 과외를 하지 않았다는 것은 과외의 영향력을 무시할 수 없는 수준임을 보여준다. 이러한 현상은 가난한 사람들의 고통이 클 것이며 사회의 양극화를 부를 수 있음을 보여준다.

(2) 신자유주의 교육- 경쟁의 강화

현상이 이러한데도 정부는 오히려 시장 자유주의적 시장논리에 따르는 교육정책을 펴고 있으며 교육현장에 더욱 더 경쟁논리의 도입을 가속화시키고 있다.

현 이명박 정부의 신자유주의: 이명박 정부는 시장기능의 중시와 작은 정부론을 바탕으로 다음과 같은 신자유주의 정책들을 추진하고 있다. 이를테면 자유무역주의(미국 쇠고기 개방, 한미 FTA의 비준추진, 공기업의 사유화, 학교자율화, 상속세 폐지, 법인세 완화, 종합부동산세 완화정책, 의료사유화, 공영방송의 사유화, 복지예산의 축소 등)를 들 수 있다.

누구나 다 혜택 받을 수 있을 것 같은 이러한 자유선택의 신자유주의 교육 이데올로기는 사실상 계층 재생산 과정을 위장하고 정당화시킨다는 비판을 받고 있다. 누구나가 아니라 경제적 여유 있는 상층에게나 교육 선택의 자유가 해당되는 말이기 때문일 것이다. 우리교육의 방향이 수요자 중심교육을 의미하는 학부모의 선택권 종중, 학교의 자율성 확대, 교육공급자간 경쟁을 유도하는 제도로 시행된다는 것은 그 과정에서 자녀에 대한 교육지원 활동이 계층 간 뚜렷한 격차를 보일 것이며 그 차이는 세습될 가능성이 높다. 현 우리사회에서 수요자 중심교육이란 개인 또는 학교간의 자유경쟁을 의미하여, 개인이 타고난 능력뿐만 아니라 가정배경과 그것에 영향을 받아 형성 발전된 개인의 능력까지 포함된다. 그렇기 때문에 학교교육에서 이루어지는 교육경쟁은 그 결과에 대해 사회적 의미를 부여하지 않을 수 없다. 신자유주의 교육개혁에서 추진된 자립형 사립고, 다양한 대입특별전형제도, 수준별 교육과정과 같은 교육제도나 과외금지 위헌판결, 조기유학 허용, 해외여행 자율화 조치의 장정이나 특성을 이용할 수 있는 사회성원은 일부 상위 계층으로 제한된다는 말이다.

4. 교육문제의 현황

1) 입시위주의 교육 – 전인교육의 부재

현재 우리나라의 고등학교는 크게 인문계, 실업계로 분리되고, 인문계는 일반고교, 과학고, 외국어고, 자율형 사립고로 구분되어 어느 정도 능력별로 진학가능성이 정해져 있으며, 실업계 역시 다양하게 특성화 되어 있다. 그런데 문제는 고교의 이런 특성화가 실질적으로 졸업 후의 진로에 영향을 미치지 못하고 있다는 것이다. 즉 계열의 구분 없이 대다수 고교생은 대학진학을 목적으로 하기 때문이다. 그리하여 본래의 목적을 잃고 입시위주의 교육을 강화하는 양상으로 나타나고 있다.

그리고 입시위주의 교육이 문제가 되는 이유는 세 가지로 요약할 수 있겠다.

첫째, 전인교육을 지향하는 교육의 본질적 가치에 부합되지 않기 때문

둘째, 현재의 소모적인 입시 경쟁구조는 지적 능력 발달을 휘한 학습의 범위와 수준을 제한함으로써 상당한 사회적 기회비용의 낭비를 초래한다.

셋째, 이와 같은 입시 위주의 교육은 단지 소수만의 승자를 위하여 대다수의 패자를 양산하는 체제로서 많은 사람들에게 정신적 스트레스를 강요한다.

2) 교육기회의 불평등 – 가난의 세습(빈곤의 대물림)

학교 교육 체제는 새로운 계층 구조를 형성하는데 매우 중요한 역할을 담당해 왔다. 그런데 이러한 교육의 기회가 한국 사회에서 모든 사람한테 평등하게 보장되어 있지 않다는데 문제가 있다. 대부분의 사람들은 부모의 경제적 계층이 어떠하냐에 따라서 경쟁의 출발점부터가 불평등한 구조 속에서 시작하고 있다. 경제적 상층에 속하는 학생들이 하층의 부모를 가진 학생들에 비하여 훨씬 유리한 고지에서 경쟁을 시작하기 마련이다.

▽ 강남 강북도 큰 차이=한국교육개발원에 따르면 '강남 학군'에 해당하는 강남, 서초, 송파구에 있는 사설 학원 수는 서울 전체의 24.6%(3041개)다. 이 지역 인구는 서울 전체의 15.4%다. 거주지별 연간 1인당 사교육비도 서울 강남지역 478만 원, 서울 기타 지역 313만 원, 광역시 지역 276만 원, 읍면 지역 203만 원 순이었다.(동아일보, 2003)

부의 세습적 성향이 강한 우리나라에서는 경제능력과 비례하여 교육기회가 부여되고 있음으로써 교육의 불평등 현상이 심화되고 있는 추세이다.

Maslow의 욕구발전단계설에 나타나 있는 것처럼 인간은 누구나 '자아실현의 욕구'를 갖고 있다. 그렇지만 개인의 조건이 좋아서 자아실현의 기회까지 보장받고 이를 성취하는 사람이 있는 반면, 그 전 단계에서 만족해야 하는 사람들이 더 많은 사회구조가 형성되는 있다는데 문제가 있으며, 우리 교육의 현실이 그런 구조를 고착화시키고 있다는데 더 문제의 심각성이 있다고 하겠다. 이런 현상은 교육 불평들의 문제가 그 자체로 그치지 않고 다음 세대와 사회 전체에 파급되며, 결국 개인과 사회의 안정에 부정적 영향으로 작용함을 의미한다.

3) 교육의 역기능성 – 사회해체의 증후

교육은 사회통합을 위하여 행동규범을 유지하고 긴장을 처리하는 기능을 수행한다. 특히 교육이 그러한 기능을 제대로 담당하지 못할 경우에는 역기능성이 증대하여 사회해체의 증후가 나타나게 되어 있다. 과거의 한국의 경제성장이 한국의 유교적 교육열 덕분이었다는 주장이 설득력이 있으나 과연 지금도 한국의 교육이 사회의 건전한 발전을 지지해주고 있는지, 혹시 가로막는 장애요소가 되고 있는 것은 아닌지 반성해 보아야 할 때다.

행동규범은 과거의 역사화 문화와 전통을 올바로 계승하고 미래지향적으로 창조하는 노력이 나타나고 있는가를 물음으로써 알 수 있다.

첫째로 민족의식의 주체적 확산이 잠재적 행동유형으로 나타나고 있는가를 보아야 한다.

둘째로 민주사회의 구성원으로서의 국민적 의무와 책임을 다하도록 교육이 행해지고 있지 못했다는 점을 지적하지 않을 수 없다.

셋째, 교육을 통한 사회적 긴장 처리기능이 잘 되고 있지 못하다는 점을 또한 지나칠 수 없다.

이와 같은 현상은 결국 사회해체 현상으로 이어져서 각종 일탈 행동과 범죄의 증가를 불러오게 마련이다.

현 정부의 교육 방향성은 전 정부와 많은 부분 다름을 알 수 있다(〈표6-1〉, 〈표6-2〉 참조).

1) 정부 및 장관마다 변하는 일관성 없는 교육정책

인재대국(18개 국정과제)

〈핵심과제〉

• 대학입시 3단계 자율화 • 영어 공교육 완성 • 대학운영의 자율 확대 • 대학의 연구역량 강화 • 평생학습계좌제 도입

〈중점과제〉

• 고교 다양화 300 프로젝트 • 맞춤형 국가장학제도 구축 • 교원 능력 제고를 위한 인프라 강화 • 교육과정 · 교과서 선진화 • 직업능력개발계좌제 도입 · 확산

〈일반과제〉

• 지방교육 자치의 내실화 • 기초학력, 바른인성책임제 • 과학기술 투자의 전략적 확대 및 효율성 제고 • 세계적 과학인재 양성 · 유치 • 과학기술인의 사기진작 • 과학기술 생활화 전개 • 고등교육기관의 평생교육 기능 강화 • 맞춤형 산업기술인력 양성

자료: 대한민국 정책포털
http://www.korea.kr/
위의 정책에 따른 일제고사의 시행과 3불정책의 폐지논란

2) 너무 큰 사교육

이 자료는 전국 초 · 중 · 고 272학교 약 34,000명의 학부모를 대상으로 2007. 7월과 10월 두 차례에 걸쳐 사교육비 규모 등 사교육 실태를 조사한 결과

○ 2007년 우리나라 사교육비 전체 규모는 20조 400억 원으로 추정됨
○ 2007년 학생 1인당 월평균 사교육비는 22만2천원(사교육에 참여한 학생 1인당은 28만8천원), 참여율은 77.0%, 참여시간은 주당 7.8시간임

** 자세한 내용은 첨부파일을 참고하시기 바랍니다 **
자료: 통계청 2007 사교육비실태조사 http://pedu.nso.go.kr/

메가스터디(072870)
현재가 154,100원 I ▼ 2,900 I −1.85% (10.08 장종료 기준)
52주 최고 389,900 거래량 38,619 시가총액(억) 9,770
시가총액순위 3위 (코스닥) 외인비율 44.66%

자료: 다음 증권 10. 8.

이 주식은 한 사교육기업 주식의 모습이다. 여기서 알 수 있는 것은 한국을 외국인들은 어떻게 바라보고 있는가? 한국의 코스닥이라는 첨단 지식 관련주식 거래장에서 사교육의 대표기업의 위치이다. 한국의 지식 사업이 인터넷 동영상 사교육이란 사실과 외국인들이 보는 한국은 사교육이 망하지 않는 안전한 사업이라고 보고 있다는 것이다.

3) 빈약한 공교육

대학 등록금, 교원 1인당 학생수 등도 세계 최고 수준이었으며 교원의 임금은 OECD 평균보다 높고 노동시간은 OECD 평균보다 짧은 것으로 조사됐다.

교육과학기술부는 이런 내용의 2008년 OECD 교육지표 조사 결과를 9일 발표했다.

OECD 교육지표 조사는 교육기관의 산출 및 학습효과, 교육에 투자된 재정・인적자원, 교육기회에의 접근・참여・발달, 학습 환경 및 학교 조직 등 4개 분야에 걸쳐 각국의 교육환경을 비교, 분석하기 위한 것으로 이번 조사에는 총 36개국(회원국 30, 비회원국 6)이 참여했다.

조사 결과에 따르면 우리나라의 국내총생산(GDP) 대비 공교육비 비율은 7.2%로 조사 대상 26개국(평균 5.8%) 중 3위로 나타났다.

특히 공교육비 가운데 정부가 부담하는 비율은 4.3%로 OECD 평균(5.0%)보다 낮고 민간이 부담하는 비율은 2.9%(OECD 평균 0.8%)로 26개국 중 최고를 기록했다.

공교육비의 민간 부담률은 유치원, 초・중・고교, 대학교의 교육비 가운데 재단 전입금, 입학금, 수업료, 기성회비, 급식비, 기숙사비 등 민간이 부담하는 금액을 말하는 것으로 학원비 등 사교육비는 포함되지 않는다.

공교육비에 대한 민간 부담률이 높다는 것은 그만큼 교육 복지에 대한 정부의 지원이 부족하다는 것으로 해석될 수 있다.

학생 1인당 공교육비(단위: 미국 달러 구매력 지수 환산액)는 초등교육이 4천691달러(OECD 평균 6천252달러), 중등교육이 6천645달러(OECD 평균 7천804달러), 고등교육이 7천606달러(OECD 평균 1만1천512달러)로 학생 1명에게 투자되는 공교육비가 OECD 평균에 비해 모두 낮은 것으로 조사됐다.

대학의 연평균 수업료는 국・공립학교가 3천883달러로 미국(5천27달러), 일본(3천920달러)에 이어 세 번째, 사립학교가 7천406달러로 미국(1만8천604달러), 터키(1만4천430달러), 호주(7천452달러)에 이어 네 번째로 높았다.

25~34세 연령의 고등학교 이수자 비율은 97%에 달해 조사대상 국가들 중 1위를 기록했고 25~34세의 고등교육(대학) 이수자 비율은 53%로 캐나다(55%), 일본(54%)에 이어 3위를 차지했다.

대학 졸업자 중 공학, 건축학 전공자 비율은 26%로 OECD 국가(평균 11.9%) 중 가장 높았으며 25~34세 취업자 10만 명당 이공계 졸업자수도 3천863명으로 OECD 국가(평균 1천 694명) 중 가장 많았다.

연합뉴스, 2008

〈표6-1〉 교원 1인당 학생 수 학급당 학생수(예산 및 학생 수)

구분별	2002	2003	2004	2005	2006	2007
정부예산 대 교육인적자원부 예산	19.6	20.3	20.8	20.8	20.1	19.8
	교원 1인당 학생 수					
초등학교	28.1	27.1	26.2	25.1	24.0	22.9
중학교	19.3	18.6	19.0	19.4	19.4	19.1
일반계 고등학교	16.4	16.0	15.8	15.9	15.8	16.1
실업계 고등학교	14.4	13.8	13.4	13.5	13.5	13.5
대학(교)	40.1	39.9	39.1	37.8	36.4	36.4
	학급당 학생 수					
초등학교	34.9	33.9	32.9	31.8	30.9	30.2
중학교	36.7	34.8	35.1	35.3	35.3	35.0
일반계 고등학교	34.7	34.1	33.8	33.9	33.7	34.3
실업계 고등학교	32.2	31.0	30.2	30.0	29.9	30.1

출처: 국가통계포털 교육인적자원부예산 교원1인당 학생수 학급당 학생수(예산 및 학생 수)

〈표6-2〉 사학에 등록한 학생 비율

	초등학교	중학교	고등학교	전문대 등	대학 및 대학원
한국	1.3%	18.8%	48.5%	84.1%	77.8%
OECD 평균	9.5%	12.4%	18.0%	32.9%	23.0%
EU 평균	10.5%	13.0%	17.4%	26.9%	18.9%

출처: 2008 OECD 교육지표(2006년 기준), www.oecd.org에서 9월 10일 검색

〈관리가 되지 않는 교육 공기업 EBS의 모습〉

EBS 교육방송은 정부의 '수능방송과 수능시험 연계' 방침이 나온 2004년 한 해에만 수능교재 출판비용(189억 원)의 갑절이 넘는 382억 원을 이익으로 챙겼다. 2003년 한 해 이익인 113억 원보다 2.4배나 늘어난 액수다.

교육방송은 또 판매이익 가운데 43억 원은 직원 성과급으로 지급했고, 52억원은 퇴직금 누진제 폐지에 따른 보상 용도로 지급할 계획이었던 반면, 저소득층 자녀 교재 무상공급, 사랑의 피시 보내기 운동 같은 인프라 투자에는 13억7천만 원만을 집행했다고 감사원은 밝혔다.

음악 프로그램인 〈스페이스-공감〉의 방송제작 기획비 3810만원 전액이 술값 · 밥값으로 사용되는가 하면, 일부 직원들은 관련 업체로부터 돈을 받았다가 적발되는 등 곳곳에서 예산낭비와 도덕적 해이가 드러났다고 감사원은 밝혔다. (한겨레, 2006)

4) 입시에 목매는 이유

명문대학에 입학하는 것은 출세와 관련이 있다. 다음의 〈표6-3~7〉은 그 실례를 보여준다.

〈표6-3〉 역대 정부 장, 차관의 출신 대학 비율

정부	이승만	장면	박정희	전두환	노태우	김영삼	김대중
서울대	45.1	73.1	44.1	49.3	53.3	66	48.6
연세대	21.1	7.7	3.8	2.8	2.7	2.4	7.0
고려대	9.9	7.7	6.6	7.6	6.2	7.6	15.3
군사대학	7.0	3.8	24.6	22.3	14.2	6.2	8.6

〈표6-4〉 출신 학교별 장, 차관급 고위공직자 현황 (2003)

순위	1	2	3	5	9
학교	서울대	고려대	연세대 영남대	동아대 육사 이화여대 한국외대	건국대 경북대 경희대 부산대 성균관대 전남대 전북대
인원수	43	4	각 3	각 2	각 1
	62.3	5.8	각 4.3	각 2.9	각 1.4

〈표6-5〉 일본 국회의원의 상위 7개 출신 학벌

순위	1	2	3	4	5
학교	도쿄대	와세다대	게이오대	주오대	교토대
국회의원수	134	80	52	44	23
비율	18.5	11.1	7.2	6.1	3.2

비교) 미국 – 2003년 현재, 상원의원 98명 중 하버드 대학 출신 4명(4.1%) / 하원의원 241명 중 하버드 대학 출신 4명(1.7%)

〈표6-6〉 검찰 인사 중 서울대 출신 비율 대 출신

2001	검찰총장 ~ 검사장급 검찰 인사 중 서울대 출신 비율	31/41 → 75.6%
2003	검찰총장 ~ 검사장급 검찰 인사 중 서울대 출신 비율	27/37 → 73%

〈표6-7〉 경제 인사 중 서울대 출신 비율

대한민국 10대 기업 대표이사 중 서울대 출신 비율	62/142 (42.6%)
대한민국 공기업 임원의 출신대학 비율(1987~1996)	9명(56%)~13(72%)

2003. 월간 『현대경영』

5. 교육문제의 이론적 접근

1) 패러다임 접근

(1) 기능주의

가. 교육관

기능이론에서는 사회의 한 부분을 이루고 있는 교육이 사회전체의 유지와 발전을 위해 기능한다고 본다. 교육 '사회화'와 '선발'의 기능을 통해 사회의 유지와 발전을 유지하며, 그러기 때문에 교육을 통한 사회혁신을 내세우지 않는다.

나. 교육의 기회균등과 사회평등

기능주의는 교육이 개인의 능력을 증진시킨다고 본다. 교육을 통해 능력이 증진되며, 이에 따라 높은 사회적 지위와 소득을 부여받게 , 교육을 통한 사회적 계층의 상승이동이 가능하다는 것이다. 따라서 교육의 기회가 확대되면 능력과 환경에 맞는 능력의 개발이 가능해지고, 업적과 능력에 따른 사회진출을 통해 신분상승이 이루어지므로, 교육의 기회가 확대되면 될 수록 사회가 평등해 질 수 있다고 본다. 그래서 기능론 자들은 교육기회의 확대를 교육민주화와 평등화의 길로 여긴다.

교육의 자율성을 인정하는 기능주의는 교육의 문제는 교육내부의 조정과정에서 일어나는 일시적인 병리현상이라고 본다. 따라서 교육 내부의 개혁을 통해 교육의 문제를 해결 할 수 있다고 주장한다. 사회가 변화하여 지금까지와는 다른 지식과 기술이 요구될 때 이에 맞는 인력을 제공하기 위해 교육을 변화시키는 것을 교육개혁이라고 보는 입장이다. 따라서 점진적이고 개량적인 방식으로 교육을 개혁하고자 한다.

(2) 갈등주의

가. 학교의 기능

학교는 지배집단에 유리한 기존 질서를 유지하는데 기여하여 사회의 불평등 구조를 유지・심화시키는 역할을 한다고 본다. 그리고 학교는 지배집단에 유리한 가치・태도・규범 등을 주입하여 지배집단에 유리한 기존 질서를 정당화하는 장치이다.

나. 선발관

능력주의 선발은 지배계급의 아동들이 더 좋은 성적을 받고 더 좋은 지위를 획득하여 다시 지배계급으로 등장하는 지배메카니즘을 정당화하는 장치에 불과하다고 본다.

다. 교육과정

학교의 교육내용은 보편적이고 객관적인 것이 아니라 지배계급의 이데올로기를 담고 있는 편합한 것이다. 이러한 교육 내용은 학생들의 사고를 억압하고 강제함으로써 기존 질서를 정당화하고 유지하려는 데 이용된다.

- **교육문제와 교육개혁**

갈등이론에서는 교육이 사회구조에 종속되어 있으므로, 교육의 문제는 사회체제의 구조적 모순에서 비롯된다고 주장한다. 따라서 모순된 사회구조의 개혁이 있어야 교육 문제를 해결할 수 있다고 보고, 급진적인 개혁을 주장한다.

(3) 상호작용주의

교실은 교사와 학생, 학생과 학생 간의 상호작용이 이루어지는 공간이다. 모든 상호작용은 언어를 포함하는 문자, 몸짓, 기호와 같은 상징들의 교환을 통해 이루어진다. 상호관계에 있는 교사와 학생은 각각 자신의 행동에 대해 상대방이 어떻게 반응할 것인지를 예견하고 상호 수용할 수 있는 방식으로 상황을 정의하고 행동의 방향을 설정해 나간다.

이같은 상징적 상호작용 이론은 교육사회현상을 설명하는 대표적인 미시적인 접근방법의 하나로, 미드(G. Mead)와 쿨리(C. H. Cooley)의 자아이론에서 비롯되었으며 블루머(Blumer)에 의해 명명되고 체계화되었다.

교실에서 교사와 학생 간의 상징적 상호작용은 교사의 리더십 유형, 학생의 친구 유형, 교실 여건, 교사의 기대수준, 학교 문화 등에 따라 달라진다. 학생들은 이같은 교실의 물리적 환경, 교사와 동료학생 등의 인간적 환경과 끊임없이 상호작용하면서 역동적으로 변화하게 된다. '행복교실'은 이러한 상징적 상호작용이론에 그 한 뿌리를 두고 있다. 특히 교사는 학생들이 처음 사회적 역할을 배울 때 모방의 대상이 되는 '중요한 타자'이기 때문에 자신의 언어와 행동이 학생의 태도와 가치관에 영향을 준다는 점을 깊이 인식해야 한다.

상징적 상호작용 이론은 낙인이론, 피그말리온 효과, 거울자아이론 등의 이론적 배경이 되었다. 낙인이론은 청소년의 문제행동이 교사나 부모가 문제를 일으킨 청소년에게 붙이는 호칭이나 명명과 밀접한 관련이 있다고 본다. 피그말리온 효과는 타인의 기대나 관심으로 인하여 능률이 오르거나 결과가 좋아지는 현상을 말한다. 거울자아이론(Cooley)은 사람의 자아는 주위사람들의 그에 대해 생각하고 판단한 바에 따라서 크게 영향을 받는다는 것으로 머튼(Merton)의 자기충족적 예언의 원리와 유사하다.

2) 교육의 불평등에 관한 관점

교육의 불평등은 특정 계층, 인종, 지역 등에 그 기회가 차별적으로 부여된다는 점에서 문제가 된다. 그뿐만 아니라 직업과 소득과 같은 사회경제적 지위변수를 결정한다는 점에서도 문제가 크다.

(1) 보수주의(Conservatism)

이 관점은 교육을 받을 수 있는 기회의 획득여부는 전적으로 개인의 능력에 달렸으므로 지적능력이 우수한 소수에게만 허용되어야 한다고 주장한다. 지적능력은 대체로 신분이나 사회계급과 일치하고, 교육의 불평등뿐만 아니라 그로 인한 여타의 불평등은 정당한 것으로 인정한다.

(2) 자유주의(Liberalism) – 자본주의 교육관

이 관점은 보편주의적 교육을 지향한다. 하지만 모든 사람에게 동일한 기회를 부여하되 경쟁에서의 탈락은 불가피하다고 보는 관점이다. 교육의 평등을 위하여 지역차이, 재정능력의 차이, 계층차이 등을 가능한 한 없애야 한다.

(3) 갈등주의 관점(Conflict Perspective)

이 관점은 교육의 불평등을 사회구조적 문제로 본다. 교육제도의 개선만으로 불평등이 해고되지 않는다는 것이다. 왜냐하면 교육과 사회적 지위가 상호연결되어 있기 때문이다.

6. 문제해결을 위한 방안 및 대책

1) 사교육과 공교육의 문제점에 대한 해결방안

(1) 학교교육의 정상화

사교육비의 기하급수적인 증가는 공교육, 즉 학교교육이 제대로 수행되지 못해서 그렇다고 생각된다. 학교의 수업이 사교육방식을 따라가는 것이 아니라 참된 교육을 바탕으로 공교육으로서 나아가 할 방향이 있기 때문에 학교교육의 정상화가 시급하다.

(2) 선진국 수준의 학급당 학생 수

학습의 효율이 배로 증가하고 1 : 1 교육이 진행되면 될수록 보다 능률이 상승하는 것

을 알 수 있다. 선진국 수준의 학급당 학생 수를 만드는 것이 급선무이고 교사의 인원을 늘림과 동시에 초, 중, 고등학교 설립도 늘어나야 한다고 본다.

(3) 과외수요를 줄이기 위한 교육과정 개편

과외가 널리 횡행하는 또 하나의 이유라면 너무 많은 교과과정을 들 수 있다. 방대한 학습량에 우리나라 학생들이 심리적으로 불안해하고 있다. 바로 이러한 불안을 해소하기 위해 사교육으로 해소하려는 것은 불가피하다. 따라서 우리나라의 학생들이 받고 있는 교과과정에 전면적인 개편이 필요하고 좀 더 감축할 필요가 있다.

(4) 전인적 평가방식의 필요성

지금 우리학생들을 평가하는 기준은 오로지 성적에 의해서만 순위가 매겨진다. 그래서 성적에 관심을 가지기 때문에 좀 더 우수한 성적을 얻기 위한 방편으로 과외를 이용한다. 그러므로 이제 우리교육에서 평가방식을 성적위주를 지양하고 전인적인 평가방식의 도입이 필요하다.

(5) 방과 후의 다양한 교육활동 개발

사교육이 거의 모두 잠식하고 있는 미술활동이나, 체육, 음악활동을 이제는 공교육으로 융화시킬 필요가 있다. 학교에서 수업을 모두 마치고 과외교습소나 학원에 가서 하던 활동을 공교육을 담당하는 학교에서 방과후에 시행하면 그만큼 사교육활동도 줄일 수 있다. 하지만 문제는 사교육에 비해 질적으로나 양적으로 충분히 만족되는 교육이 되어야 할 것이다.

(6) 다양한 매스미디어를 통한 교육프로그램 개발

지금 현재에도 시행되고 있는 EBS교육방송이나 케이블 TV의 교육프로그램처럼 학교교육에서 부족한 것을 학원과 같은 사설기관의 과외가 아닌 어느 누구나 부담 없이 따로 비용을 들이지 않고 양질의 보충교육을 받을 수 있도록 교육방속의 활성화도 필요하다고 본다.

2) 학교 교육의 병리 현상을 해결할만한 그 방안

(1) 고학력 지향 풍토의 해결방안

① 학력이라는 획일적인 가치 기준에 의한 출세관부터 고쳐야 할 것이다. 다원적 가치관이 형성될 수 있도록 다양한 능력에 따른 보상 기준의 다원화가 이루어 질 수 있는 제도적인 뒷받침이 따라야 할 것이다.

쉽게 말해 직업간의 격차가 축소되어 어느 분야에서든지 최선을 다하여 노력하면 사회적으로 인정받을 수 있는 사회 제도가 되어야 할 것이다.

학력에 따른 소득격차를 합리적인 수준에서 조정하거나 대학을 가지 않더라도 능력과 노력에 따라 사회, 경제적 지위를 상승시킬 수 있는 다양한 통로를 제도적으로 마련해야 한다.

② 진로지도 활성화가 필요하다.

직업세계와 노동시장의 전망에 대한 정보가 부족한 가운데 진학지도가 유일한 진로지도의 방법이고 대학이 유일한 진로목표로 설정되고 있다. 이러한 우리의 현실에서 개인의 취미, 적성 그리고 능력에 따른 다양한 진로 선택은 거의 불가능할 것이다.

③ 학교는 인격 형성과 정서 함양에 더욱 관심을 기울여야 할 것이다.

학교교육이 취업이나 진학경쟁을 위한 수단으로서의 의미보다는 평생교육체제에서 계속적으로 학습을 수행할 수 있는 능력과 자세를 키워 줄 수 있어야 할 것이다.

(2) 시험체제의 병리의 해결방안

자녀들의 능력과 잠재력을 올바로 이해하여 자녀의 수준에 알맞은 학업 및 진로지도를 해야 한다.

시험체제로 인한 자녀 및 청소년들의 시험 불안 요인은 원초집단인 가족관계에서 특히 부모－자녀간의 공동생활, 응집된 생활, 애정생활, 정서적 얽힘 등과 좌우된다는 것이다.

이 는 특히 자녀들의 능력, 소질, 적성을 고려하지 않고 높은 학업기회, 좋은 성적, 항상 우수한 사회적 인정을 기대할 경우. 능력 이상의 요구로 인해 자녀의 시험불안은 높아진다. 이러한 결과로 자녀의 장래 및 학교, 진로를 해치는 경우가 대단히 많다.

(3) 교과서 중심 교육의 병리의 해결방안

청소년들이 학교에서 즐겁게 가서 공부할 수 있는 학습풍토 조성이 뒤따라야 한다.

교육이란 개인의 능력을 찾아서 그 능력을 개발, 신장하여 자신감을 가지고 살아갈 수 있도록 도와주어야 한다. 청소년에 있어서 지적 능력에는 여러 측면이 있고 사고, 판단. 추리, 문제해결 등도 다양한 측면이 있다. 지식, 암기, 기억중심의 교육은 그 영역에 노예가 되고 만다. 미래 사회를 이끌어갈 청소년을 원한다면 청소년들에게 창조적 사고력을 길러주어야 한다.

(4) 인간관계에서 오는 병리의 해결방안

① 학교에서의 학생들의 금지나 통제사항을 반대하는 의미가 아니고 최소의 규제는 있어야 하나 많은 통제와 금지사항은 형무소, 군인 등 특수집단에서 필요한 것이지 학교사회제체에서 이상적인 것은 아니다.

교육의 목표는 공동체 인간형성, 자주적인 인간형성, 자기 행동에 대한 책임 있는 인간형성, 일을 할 수 있는 인간형성 등이 되겠으나 자주적인 인간. 자기 스스로 통제할 수 있는 인간 형성도 다른 어느 교육 목표보다 중요한 기능을 가지고 있다.

② 교사와 학생간의 인간적인 따뜻한 정이 가장 최상의 방법이다.

3) 교육문제의 과제

교육문제는 다양하고 복합적이지만 모든 것이 한마디로 입시위주의 교육제도와 연결되어 있다고 해도 과언이 아닐 것이다. 그렇기 때문에 교육문제를 해결하기 위해서는 학교와 관련된 학교교육제도의 개혁이 우선적으로 이루어져야 한다고 본다. 따라서 학교를 중심으로 몇 가지 해결방안을 알아보았다.

(1) 학교조직구조의 개편이 필요하다

학교는 본질적인 기능인 교육활동 기능과 사회적 안전망으로서의 복지적 기능을 효율적으로 수행할 수 있는 조직구조를 가져야 한다. 더 이상 아이들을 방치하거나 학교 밖으로 밀어내는 죽어있는 교육장소가 아니라 희망의 교육공동체를 만들기 위해서는 새로운 관점으로 학교조직의 기본적인 시스템을 바꿔어야 한다. 즉, 교육과정 중심의 교육활동과 복지서비스 제공이 중심이 되는 새로운 패러다임의 학교조직이 절실히 필요한 것이다. 그러한 조직구조에서 구성원들의 역할의식은 강화될 것이며 학교의 질적 변화는 앞당겨질 것이라고 본다.

(2) 교육에 관한 원칙을 다시 세워야 한다

현재의 공교육 시스템 내에서는 교육 기회 불평등 문제를 해결할 수 없기 때문에 새로운 개념의 공교육 제도가 필요하다. 교육에 있어 계층간의 불평등을 완화하기 위해서는 중학교 무상 의무교육을 전면 실시한다거나, 실업계 학생 수업료를 면제해주고, 중퇴자를 위한 대안학교를 획기적으로 증설하는 것 등이 시급하게 이루어져야 한다.

(3) 두 번째 방안과 연결하여서 '교육의 공공성' 강화가 필요하다

그러기 위해서는 더 이상 교육을 사적 부문에 맡겨두어서는 안 된다. 교육이 사적 부문에 의존하게 되면 학교서열화, 빈익빈 부익부 현상을 막을 길이 없다. 그러므로 교육의 공공성이 강화되어야 하는데, 학교 간 서열화는 공교육의 평등성을 파기하며 오히려 시장논리에 의해 계층별 교육기회의 불평등은 심화될 것이다.

아 울러 교육의 공공성 확대를 위해서는 대학평준화는 불가피하다. 대학 평준화가 현실적으로 쉽게 이루어지는 것은 아니지만 입시경쟁으로 왜곡된 교육현실, 불평등을 약화시키기 위해서는 불가피하다. 그것의 한 방법으로는 국립대를 확대하고 사립대를 축소하는 방법이 있다. 더불어 대학교육을 무상화해야 한다. 국립대를 확대하고 대학의 무상교육을 점차 실시하여 나가자면 당연히 공교육의 재정이 확대되어야 한다.

(4) 교육내용의 개혁이 이루어져야 한다

교육의 궁극적 목적은 자아실현이며 개인의 자아실현이란 자신의 능력을 발휘할 수 있는 분야에서 활동하고 만족감과 보람과 행복을 느끼며 물질적 필요를 해결할 수 있는 것이어야 한다. 바로 이러한 교육의 목적을 달성하기 위해서 교육제도는 긴 안목으로 인간의 가치를 중심에 두어야 한다. 또한 전인교육의 위하여 의사소통교육을 강화시키는 것이 매우 중요하다.

(5) 진로상담과 직업교육이 강화되어야 한다

우리나라 고등교육의 지속적 팽창으로 인해 고학력자들의 극심한 직업경쟁과 청년실업자의 양산, 직업교육의 부실로 인한 기능 인력의 부족 등 여러 가지 문제점들이 산재되어 있다. 그러므로 자신의 소질과 능력을 발휘할 수 있는 직업을 선택하고 진로를 결정할 수 있도록 충분한 상담과정을 제공해야 한다.

7. 사회복지적 개입

교육현장에서의 사회사업적 실천방안 측면에서 보면,

오늘날의 학교는 학교제도에서부터 시작해서 학교부적응, 집단폭력, 임신 등 다양한 학생문제가 심각해지면서 학교붕괴 현상이 가속화되고 학교에 대한 불신과 무용론까지 대두되고 있는 실정이다. 학교사회사업은 교육병리현상으로 인해 파생되는 다양한 학생문제를 예방하고 해결할 뿐만 아니라 궁극적으로는 학교가 교육의 본질적인 목적을 달성하여 자신에게 주어진 사회적 기능과 역할을 완수하도록 도움을 주는 사회복지서비스이다.

1) 학교사회사업의 개념

학교사회사업은 1900년대 미국에서 학교와 가정의 협조를 연계시켜주는 역할을 담당하기 위하여 시작된 활동으로서 일반적으로 학교 내 교육－학습의 과정에 장애 요인이 되는 문제를 해결하고 모든 학생들의 학습에 대한 잠재능력을 최대화시키기 위하여 가정과 학교, 지역사회의 상호작용을 촉진시키는 사회사업의 한 실천영역이다.

학교를 중심으로 이루어지고 학교 내의 인적, 물적, 제도적 자원을 활용하여 교육환경에 변화를 주는 서비스이며, '학교활동계획의 일부로서 학교생활에 적응하는데 곤란을 초래하게 되는 사회적, 정서적 문제를 지닌 학생들을 돕는 것' 이다.

2) 학교사회사업의 목적

학교사회사업의 목적은 학교의 목적과 사회사업의 목적을 접목시킨 것이다. 즉, 인간 존엄의 가치에 기초를 두고 학생들이 전인적으로 성장할 수 있도록 도움을 주는 것이다. 사회사업 전문직의 전반적인 목적이 삶의 질 향상에 있다면, 학교사회사업은 학교중심적인 목적을 갖고 있다. 즉, 첫째로는 아동, 청소년이 자신감을 갖고, 둘째는 문제해결, 의사결정 및 변화에 적응할 수 있는 능력을 배양하고, 마지막으로는 자신의 지속적인 학습에 대한 책임을 질 수 있도록 하는 교육과 학습의 장을 제공하고자 하는 학교의 노력에 가담함으로서 삶의 질 향상에 기여하고자 하는 것이다.

라 딘(1975)은 학교사회사업의 목적을 첫째, 학생 개개인이 자신의 잠재력과 능력을 최대한 개발할 수 있도록 도와주고, 둘째는 모든 학생이 미래의 건전한 사회구성원으로 성장할 수 있도록 최적의 교육환경을 제공해 주는 것이라고 하였다.

3) 학교사회사업의 대상

학교사회사업은 교육권의 보장과 교육목적을 달성하기 위한 사회사업의 전문분야이기 때문에 우선적으로는 요보호 학생이나 학교부적응 학생을 주 대상으로 하고 있으나, 교육문제의 대상은 전 학생을 대상으로 하여야한다.

4) 학교사회사업가의 역할

학교사회사업가의 역할은 크게 전문적인 임상사회사업가의 역할, 교육적 카운슬러의 역할, 가정－학교－지역사회의 연계자로서의 역할, 지역사회의 자원 활용가의 역할, 정책입안자로서의 역할 등 5가지로 구분할 수 있다.

이것 외에도 실천가, 조정자, 제안자, 동원자, 치료자, 전문가, 운영자, 조력자 등의 사회복지 전반의 다양한 역할을 가지고 있다.

생각할 거리

1) 교육문제 중에서 큰 문제가 뭐라고 생각 하는가? 생각해보자.
2) 현재의 교육문제에 대한 다른 생각으로 대안학교가 주목을 받고 있는데 거기에 대한 생각을 토론해보자.
3) 세계의 각 국의 교육문화와 여건이 다른데 각자 자신의 문화로 받아들이고 살고 있는데 이미 정형화된 교육문제가 바뀌어 질 수 있는 것일까?에 대해서 토론해보자.
4) 2008년에 시행된 일제고사에 대한 생각, 진보인가? 퇴보인가?
5) 교육자의 해직에 대해서 함께 논의해보자.

제3부

사회적 일탈과 부적응문제

제 7 장

범죄문제 – 일탈인가? 사회구조적 문제인가?

학습목표

1. 범죄 개념과 유형
2. 범죄의 유형, 청소년 비행
3. 이론적 관점
4. 범죄에 대한 예방대책

1. 들어가기

오늘날 범죄는 매스미디어의 주요 기사거리이며 뉴스를 장식하고 있다. 따라서 많은 사람이 범죄를 가장 중요한 사회문제 중의 하나로 생각한다. 우리나라의 경우에는 1980년대 후반에 이르러 심각한 사회문제로 대두되었다. 여타의 문제와 연결되어 나타났다고 할 수 있다.

범죄에 관한 과학적 연구와 범죄인 처우와 관련된 제도의 발전은 그 이전의 시대와 비교하면 상대적으로 짧은 시간에 비약적인 발전을 하였다고 할 수 있다.

범죄문제는 사회가 산업사회화, 자본주의화 되면서 점차 폭력성에 있어서 그리고 만연된 정도에 있어서 갈수록 큰 폭으로 증가하고 있다.

샤피로(shapiro, 1992; Eitzen & Zin. 1994: 479 재인용)에 의하면 미국은 범죄희생자 비율, 살인사건 사망률 청소년 살인사건 사망률, 총기(권총) 살해율, 강간율, 마약사범 비율, 취중운전으로 인한 자동차사고 사망률, 총기소지자 비율, 감옥재소율 등에서 서구 국가들 중 가장 높은 수치를 보이고 있다.

범죄에 대한 통계에서도 범죄는 사회적 · 문화적 · 경제적인 다양한 이유로 발생한다. 물론 개인적인 결함이 범죄의 중요한 요인임에는 틀림이 없으나 항상 사회의 소외문제,

빈곤문제, 차별문제, 불평등 문제와 밀접한 연관이 있는 것으로 드러나 있다.

범죄라는 사회문제에 대한 사회복지의 관심은 우선적으로 범죄와 범죄인을 이해하기 위하여 범죄의 원인에 대한 사회국가의 대응양식에 관한 사회복지 차원의 분석에 있다. 구체적으로는 범죄의 일반예방과 특별예방에 대한 사회복지적 가치의 확립과 사형제도에 관한 비판적 접근이다. 마지막으로 범죄인에 대한 교정제도와 출소 후의 사회적 재활에 관한 관심이다.

범죄에 대한 접근은 다양한 차원에서 이루어질 수 있다. 우리나라는 성인과 청소년에 대한 대응방식이 다르다.

2. 범죄의 개념

범죄의 개념을 사회학적 측면과 형사학적인 측면에서 바라볼 때 실증주의적, 역사적, 사회합의적, 사회갈등적, 사회상호작용적, 형사정책학적으로 구분해서 설명할 수 있다.

1) 사회학적 관점에서의 범죄의 개념

(1) 실증주의적[1] 범죄개념

1937년 셀린은 범죄를 규정하는 보편적인 기준은 집단이 있는 곳이면 어디에서나 발견되는 행동이라 하였다. 즉, 집단의 행동규범을 어기는 행위가 바로 실증적 과학적 범죄행위다.

(2) 역사적 범죄개념

1970년 쉬벤딩거(Schbendinger)는 범죄가 되는 사회적 해악 또는 반사회적 행위는 역사적으로 확대되어온 개인의 권리를 침해하는 것이 바로 범죄라고 규정하였다.

---

1. 꽁트(Comte, 1798~1857) : 사회가 발전하면서 인간은 세상에 대하여 과학적이고 이성적인 해석을 하게 된다고 보았는데 이것을 실증주의라 할 수 있다.

베까리아(Beccaria, 1738~1794)는 사람들은 행복을 원하고 고통을 피하고자하므로 범죄는 범죄를 범하는 자에게 즐거움을 안겨준다고 생각했다. 그러므로 범죄 억제는 범죄의 즐거움을 상쇄할 수 있을 만큼의 고통을 안겨주어야 한다는 주장이다.

(3) 개혁주의적 법적 개념

1940년대 서덜랜드(Sutherland)는 사회적 해악 및 형법 및 민법을 포함한 법적 제재라는 추상적 개념에 근거하여 범죄를 규정할 것을 주장했다.

이 개념에 의하면 공중에게는 해를 끼치지만 형법의 법망을 피해 온 많은 화이트칼라들의 행위도 범죄가 된다.

(4) 사회적 합의를 중시하는 범죄 개념

범죄란 사회의 모든 구성원들 사이에 형사법규로 처벌해야 한다는 합의가 있다고 간주되는 행위를 말한다고 했다. 즉, 누가 보아도 명백히 나쁜 짓이며, 벌을 받아야 한다고 여기는 살인, 강도, 강간, 절도, 방화, 사기, 횡령 등의 행위들이 범죄라는 것이다.

(5) 사회적 갈등을 중시하는 범죄개념

사회란 서로 충돌하는 여러 이익 집단으로 구성되어 있다고 전제하면서, 법규란 가진 자들이 못가진자로부터 자신을 보호하려는 수단으로 만들어진다는 것이다.

(6) 사회적 상호작용을 중시하는 범죄 개념

사회가 범죄라고 낙인찍는 행위가 바로 범죄라는 것이다. 형사 사법기관에 영향력을 행사할 수 있는 정치적 · 사회적 권력을 가진고 있는 사람들이 자신들의 가치관에 의해서 범죄라는 낙인을 찍으면 일반사회 구성원들에게 그대로 받아들여지게 되어 낙인찍힌 사람들의 행위가 범죄로 된다는 것이다.

2) 형사정책학적 관점에서의 범죄 개념

형사정책은 사회의 부정적인 범죄현상을 실증적으로 조사하고 그 원인을 밝혀 범죄문제를 효율적으로 해결하는 것이다. 연구대상으로 범죄와 형사법제도가 있다.

형사정책은 범죄자를 다루는 사법기관들 즉 법원, 경찰서, 교정기관의 운영형태와 집행과정의 설명, 분석, 연구에 관심을 둔다.

(1) 형식적 의미와 실질적 의미의 범죄

형식적 의미의 범죄란 형법상 범죄구성요건으로 규정된 행위를 의미하고, 범죄는 법적이고 규범적인 개념이다.

실질적 의미의 범죄란 법규정과는 관계없이 실제로 범죄의 성질을 지니고 있는 반사회적 행위를 말한다.

(2) 개인적 현상과 집단현상으로서의 범죄

개인적 현상이란 특정한 개인에 의한 범죄 즉, 개인의 병리를 의미한다.

집단현상이란 일정한 시기에 일정한 사회 속에서 발생하는 자연스러운 현상인 범죄 즉, 사회병리를 말한다.

(3) 법정범과 자연범

법정범은 형사법상 규정된 범죄를 말한다.

자연범은 시간과 문화를 초월하여 인정하는 살인, 강도, 절도 범죄를 의미한다.

3. 범죄의 원인과 배경

1) 범죄의 원인에 대한 과학적 접근

역사는 18세기에 탄생한 고전학파로부터 찾아진다.

18세기는 산업혁명과 도시화 현상, 자유와 평등의 사상, 청교도 윤리 등의 등장으로 인류의역사상 가장 중요한 변화의 시기가 된다. 이시기에 이르러서야 비로소 인간 개개인이 존엄성을 갖으면서 이성적인 존재라는 사상이 널리 주목받기 시작하였고, 인간의 행동은 주로 쾌락주의로 설명되었다. 즉, 자유의지와 이성을 가진 인간은 불법행위를 저질러서 얻는 기쁨과 법에 정한 처벌(고통)을 비교해본 후에 어떤 행동을 취할 것인지를 결정할 것이라 본 것이다.

2) 범죄의 원인

범죄의 원인은 네 가지 요인에서 간단하게 보면 다음과 같다.

- **정치적 요인** 정치불신, 공권력과 신뢰감 상실, 정치불안, 억압된 권리의식 표출 등
- **경제적 요인** 고소득층의 과시적 소비, 빈곤층의 증가 등
- **사회적 요인** 인구의 도시집중, 이질적 사회분위기, 사치향락 산업번창, 가족관계의 안정성 약화 등
- **문화적 요인** 이기주의, 성도덕문란, 집단이기주의, 무절제한 음주문화, 불건전한 놀이문화, 폭력, 음란성 문화 등

4. 범죄의 유형과 종류

범죄란 법을 위반한 행위를 말한다. 그리고 범죄의 유형은 매우 다양하다.
우리나라 형법과 공식적 통계에서 통용되는 분류체계를 보자.

1) 형법에서의 삼분설

① **개인적 죄** – 생명과 신체에 대한 죄, 자유에 대한 죄, 명예와 신용에 대한 죄, 사생활 보호에 대한 죄, 재산에 대한 죄 등
② **사회적 죄** – 공공의 안전에 대한 죄, 공공의 신용에 대한 죄, 공중의 건강에 대한 죄, 사회의 도덕에 대한 죄 등
③ **국가적 죄** – 국가의 존립과 권위에 대한 죄, 국가의 기능에 대한 죄 등

2) 통계에 의한 분류

(1) 경찰통계

형사범으로 분류하는데, 형법상의 범죄를 저질렀을 때는 정부가 범법자에 대한 응분의 법적 조치를 취한다. 즉, 국가가 재소자가 되고 범법자가 피소자가 된다.

① 강력범 : 살인, 강도, 강단, 방화 등

② 폭력범 : 상해, 폭행, 체포, 감금, 협박, 약취, 유인, 손괴, 폭력행위 등

③ 절도범

(2) 대검찰통계

가. 형법범

① 재산범죄 : 절도, 장물, 사기, 횡령, 배임, 손괴 등

② 강력범죄 : 살인, 강도, 방화, 강간, 폭행, 상해, 협박, 공갈, 약취, 유인, 등

③ 위조범죄

④ 공무원범죄

⑤ 풍속범죄

⑥ 과실범죄

⑦ 기타범죄

나. 특별법범죄 교통사고처리 특례법, 도로교통법, 폭력행위등 처벌법, 부정수표단속법, 식품위생법, 향군법 등

3) 기타

민사범과 비전형적인 범죄 등은 다음과 같다.

(1) 민사범

개인 간이나 조직 간의 권리와 의무를 규정한 이혼법이나, 계약법 및 재산법 등

(2) 비전형적인 범죄(moral order crime)

가. 도덕질서에 대한 범죄

다른 사람들에게 해를 끼치지 않는다는 점에서 희생자 없는 범죄라고도 불린다. 도박, 오락성의 마약 오·남용, 알코올중독, 간통 등.

나. 화이트칼라(white-collar crime)

중산층 이상의 사회구성원들이 주로 저질러 왔던 범죄로서 주로 사업과 사회적 관계에서 이루어진다. 회사물품의 절취, 횡령, 탈세, 공문서 위조·위폐, 부정수표 유통, 컴퓨터 소프트웨어, 영화, 음악 등 불법복제, 신용카드 사기와 전화사기, 근시간 유용 등.

다. 기업범죄

기업이 자신의 제품을 생산하고 판매하는 과정에서 기업의 이익을 위해서 저지르는 부당한 행위. 허위광고, 부당 노동 행위, 근로안전 규제의 불이행, 가격 담합, 공해, 주가조작, 저작권침해, 산업비밀의 절도, 식·의약품에 대한 허위기재 등.

라. 조직범죄

사람들이 조직을 형성하여 불법임에도 불구하고 사람들이 원하는 재화와 서비스를 제공하는 일탈 행위를 말한다. 마약밀매, 매매춘, 음란물의 유통, 도박업, 고리대금업, 장물거래, 공해 폐기물 처리와 같은 일을 함으로써 이익을 추구하는 일종의 기업조직.

5. 청소년 비행문제

1) 문제제기

인간은 전 생애를 통하여 일정한 발달단계를 가지고 있고 각 발달단계마다 고유한 특성이 있다. 그 중에서도 청소년기는 인격적·정서적 성숙의 초기 단계이고 인생관, 세계관의 형성단계이며 신체적으로도 급격한 성장이 이루어지는 시기라는 특성을 가지고 있다. 청소년은 인생의 단계에서 현재의 있는 그대로의 가치를 존중받지 못하고 미래의 주역으로서 다음 세대의 주인으로서 불리어지고 있다.

청소년에 따라 붙는 용어는 대부분 사회적 일탈을 의미하는 용어와 함께 어울려 사용되는 경우가 많다. 청소년문제, 청소년비행, 청소년범죄 등이 그것이다.

에릭슨은 자아정체감을 형성하는 시기로서 이 시기에 형성된 가치관이나 세계관은 인생전반을 통하여 본인의 사고(思考)나 행동에 영향을 미칠 개연성이 매우 크기 때문에 이 시기의 경험은 개인적 차원에서는 자신의 평생 삶의 질을 가름하는 중요한 것이며 또한 그들의 연령을 고려하면 개인의 차원을 넘어 사회의 발전과도 밀접한 연관을 갖지 않을 수가 없는 경험이 될 것이다.

우리나라에서 매년 소년범죄의 발생은 약 16만 건이 넘으며 공식적으로 드러나지 않은 수 까지 합친다면 많은 청소년과 그들 부모가 사법처리 경험을 하게 된다.

비행청소년은 가해자인 동시에 피해자이다.

범죄인에 대한 관심은 그 범죄의 원인이 어디에 있든지 간에 그 사회의 주도적 계층과는 적대적 관계에 있을 수밖에 없으며 그들 인권의 존엄과 권리는 스스로에 의해서가 아니라 피해자나 잠정적인 피해자들의 아량과 자신들의 피해를 최대한 줄이려는 일반인들의 개인적 관심 속에서 이루어지는 것이므로 효율적인 교정제도의 도입과 정착은 국가정책의 우선순위에서 밀릴 수밖에 없는 실정이다(홍봉선 외, 1999: 212).

비행을 저지른 청소년에 대해 처벌이 아니 보호의 대상으로 간주하고 있는 것은 오래전부터 세계적인 추세이다.

청소년기는 인간 발달단계 중 신체적 · 심리적으로 가장 변화가 극심한 시기이며 청소년문제의 대부분은 바로 그러한 신체 및 심리적 변화에 기인하는 바가 크기 때문에 청소년문제를 이해하고 그에 대한 대응책을 마련하기 위해서 우선적으로 청소년시기에 대한 객관적이고 과학적인 이해가 요구된다. 청소년 문제의 원인과 양상을 알아보고자 한다.

2) 청소년 비행의 개념

일탈행위의 개념과 마찬가지로 넓은 의미로 규정할 때에는 범죄행위뿐 아니라 그 외 사회규범, 규칙을 어긴 행위 전부를 포함하는 것으로 사용되기도 하고 좁은 의미로 사용될 때에는 범죄행위를 제외한 일탈행위를 지칭하기도 하는데 일반적으로는 넓은 의미에서 포괄적으로 사용되는 경우가 많다.

청소년 문제와 관련되는 몇 가지 주요 개념들을 살펴보면 다음과 같다.

(1) 일탈행동

사회의 규범에서 벗어난(일탈)행동을 말한다. 성인들의 역할을 받아들이기 위해 노력하며 자신의 욕구를 충족시키기 위해 세상을 개혁하려는 과정에서 기성세대의 가치기준으로 규정된 규범으로부터의 일탈 행위가 발생 한다.

(2) 범죄

법이라는 규범을 위반하는 일탈행동을 말하는 경우로 특히 형법을 위반할 경우를 말한다. 구조기능론적 입장에서 그 사회의 핵심적인 가치 기준인 규범을 심각하게 위협하거나, 갈등이론의 입장에서의 지배집단의 이익을 해치는 경우를 범죄라 할 수 있는데 청소년의 속성으로 볼 때에 일반적인 일탈행동의 범주를 벗어나 범죄행위가 일어나는 경우도 많아지게 된다.

(3) 청소년 비행

일차적인 개념은 청소년에게 기대되는 규범에서 벗어난 일탈행동의 하나라고 볼 수 있다. 범죄는 보통 행위자보다는 행위를 중심으로 규정하는 반면에 청소년 비행은 일단 행위자를 중심으로 규정하기 때문에 청소년이라는 행위자의 법적 해당 범위 규정이 다양하다.(형법과 소년법에서의 법적 연령의 차이)

현행 소년법의 적용을 받게 되는 소년의 유형(〈표7-1〉 참조)을 보면 다음과 같다.

가. 범죄소년

14세 이상 20세 미만의 청소년이 형벌법령을 위반하는 행위를 했을 경우.

나. 촉법소년

14세 이상 20세 미만의 청소년이 형벌법령을 위반하는 행위를 했을 경우.

다. 우범소년

12세 이상 20세 미만의 청소년으로서 형벌법령에 위반하는 행위를 하지 않았지만, 다음에 해당하는 사유가 있고 성격 또는 환경에 비추어 볼 때 장래 형벌법령에 저촉되는 행위를 할 우려가 있을 경우.

① 보호자의 정당한 감독에 복종하지 않는 경우

② 정당한 이유 없이 가정에서 이탈하는 것

③ 범죄성이 있는 자 또는 부도덕한 자와 교제하거나 자기 또는 타인의 덕성을 해롭게 하는 성벽이 있는 것.

〈표7-1〉 청소년 비행의 유형

유형	김준호 · 박정선 (1993)	김동일 (1993)	김준호 · 박해광 (1994)	김준호 · 김은경 (1996)	김준호 · 이동원 (1996a)	김준호 · 이동원(1996b)
지위비행	유흥장 출입, 음주, 흡연	흡연 귀가시간어기기, 어른에게 반항하기	<경비행> 음주. 흡연, 늦은 귀가, 술집 출입	<경비행> 흡연, 음주, 금지장소 출입, 음란물 접촉	소주방 출입, 컨닝, 학교수업 빼먹기, 가출, 불량서클 가입	술마시기, 비디오방 가기, 흡연, 성관계
폭력비행	패싸움, 흉기소지, 삥뜯기 등	패싸움, 공공기물 파괴, 폭력행위	<중비행> 등록금 유용, 폭행, 패싸움, 가출, 환각제	<중비행> 성관계, 약물사용, 타인의 물건 / 돈 훔치기, 돈 뺏기, 폭행	패싸움	폭행, 돈뺏기, 폭주족, 자동차 손상
재산비행	물건 훔치기				물건 훔치기	물건 훔치기
약물비행	본드, 환각제	가스, 본드			흡연, 음주, 본드, 가스, 환각제	
성비행	이성과의 성관계	음란전화, 음란 비디오관람, 성관계	강간, 사창가 출입 퇴폐이발관 출입		애인과 성관계 돈주고 성관계 강제적 성관계	
도피비행						본드 /가스, 환각약품, 가출, 무단결석

출처: 『청소년복지론』(홍봉선 외, 2007: 215).

4) 청소년비행의 원인

(1) 낮은 자아개념(자아 존중감: 정체성)

자아개념은 한인간의 삶을 질적으로 평가하고 자신의 복지수준을 결정하는 중요한 척도가 되기 때문에 긍정적 자아개념을 가져야 한다. 그런데 비행 청소년의 경우 그들의 심리적 특성으로 자기 자신을 학대하거나 열등감을 느끼거나 자기 자신에 대해서 별로 높은 기대를 하지 않으며 그 개인의 행동이 적극적이거나 부정적인 경향이 있고 외적 자아기준체계에서 불안한 심리상태에 있으며 자기가족에 대해 불만족, 불화 적대감을 가지고 대인 관계에 있어서 성공하지 못하였으며 소외되어 있어서 불행한 인간관계를 가지고 있다.

Mann과 Caplan(1982)은 낮은 자아존중감이 비행행동을 유발한다는 연구결과를 밝히고 자아존중감이 비행에 미치는 영향은 비행이 자아존중감에 미치는 영향보다 강하다. (감하연, 1991) 비행 청소년들은 일반 청소년들에 비해 자아개념이 대체적으로 부정적이며 특히 이들은 일반 청소년들에 비해 자아 수용능력이 현격하게 낮다고 주장하고 있다(구본용, 1992).

우리나라 청소년들을 대상으로 한 실증적 연구에서도 비행청소년은 정상 청소년보다 자아인식구조 또는 자아수용이 부정적이며 욕구 표현에 있어서 자기 비하감, 열등감이 높고 자아긍정에 있어서 항상성이 낮으며 자아가치성이 낮고 자기의 생활에 알맞게 적용하지 못하고 부적응과 소극적인 행동경향을 보여주고 매사에 흥분을 잘하고 불안, 공격 등 정서적 불안이 높고 또한 신체, 건강, 도덕, 논리관념, 가정 및 사회체계에 대해서도 부정적이며 자기를 수용하지 않으려고 하였다.

(2) 사회변화

산업화, 도시화, 핵가족화는 사회구조의 변화, 가족구조의 변화, 대중문화의 확산, 무분별하게 도입되는 외래문화의 갈등의 심화 등에 의해서 사회문제가 발생되며

가치관과 자아정체감이 확립되지 않은 청소년들에게 많은 문제 발생요인이 된다.

또한 빈부의 격차, 인구의 과도한 도시집중, 도시의 주택난, 세대 간의 갈등 및 단절, 물질 만능주의에서 오는 도덕과 윤리의 해이 등에서 청소년의 문제발생이 야기되며 서구사회의 개방적인 성문화가 대중매체 및 인터넷을 통하여 무방비상태로 노출되어 있음으로써 발달단계에 있는 청소년들에게는 매우 심각한 문제발생의 요인이 된다.

(3) 가정생활

에릭슨에 의하면 가정은 한 개인의 정의적 특성을 형성하는 가장 중요한 집단이며,

가정생활의 각종 경험과 학습은 성장기 자녀의 성격형성에 지대한 영향을 미친다고 하였다. 사회의 변화에 따라 가족구조와 기능의 변화는 청소년 성장 과정에 큰 영향을 주고 있다. 핵가족화, 이혼율의 증가, 출산율의 감소 등은 가족해체현상을 일으키고, 가족수의 감소, 여성취업의 증가, 잦은 이동 등은 가정의 공동체 기능에도 큰 변화를 주어 감수성이 예민한 청소년들에게 많은 문제가 발생할 요인이 된다.

(4) 학교생활

학교는 가정과 더불어 청소년의 인격형성과 사회화의 장이며 지식의 전달 및 인격형성에 중요한 역할을 한다. 청소년들이 대부분의 시간을 보내는 공간이며 친구관계와 사회적 관계망을 형성하는 곳으로서의 중요성을 갖는다.

학교생활에서의 발생될 수 있는 문제의 유형에는 학습부진에 의한 부적응, 학교폭력, 집단따돌림, 지나친 입시위주의 교육풍토에 의한 정상적인 인격발달과정으로서의 역할 부실.

(5) 근로청소년

근로청소년은 주로 빈곤가정으로 인한 상급학교 진학기회의 살실, 사회적 열등감, 심한 갈등과 불안, 직장부적응과 작업환경의 불량, 복지시설의 부족, 낮은 임금 등으로 인한 빈곤문제.

5) 청소년 비행의 종류

(1) 가출 청소년 문제

가출은 단순히 집을 나가는 행위가 아니라 집을 떠나 위험한 상황에 처하게 되고 온갖 비행을 동반하기에 청소년 비행의 전 단계로 인식되어 사회적 관심이 집중되고 있다.

가. 가출의 유형

① 탈출형(running from) : 자신의 힘으로는 해결할 수 없는 가정문제로부터 더 이상 참을 수가 없어 달아나기 위해 가출하는 것.

② 추구형(running to) : 즐거움이나 향락을 추구하기 위하여 집을 나가는 것.

■ Brennane(1974, 1975) 등은 가출 전후의 형태의 5가지 유형을 들고 있다.[2]

1. 계획하지 않고 짧은 기간 어쩌다가 일어난 것
2. 심사숙고하여 주의 깊게 준비한 가출
3. 일시적으로 쾌락적인 곳을 찾아다니며 재미있는 시간을 보내다가 일주일 이내로 돌아오는 형
4. 장기간의 도피행위로 어려운 가정형편에서 벗어나려는 형
5. 편치 않은 가정을 잠시 벗어나려는 형

나. 가출의 동기

밀러(J. Miller)는 가출 동기를 두 가지 요인에서 보고 있다.

① 부모의 요인

가출 청소년을 희생자, 추방자, 반항자로 유형화하며 부모로부터 신체적 학대나 폭행을 당한 청소년으로서 부모를 적으로 생각하고 귀가는 위험한 일이라고 인지하는 가출.

② 청소년의 요인

가출 청소년을 도망자, 피난자, 이민자로 나누고 자신이 범한 문제행동에 대한 처벌, 구속 등이 두려워 도망 나온 청소년을 말함.

다. 가출의 원인

개인적 요인, 가정환경, 학교환경, 또래집단, 사회환경 요인이 있다.

(2) 청소년의 성문제와 매매춘 문제

가. 성폭력

인격을 침해한 범죄로 심각한 문제이다. 성폭력은 성적희롱, 가벼운 추행, 추행, 음란전화, 강간 등 다양하며 성기를 통한 접촉에서부터 신체적, 언어적, 심리적 부분까지 포함한다.

2. 김경준(2005), 『청소년 복지정책 현황과 개선 방안』, 한국청소년개발원.

나. 임신 및 낙태

성 개방의 추세에 따라 성행동이 활발해져서 청소년의 임신이 많이 발생하고 있어 사회의 큰문제가 된다. 청소년은 부모 역할을 감당할 준비가 되어 있지 않기 때문에 청소년의 임신은 청소년 자신과 가족, 출산할 아이에게 큰 부담이 된다.

다. 청소년의 매매춘문제

최근 전화방 컴퓨터를 이용한 매매춘, 원조교제 등 다양한 유형의 매매춘 행위가 일어나며 특히 청소년도 매매춘에 참여하는 경우가 많아지고 있다.

(3) 흡연 및 약물중독문제

청소년들이 술과 담배를 하면 다른 약물을 남용하기 쉽다. 청소년의 오・남용은 자신의 건강을 해칠뿐만 아니라 약물 중독의 상태에서 다른 범죄를 일으킬 수 있기 때문에 적극적이 대책이 필요하다.

(4) 학교폭력과 집단 따돌림 문제

가. 청소년 폭력의 원인

개인 심리적 요인, 가정적 요인, 학교적 요인, 사회적 요인.

나. 청소년 폭력의 실태

① 청소년보호 위원회의 2003년 전국150개 초・중・고교 1만 4천 638명을 대상으로 실시한 학교폭력 실태조사에 따르면 조사학생의 26.1%가 학교폭력과 왕따 피해를 경험했다.

② 학교별 폭력피해 현황은 초등학교가 24.3%, 중학교가 19.9%,고등학교 11.3%였고 폭력장소로 교내 건물 위 28.4%, 교실 27%, 화장실 18.3%로 동료 학생들에 의한 폭력이 학교 안에서 집중되고 있다.

다. 집단따돌림의 정의

집단따돌림이란 학자에 의해서 왕따, 집단 괴롭힘이라고도 하고 일본에서는 이지매라는 용어로 사용되기도 한다. 다수로 구성된 소수의 집단성원 또는 개인을 집단적으로 소외시키는 현상.

라. 집단따돌림의 원인

학생들이 집단속에서 관계를 맺으면서 생활하는 과정에서 발생하는 문제이다.

① 청소년의 사회심리적 특성

우월성 과시, 이기주의, 사회성 부족, 자기존중감 약화

② 가정요인

핵가족화, 과잉보호, 부모자녀관계

③ 학교요인

성적위주교육, 비민주적 학교운영, 교사의 역할 약화

④ 사회요인

대중매체의 폭력성, 집단주의 문화

(5) 인터넷 중독증

인터넷을 더 많이 사용해야 만족을 느끼게 되는 '내성', 인터넷 사용을 중단하거나 감소하면 정신운동성초조나 불안, 혹은 인터넷에 대한 강박적 사고나 환상과 같은 증상이 일어나는 '금단'으로 인터넷을 사용을 위해서 중요한 사회활동이 포기되는 사태가 12개원 중에 발생할 시에 이를 인터넷중독증이라 한다.

(6) 청소년 중퇴문제

우리의 고취학률을 고려하면 청소년은, 즉 재학생이라고 하여도 과언이 아니다.

청소년이면서 학교를 다니지 않고 중퇴의 상황에 있다는 것은 자신의 정체감에 큰 상처를 입히게 된다. 중퇴 청소년은 비행에 무방비로 노출되어 있으면서 그 자신에게는 육체적, 심리적, 정서적, 정신적인 고통을 안겨 줄 뿐만 아니라 그가 속한 가정의 긴장을 높이고 가족갈등의 중요한 원인으로 작용한다.

6. 범죄의 현황–청소년 포함

1) 범죄의 현황

다음의 현황 〈표7-2〉는 범죄 건수에 대한 검거현황이다.

〈표7-2〉 범죄 발생 · 검거 현황 (단위 : 명)

범죄 종류별	항목	2001	2002	2003	2004	2005	2006	2007
총계	발생건수 (건)	1,985,980	1,977,665	2,004,329	2,080,901	1,893,896	1,829,211	1,965,977
	검거건수 (건)	1,763,346	1,826,852	1,776,049	1,862,234	1,624,522	1,569,547	1,720,000
형법범	발생건수 (건)	553,673	797,395	857,488	826,886	825,840	828,021	845,311
	검거건수 (건)	393,858	680,354	681,488	667,503	634,244	640,296	667,959
재산 범죄	발생건수 (건)	392,473	415,572	470,826	447,163	442,015	455,948	469,654
	검거건수 (건)	247,079	323,789	325,928	309,653	285,864	296,368	318,040
강력 범죄	발생건수 (건)	70,018	292,528	305,502	296,246	299,615	272,196	276,381
	검거건수 (건)	65,014	276,222	284,950	282,218	273,713	254,849	260,416
강력 (흉악)	발생건수 (건)	…	17,759	20,416	19,539	19,941	21,006	20,922
	검거건수 (건)	…	17,208	19,367	17,752	17,059	19,065	18,708
강력 (폭력)	발생건수 (건)	…	274,769	285,086	276,707	279,674	251,190	255,459
	검거건수 (건)	…	259,014	265,583	264,466	256,654	235,784	241,708
위조 범죄	발생건수 (건)	23,439	21,652	19,806	22,613	24,012	28,751	25,170
	검거건수 (건)	19,922	19,564	16,322	19,330	20,067	22,815	19,679
공무원 범죄	발생건수 (건)	1,736	2,115	1,592	1,758	1,662	1,534	1,587
	검거건수 (건)	1,610	1,981	1,411	1,539	1,457	1,337	1,403
풍속 범죄	발생건수 (건)	19,544	17,621	14,276	14,439	12,173	19,299	14,168
	검거건수 (건)	19,274	17,359	13,827	13,889	11,512	18,683	13,762
과실 범죄	발생건수 (건)	7,972	7,056	6,900	5,704	6,253	6,112	5,775
	검거건수 (건)	5,222	4,891	4,836	4,840	4,700	4,862	4,768
기타형 법범죄	발생건수 (건)	38,491	40,851	38,586	38,963	40,110	44,181	52,576
	검거건수 (건)	35,737	36,548	34,214	36,034	36,931	41,382	49,891
특별 법범	발생건수 (건)	1,432,307	1,180,270	1,146,841	1,254,015	1,068,056	1,001,190	1,120,666
	검거건수 (건)	1,369,488	1,146,498	1,094,561	1,194,731	990,278	929,251	1,052,041

출처: 통계청 (대검찰청, 2007).

(1) 범죄자 및 범죄발생 특성의 변화

① 성별 : 2001년 전체 형법범 중 남성범죄자가 차지하는 비율은 86%로 여성 범죄자의 6배이다. 여성범죄자가 비율의 점진적 등가를 보이다 특히 90년대 들어 대체적으로 증가하다가 IMF 직후 1998년에 20%로 최고에 도달하였다가 최근 감소하는 경향이 보인다.

② 연령별 : 2001년의 경우 30대가 전체 형법 범죄자 중에서 차지하는 비율이 31%, 40대가 26%, 20대가 21%, 50대 이상은 12%, 10대는 11%의 구성비로 나타난다.

③ 교육수준별 : 지난 37년 동안 미취학과 초등학교 학력의 범죄자는 크게 줄어든 반면, 중학교 이상 특히 도등학교와 대학교 이상의 비율이 크게 일어남으로써 범죄자의 교육수준이 높아진 경향을 보인다.

④ 혼인 상태별 : 절도, 사기범죄에서 이혼이나 사별이 차지하는 비율이 높아져 사기범의 경우 98년 이후에 10% 이상을 유지하면서 계속 증가하는 추세이다. 미혼자에 의한 강도범은 줄어들고 유배우자가 차지하는 비율이 증가하였는데 이 역시 1998년 이후 확연하고 성폭력 사범에서도 유배우자 비율이 증가하고 있다.

⑤ 범죄자의 동기면 : 우연적동기의 비율이 크게 늘고 있으며 절도, 사기, 강도, 등의 범죄에서 비율이 증가하고 있다. 반면 살인, 강도, 폭행, 상해는 우연적 동기가 차지하는 비율이 크게 증가하는 추세다.

⑥ 공범유무 : 단독범이 늘어나는 추세이며 특히 폭력 성범죄에서 단독범의 비율이 증가하고 있다. 살인, 강도, 폭행 · 상해, 성폭력에서 단독범이 크게 증가하고 있다.

⑦ 전과별 분포

초범자의 비율이 크게 줄어들고 전과자의 비율을 눈에 띠게 느는 추세다. 사기, 절도 같은 재산범죄는 1범, 2범도 증가하나 IMF 이후 4범 이상은 더욱 크게 늘어나고 있다.

2) 청소년범죄의 현황

청소년범죄는 여러 범죄형태가 있으며, 기성세대의 범죄유형에 가깝다라는 것이 심각하다.

범죄 동기별	항목	2001	2002	2003	2004	2005	2006	2007
총계	범죄계	130,983	115,423	96,085	72,770	67,478	69,211	88,104
	형법범	36,381	75,982	67,135	51,298	50,652	50,846	60,426
	재산범죄	29,723	34,151	32,009	26,429	26,848	29,506	33,659
	강력범죄	4,876	40,195	33,760	23,496	22,558	19,961	25,203
	강력범죄(흉악)	-	2,323	2,359	1,708	1,549	1,857	1,928
	강력범죄(폭력)	-	37,872	31,401	21,788	21,009	18,104	23,275
	위조범죄	538	684	608	622	647	672	909
	공무원 범죄	1	2	1	1	1	-	-
	풍속범죄	125	92	77	43	20	250	34
	과실범죄	147	134	97	102	108	83	109
	기타형법 범죄	971	724	583	605	470	374	512
	특별법범	94,602	39,441	28,950	21,472	16,826	18,365	27,678

출처: 통계청(대검찰청, 2007).

7. 범죄문제의 이론적 접근

1) 범죄에 대한 관점

(1) 생물학적 관점

범죄인의 신체적 특징과 구조가 범죄를 일으킬만한 결함이나 특징을 가지고 있다고 본다. William Sheldon과 Juan Cortes 생래적 범죄인(born criminals)을 비만형, 근육형, 두뇌형으로 구분하였다.

롬브로소(Lombroso)는 선천적으로 범죄를 일으키는 격세유전을 타고 난다는 것을 주장했다.

(2) 심리학적 관점

가. 정신분석이론

프로이드는 사람의 성격이 4~5세경 완성되는 중요한 시기에 오이디푸스 콤플렉스를 어떻게 해결했느냐에 따라 그의 범죄 성향이 나타난다는 것이다. 동일시를 해결하지 못했을 때의 리비도의 고착은 성인초기(15~17세)에 이상행동의 원인이 된다는 것이다.

나. 욕구 좌절 공격이론

폭력은 심리적으로 어떤 상황에서 욕구가 좌절되어 그것이 잠재적으로 내재되어 있다가 다른 상황에서 감정조절이 안되어 폭발하게 되면 범죄행위로 나타나게 된다.

다. 애착이론

애착은 동물행동학적 관점에서 아동과 어머니의 유대 관계를 설명하는 것이다. 어린 시절에 부모와 격리되거나 사랑을 배척받은 경험 등 불안정한 애착은 정신사회적인 부적응과 반사회적 행동을 표출한다.

라. 인지이론

피아제가 주장하는 도덕심리 발전 이론은 각 단계마다 사람이 도덕성이 발전하며, 사회적 경험, 인지적 구성요소에 따라 심경감홍 단계는 특별히 홍미를 주는 사물을 찾으며, 자신의 인지 능력을 발전시켜 나간다는 것이다. 인간의 정신이 발달하고 성장하는 정신과정산에서의 여러 문제가 발생하면 자신에게 맞는 것으로 변환하여 활용하는데 이것이 범죄행위로 이어지는 것이 이론상 핵심이다.

마. 정신 결함적 이론

멘델의 유전법칙에 의해 범죄도 유전되기 때문에 정신박약자를 단종하거나 격리시켜 예방해야 한다는 것이다. 슈나이더는 정신병자는 이상 인격자로서 사회를 괴롭히거나 자신이 고통 받는 자로서 사회적응 능력이 현저히 부족하기 때문에 범죄나 비행행위에 빠지기 쉽다고 주장한다.

(3) 사회학적인 관점

환경은 사회적, 문화적, 잔여적, 제반여건이며 환경여건은 인격형성과 행실에 직접, 간접으로 영향을 미친다. 환경상의 제반여건 중 어떤 것은 범죄 및 범죄성과 가장 밀접한 관계를 갖는다 할 수 있다.

가. 비행하위문화이론

Walter Miller는 범죄의 원인은 하위계층특유의 문화와 생활방식에 있다고 하여 빈곤한 계층은 사고치기, 강건함, 기민성, 흥분추구, 운명주의 등의 가치에 젖어 있으며 이러한 가치를 높이 평가함으로써 자신들의 세계에서 일정한 지위를 갖는 건달 그룹에 속하게 되고 이러한 문화에 순응하는 과정에서 범죄를 저지른다.

Albert Cohen(1955)은 하위문화사 생성되는 과정에 관심을 가지고 사회의 중심문화는 중산층의 가치와 규범을 중심으로 형성되어 있는데 이 문화는 빈곤계층출신 소년들의 익숙한 생활에 긴장이나 갈등을 발생시키며 이러한 갈등을 해소하려는 과정에서 비행 하위문화가 형성된다.

나. 차별적 접촉차이이론

서더랜드는 개인의 성향이나 습성, 소속되어 있는 사회적 계층보다는 개인이 사회적 그룹에 대해 갖는 관계를 중시하는 것과 주변에서 배운 학습의 내용이 범죄 발생에 더 큰 작용을 한다고 보았다. 범죄자는 범죄적 문화에 확실하게 범죄적 가치로 조직되어 있는 것을 말한다.

다. 사회통제이론

범죄행위 동기는 인간본성의 일부이고 사람들은 그댈 두면 누구든지 범죄를 저지를 것이라고 가정한다. 청소년은 사회적 결속력으로 인해 비행을 일으킬 인자를 가지고 있다는 전제하의 이론이다.

T Hirschi의 사회유대이론은 우리 모두 동물이며 자연적으로 누구든지 범죄를 저지를 수 있는 본성이 있으며 범죄를 저지를 잠재적인 가능성은 사람들에게 존재하는 것이므로 범죄문화, 범행동기를 규명하려는 기존 노력은 불필요한 것이라고 주장한다. 개인은 애착, 헌신, 포함, 믿음 등의 방법으로 사회와 유대를 맺으며 이러한 유대가 취약할 때 비행, 범행을 저지른다.

라. 낙인이론

범죄자란 낙인이 성공적으로 찍힌 자이며 범죄행위는 사회가 그렇게 낙인을 찍은 행위인 것이다.

마. 아노미론

머튼은 사회에서 문화적으로 규정된 합법적 목표와 이를 달성하기 위한 제도적 수단 사이에 괴리가 있을 때 사람들이 아노미 상태에 빠지게 된다고 한다.

범죄는 어떤 사람이 목표달성을 중시한 나머지 불법적인 수단을 통해서라도 목표를 달성하려고 할 때 범죄가 발생한다.

뒤르케임은 자살, 범죄문제 등은 사회문화 구조상의 모순에서 기인한다고 주장한다. 즉 갈등적이고 공격적인 현실세계에서의 범죄행위 등은 하나의 정상적, 자연적 현상으로 보는 사회적 아미노의 개념을 제시 했다.

바. 사회긴장론

문화에 따른 이상적인 삶과 현실적인 삶 사이에 존재하는 괴리가 긴장 혹은 스트레스를 유발하며 이러한 긴장을 해소하기 위해 범죄가 이루어진다.

범죄는 구조적인 결함을 지닌 사회 속에 사는 개인이 자신의 적응을 위해 시도하는 마지막 노력이다.

사. 문화이탈론(사회학적 상대론)

모든 범죄행위는 특정한 사회의 규범에 따르기 때문에 범죄는 개인이 유발하는 것 이 아니고 사회가 창조해 낸다는 것이다.

2) 청소년 문제에 관한 이론

(1) 생물학적 원인론

가. 생화학적 요인

음식물 섭취로 인해 청소년의 행위에 영향을 미칠 수 있다고 주장했다 납에게 지나치게 노출되면 학업부진, 인지결함, 낮은 지능, 정신적인 판단능력을 불러 일으켜 청소년 비행행위와 공격행위가 나타난다고 하였다.

청소년기에 반사회적인 행동이 많은 것은 이시기에 호로몬의 활동이 가잘 활발하기 때문에 범죄를 저지를 확률이 높다고 하였다.

나. 신경계 이상

신경내분비계의 이상과 청소년에게서는 분노, 적대감, 공격성의 분출을 경험하도록 유도하는 뇌 신경계의결함이 있어 뇌신경계의 기능장애로 학습부진과 공격적이고 폭력적인 자극적인 행동들을 추구 한다.

(2) 심리학적 원인론

가. 정신분석 이론

법위반 행위는 인생의 초기에 형성되어 그 이후의 인간행위 선택과정을 통제하는 비정상적인 성격의 구조의 결과라고 보았다.

나. 행동이론

문제행동이 무의식적인현상이 아니라 개인의 행동이 다른 사람들에게 어떻게 반응하는가를 관찰하는 것을 통해 배우게 된다고 생각하였고 사회학습이론에서는 어떠한 경우이든지 보상을 받는 행동은 모방이 되고 처벌을 받은 행동은 피하게 되는 기본원칙에는 변함없다. 폭력행위가 빈번한 가정환경에서 자란 청소년들은 그러한 행동이 받아들여질 수 있는 것이고 보상을 받는 것이라고 배울 수 있어 다른 사람들과 갈등상황에서 물리적 폭력을 가하는 것을 규범으로 인식하도록 도와줌으로써 가정이 폭력에 대한 훈련장으로서의 역할을 담당하는 결과를 초래한다.

다. 인지이론

도덕적 판단력이 인간의 인지발달에 따라 내재화하는 과정을 상정하여 문제원인을 탐구하며 피아제에 따르면 사람의 도덕성은 일정한 단계에 따라 발전하며 각 단계는 사람의 경험에 따라 그 전 단계에 의존하여 발전한다고 본다. 반사회적 행위를 자료의 인식과 분석의 측면에서 설명하려고 학자들이 있는데 이들은 사람이 무언가를 결정하려할 때 인지사고과정에 빠지는데 먼저 정보를 해석할 수 있는 형태로 고치고 적절한 반응을 찾고 그런 후에는 자장 적합한 행동을 결정하려한다

라. 인성이론

비행의 원인으로 비행자의 특성을 파악하고 아울러 비행자의 인성을 교정하거나 치료하는데 중요한 역할을 둔다. 인성의 발달은 현재의 생활경험에서도 영향을 받지만 그

발생기원은 아동기에 있으며 어려서 형성된 특정한 인성적 특징이 그 사람의 일반적 외곽뿐만이 아니라 전반적인 행위를 특정 지으며 비정상적 인성이 비행을 유발시키도록 작용한다고 가정한다.

(3) 사회환경적 원인론

사회환경을 중심으로 하는 이론은 비행의 원인을 청소년 개인이 가지고 있는 개인적 특성, 즉 유전된 생물학적 특성이나 성격, 기질, 등에 두기보다는 그들이 처해있는 환경, 즉 거주지역, 가정환경, 비행친구 등에 있다고 본다.

가. 아노미 이론

하층 청소년들의 문화적 목표와 제도적 수단의 차별로 겪는 긴장과 좌절이 비행의 원인이 된다고 보며 이를 긴자이론 이라고도 한다.

나. 일반긴장이론

애그뉴(Agnew)는 비행의 원인으로 첫째는 목표달성의 실패, 둘째는 긍정적 자극의 소멸, 셋째는 부정적 자극의 발생을 제시하였다

다. 차별기회이론

성공을 추구하는 문화적 목표를 수용하나 구조적으로 합법적 기회와 수단이 없는 사람이 비행을 저지르게 된다고 보는 것이다.

라. 중화이론

사익스와 맛짜(Sykes and Matza, 1957) 청소년 비행은 인습적인 가치를 완전히 거부하는 것이 아니라 인습사회에서 지내고 있는데 그 속에서도 '잠재적 숨은 가치'가 있다고 하여 아이들은 그 가치를 통해 자신의 비행을 정당화 한다고 본다.

마. 봉쇄이론

레클리스(Reckless, 1961) 청소년들에게 비행을 유인하는 요인들은 내적 배출요인(욕구와 충동, 불만과 적대감, 공격성), 외적 유적요인(비행친구의 꼬임, 대준매체, 유흥업소), 압력요인(빈곤, 실업)이라 한다.

바. 사회해체이론

도시화, 산업화가 되면서 외국의 이민자들이 이주하여 정착하며 생기는 문화갈등으로 일관된 가치가 제공되지 못하고 사회가 통합되지 못하여 비행현상이 발생한다고 하였다

사. 갈등이론

베버와 다렌도르프는 사회는 다양한 이해를 갖는 집단들 간의 갈등과 경쟁이 있게 마련이며, 이때 권력을 잡는 자에 의해 법이 생성 · 유지된다고 보고 하층이나 소수민, 청소년, 여성처럼 사회적으로 불리한 계층에게 법은 불리하게 차별적으로 적용될 수 있다고 본다.

8. 문제해결 위한 방안 및 대책

어떤 문제든 '예방'이 중요하듯 범죄문제 해결도 '예방'이 중요하다. 따라서 예방 차원에서 고찰한다.

1) 범죄 예방 모델[3]

① **범죄억제 모델**(Deterrent Model) 법이나 형벌을 통하여 범죄를 방지하고 범죄인을 교정하는 모델이다.

② **사회복귀 모델**(Rehabilitation Model) 교육, 직업교육, 복지정책, 지역사회 활동 등을 통하여 범죄인의 사회화를 지원하는 모델이다.

③ **환경공학적 범죄통제 모델**(Crime Control Through Environmental engineering Model) 도시 정책, 환경정화, 인간관계 개선 등 사회구조의 개선을 통하여 범죄를 예방하는 모델이다.

3. 범죄 예방 모델 : 김윤재 외(2005), 『최신 사회문제론』, 유풍출판사, 301~303쪽.

2) 질병예방과 치료적 개념의 범죄예방

① **1차적 예방** 일반대중을 대상으로 하는 범죄의 원인이 되는 정치, 경제, 사회정책이나, 제도적 모순, 그리고 문화적 요인에 범죄의 근원적인 요소 제거와 범죄를 우발시키는 물리적, 사회적 요소를 개선시키는 환경설계, 이웃감시, 민간경비, 범죄예방 교육

② **2차적 예방** 우범지역이나 우범자를 대상으로 활동하여 범죄기회를 차단하는데 초점을 둔다.

③ **3차적 예방** 범죄자를 대상으로 더 이상 범죄를 이행 하지 않도록 하는 데 초점을 둔다.

3) 경찰과 지역사회 범죄예방

경찰이 자신의 정책의제보다 지역사회문제에 초점을 맞추도록 해야 한다.

4) 청소년비행과 범죄예방

청소년의 반사회적인 행동을 예방하기 위해 학교와 종교기관, 사법기관, 행정기관 그리고 사회복지기관 등에서는 부모를 훈련시키며, 자녀관리기술을 가르침으로써 비행과 범죄의 예방의 효과성을 높인다.

5) 교육적, 문화적 대책

(1) 교육과 범죄

힐리(W. Healy)는 "태학(怠學)은 범죄의 유치원"이라고 했다. 이러한 태학이나 학교 가기를 싫어하는 이유는 많이 있다. 그중에서 입시경쟁 지식전달위주의 교육, 귀가 후 부모가 없는 맞벌이 부모가정환경, 교사들의 권위와 신로추락, 가정과 사회의 학교에 대한 과잉기대 등이 학교를 가기 싫어하거나 공부를 게을리 하는 원인으로 작용한다고 했는데 범

죄에 빠지기 쉬운 학생들에 대한 교육적인 지도 방안으로 다음과 같은 것을 들 수 있다.

① 교사와 학생간의 인격적인 만남
② 학생에 대한 이해
③ 가치관의 확립
④ 좋은 환경의 제공
⑤ 필요한 기술 습득

(2) 문화적 대책

문화 갈등은 결국 가지관의 갈등이다. 가치관의 갈등이 심화되면 일반적으로 범죄에 빠질 가능성도 높아진다. 따라서 가치갈등을 완화시키는 상담활동이나 문화적 활동을 통하여 다른 사람이나 집단, 또는 민족에 대한 이해를 많이 하게 되면 될수록 가치갈등이나 문화갈등으로부터 자유로워지며 보다 많은 사람들이 범죄적 환경으로부터 멀어질 수 있는 것이다.

9. 범죄문제에 대한 사회복지적 개입

다음의 몇 가지를 제시하면서 두 가지 측면에서 고찰해보면 다음과 같다.

① 범죄인 처우에 있어서 시회 내 보호의 지향
② 교정사회사업의 활성화
③ 청소년 교정기관의 전문화
④ 청소년 성적 주체성 확립
⑤ 개별 · 집단 접근적 프로그램(주장훈련, 역할극, 심리극 등)
⑥ 청소년 정책 및 행정의 통합화
⑦ 청소년 행정서비스 전달체계의 일원화
⑧ 기타 및 연령별(범죄유형별) 교정 프로그램

1) 거시적 측면

(1) 절대 빈곤의 해결과 사회적 불평등 감소

거시적 차원의 대안으로는 무엇보다도 사회적 불평등을 감소시키는 노력을 들 수 있다. 적극적인 소득 재분배 프로그램, 사회보장제도의 확충 등이 선행되어야 할 것이다. 이들은 본질적으로 범죄문제에 대한 대책은 아니지만 범죄를 예방하거나 경감하는 데 유용하게 사용 될 수 있을 것이다. 많은 경우 빈곤이 범죄문제와 직접적 또는 간접적으로 관련이 된다고 볼 때 빈곤문제의 해결 또한 범죄문제에 대한 거시적 대책의 일환으로 사용될 수 있을 것이다. 국민들에게 최저한의 생활을 보장해 주기 위한 사회 정책이 뒷받침되어야 할 것이다. 뿐만 아니라 취업기회도 확대되어야 할 것이다.

(2) 제도의 개선 : 인간중심의 교정

제도적인 개선책으로 행형 제도의 개선이 요망된다. 현행의 처벌과 격리위주의 행형 제도는 완전한 범죄대책이 될 수 없으며 재범을 방치하는 데에도 그다지 효과적이지 않다. 가능한 교정시설에 격리 수용하지 않고 범죄자들도 지역사회의 일원으로서 살아갈 수 있도록 하는 발상의 전환이 요망된다. 사회재통합이란 단순히 범죄자를 교화 개선하여 사회 복귀시키자는 교정이 목표를 넘어서 범죄자와 사회가 다시 통합될 수 있게 해주려는 교정단계에서의 노력을 말한다. 가장 대표적인 것으로 가석방이 있으며 그 밖에 여러 종류의 지역사회에 기초한 교정을 들 수 있다. 이들의 구체적 방안으로는 재판 전 단계에서는 제3자 중재, 선도조건부 또는 선행조건부 기소유예를 들 수 있다. 재판단계에서는 배상명령 / 벌금형, 지역사회 봉사명령, 수강명령, 반구금 등이 있다. 재판 후 교정단계에서는 사회와 교도소와의 중간 형태의 시설을 생각 할 수 있다.

(3) 형사법 체계의 개선

권위주의적 법제와 법적 관행을 청산하는 작업이 이루어져야 할 것이다. 이를 위해서는 다음과 같은 방향성이 기본적으로 논의될 수 있다고 생각된다.

첫째, 권위주의 체제를 유지 강화시키는 데 기여해 왔던 각종 악법의 청산사업 이다. 공권력의 신뢰회복 없이 원활한 범죄대책을 수립하기란 애당초 불가능하다는 점을 인정한다면, 악법개폐와 법 민주화 작업은 아무리 서둘러도 지나치지 않을 것이다.

둘째, 특별형법 규정의 지나친 확대와 남용현상을 막아야 한다. 특별형법 가운데 형사적 사안으로 처리할 것이 아닌 경우에는 과감하게 비범죄화시키는 입법적 조치가 필요하다.

셋째, 우리 형법은 매우 중형 주의적 입장을 취하고 있는데 그에 대한 근본적인 재검토가 요구된다. 중형선고의 일반 예방효과 여부에 있어서는 부정적 견해가 더 우세한 편이다. 이러한 과정을 통하여 범죄로 취급되어 왔던 많은 행위들을 합법화하거나 비 범죄화 할 필요가 있다.

2) 미시적 측면

(1) 범죄예방 교육

잠재적인 범죄 피해자인 일반 사회 구성원들을 대상으로 범죄예방 교육을 확대하여야 할 것이다. 학교 교육에서도 범죄예방 교육을 교과내용에 포함하여야 하며, 대중매체를 통하여 끊임없이 사회교육을 해나가야 할 필요가 있다. 사회구성원 모두가 범죄로부터 자신을 보호할 준비를 할 수 있도록 해야 할 것이다.

(2) 범죄 피해자에 대한 서비스

범죄피해자는 신체적, 물질적으로 피해를 입을 뿐만 아니라 정신적으로도 장기간 지속되는 피해를 입는다. 뿐만 아니라 경우에 따라서는 사회전체가 피해자를 비난하는 가해자로서의 역할을 하기도 한다. 따라서 이러한 피해자에 대한 보호가 적극적으로 검토되어야 한다. 피해보상, 법률구조, 사회사업 서비스 등이 이에 포함될 수 있을 것이다.

(3) 사회사업가의 개입

보호관찰제도, 가석방제도 등에 사회사업가들을 적극적으로 활용해야 할 것이다. 뿐만 아니라 교정 시설에 수감되어 있는 재소자 들을 위해서도 사회사업가의 전문적 개입은 필요하다. 이러한 프로그램의 목표는 각 범죄자들의 구체적 문제를 확인하고 욕구를 충족하기 위한 구체적인 프로그램을 개발하기 위함이다. 범죄자들은 어떠한 형태로든지 사회에 제대로 적응하지 못하는 사람이란 점에서 어느 누구 못지않게 전문 사회사업가의 서비스를 필요로 하고 있는 사람들이다. 따라서 이들에게 어떠한 형태로든지 전문적 서비스에의 접근 기회가 확대 되어야 할 것이다.

(4) 교정시설에서의 교육과 직업훈련의 강화

범죄예방과 재범 방지를 염두에 둔다면 범죄자들에게 정상적인 직장을 통하여 생계를 꾸려갈 수 있는 기회가 충분히 마련되어야 할 필요가 있다. 이를 위해서 직업교육을 적극적으로 실시하여야 한다. 뿐만 아니라 재소자들에게 학교교육에 준하는 교육을 제공하고 재사회화 하는 교육을 제공하여야 한다.

10. 제언

이상에서 살펴본 바와 같이 범죄는 개인적, 사회적으로 크게 영향을 끼친다. 그것에 대한 결과는 우리들 모두에게 신체적, 사회적, 정서적으로 엄청난 비용을 요구한다고 할 수 있다. 이를 위한 노력은 여러 가지가 있을 수 있으나 모든 사람들이 인간으로서의 존엄성을 누리고 살 수 있는 사회를 만들기 위해서 범죄의 발생 가능성을 줄이는 노력이 더욱 필요할 것이다.

사회가 발전함에 따라 범죄의 종류도 다양해지고 범죄를 저지르는 사람들 또한 다양해진다. 가장 문제인 것이 범죄를 저지르는 연령이 점차 낮아지고 있다는 것이다. 청소년의 범죄가 성인화 되어간다는 것은 매우 심각한 문제이다. 청소년들의 방과 후 교육이나 학교에서의 주기적 교육으로 청소년들이 비행에 빠지지 않고 건강한 어른이 될 수 있도록 프로그램을 만들고 실행해야할 사람들이 우리 사회복지사의무가 아닌가 한다. 다른 모든 사회문제들도 마찬가지지만 범죄문제는 사후치료보다는 사전예방이 매우 중요하다. 처음에도 언급했듯이 범죄는 사회에서 없어질 수는 없는 것 같다. 다만 범죄가 일어나는 것을 예방하고 줄이는 방법들을 모색하여 사람들이 안전한 사회에서 쾌적한 생활을 할 수 있도록 해야 할 것이다.

범죄를 예방하기 위해서는 개인적 차원 및 사회구조적 차원에서 범죄 발생의 원인을 줄이는 방향으로 노력해야 할 것이다. 범죄예방에 대한 교육, 경제적 불평등 감소, 목표달성 기회의 확대 및 제도의 개선 등이 강구될 수 있을 것이다. 또 사회 복지적 차원에서의 전략적 대안과 서비스를 더욱 확대시키고 일선 사회 복지사들과 일반 시민들의 인식 변화와 함께 자발적 참여의 노력을 기울여야 할 것이다.

생각할 거리

1. 죄를 짓고 들어갔으나 사람이 사람답게 살 수 있게 해주는 게 인권인데 죄를 지었다는 이유로 사람답지 않게 보며 사람다운 권리를 박탈하여 수용시키는데 범죄인들의 인권은 어떻게 봐야 할 것인가?
2. 우리가 흔히 말하는 비행청소년은 주위사람들로부터 인식이 좋지 않다. 이러한 비행청소년을 무조건 나쁘게 보아야 하나? 청소년의 비행을 예방하기 위해 사회복지적 대책을 어떻게 마련해야 하는가?
3. 청소년은 우리의 성장과정에 꼭 거쳐가는 단계이다. 청소년시기에는 많은 문제가 나타날 수 있다. 사회복지사로서 다양한 욕구와 문제를 가지고 있는 청소년에게 접근하여야 할 것인가?
4. 회생 가능성이 희박한 환우들에 대한 '존엄사' 문제가 대두되고 있다. 이에 대한 생각과 '사형제도'에 대한 찬반토론을 해보자.
5. 범죄에 대한 사회복지적 개입에 있어서 교정복지의 실효성은 어떤지 토론해보자.

제 8 장

성(性)범죄문제 – 성에 대한 올바른 이해

학습목표

1. 우리나라의 안전한 성문화를 정착-성 개념 및 중요성
2. 성에 관한 고정관념을 없애자-성에 관한 관점
3. 성 상품화에 관한 다양한 문제

1. 들어가기

최근 성폭력 문제가 심각한 사회문제로 제기되고 있다. 우리나라 성폭력 범죄율이 세계 2~3위라는 충격적인 발표는 우리 사회에서 성폭력이 더 이상 몇몇 운 나쁜 여성들만의 문제가 아님을 알 수 있다. 이렇게 성폭력이 양적으로 증가하고 또한 근친강간, 어린이 성추행 등 성폭력 문제가 심각한 사회문제로 부각되고 있다. 게다가 한국형사정책연구원의 추정에 의하면, 성폭력 사건의 신고율은 6.1%에 불과하므로, 숨겨진 성폭력 사건은 실제로 더욱 많으리라는 것을 짐작 할 수 있다.

성폭력으로 인한 피해를 여성만이 당하고 있는 것은 아니지만, 실제 드러나고 있는 성폭력 피해자의 대다수가 여성이다. 점차 여성의 성성(sexuality)을 대상으로 한 폭력이 급속히 증가하고 있어 이에 대한 대책마련이 시급히 요청되고 있다. 이는 성서에 있어 여성과 남성 간의 전통적인 권력관계와 남성의 편견을 극심히 나타내준다. 여성이 당하는 성폭력의 유형도 매우 다양하여 여성들은 강간이나 윤간, 성적 추행 등의 심각한 형태의 성폭력 이외에도 직장 내에서의 성적 희롱(sexual harassment), 음란 전화, 대중매체나 퍼스널 컴퓨터를 통한 성적 폭행 등의 위협 속에서 살아가고 있다.

뿐만 아니라 사회적 이슈로서 성매매는 예전부터 계속 언급되어져 왔고 사회문제로

문제제기 되어져 왔다. 성매매는 청소년문제, 여성문제 등의 우리사회의 아주 다양하고 깊은 곳까지 침투해 문제를 야기 시키고 있다. 이렇게 성매매 문제가 심각함에도 불구하고 정부나 사회는 성매매에 대한 예방이나 대책에 대해 소극적인 태도를 취하고 있다. 얼마 전 성매매의 심각성을 인식하고 기존의 윤락행위방지법을 좀 더 강화시킨 성매매방지특별법이 제정되어 시행되어졌다. 이에 따라 정부나 경찰 입장에서 성매매여성을 보호한다는 미명하에 성매매관련자들은 모두 처벌하는 등의 강력한 조치를 취하여 성매매를 근절시킨다는 강한 의지를 내보였다. 하지만 이런 조치들도 일시적이고 소극적으로 성매매를 근절시키는데 한계가 있다.

2. 성 문제의 두 개념

1) 성폭력

성폭력은 강간과 강간미수 및 성추행을 포함한다. 강간이란 강압에 의한 성관계를, 강간미수는 강제로 성관계를 시도하다가 실패한 경우를, 성추행은 성관계를 제외한 성적 행동으로서 가슴, 성기 등 몸을 만지는 행위와 키스를 말한다. 그 밖에 성기노출(피해자 또는 가해자의 성기를 노출시킴), 성적 가혹 행위(가해자의 성적 만족을 위해 상대방에게 신체적 상해를 입힘), 음란물 보이기 및 음란물 제작에 이용, 음란전화 등을 포함시키기도 한다.

① 성적 추행(가슴, 엉덩이, 성기부위를 접촉하거나 집적거리기, 키스, 음란한 행위)
② 성기노출(피해자 또는 가해자의 성기를 노출시킴)
③ 강간미수(강간을 시도하였거나 성립이 안된 경우)
④ 강간(윤간, 강도강간, 근친강간 포함)
⑤ 성적 가혹행위(가해자의 성적 만족을 위해 상대방에게 신체적 상해를 입힘)
⑥ 음란물 보이기 및 음란물 제작에 이용
⑦ 음란전화

성폭력의 핵심은 강간이다. 강간은 공격성의 성적표현(a sexual expression of aggression)이지 성의 공격적 표현(an aggressive expression of sexuality)이 아니다. 말하자면, 강간은 성적 표현을 공격적으로 한 것이 아니라 공격성을 성적으로 표출시킨 폭력행위란 것이다. 강간에는 세 가지 형태가 있는데,

① 분노에 의한 강간(anger rape) : 가해자가 자신의 분노와 화를 강간으로 나타내는 것이다.

② 힘에 의한 강간(power rape) : 피해자에 상해를 가하는 게 아니라 피해자로부터 성적 만족을 얻기 위한 것이다.

③ 가학성 강간(sadistic rape) : 공격적 행위로 성적 만족을 얻고자 한다. 피해자를 고문하고, 피해자에게 고통과 괴로움을 줌으로써 성욕을 채운다.

2) 성매매의 개념

사회변화에 따라 개념도 다르게 나타난다.

① **성매매** 법적으로 불특정 다수인으로부터 금전, 기타 재산상의 이익을 수익 또는 약속하거나 기타 영리의 목적으로 성행위를 하는 것이라고 정의한다.

② **윤락** '타락하여 몸을 버림'으로 정의한다.

③ **매춘부** 상대를 가리지 않고 금전을 위해 공연히 신체를 제공하는 여성으로 규정한다.

3. 원인과 배경

1) 성폭력

우리의 성의식과 성문화가 성폭력을 유발하고 가중시키고 있다. 우선 남성 우월적 사고에 기반한 성차별적인 사회구조와 이에 따른 남녀에게 다른 성적 기준을 제공하는 이중적 성윤리가 '여성은 남성의 성의 대상'이 라는 편견을 통념화시켜 여성에 대한 폭력을 야기하는 배경요인으로 작용하고 있다. 또한 우리나라 자본주의의 발달과 함께 급속히 성장하고 있는 향락 산업도 성폭력 증가의 배경 요인이 되고 있다. 오늘날 각종 성과

관련된 산업의 발달과 함께, 성은 공공연한 대중의 소비와 여가의 대상으로써 일상생활에 커다란 비중을 차지하게 되었고 자본주의 문화의 중심을 이루게 되었다. 이러한 퇴폐향락문화가 폭발적으로 증가하면서 여성은 더욱 쾌락의 대상으로 여겨지고 현재 만연하고 있는 폭력문화와 결합되어 다양한 형태의 성폭력을 야기 시키는 요인으로 작용하고 있다.

(1) 남성 중심적 성문화

성폭력 은폐의 원인은 강간에 대한 잘못된 통념, 여성에게만 일방적으로 가해지는 남성 중심적 순결관, 이중적 성규범, 일방적 행위도 성관계로 인정하는 성기 중심적 인식 등이 원인이다.

(2) 성의 상품화와 퇴폐적 성문화

현대 자본주의 사회에서 인간의 성은 상품화되어 사교, 오락, 유흥, 향락과 퇴폐에 이르기까지 다양한 목적의 다기능적 소모품화 되어 여성의 성 상품화가 확산, 서구의 성개방 문화가 음란. 퇴폐 내용의 비디오나 성인 오락지, 도색잡지, 청소년용 음란 저속만화를 통해 급속히 전파되고 폭력성, 가학성에 노출되어 각종 성폭력과 성범죄를 조장하는 여건을 제공한다.

(3) 위계적이고 권위적인 사회

위계(남자와 여자, 교사와 학생, 직장 상사와 부하 등)에 의해 절대적 권력구조가 형성되는 사회의 특성상 위계적이고 권위적인 관계가 성폭력 발생을 조장한다.

(4) 낮은 신고율

성폭력 범죄 증가의 가장 중요한 원인은 대다수의 피해 여성들이 남성의 성적 충동을 유발시켰거나 적어도 부주의해서 당했을 거라는 사회적 비난과 편견과 순결 상실감으로 인한 멸시와 두려움을 극복하지 못하고 있기 때문이며, 증거물 확보에 있어서 병원지원 체계가 없기 때문에 진단서 발급의 어려움, 고소에 있어 법적인 정보의 부재, 증거물을 피해자가 확보해야 하는 어려움, 가해자에게 아무런 사회적 제재를 가하지 않음으로써 재 범죄의 발생요인 제공 등이 원인이다.

(5) 성폭력 관련법의 문제

성폭력 특별법은 아직도 성폭력을 강간과 추행에 관한 죄로 명명하고 성적 자기결정권에 반하는 범죄로 개념 규정을 하지 않고 있고, 추행이나 강간의 입증 책임이 피해자에게 있고 항거하기 어려울 정도의 협박을 입증해야 한다. 어린이 성추행의 경우 증거물이나 증인이 없고 어린이 진술밖에 없는 경우 어린이의 진술을 신뢰하지 않는 등 성폭력 피해자의 권익을 보장하기에 미흡하다.

(6) 사법처리 과정의 문제

성폭력 처리과정은 일반 형사소송절차와 같아 사적인 권리가 보장되지 못하고, 전담부서에서 통합적인 사건 처리를 하는 게 아니므로 성폭력의 개념 인식이 바르지 못하거나 성폭력 수사방법에 대한 훈련을 받지 않은 경찰에 의한 수사가 진행되기 때문에 수사과정에서 피해자가 제2, 제3의 피해를 받게 되는 경우가 발생한다.

(7) 성교육 부재

학교, 가정에서의 지속적이고 사실적인 성교육 부재로 성에 대한 왜곡된 의식을 가지며 문란한 성문화의 영향으로 성폭력을 쉽게 저지르는 것으로 나타나고 있다 . 청소년 성폭력 가해자의 경우 90%이상이 음란비디오를 본적이 있고 음란비디오를 본 후 충동을 느껴 성폭력을 했다는 보도가 있다.

2) 성매매

(1) 개인적 요인

일반적으로 성매매 여성이 되는 가장 큰 요인은 돈을 벌고자 하는 것이며, 그 다음으로는 친구, 친지, 평소 안면 있는 사람의 유혹으로 그리고 보다 뚜렷한 이유보다 호기심이나 별 생각 없이 유입되었다. 특히나 연령층이 낮은 층에서는 무지한 가운데 친구나 아는 사람의 유혹으로 진입되거나 또는 보다 풍족한 생활, 막연한 호기심과 같은 내적인 욕구로 유입되는 경우가 많다. 10대 들이 자발적인 의사를 갖고 성매매에 유입되는 개인적 주 동기는 돈을 벌기위해서인데, 이는 10대 성매매 문제뿐 아니라 청소년 가출문제와도 연관되어 있기 때문에 문제의 심각성을 나타낸다.

(2) 자본주의적 가치관의 왜곡화

고도의 자본주의 사회로 가는 시점에서 자본주의적 가치관이 왜곡되어 성도 돈으로 살수 있다는 관념이 일반화 된 점은 하나의 원인이다. 성을 하나의 재화로 생각해서 순간적 쾌락이라는 요구충족을 위해 일정 한 비용을 주고 성을 살 수 있다는 자본주의 가치관의 왜곡화 현상은 정신적 측면의 근본적 요인이라고 할 수 있다.

(3) 남성주의 성문화

성 매매가 남성 측에서만 가능한 것은 아니나, 모성의 주체이고 가정을 지탱하는 내부적 축으로서의 역할을 해온 여성의 전통적인 사회적 역할을 고려해 볼 때 남성주의 문화의 경향은 성 매매를 부추기는 하나의 원인으로 인정 될 수 있다.

(4) 윤리의식의 약화

사회가 개방화되고 성적인 순결이 가지는 의미가 약화되면서 성문화 자체가 부당한 굴레로부터 벗어나는 긍정적인 효과도 가져왔으나, 성을 사고파는 것에 대한 윤리적인 죄책감을 덜게 하는 부정적 효과도 가져옴으로써 성 매매를 촉진시키는 원인이 되고 있다.

(5) 성매매가 가능한 공간의 범람

상식적으로 흔히 성 매매가 가능한 곳으로 인식되는 유흥주점 외에도 주택가에까지 범람하고 있는 변태 영업을 하는 이발소, 마사지 업소, 안마 시술소, 노래방 등 성 매매가 가능한 장소가 너무나도 범람하고 있다 는 점이 가장 큰 원인이 되고 있다.

4. 현황

1) 성폭력 현황

성폭력에 관한 현황은 한국성폭력 상담현황 중심으로 보면 성별 · 연령별 · 유형별 ·

관계별로 파악할 수 있다(〈표8-1~4〉 참조).

- 한국은 성폭력 발생률 세계 3위 국가 (경찰청)
- 직장여성 64% 성희롱 피해 경험(2006년 3월 취업포털 스카우트 발표)
- 공무원 여성 20% 직장 내 성희롱 경험(여성부, 2002)
- 전체 성폭력 중 13.5%는 친족 내에서 발생 (한국 성폭력 상담소, 2006년 상담통계)
- 서울시 거주 기혼 여성 중 25.2%가 아내강간 경험(한국형사정책연구원, 성폭력의 실태와 원인에 대한 연구)
- 전체 성폭력 가해자 중 83%는 아는 사람(성폭력 상담소, 2006년 통계)
- 강간이나 성추행 피해를 입은 후에 고소하는 확률 6.1%(한국형사정책연구원, 성폭력의 실태와 원인에 대한 연구)
- 성폭력 범죄 기소율 41.3%(대검찰청, 범죄분석, 2005)
- 성폭력 범죄 1심 재판 실형율 41.2%(법원행정처, 사법연감, 2005년)

〈표8-1〉 2007년 성별 연령별 피해자 현황 단위: 건(%)

연령별 성 별	성인 (20세 이상)	청소년 (19세~14세)	어린이 (13세~8세)	유아 (7세 이하)	미상	총계
여	1,226(62.9)	300(15.4)	221(11.3)	104(5.3)	30(1.5)	1,881(96.6)
남	29(1.5)	12(0.6)	13(0.7)	6(0.3)	1(0.1)	(3.1)
미상	3(0.2)	0(0.0)	0(0.0)	0(0.0)	3(0.2)	6(0.3)
총계	1,258(64.6)	312(16.0)	234(12)	110(5.6)	34(1.7)	1,948(100)

출처 : 2007, 한국 성폭력 상담소 상담현황.

〈표8-2〉 2007년 피해유형별 피해자 현황 단위: 건(%)

유형	강간 689(35.4)				강간 미수	성 추행	성 희롱	통신매 체이용 음란	카메라 이용촬영	스토킹	음화 등의 제조 유포	간접 성폭력	미상	기타
계	단순 강간	준강간	특수 강간	강간 치상										
1,948 (100)	516 (26.5)	65 (3.3)	66 (3.4)	42 (2.2)	73 (3.7)	772 (39.6)	201 (10.3)	41 (2.1)	23 (1.2)	91 (4.7)	1 (0.1)	1 (0.1)	49 (2.5)	7 (0.4)

출처 : 2007, 한국 성폭력 상담소 상담현황.

〈표8-3〉 2007년 피해유형별 · 연령별 상담현황 단위 : 건(%)

피해유형	연령					계
	성인	청소년	어린이	유아	미상	
강간 (준강간 포함)	359(18.4)	135(6.9)	61(3.1)	15(0.8)	11(0.6)	581(29.8)
강간미수	57(2.9)	11(0.6)	3(0.2)	1(0.1)	1(0.1)	73(3.7)
특수강간	39(2.0)	20(1.0)	5(0.3)	1(0.1)	1(0.1)	66(3.4)
강간치상	40(2.1)	0(0.0)	1(0.1)	0(0.0)	1(0.1)	42(2.2)
성추행	414(21.3)	116(6.0)	146(7.5)	86(4.4)	10(0.5)	772(39.6)
성희롱	183(9.4)	9(0.5)	1(0.1)	2(0.1)	6(0.3)	201(10.3)
통신매체이용음란	30(1.5)	8(0.4)	2(0.1)	0(0.0)	1(0.1)	41(2.1)
카메라이용촬영	21(1.1)	2(0.1)	0(0.0)	0(0.0)	0(0.0)	23(1.2)
스토킹	85(4.4)	5(0.3)	1(0.1)	0(0.0)	0(0.0)	91(4.7)
음화등의 제조유포	1(0.1)	0(0.0)	0(0.0)	0(0.0)	0(0.0)	1(0.1)
간접성폭력	1(0.1)	0(0.0)	0(0.0)	0(0.0)	0(0.0)	1(0.1)
기타	6(0.3)	0(0.0)	1(0.1)	0(0.0)	0(0.0)	7(0.4)
미상	22(1.1)	6(0.3)	13(0.7)	5(0.3)	3(0.2)	49(2.5)
성폭력 계	1,258(64.6)	312(16.0)	234(12.0)	110(5.6)	34(1.7)	1,948(100.0)

출처 : 2007, 한국 성폭력 상담소 상담현황.

〈표8-4〉 2007년 피해자/가해자 관계 단위 : 건(%)

아는 사람 1,665 (85.5)											모르는 사람	미상	총계
친족, 친/인척 273 (14.0)		직장내	친밀한 관계	채팅/소개로 만난 사람	동네 사람	서비스 제공자	초중고/대학	학원/유치원	주변인의 지인	기타			
친족	친/인척												
149 (7.6)	124 (6.4)	490 (25.2)	174 (8.9)	69 (3.5)	92 (4.7)	74 (3.8)	149 (7.6)	61 (3.1)	118 (6.1)	165 (8.5)	242 (12.4)	41 (2.1)	1,948 (100)

출처 : 2007, 한국 성폭력 상담소 상담현황.

2) 성매매 현황

성폭력은 성매매와는 다르게 장소라는 개념이 뚜렷이 나타나며, 검·경찰의 단속과 통제로 인해서 음성적 성매매가 늘고 있다(〈표8-5~6〉, 〈그림8-1~2〉).

〈표8-5〉 성매매 시장규모

	종사여성 수	업소 수	연간매출액(억 원)
겸업형(산업형)성매매	241,114	57,938	164,966
전업형(집장촌)성매매	9,092	2,938	18,318
기타(전자형, 출장형)성매매	79,102	19,224	57,879
합계	329,218	80,100	2241,163

출처: 성매매 실태 및 경제규모에 관한 전국조사 한국형사정책연구원

〈표8-6〉 성매매 여성의 연령 (2005년 새날 조사)

20대	30대	40대	기타
58%	21%	6%	15%

〈그림8-1〉 성매매 유입경로-개인형

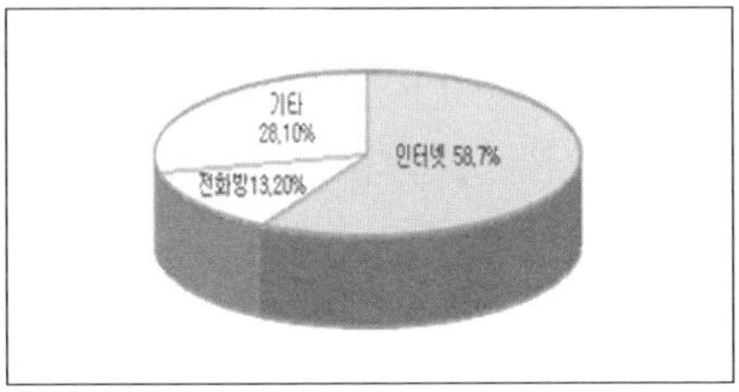

〈그림8-2〉 성매매 유입경로-업소형

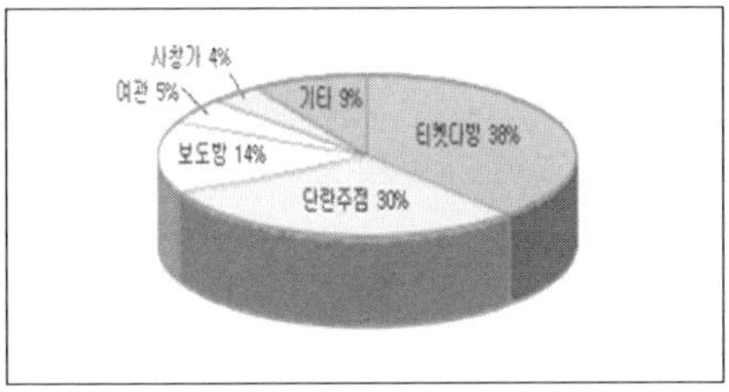

(1) 성매매 종사여성은 최소 33만 명 정도로 추정(통계청)

① 유흥주점 등에서 겸업으로 성매매를 하는 여성이 24만 명, 집창촌(일명 사창가) 1만 명, 보도방 등을 통한 성매매 여성이 8만 명.
② 겸업형 성매매 241,114명, 집창촌 9,092명, 기타 79,012명.

(2) 성매매 알선업소는 약 8만여 개로 추정

① 전체 '숙박 · 음식점업' 539,558개(통계청)의 15%에 해당
② 겸업형 업소 58천 개, 집창촌 업소 3천 개, 기타 업소 19천 개.

(3) 성매매 경제규모는 연간 24조원 정도로 추산

① 이는 국내총생산(GDP) 578.8조원의 4.1%에 해당하는 규모로, 농림어업이 차지하는 비중(4.4%)과 비슷한 수준.
② 겸업형 164,966억 원, 집창촌 18,318억 원, 기타 57,879억 원.

5. 성범죄문제에 관한 이론적 접근

1) 성폭력 : 이론적 접근

(1) 사회심리적 접근

사회학습이론, 인성이론, 정신 병리론 등 사회 심리적 접근에서 성폭력 행위를 설명하는 데 있어 개인의 특성에 초점을 둔다. 정신 병리론에서는 성폭력이란 심리적으로나 정신 병리학적으로 문제가 있는 예외적 남성에 의해 저질러진다고 보며 성폭력이 사회문제의 한 유형이라고는 보지만 사회 전체적으로 볼 때 정서적, 정신적 문제를 가진 남성은 소수이기 때문에 그렇게 심각한 사회문제는 아닌 것으로 간주한다.

사회 병리론에서는 성폭력의 동기나 가해자의 성적충동 혹은 공격적 충동에 기반하여 가해자의 유형을 분류하고 있다. 이러한 입장은 성폭력의 사회성을 중시하지 않고 개별 가해자의 일탈적 행동에 초점을 두어 성폭력의 원인을 설명하는 경향이 있으며 정신

병리론에서는 일반적으로 범죄의 사회성에는 관심을 가지지 않으며 남성성을 사회적으로 합당한 방법으로 표현할 능력이 결여된 일부 남성의 일탈적 행위로서 성폭력을 규정하고 있다.

(2) 사회구조적 접근

생태학적 이론, 아노미이론, 폭력하위문화론, 차별적 기회론 등은 성폭력 원인에 관한 연구에 있어 사회구조와 조직 또는 폭력을 저지르게 되는 사회과정에 역점을 두는 접근이다.

폭력하위문화론에서는 폭력이 슬럼과 같은 특정한 경제. 사회. 인종적 특성을 갖는 지역에서 주로 발생하는 문화양식이고, 이러한 지역에 거주하는 사람은 폭력을 갈등해소의 수단으로 자연스럽게 받아들이게 된다는 것이다. 나아가 성폭력도 개인의 성충동이나 감정을 표현하는 방법의 하나로 자연스럽게 간주하게 되어 성폭력을 일으킬 가능성도 그만큼 커진다는 것이다.

(3) 페미니스트적 접근

페미니스트적 관점에서는 성폭력 문제를 보는 데 있어 가해자보다는 피해자에게 관심을 가지며 성폭력을 가부장제 사회에서 여성에 대한 남성의 지배와 통제를 유지하기 위한 수단으로 파악하고 있다.

2) 성매매 : 이론적 접근

(1) 기능주의

기능주의 접근 방법에 따르면, 사회문제는 사회특정 부분이 역기능적이거나 사회체계로서 원활한 운영이나 안정 또는 사회적 목표달성에 저해가 될 때 존재하게 된다. 따라서 성매매 행위는 일탈적 행동이며 이는 사회적으로 기대되어지는 규범과 역할로부터 빗나간 비정상적인 것이다.

성매매 행위는 개인의 잘못 배운 사회화와 가치와 규범의 내면화 실패 등에 의해 기인한 것이며, 사회에 적응하지 못한 결과로서 발생하는 것으로 간주된다.

기능주의 접근방법에 따라 성매매 행위의 과정과 원인을 설명할 수 있는 이론으로 아노미(anomy)이론, 접촉 차이 이론을 들 수 있다.

아노미 이론에 따르면 성매매의 원인은 사람들이 어떠한 목표를 달성하는데 있어서 제도화된 수단을 사용하지 않는 무규범적 상황 때문이다.

(2) 갈등주의

갈등주의 이론에 따르면 성매매는 특정 사회현상이 사회체계에 역기능적이거나 가치관에서 벗어났기 때문이 아니라 그 현상이 자기들의 이익을 침해한다고 판단할 때 사회문제화 된다고 본다. 갈등주의 관점에서 보면 성매매는 개인적인 부적응의 결과라기보다는 가족과 학교를 포함한 사회조작과 사회구조의 모순에 의해 필연적으로 발생할 수 밖에 없는 자연스러운 결과로 간주된다.

(3) 상호작용론

상호작용론 접근방법에 의하면 사회의 한 집단이 다른 집단의 의미에 동의하지 않고 그 집단의 의미대로 행동하지 않는 등 사회적 기대를 깨뜨릴 때 사회 문제는 존재하는데 성매매는 사회의 다른 집단의 의미에 어긋나는 행동이므로 사회문제가 되는 것이다.

상호작용론적 접근방법에 따른 이론으로는 낙인이론이 있다. 이 이론은 어떤 행위자의 최초행위를 바람직하지 못한 것으로 규정함으로써 사회의 일반인들도 그런 행위를 부정적 의미가 부여된 특정 행위자는 낙인을 찍어 그 행위자는 그러한 낙인에 어울리는 행동을 하도록 기대되고, 또한 낙인찍힌 행위자도 그 낙인에 어울리는 행동을 하게 된다는 이론이다. 따라서 매춘행위를 하는 여성들은 낙인이 찍혀 계속 매춘을 하도록 기대되므로 쉽게 빠져나오지 못하는 악순환이 계속 된다.

(4) 정신분석학

정신분석학적 관점에서는 개인은 부모와의 심리적 갈등 등 잠재의식 속에 깊이 뿌리박고 있는 갈등의 결과 생기는 분노를 자신에게 돌려서 행위를 하게 되는데 매춘은 이러한 자기학대의 한 표출로 본다.

6. 문제해결을 위한 방안 및 대책

1) 성폭력

(1) 왜곡된 성의식의 변화

성폭력의 근본적인 원인은 여성에 대한 남성의 지배와 통제를 정당화하고 여성을 약자로 간주하는 성차별주의라고 볼 수 있다. 따라서 성폭력 문제를 근본적으로 해결하기 위해서는 양성평등에 대한 의식이 확립되어야 할 것이다. 성에 관련하여 세 가지 차별적 편견이 성폭력을 조장하는데 첫째, 성욕에 관한 차별적 편견이다. 전통적으로 남성의 성욕은 억제하기 힘들고 발산적이라는 의식이 성폭력을 정당화하고 오히려 성폭력 피해자인 여성의 몸가짐이나 태도를 비난하게 한다. 둘째, 성역활에 관한 차별적 편견이다. 여성은 수동적이고 순종적이며, 남성은 공격적이고 능동적이라는 남녀에 대한 통념적인 이분법적 성역활 의식은 그대로 적용되어 남성의 성적 공격성이 '자연스러운 것'으로 간주된다. 셋째, 성윤리에 관한 차별적 편견이다. 가부장제가 확립되면서 부계혈통의 순수성을 보장하기 위해 여성에게는 정절이 강조, 남성은 부와 권위의 상징으로 많은 처를 거느리는 것이 인정 되었다. 성폭력 문제를 예방하기 위해서는 근본적으로 이와 같은 성의식에서의 편견이 변화해야 할 것이며, 이를 위해서는 가정, 학교, 매스컴 등 모든 사회단위에서 왜곡된 성의식을 개선하기 위한 노력을 해야 할 것이다.

(2) 퇴폐적 향락산업에 대한 규제

왜곡된 성의식에 기반하여, 남성이 여성의 성을 상업적으로 소비하는 것이 보편적인 사회적 추세가 되었다. 한국형사정책연구원의 조사에 의하면, 1990년 말 현재 전국 33만 7천여 개의 식품공중업소 중 절반이 넘는 17만 2천여 개소의 업소서 성적 서비스를 제공하고 있고 여기서 종사하는 여성이 65만 명이나 된다고 추산하고 있다.(한국여성개발원)

이렇게 성을 매개로 한 퇴폐적인 향락문화의 증가는 여성을 더욱 남성의 쾌락의 대상으로 간주하게 하고, 현재 만연하고 있는 폭력문화와 결합되어 다양한 형태의 성폭력을 야기하는 요인으로 작용하고 있다. 따라서 성폭력 문제를 예방하고자 한다면 여성의 성적 정체성을 왜곡하고 향락산업에 대한 실효성 있는 규제가 필요하다.

(3) 성폭력 예방을 위한 성교육

성에 관한 각종 정보가 인쇄 및 영상매체 등을 통해 무분별하게 왜곡되어 전달될 수 있는 현 상황에서 성에 대한 올바른 지식과 정보를 전달 해 줄 수 있는 성교육이 필요하다. 우선 가정에서 성교육은 자녀에게 남녀평등 의식을 심어주고 성폭력에 대한 경각심을 인식하게 해주어야 하며 그 목표는 ① 인간존중, 남녀평등교육으로 올바른 성가치관을 형성하도록 하며, ② 남녀의 신체적, 생리적 변화를 이해하게 하고 성적 성숙의 의미를 알게 하며, ③ 현대사회에서의 성문화 풍조를 파악하게 하고 성에 관한 정보에 대한 비판력과 선택 능력을 확립하게 하고, ④ 성폭력을 예방할 수 있도록 정보와 지식을 갖도록 하는 것이다(한국여성개발원). 그리고 학교에서 성교육도 역시 성폭력 예방을 위한 내용이 포함되어야 한다. 학교 성교육은 그 대상이 유치원, 초등학교, 중·고등학교생인가에 따라 그 내용이 달라지나, 생리적인 성지식뿐만 아니라 남녀평등 의식에 기반한 성 역할과 성윤리에 관한 교육도 병행될 때, 그 목표를 제대로 수행하고 성폭력 예방에도 기여할 수 있을 것이다.

(4) 법 제도적 보호장치 마련

성폭력 피해자를 보호하고 가해자를 적절히 처벌 할 수 있는 보다 현실적인 법 제도의 마련과 운용이 필요하다. 그리고 특히 중요한 것은 사법관계자들의 인식전환이 절대적으로 필요하다 이들의 인식전환을 위해서는 사법연수과정과 경찰교육과정에 성폭력에 대한 교육을 의무화시켜야한다.

(5) 피해자에 대한 보호책

성폭력을 당하고도 어떻게 해야 할지 몰라 혼자 쩔쩔 매다가 지속적으로 피해를 입거나 회복불능의 상태를 이르는 경우가 비일비재하다. 따라서 피해자가 극복할 수 있도록 하고 가족들이 올바른 방법으로 대처하도록 돕는 지침이 제공되어야 한다. 또한 지역마다 성폭력 문제를 상담할 수 있는 상담기관이나 피난처들을 많이 마련해야 한다.

2) 성매매

(1) 교육이 필요하다.

가. 성구매자 재범방지 교육을 실시해야 된다.

미국 영국 캐나다에서 실시하고 있는 "성구매자 재범방지 교육(John School)"은 재범율 감소의 효과를 거두었고, 시행 지역을 점차 확대하고 있다. 교육 대상은 주로 '초범자'를 대상으로 하며, 교육시산은 8시간 정도이고 약 25~40명을 대상으로 해당시의 경찰청에서 한 달에 한번 진행하며, 참가들에게 집행요금을 내게 한다. 집행요금은 처벌에 준하는 재정적 부담의 효과를 거두는 한편, 집행요금을 성 판매 여성을 위한 프로그램 비용에 재투입함으로써 사회적 비용을 절감하는 이중의 효과를 거두고 있다.

그러므로 우리나라도 이러한 존 스쿨 프로그램을 도입 교육을 통하여 직접 문제의 의식을 느끼게 하므로 재사회화의 효과가 이끌어 내야 할 것이다.

나. 경찰·검찰·관련 공무원 교육 및 교육 지침서 마련해야 된다.

스웨덴의 경우 정책을 실행하기에 앞서 경찰교육부터 실행하였다. 우리사회에서도 성폭력 특별법 실행 이후 경찰들에게 관련법에 대한 테스트를 실시하여 실무자들의 담당 업무 지식을 향상시킨 바 있다. 이처럼 경찰, 검찰, 공무원 등 실무담당자에게 실시되는 성매매 교육은 중앙, 지방단위로 세분하여 진행할 수 있고, 이에 앞서 각 실무자의 업무와 연결시킬 수 있는 교육자료 개발과 강사진 구성 작업이 선행되어야 한다. 교육자료 개발의 주목적은 성매매의 방지의 필요성을 인식시켜 주고, 성매매 관련 행정 실무를 전문화 한 것이다.

다. 청소년을 위한 성매매 예방교육을 해야 한다.

청소년을 위한 성교육 및 상담과정에 성매매 예방 프로그램이 포함되어야 한다. 청소년의 성매매는 몸과 성에 대한 이해뿐만 아니라 청소년기의 다양한 갈등과도 연결되어 있기 때문이다. 성매매 예방교육은 학교뿐만 아니라 쉼터나 청소년 복지시설에서 생활하는 청소년에게도 확대되어야 하며, 성매매에 연루되는 십대 남성을 위한 예방 교육이 강화되어야 한다.

(2) 법과 제도적 측면에서 퇴폐업소에 대한 강력한 행정적 조치가 필요하다.

성매매 방지를 위해서는 무엇보다도 중요한 것은 관계기관의 "집행의지"라 할 수 있다.

첫째, 청소년을 대상으로 한 성폭력 가해자 성 매수가 처벌에 대한 법적 개입이 더 구체화 되어야 한다. 특히 성 매수자에 대한 단속에 있어서는 퇴폐업소 뿐만 아니라 직접적으로 성매매를 하지 않더라도 성적 서비스를 목적으로 청소년에 접근한 이들에 대한 단속 및 처벌 기준도 마련될 필요가 있다.

둘째는, 성폭력, 성매매 피해 청소년의 개별적 특성을 고려한 전문적이고 세밀한 치유, 지원프로그램, 이 마련되어야 된다.

(3) 사회문화적인 측면에서 대안이 필요하다

첫째, 청소년의 성문화에 대한 심도 깊은 연구가 있어야 하며, 또한 사회에 잘못 왜곡된 성의식에 대한 근본적인 수정이 있어야 하며, 성폭력과 성매매의 피해가 개인에게 미치는 부정적인 영향에 대한 지속적인 홍보 및 캠페인이 필요하다.

둘째, 가출 청소년에 대한 사회적 보호와 관심이 필요하다. 특히 가출 예방 못지않게 이미 가출한 청소년이 성적 위험으로부터 빠져 들어가지 않도록 청소년을 안전하게 보호 할 수 있는 공간을 마련하는 것도 필요하다는 것이다.

셋째, 가출 청소년이 자립을 위한 기본적인 자원의 부족 때문에 성매매 쪽으로 유입되는 것을 방지하기 위해서는 청소년이 건강한 정신을 가지고 일할 수 있는 직장과 또한 정당한 보수를 받을 수 있는 사회적 분위기를 형성하는 것이 중요하다.

넷째, 가출청소년의 성폭력, 성매매 피해에 대한 지속적인 실태 조사와 모니터링이 필요하다. 또한 이러한 조사 결과를 토대로 성에 대해 개방적인 청소년의 특성을 반영한 현실적인 교육 프로그램의 개발이 필요하다.

7. 사회복지적 개입

1) 성폭력

(1) 성폭력 문제에 대한 정책적 접근

성폭력 문제에 대한 사회복지 차원의 대처를 위해서는 서비스 조직체계의 확립이 시급하다고 할 수 있다. 현재 성폭력특별법에 의해 성폭력 피해자를 위한 정책적 지원의 법적 근거는 마련되었으나, 앞서 지적했듯이 임의조항이어서 그 실효성이 낮다. 앞으로 성폭력 피해자를 위해 좀 더 효과적인 서비스가 주어지기 위해서는

첫째, 성폭력 상담소와 보호시설의 확충 및 재정적 지원이 필요하다. 현재 민간 차원에서 행해지고 있는 성폭력상담소에 대한 정책적 지원, 특히 재정적 지원을 통해 성폭력 상담이 좀 더 체계적으로 이루어질 수 있게 해야 하며, 성폭력 피해자를 위한 일시보호소를 설치하여 집단보호 및 치료, 그리고 재활서비스가 제공되어야 할 것이다.

둘째, 사회사업가 등에 의한 아동 성폭력 신고제가 도입되어야 하고 피해아동을 위한 특수 위탁시설이 필요하다. 아동의 성폭력에 대한 인식이 부족하며 또한 아동 성폭력이 아는 사람에 의해 행해지는 경우가 많아 신고의 방해를 받기가 쉽다는 특수성을 감안할 때, 아동상담기관 등이 아동 성폭력을 사법당국에 신고할 수 있는 성폭력 신고제의 도입이 요청된다.

셋째, 성폭력 서비스 관련 전문가를 위한 훈련프로그램의 마련이 필요하다. 성폭력 피해자를 위한 서비스는 매우 포괄적이고 전문적인 능력을 요구하나, 현재의 성폭력 서비스 관계자들은 대부분 자원봉사자들로서 그 전문적 자질과 훈련이 부족하다. 효과적인 성폭력 피해자를 위한 서비스를 위해서는 각 전문분야에 대한 충분한 지식과 개입기술을 습득할 수 있는 훈련 프로그램 혹은 훈련 센터의 마련이 필요하다.

넷째, 의료. 사법. 사회복지 서비스 간의 연계 및 조정이 필요하다. 성폭력 피해자가 성폭력 피해 후 거치게 되는 병원 · 경찰서 · 법원 · 상담기관 · 일시보호소 간의 효과적인 연계와 의뢰체계가 확립되어야 하며, 이 과정에서 신속하면서도 피해자의 인권을 보호할 수 있는 서비스의 제공도 필요하다.

(2) 성폭력 문제에 대한 임상적 접근

성폭력 문제에 대한 사회사업의 임상적 접근은 성폭력 피해자, 성폭력 피해자의 가족, 그리고 가해자에 대한 접근으로 나누어 볼 수 있다. 우선, 성폭력 피해자를 위한 치료적 접근은 위기 개입적 성격을 띠며, 각 단계별로 구체적 서비스와 연계하여 개인 혹은 집단 상황 하에서 다양한 치료적 접근을 하게 된다. 성폭력 피해자를 위한 개입은 초기단계에서는 신고접수를 받아 피해상황에 대한 기초조사를 하고, 병원에 의뢰하여 신체검사를 받게 한다. 그 후 중간단계에서는 신체적 상해에 대한 치료를 하고, 성폭력 치료를 위한 임상적 개입을 개인 혹은 집단 수준에서 실시하고, 일시 보호시설의 알선 등 사회적 자원과 더불어 교육적, 법적 지원을 병행하며, 마지막으로 사후관리 단계에는 피해자에 대한 지속적인 관리를 통해 사회 재적응 과정을 점검해야 한다.

성폭력 피해자가 정상적으로 사회에 재적응하는 것을 돕기 위해서는, 피해자 가족에 대한 가족치료적 접근도 병행해야 한다. 피해자 가족치료는 가능한 한 모든 가족 구성원이 치료과정에 참여할 수 있도록 유도해야 하며, 성폭력으로 받은 정신적 충격에 대한 치료내용과 성폭력 및 성폭력 피해자에 대한 올바른 인식을 하도록 하여 피해자가 가족 내에서 재적응 하는 데 적극적 도움이 되어야 한다.

2) 성매매

(1) 성매매 피해 여성에 대한 사회적 지원 강화 필요

성판매 여성들의 인권보호와 탈 성매매를 가능하게 하는 사회적 지원 서비스를 실행하는 데 가장 중요한 것이 서비스의 접근도를 높이는 것이다. 국외사례의 경우 현장접근 서비스, 광고, 주소지 추적, 온라인 상담 등을 통해 개별적 접촉을 시도하고 있고, 단속, 체포, 판결 과정에 개입하여 적극적으로 대안적 서비스를 제공하고 있다. 특히 미국 샌프란시스코 교도소에서는 감옥에 있는 전직 성판매 여성들에게 상담 등의 개인적 지원을 하여 재유입 방지와 탈 성매매로 유도하는 프로그램을 지속적으로 운영하고 있고, 홍콩 아프로(AFRO)의 경우 현직 성 판매 여성들을 직접 찾아가는 방법으로 인권과 건강에 대한 정보를 제공한다.

가. 현장접근 서비스 확대(상담 및 의료지원)

현장접근 서비스를 통해 에이즈, 성병 등에 대한 상담과 교육기회를 제공하고, 간단한 응급 치료 기회와 피해 접수 서비스 등을 제공하여 공적 서비스에 대한 신뢰도가 낮은 성판매자에게 참여할 수 있는 기회를 많이 제공해야 한다. 성판매자에게 제공되는 현장 서비스는 건강 검진, 긴급 치료 시스템을 갖춘 차량을 구비함으로써 '찾아가는' 서비스의 효과를 높일 수 있다.

나. 방문센터 설치 운영

전 · 현직 성판매 여성들이 자유롭게 드나들 수 있는 휴식공간과 정보를 제공하는 방문센터를 설치, 운영해야 할 것으로 보인다. 대상자들의 접근도를 높이기 위해서는 공공기관의 분위기를 탈피해야 하며, 이를 위해서는 전문교육을 받은 여성복지상담원이나 민간단체에 위탁 운영하는 것을 고려해야 할 것이다.

다. 탈 성매매를 위한 개인별 통합적 지원 서비스

탈 성매매를 위한 지원서비스는 개인의 특성과 현재의 상황에 맞춰 제공해야 하며, 지원서비스의 참여를 높이기 위한 방안과 중장기 프로그램이 함께 모색되어야 한다.

라. 전문 프로그램 센터 운영

성매매 공간에서 벗어나기를 희망하거나, 벗어난 사람을 위한 다양한 프로그램을 개발하고, 이를 실행하는 성매매 관련 전문 프로그램 센터를 운영해야 한다.

마. 법률 서비스 담당 팀 운영

현재 일부 법률가의 자원 활동으로 '한소리회'를 비롯한 몇몇 민간단체에서 성매매 관련 법률 상담 및 서비스가 이루어지고 있다. 그러나 포주나 업주를 고발하고 싶어 하거나 부채 관계로 협박을 받는 성판매자에게 폭넓은 법률 상담과 지원을 하기 위해서는 법률 서비스 담당 팀을 구성하여 운영해야 한다.

바. 업주 및 중간알선업자 등으로부터 보호(피난처 제공)

포주 및 업주, 중간 알선업자들로부터 안전하게 피해자를 보호하는 것으로 업주를 처벌하는데 적극 협조하는 여성들이 보복 당하지 않도록 보호해야 한다.

사. 생계 지원

직업적 대안을 마련하기 전까지 생계지원을 실시해야 한다.

아. 직업적 대안 마련

취업할 수 있도록 직업훈련 및 기술훈련, 정보제공, 취업알선, 신용융자 및 대출지원, 창업지원 등을 한다. 무이자로 창업지원을 하는 사업은 외국에서도 많이 실시하고 있는 사업이다.

자. 주택 지원

거주지를 마련할 수 있도록 그룹 홈을 제공하거나 주택지원금을 제공하고 임대주택 우선권 등을 부여한다.

(2) 민간단체 연계 필요

성매매 방지 사업에서 민간단체의 역할의 중요성을 강조하는 것은 세계적 경향이다. 특히 우리 사회의 경우 경찰, 공무원에 대한 거부감이나 관계법상의 모순으로 인해 국가 차원에서 성판매자의 인권 문제에 접근하기 어려운 점이 많아 민간단체의 개입은 더욱 강조되고 있다. 민간단체는 서비스 대상에 대한 접근도가 높을 뿐만 아니라 조사 활동이나 지원 활동에서 노하우를 가진 경우가 많다. 이러한 특성을 바탕으로 할 때 민간단체는 전/현직 성판매자 및 탈 성매매를 희망하는 자를 대상으로 프로그램을 진행하는 데 중요한 역할을 할 수 있다.

• 우리나라에서 실시되고 있는 성폭력, 성매매 가해자, 피해자 프로그램 •

1) 한국 여성민우회 성폭력 상담소 성폭력 가해자 프로그램

우리나라의 이중적으로 고착된 성규범과 성별 고정관념에 따라 남성의 성폭력을 정당화하고 피해자 책임론을 뒷받침하던 모순된 논리에 대한 문제점을 지적하며 개발된 프로그램이다. 인지행동 이론을 기반으로 하고 있으며, 개인 면접과 집단 프로그램의 형식으로 실시하는 경우와 교육상황에 맞게 운영방식을 조절하여 사용할 수 있다.

2) 국가청소년위원회 성매수 피해 청소년 프로그램

크게 일반 청소년을 대상으로 하는 예방적 성격의 프로그램과 성매매 경험 청소년들을 대상으로 그들의 상습화 방지차원의 목적을 위한 프로그램(비전프로젝트 "네 꿈을 향해 쏘아라!")으로 구분된다.

• 사례 1 : 익산서 여중생 3년간 집단 성폭행 당해 •

2008년 4월 28일(월) 12:05 [연합뉴스]

(전주=연합뉴스) 김동철 기자 = 전북 익산에서 여중생이 남학생들로부터 3년간 11차례에 걸쳐 집단 성폭행을 당한 사건이 발생해 충격을 주고 있다.
전북경찰청 여경기동수사대는 28일 여중생을 집단 성폭행한 혐의(성폭력 범죄 처벌 및 피해자 보호 등에 관한 법률위반)로 A(15)군 등 고교생 15명을 붙잡아 조사 중이다.
경찰에 따르면 A군은 중학교 1학년이던 2005년 6월 익산시 동산동 자신의 친구 집에서 동급생 B(15)양을 친구 2명과 함께 성폭행했다.
A군은 또 지난해 8월 성폭행 사실을 소문내겠다고 협박해 B양을 자신의 친구 집으로 불러낸 뒤 친구 6명과 함께 성폭행한 혐의를 받고 있다.
조사 결과 B양은 이들로부터 2005년 6월부터 올 1월까지 범행 학생의 집, 자신의 집 등에서 모두 11차례에 걸쳐 성폭행을 당했으며 범행에 연루된 남학생이 익산시내 7개 고등학교에 15명이라고 경찰은 밝혔다.
B양은 성폭행을 당한 충격으로 학교에 나가지 않는 등 방황하자 B양의 아버지가 경찰에 상담하면서 범행 사실이 드러났다. 경찰 관계자는 "가해 학생들이 조사 과정에서 전혀 뉘우치는 기색을 보이지 않아 놀랐다"며 "조사가 끝나는 대로 이들에 대해 구속영장을 신청할 방침"이라고 말했다.

• 사례 2 : '상습 성폭행' 20대 남성에 25년형 선고, 출소 후엔 10년간 '심야 외출 금지' 명령 •

2008년 12월 6일 조선일보

원룸 등에 침입해 상습적으로 부녀자를 성폭행한 혐의로 구속 기소된 20대 남성에게 법원이 징역 25년을 선고하고, 출소 후에는 전자발찌를 부착해 10년 동안 심야 외출을 하지 못하도록 하는 명령을 내렸다.

대구지방법원 제12형사부(재판장 이정호)는 5일 성폭력 범죄의 처벌 및 피해자 보호 등에 관한 법률 위반 등 혐의로 구속 기소된 남모(29)씨에 대해 징역 25년을 선고하는 한편 10년 동안 위치추적 전자장치(일명 전자발찌)의 부착을 명령했다. 재판부는 또 전자발찌 부착 기간에는 매일 0시부터 오전 6시까지 주거지 밖으로의 외출을 삼갈 것과 보호 관찰소에서 실시하는 성폭력 치료 프로그램을 160시간 이수하도록 했다. 재판부는 판결문에서 "피고인은 동종 전과가 있는데도 불구하고 가석방된 지 1년여 만에 다시 같은 범행을 반복해 수많은 피해자에게 씻지 못할 상처를 줬고 피해회복이 된 바도 전혀 없어 정상을 참작할 여지가 없다"며 중형 선고 이유를 밝혔다. 남씨는 2006년 7월 11일 오전 4시30분쯤 대구 중구 삼덕동의 한 원룸에 침입, 김모(여 · 22)씨를 성폭행하고 2만6000원을 빼앗는 등 2년여 동안 원룸 등을 무대로 모두 13명의 여성을 성폭행하거나 흉기로 위협하고 금품을 빼앗은 혐의로 기소됐다.

• 사례 3 : 미국 한 판사가 보호관찰 중인 성범죄자들에게 성범죄자임을 알리는 경고문을 집과 자동차에 붙이라는 현대판 주홍글씨 결정을 내려 논란 •

멕시코만의 휴양지인 텍사스주 코퍼스 크리스티의 마누엘 바날레스 판사는 18일 미성년자들을 상대로 성범죄를 저질러 보호관찰중인 범죄자 14명에게 재범의 우려가 있다며 이같이 결정했다고 뉴욕타임스와 워싱턴 포스트 등 미 언론이 전했다

이들은 집 앞에 "위험: 성범죄자가 이곳에 살고 있음. 수상한 행동을 발견하면 신고바람" 이라는 경고문을 설치하고, 자신의 자동차는 물론 남의 차에 탈 때도 성범죄자가 이차에 탑승하고 있음 이라는 스티커나 안내판을 붙여야 했다.

효과는 즉시 나타났다. 경고문을 집과 자동차에 붙인 성범죄자 중 1명은 주변의 싸늘한 시선 때문에 자살을 기도했고, 2명은 살던 집에서 쫓겨났으며 집안기물을 파괴당하거나 생명의 위협을 받는 경우도 발생했다. 한 성범죄자는 "사람들이 나를 세상에서 가장 열등한 존재인양 쳐다보기 때문에 너무 창피해서 외출도 못한다"고 곤혹스러워했다.

이들의 변호를 맡고 있는 제럴드 로겐 변호사는 "이곳에서 벌어진 일은대단히 충격적"이라며 "마치 '주홍글씨'나 공개처형 마녀사냥의 시대로 되돌아간 것 같다"고 말했다. 주홍글씨는 18세기 미국 청교도 사회에서 간통을 저지른 여자에게 '간통(Adultery)'을 뜻하는 'A'자를 주홍색으로 새긴 옷을 입게 했던 일을 말한다. 이는 나다니엘 호돈의 동명 소설로도 잘 알려져 있다.

텍사스 주법은 성범죄자들의 이름과 사진 주소 등을 지역신문과 인터넷에 공개하도록 하고 있으나 바날레스 판사는 신문과 인터넷을 보지 않는 사람들이 많아 경고문 부착이 불가피하다고 밝혔다.

그는 또 "나는 재범의 경향이 있는 성범죄자들로부터 어린이를 보호할 책임이 있다"며 "성범죄자들은 자신을 탓해야지 법원의 결정이 심하다고 생각해선 안될 것"이라고 일침을 놓았다.

• 성범죄에 대처하는 외국의 사례 비교 •

① 미국 뉴저지주는 '성범죄자 석방공고'를 통해 경찰관이 성범죄자의 신상정보를 주민에게 알려주고 있고, 텍사스주에서는 2회 이상 성범죄 유죄 판결 시 무기징역에 처해 사회로부터 영원히 격리시키는 '투스트라이크 아웃'제도를 실시한다고 한다.
② 스위스와 호주 등에서 시행되는 '전자 팔찌 위치확인'
③ 덴마크. 이탈리아 등의 거세 수술 등 다양한 제도가 현재 시행되고 있다
④ 대만은 아동복지법을 강화해 16세 이하 미성년자와의 성관계로 유죄가 인정될 경우 최고 징역7년과 사진을 주요 지방신문에 공표하고 있다.
⑤ 중국은 14세 이하의 미성년자와 성관계를 가진 사람들에 대해서는 금품수수여부와 관계없이 모두 강간죄에 처하고 있다.

생각할 거리

1) 성(性)으로 표현되는 sex, gender, sexuality에 대해 알아보자
2) 전자발찌[1]에 대해 어떻게 생각하는지 이야기해보자
3) 성범죄자의 신상공개에 대한 의견을 토론해보자
4) 새로운 성범죄의 형태에 대해 토론해보자
5) 여성을 대상자로 한 연쇄살인범죄에 대해서 토론해보자

1. 전자발찌란? 성범죄자의 발목에 채워져 위치를 관제센터에서 확인할 수 있도록 한 장치로 부착장치(발찌), 휴대용 추적장치, 가택감독장치로 구성됐다. 상습 성범죄자는 무게 150g 이하의 부착장치를 발목에 착용하고 추적장치를 몸에 지니고 다녀야 한다. 부착장치와 추적장치의 거리가 5m 이상 벌어지면 관제센터에 경고 신호가 통보된다. 집안에서는 추적장치를 가택감독장치에 부착하며, 미리 입력된 집안 내 최대 이동 거리를 벗어나거나 추적장치 없이 집 밖으로 나갈 때에도 관제센터에 곧바로 통보된다.

제 9 장

정신건강 및 약물중독문제 – 현대인의 정신건강

학습목표

1. 사회구성원들의 정신건강의 원인과 스트레스를 살펴보기
2. 정신건강의 문제가 되는 요인과 이론적 접근
3. 정신건강과 약물중독의 관계성

1. 들어가기

1) 정신건강 문제제기

우리 사회에서 정신건강문제가 사회적 이슈로 다뤄진 것은 1980년대 이후이다. 비교적 최근까지만 해도 정신건강문제하면 정신분열증 같은 심각한 정신질환을 떠올리는 것이 대부분이었으나 급속한 사회변화에 따라 정신건강문제도 경미한 우울이나 불안에서 죽음에 이를 수 있는 심각한 섭식장애에 이르기까지 다양한 양상을 띠게 되었다. 또한 학업성적과 대학진학에 대한 스트레스로 청소년의 1/3 이상이 우울증상을 보이고(조맹제, 2001), 직장인의 5%만이 정신적으로 건강한 집단에 속한다(장세진, 2002)는 연구들이 보고되는 등 정신건강문제가 심각한 상황이다.

1995년 12월 정신보건법이 제정되고, 1997년에 시행령과 시행규칙이 공포됨으로써 정신보건사업의 법적 기반이 마련되었다. 정신건강문제에 대한 기존의 입원치료와 수용 보호적 접근이 정신장애의 예방과 정신건강의 증진을 강조하는 지역사회 정신보건으로 전환되면서 정신건강 서비스의 내용도 달라지고 있다. 하지만 아직까지 정신건강 문제에 대한 통합적인 대책은 미흡한 상황이다.

우리 사회 구성원들의 정신건강문제가 심각한 양상을 띠고 있고, 이러한 문제를 그대로 방치할 경우 상황은 더욱 어렵고 복잡해질 것이라는 문제의식에 기초해 정신건강문제에 대해 살펴보고자 한다.

2) 약물중독 문제제기

약물중독은 다른 모든 문제의 1차적인 원인이 되기 쉬울 뿐 아니라 교통사고, 화상, 낙상 등 약물과 관련된 사고를 당할 확률이 높고 치료받지 않으면 치명적일 수 있다. 뿐만 아니라 약물중독은 전체 가족체계에 영향을 미쳐 가족역할, 기능, 의사소통 등에 역기능을 가져온다. 대검찰청의 자료에 따르면 전 세계적으로 거래되고 있는 마약밀매 규모는 연간 5,000억 달러에 이르고 2001년도 UNDCP 보고에 의하면 전 세계 약 1억 8,500만 명이 불법마약류를 사용하는 것으로 추정된다(대검찰청, 2002).

우리나라의 경우 최근에는 중국과의 교류가 활발해지면서 인천항을 통하여 교포나 밀입국자들에 의한 생아편 및 필로폰의 반입이 증가하고 있어(김성이, 2002: 13~15)이러한 약물문제에 대해 정부는 물론 민간단체에서도 다양한 접근과 시도를 행하고 있다.

2. 개념 및 정의

1) 정신건강

(1) 좁은 의미

정신건강문제를 정신질환과 구별하여 특정 정신장애로 판단할 수 있는 기준을 충족시키기에 강도나 기간이 불충분한 사인과 증상으로 생각한다. 이 관점에서는 정신건강문제를 정신건강과 정신질환의 중간쯤에 위치하는 것으로 보고, 심각하고 오래 지속되는 정신건강문제를 정신질환으로 간주한다.

(2) 넓은 의미

정신건강문제를 정신장애까지 포함하는 광범위한 개념으로 정의하고 있다. 여기서는 우리가 일상생활에서 경험하는 경미한 정서, 행동상의 문제에서부터 심각한 정신장애까지를 정신건강문제의 범주로 파악하기 때문에 정신질환이라는 용어를 사용하는 데서 오는 문제점들을 피할 수 있는 이점이 있다.

- 정신건강 – 생산적인 활동이 가능하고, 다른 사람과 적절한 관계를 맺을 수 있으며, 변화에 적응하고 역경에 대처할 수 있을 정도로 정신기능이 성공적으로 수행되는 상태로 단순히 정신장애가 없는 상태를 의미하는 것은 아니다.
- 정신질환 – 디스트레스 혹은 기능손상과 관계되는 사고, 정서, 행동상의 변화를 특징으로 하는 모든 정신장애를 집합적으로 지칭할 때 사용되는 용어이다.

(3) 정신건강에 대해 학자들의 정의

〈표9-1〉 정신건강에 대한 제 학자 정의

Freud	건강한 성격은 원초아(id), 자아(ego), 초자아(super-ego)의 세영역이 조화로운 상태
Erikson	정신건강의 척도는 인생의 각 성장발달단계에서 습득되는 과업의 달성여부에 따르는 것으로 봄
Sullivan & Thomson	궁극적인 만족과 안정은 자기 자신 및 타인과의 사이에서 이루어지는 모든 관계에 대한 명백한 이해와 사고를 가지고 있어야만 가능
Kilander	정신건강이란 사람이 환경을 바람직하게 조성하고 잘 적응하며, 만족과 성공과 행복을 누릴 수 있는 능력
Wallin	건전한 정신이란 환경에 대한 개인의 적응과 만족스런 인생 철학을 가진 건전한 통합과 균형을 이룬 상태

출처 : 박선환 외, 2006: 15~19 재인용.

2) 약물중독

세계보건기구(WHO)의 정의에 따르면, 한번 사용하기 시작하면 자꾸 사용하고 싶은 충동을 느끼고(의존성), 사용할 때마다 양을 늘리지 않으면 효과가 없으며(내성), 사용을 중지하면 온 몸에 견디기 힘든 이상을 일으키며(금단증상), 개인에게 한정되지 않고 사회에도 해를 끼치는 물질을 말한다.

따라서 약물중독이란 약물이 신체 내에 과도하게 존재하여 여러 가지 부작용을 나타내는 상태로 가벼운 오심이나 구토, 두통, 복통에서부터 들뜬 기분, 혼동, 착각, 환각 등의 정신병적 상태를 나타내거나 혼수상태와 사망에까지 이르는 상태를 말한다.

(1) 약물(drug)이란?

생체에 영향을 미치는 물질을 뜻하는 것으로 넓게는 의약품뿐만 아니라 실질적으로 정신(중추신경)에 영향을 미치는 환각제 등까지를 포함하는 광범위한 개념이다. 약물문제와 관련된 용어로는 약물사용(drug use), 약물오용(drug misuse), 약물남용(drug abuse), 물질남용 등이 있다.

- 약물사용(drug use) – 의사의 처방 유무에 상관없이 질병치료에 효과가 있고 위험성이 적은 약물을 사용하는 것
- 약물오용(drug misuse) – 사용하는 약물의 용량이나 상황 면에서 그 개인 자신이나 다른 사람에게 위험을 줄 수 있다는 점에서 약물사용과 구별되며, 약물이 사용되는 방식이나 사용량이 치료라는 소기의 효과가 있는 데 필요한 것보다 더 많이 사용되는 경우
- 약물남용(drug abuse) or 물질남용 – 한 개인이 어떤 약물을 계속해서 약물의 원래 의도된 목적과는 다른 용도로 사용하거나 그 개인이 약물사용에 대해 통제할 수 없을 때. 즉 이것은 의학적 상식, 법규, 사회적 관습으로부터 일탈하여 쾌락 추구를 목적으로 약물을 사용하거나 용법보다 과잉으로 약물을 섭취하는 행위. 환각의 목적으로 사용되는 의약품이 아닌 본드, 부탄가스, 신나와 대마초 등도 광범위한 약물남용에 포함되며 알코올 중독이 질병으로 간주되면서 음주, 흡연 등도 중독을 일으킬 수 있는 물질로 판명됨에 따라 중독을 일으킬 수 있는 모든 약물을 약(drug)이라는 명칭 대신에 물질이라는 용어로 통합하여 사용하기도 한다.

(2) 약물중독의 진행단계 및 경과

다음은 약물중독의 진행단계에 관한 두 학자의 측면이다.

가. Rice(1984)의 5단계

① **실험적 사용단계** 호기심 또는 모험심에서 약물을 단기간, 적은 양을 사용

② **사회 도구적 사용단계** 또래 집단에서 즐거움을 공유, 집단 구성원이 되기 위한 동기의 약물사용

③ **상황적 사용단계** 특정 상황에서 정서적, 정신적 자극이 필요해서 사용하는 경우

④ **심화적 사용단계** 일상적인 문제와 스트레스를 벗어나기 위해 약물을 장기간 남용하는 경우

⑤ **강박적 사용단계** 약물의 효과 혹은 즐거운 심리적 상태를 유지하기 위해서 다량의 약물을 자주 그리고 장기간 사용하는 경우

나. Meisener(1994)의 4단계

① **실험적 단계** 약물을 처음 접하고 배운다(처음에는 호기심으로 친구들과 어울릴 수 있는 것이 좋아서 시작하게 되는 단계).

② **사회적 단계** 가끔 필요할 때 약물을 찾는다(점차적으로 감정의 변화를 경험하는 것이 즐겁다고 느끼고 때때로 오락적인 목적으로 사용하는 단계).

③ **남용 단계** 자주는 아니지만 정기적으로 약물을 사용하게 된다(어려움 등 문제가 발생, 아직은 일정 시간에만 약물을 사용 점차 조절능력 상실하고 행동이나 감정에도 변화가 나타나는 단계).

④ **의존 단계** 한시라도 약물이 없으면 불안하다(약물을 매일 사용하는 단계로 기분이 좋아지기 때문에 사용한다기보다는 금단 증상 등 좋지 않은 느낌이 오지 않도록 하기 위해서 약물을 사용하게 되는 단계).

(3) 약물 중독의 특성

중독의 특성은 질환을 유발시키는 것이다. 다음과 같은 질환을 유발시킨다.

① 약물남용은 일차적인 질환, 약물남용은 진행성 질환

② 약물남용은 가족적인 질환, 약물남용은 만성질환

③ 약물남용은 옮기 쉬운 질환, 약물남용은 치명적인 질환

3. 이론적 접근

1) 정신건강문제에 대한 관점

(1) 정신건강문제의 원인에 대한 이론

가. 생리학적 접근

생리학적 접근에 속하는 의료모델에서는 정신장애를 생물학적 원인에 의해 발생되는 질병으로 보는데, 기본적으로 정상적인 성격에 장애가 생긴 것으로 간주한다. 이 모델에서는 정신장애로 고통 받는 개인을 치료하는 데 초점을 둔다.

개인과 어린 시절의 환경 같은 직접적인 환경에 초점을 맞춤으로써 문제의 주요한 원인이 될 수 있는 광범위한 사회 환경을 무시하는 경향이 있다. 또한 병원에 입원한 환자들에게 비현실적인 '회복'기준을 제시한다. 즉 환자들은 그들 내부의 긴장에 대해 상당한 통찰을 가질 수 있지만 그들이 집이나 직장 혹은 사회와 같은 외부긴장에 노출될 경우에는 여전히 적절히 기능하기 어려워진다는 점을 간과하고 있다.

미국정신의학회에서 발간하여 정신장애를 진단하는 데 널리 쓰이고 있는 정신장애의 진단 및 통계편람 시리즈가 이 모델에 기초하고 있다.

의료 모델에서는 신체적인 질병에 생리적인 원인이 있듯이, 정신장애 역시 생물학적인 원인이 있는 질병이므로 의료적인 '치료'에 의해서 회복될 수 있다고 주장한다. 정신질환을 도덕적 결함에 대한 처벌이 아닌 누구나 걸릴 수 있는 질병으로 보는 의료모델은 정신질환자들이 겪는 사회적 수치감과 죄책감을 줄여주지만, 심리적 요인이나 사회환경의 영향을 전혀 고려하지 않는다는 비판을 받고 있다.

나. 심리학적 접근

① 정신분석 이론

정신분석 이론에 따르면, 우리는 불안을 야기하는 상황에 직접 대처하거나 해소할 수 없을 때 자신을 불안으로부터 보호하기 위해 여러 종류의 방어기제를 사용한다. 방어기제를 사용함으로써 일시적으로 불안에서 해방될 수 있으나, 지나치게 이들을 사용함으로써 오히려 이상 행동을 나타내기도 한다. 예를 들면, 항문기에 고착되어 있는 강박증 환자는 더럽히려는 이드의 욕망에 저항하여 반동형성이 작동된 결과 지나치게 깨끗한 상태를 유지하려 하는 것이며, 사랑하던 사람을 잃어버리고 우울증에 빠진 환자의 경우에는 대상을 내사화하여 대상에 대한 증오를 자기 자신에게 돌리면서 자기 비하에 빠지게 되는 것이라고 분석한다. 정신분석이론에 의한 심리치료는 자유연상을 통해 억압되었던 갈등을 통찰하고 적대감을 방출하도록 도와주는 데에 주력한다.

② 사회학습 이론

사회학습 이론은 인간의 모든 행동은 학습되며, 정신장애인 들의 이상행동 역시 학습된 것이라고 설명한다. 예를 들어, 알코올 남용은 술을 마신 후에 고통이 감소된다는 효과에 의해 학습된 반응이며, 공포증의 경우에는 중성자극이 공포를 유발하는 비중성 자극과 동시에 발생하여 중성자극을 회피하려는 반응이 일어난 후에(반응적 조건형성), 자극을 회피함으로써 공포를 감소시키려는 행동에 강화가 주어져 이러한 행동이 학습된(조작된 조건형성) 것이라고 설명한다. 따라서 치료방법으로는 체계적 둔감법이나 혐오치료 등으로 역 조건을 형성하거나 강화에 의한 조작적 조건형성, 모델링을 통한 대리적 조건형성을 활용한다.

③ 인지이론

사고 상의 오류와 비합리적인 믿음이 이상행동과 긴밀히 연관된다고 주장한다. 인지이론가들 가운데 Beck과 그의 동료들에 의하면, 우울증 환자들은 근거 없이 결론을 내리는 인위적 추론, 한두 사건으로 내린 결론을 관련된 혹은 관련되지 않는 상황에 적용하는 과잉일반화, 절대적이고 이분법적 사고, 선택적 요약, 확대 혹은 축소화, 개인화 등의 사고 상의 오류를 주로 범한다고 지적하였다. 인지이론에 의한 심리치료는 인지적 재구조화를 하도록 돕는 것을 강조한다.

다. 사회학적 접근

① 기능주의

정신건강 문제는 효과적인 치료를 제공하는 우리 사회의 능력이 도전되는 한에서 사회문제가 된다. 따라서 정신건강 문제에 적절히 대처함으로써 사회의 원활한 기능을 강화하는 데 초점을 맞춘다.

② 갈등주의

사회가 몇 개의 계층으로 구성되어 있으며, 권력을 가진 사람들이 권력을 유지하기 위해 그들의 권력을 사용한다는 것이다. 이러한 관점에서 볼 때 정신질환은 권력자들이 현 상황을 위협하는 사람들에게 붙인 낙인이며, 이러한 낙인의 영향은 다음과 같은 형태를 띠게 된다. 먼저, 사회의 규범에 부적합한 행동을 하는 경우 이들은 완전한 사회참여에서 배제된다. 사회의 지배규범에서 벗어난 사람들을 부정적으로 낙인찍음으로써 권력자들은 그들에게 이익이 되는 시스템을 유지하게 되는 것이다. 이러한 배경에서 갈등주의자들은 사회를 정신적 고통의 원천으로 보며, 정신 건강문제의 치료와 관련하여 확립된 체계를 강화하는 방향에서 개인이나 개인적 적응에 초점을 맞추기보다는 사회를 근본적으로 개혁해야 한다고 주장한다.

③ 상호작용주의

정신건강의 문제는 사회적으로 구성된다고 주장한다. 정상행동과 이상행동에 대한 정의는 과학적인 분석보다는 사회문화적인 가치를 반영하며, 정신장애의 원인, 결과, 치료 가능성에 대해 사회에서 어떻게 생각하느냐에 따라 정신장애의 분류와 정신장애인에 대한 대우가 결정된다는 것이다. 또한 정신건강 문제는 사회에서 정신장애인들을 일탈자로 취급하기 때문에 더욱 악화되며, 정신장애인으로 사회에서 낙인찍힌 사람은 자기 자신을 정신장애인으로 규정하고 자기규정에 일치하는 방식으로 행동하게 된다고 설명한다. 상호작용이론은 사회에서 정상과 이상에 대한 의미의 모호성이 존재하는 한, 정신건강 문제는 끊임없이 일어난다는 부정적인 시각을 제시하지만, 정신장애인에 대한 우리 사회의 편견과 낙인이 정신건강 문제에 미치는 영향의 중요성을 지적하여 주고 있다.

(2) 정신건강의 요인

개인의 정신건강에 영향을 주는 요인들은 매우 다양하며 서로 복잡하게 얽혀서 상호작용하므로 어떤 요인이 개인의 정신건강에 어떻게 작용하는지에 관한 인과관계를 명확히 설명하기는 어려우나, 여기서는 정신건강에 영향을 미치는 요인들을 크게 유전적인 요인과 심리적 요인 및 종교, 물리적 환경 요인으로 구분하여 살펴보겠다.

가. 유전적 요인

유전은 임신된 순간에 자녀가 부모로부터 생물학적 형질이 전수되는 것을 뜻한다. 개개인의 인간적 특성은 유전자와 환경 사이에 상호작용의 결과이기는 하나 그 특성이 유전인자의 결합으로 나타날 때에는 유전된 것으로 간주하는 것이 통례이다. 그러나 유전은 선천적이란 말과는 엄격히 구별되어야 한다. 선천적이라 함은 유전인자에 의한 것이 아니라 태내환경에 의한 것도 흔히 지칭하는 말이다(임승권, 1993: 298).

정신건강의 문제에 대한 유전적 원인 설에 대해 만일 단일 유전인자를 통제할 수 있다면 결과는 달라질 수 있으므로(김시업, 1995: 173), 하나의 유전자가 모든 사람에게 똑같은 문제를 일으킨다고 볼 수 없으며 특정의 유전인자가 어떤 사람에게는 결정적으로 작용하지만 다른 사람에게는 그렇지 않다고 볼 수 있다. 즉, 정신건강의 문제에 유전적 요인이 관여하긴 하지만 어떠한 유전인자가 결정적으로 작용하는지에 관해서는 아직 명확히 설명하기 어렵다.

나. 심리적 요인

심리학적인 측면에서의 스트레스는 인간의 신체적 · 정신적 적응과정을 보다 강하고 있는데, 대체로 자극으로서의 스트레스, 반응으로서의 스트레스, 그리고 역동적 상호작용으로서의 스트레스의 세 가지로 나누어 볼 수 있다.

첫째, 자극으로서의 스트레스는 스트레스 반응을 일으키는 상황을 의미한다.

즉, 소음, 공기오염 등 물리적 환경 혹은 주요한 시험의 실패, 이혼 등과 같은 심리 · 사회적 사건 등도 스트레스나 자극이 될 수 있다.

둘째, 반응으로서의 스트레스는 이를 경험할 때 일어나는 신체적 · 심리적 반응을 의미한다. 이러한 스트레스의 반응으로는 일시적인 분노, 노여움 등의 정서경험이나 장기적으로는 우울증, 불안 등의 심리적 장애를 들 수 있다.

셋째, 역동적 상호작용으로서의 스트레스는 사회과학에 기초를 둔 것으로 개인과 주의 생활환경의 특성에 관련지어 스트레스를 정의한다.

다. 종교적 요인

많은 종교이론가들은 종교가 신체적 · 정신적 건강에 긍정적인 영향을 미친다고 보고 한다. 종교 활동은 육체적 건강을 저해하는 스트레스를 감소시키고 내분비 기제나 면역 기제를 통해 신체적 질병을 감소시키기까지 할 수 있다(맹용길, 1998: 150). 그렇지만 이러한 과정은 단시간 내에 이루어지는 것이 아니라 오랜 시간을 필요로 하며, 종교가 신체적 건강에 관계된다고 하는 것을 밝히는 것은 대단히 어렵지만, 한 조사 결과에 의하면 종교가 신체적 건강과 관계가 있는 것으로 나타나고 있다.

라. 물리적 환경 요인

물리적 환경은 생태학적 측면과 환경학적 측면의 두 가지 측면에서 그 의미를 살펴볼 수 있다, 생태학적인 측면에서는 유기체에 밀접하게 관련되는 물리적 현상과 유기체 사이에 관련되는 경험현상으로 구별된다.

즉, 순수한 물리적 환경 변인과 인간과의 상호작용에 따라 인간이 영향 받을 가능성을 시사한다. 것이다. 환경학적 측면은 사회적인 건과 물리적인 환경으로 구별되며, 물리적 환경은 다시 자연환경과 인공 환경으로 분류할 수 있다. 여기서 인공 환경은 인간에게 그 환경에 적응하도록 제약한다고 볼 수 있고 인간의 의식, 태도, 정신건강 등에 영향을 미치는 외적 요인으로서 작용할 수 있다(정일출, 1997: 15).

2) 약물중독문제에 관한 관점

(1) 생물학적 관점

개인이 갖고 있는 체질 또는 신경학적 요소가 약물 남용과 중독을 초래한다는 것인데(형사정책연구원, 2001: 116), 개인에 따라서는 첫 약물의 시도에서 강한 반응을 경험하기도 하고 반대로 아무런 변화를 경험하지 못할 수도 있을 것이다. 첫 약물의 경험 때 강한 쾌감을 느끼거나 불안, 우울, 긴장의 감소를 느꼈다면 나중에 약물 남용자로 발전할 가능성이 크다. 또한, 개인에 따라 금단현상의 고통 정도도 다를 수 있는데 그 고통이 심하면 약물을 남용할 가능성이 더 크다고 할 수 있다. 약물에 대한 반응의 이러한 개인적 차이는 개인이 갖고 있는 체질과 관계될 가능성이 있고 체질의 차이는 곧 유전적인 차이에서 오는 것이라 할 수 있다.

(2) 심리 · 성격 관점

약물 중독의 원인을 인간의 심리 · 행동 유형 또는 성격 유형에서 찾으려고 한다. 심리 · 행동 측면에서 볼 때, 약물 중독에 빠진 어떤 개인의 심리 · 정서 상태 속에는 그들로 하여금 약물에 빠져들게 하는 무엇인가 잘못된 것이 있다는 것이다. 이러한 관점에 따르면, 약물에 쉽게 빠져드는 사람들은 대체적으로 자신의 장기적 목표 달성, 자신의 행동에 대한 책임, 독립적인 개인으로서의 역할 수행 등을 위해 현재 당면한 쾌락적 욕구를 물리치거나 유예할 수 있는 능력을 결여하고 있다는 것이다. 쉽게 말해 앞뒤를 돌아보지 않고 행동하는 심리 · 행동적 성향이 있다는 것이다.

(3) 사회적 관점

가. 기능주의적 관점

전반적인 사회 규범과 사회적 조건들이 약물 남용의 정도를 결정한다고 한다. 약물에 대한 사회적 규제 정도와 태도, 약물의 제조 · 유통 · 소비와 관련된 법률, 정책 등에 따라 사회 구성원의 약물 사용 정도가 결정된다는 것이다. 또한, 약물의 판매로 인한 경제적 이익이 클 경우 약물과 관련된 범죄도 증가한다는 것이다.

나. 상호작용주의적 관점

약물은 그것을 남용하는 사람들에 따라 각자에게 다른 의미로 받아들여질 뿐만 아니라 시대에 따라서도 다른 의미로 받아들여진다. 따라서 사람들이 약물을 왜 남용하는가를 설명하는 데는 성격적 특성, 기질적 특성, 심리적 특성, 사회 구조적 특성 등 개별적 설명보다는 여러 가지의 복합적인 설명이 더 설득력을 갖는다. 약물 남용은 그 약물을 남용하는 사람들의 특성 또는 상황과 약물 남용자가 살아가고 있는 사회적 특성 사이의 반복적인 상호작용을 거쳐서 발생되는 것이기 때문이다.

(4) 약물중독의 원인을 설명하는 이론들

가. 생물학적 이론들

① 유전이론

개인의 유전적 요소가 약물남용에 기울어지도록 영향을 준다는 것이다. 즉 유전자의 합성이 약물남용에 적합한 생물학적 메커니즘에 영향을 준다는 것이다. 유전적 구조가 환경 및 성격 요인과 결합하여 특정 개인이나 집단에 유의미하게 높은 약물 중독률을 만들어 낼 수 있다고 설명한다. 유전은 여러 요인 중 하나이다. 다만 다른 요소들과 결합하여 유전적 요인이 그 과정을 촉진할 수 있을 것이다.

② 생화학적 이론

신체가 약물에 대해 반복적으로 노출되어질 경우 신체는 약물분자에 대해 점진적으로 적응하게 되며 인간의 신체는 너무나 적응적이어서 약물분자는 신체적 기능을 위해서 꼭 필요한 것이 된다는 것이다.

나. 심리학적 이론들

① 정신분석 이론

정신분석이론에서는 인간은 본능적으로 쾌락을 찾고 고통을 피하고자 하는데 이것은 유아기와 아동기의 해결되지 않는 갈등의 결과라고 설명한다.

정신분석 이론은 약물중독에 대해 두 가지로 설명하는데 ① 약물에 취하게 될 때 매우 유쾌하다는 것(불안해소를 위해), ② 중독의 고통스러운 결과를 피하는 능력이 모자라다는 설명이다.

정신분석이론은 약물남용자의 자기 파괴적 행동설명에 잘 적용된다. 그러나 정신분석이론은 비합리적인 동기와 내적 갈등을 강조하여 인간이 성장하면서 발전한다는 점과 환경적 요인을 무시하는 경향이 있고 중독 원인에 대해서도 충분한 설명을 하고 있지 못하다는 지적이 있다.

② 인성 이론

인성이론은 심리적 병리와 인성의 부적절한 개념에서 출발 "현실로부터의 도피" 수단으로 사용. 인성이론가들에 의하면, 도취는 책임감, 독립성 및 장기적 목표를 성취하기 위해 쾌락주의적 충족을 미룰 수 있는 능력이 결핍되어 있는 덜 성숙한 개인의 적응기제라는 것 약물사용이 삶의 문제를 어느 정도 덜어준다고 해도 이는 전적으로 부정적 방식의 적응기제이다. 즉 문제는 해결되지 않고 가려질 뿐이며 그러는 동안 약물사용 자체가 다른 심각한 문제들을 생성해낸다. 또 한 측면 즉 아들러이론에서는 약물남용에 대한 해석을 개인의 열등감 콤플렉스에 초점을 맞춘다. 열등감은 사회적 참여회피의 원인이 되고 보상적 쾌락추구의 원인이 된다. 약물남용은 그러한 방어기능중의 하나일 수 있다. 스트레스에 대처하는데 실패한 남용자들이 방어기제를 강화하기 위해서 약물을 사용하기도 한다. 그러나 약물에 의존하는 사람들은 실제로 약물이 장애를 극복할 수 있는 능력을 촉진시킨다고 믿는다.

다. 사회학적 이론들

여기에서 논의되는 중요한 요인은 개인의 특성에 초점을 맞추는 것이 아니라 개인이 놓여있는 상황, 사회관계 또는 사회구조이다.

① 사회학습이론

사회학습이론은 행동이 보상과 처벌 또는 상황에 의해 형성된다고 주장하는 이론이다. 약물사용 및 남용이 결정되는 것은 일정 행동에 대한 약물의 강화효과, 사회적 강화, 약물사용모델에의 노출, 약물사용 동료와의 관련을 통한 결합, 동료, 부모, 법의 부정적 체계에 달려 있다.

② 사회통제이론

사회통제이론은 인간이 본래부터 일탈가능성을 가지고 있으며 사회통제 및 사회적 유대와의 결속력이 약할 때 일탈적 행동을 하게 된다고 보고 있다. 사회통제이론가들은 관습적 개념으로부터의 일탈은 문제로 보지 않고 오락적 약물사용과 같은 일탈적 행동의 유혹을 당연시한다. 대부분의 사람들이 일탈이나 범죄행위를 하지 않는 것은 관습적 사회제도와의 강한 연결 때문이다. 이 연결이 약하거나 깨진다면 우리는 사회의 규칙으로부터 풀려나 약물사용까지를 포함한 일탈행동을 하게 된다.

③ 하위문화이론

하위문화이론은 약물사용에 우호적인 태도를 가진 특정사회집단과의 관련이 개인이 약물사용을 배우는 핵심요인이라는 주장이다. 사람들은 혼자서 약물사용을 시작할 수 없다. 신 참자에게 사용을 설명해주고 약물을 제공해주고 역할모델을 제공해주는 사회 서클이 없이는 개인의 특성은 아무것도 설명하지 못한다. 특히 정기적인 사용이 일어날 수 있는 것은 다른 사용자와의 접촉을 통해서 뿐이라는 것이다.

4. 정신건강문제와 약물중독문제의 현황

1) 정신건강문제의 현황

〈표9-1〉을 보면, 연령과 유병률의 상관관계를 볼 수 있다.

- 정신질환의 평생, 1년, 1개월 유병률은 남자가 여자보다 높았음

- 정신질환의 평생 유병률(성 · 연령보정)은 연령별로 29~33% 정도였고, 남자는 40대, 여자는 18~29세에서 가장 높았음
- 정신질환의 1년 유병률(성 · 연령보정)은 연령별로 18~21% 정도의 비슷한 수준이었고, 남자는 30대와 60대에서, 여자는 60대에서 가장 높았음
- 정신질환의 1개월 유병률(성 · 연령보정)은 15~19% 정도였고, 남녀 모두 60대에서 높았음 〈모든 정신질환 유병률 : 18세~64세〉 (단위 : %)

〈표9-1〉 연령과 유병률

연령(세)	평생유병률			1년 유병률			1개월 유병률		
	전체	남자	여자	전체	남자	여자	전체	남자	여자
전체	30.8	38.4	23.1	19.0	22.8	15.2	16.0	18.9	13.1
18~29	30.2	35.4	24.8	19.2	22.1	16.1	15.3	17.6	12.9
30~39	30.5	40.1	20.5	19.0	24.2	13.7	16.3	20.2	12.2
40~49	33.3	42.1	24.2	19.3	22.9	15.4	16.2	19.0	13.4
50~59	28.9	34.7	23.0	17.8	20.7	15.0	15.6	17.6	13.6
60~64	30.9	40.1	22.9	20.6	24.1	17.6	18.9	22.1	16.0

출처 : 2001 정신질환역학조사, 국립서울정신병원 · 서울의대정신과.

2) 약물남용문제 현황

우리나라는 아직까지 전 국민을 대상으로 보다 체계적, 과학적으로 마약류 및 약물남용 실태를 조사한 적이 없는 것으로 알고 있다. 1990년대 한국청소년학회를 중심으로 청소년을 대상으로 몇 차례 실태를 조사한 적은 있지만 2000년대에 들어와서는 이마저도 이루어지지 않고 있다.

식품의약품안전청도 2000년도 실태조사 도구를 개발하기 위한 노력을 진행한 적은 있지만, 실제 개발된 도구를 활용하여 전 국민을 대상으로 실태조사를 할 경우 약10억 정도의 예산이 소요될 것이라는 주장에 따라 더 이상 진행되지 못했다. 이어 서울대 약대 권경희 교수팀에서 2003년부터 2005년까지 서울 및 부산 등 대도시를 중심으로 마약류 및 약물남용 실태를 조사하였고, 2004년 한국형사정책연구원에서 7대 도시 성인을

대상으로 실태를 조사하였으며, 마약퇴치운동본부 인천지부에서도 2005년 인천지역의 청소년 및 성인을 대상으로 조사를 실시한 바 있다. 또한 마약퇴치운동본부 각 지부에서 자체적으로 지역별로 필요에 의해 실태를 조사하고 있다.

전문 여론조사기관에 의뢰한 조사로는 2001년 정부가 월드리서치에 의뢰하여 성인 1천명을 대상으로 조사한 바 있고, 식약청과 마약퇴치운동본부가 거의 동일한 조사도구로 2006년과 2007년에도 월드리서치에 의뢰하여 각 1천명의 성인을 대상으로 의견 등의 조사를 실시하였다.

이와 같이 나름대로의 노력은 하고 있지만, 조사 실시 기관마다 매우 다양한 조사도구를 사용하고 있고 지역적으로 한정되어 있는 등 미국 등 많은 나라에서 실시되고 있는 전 국민을 대상으로 한 보다 체계적이고 과학적인 실태조사와는 좀 거리가 있다.

(1) 마약류 사용자 추계

가. 마약류 접촉 가능성

나. 인터넷의 마약류 정보 유통 상황

마약퇴치운동본부가 2007년 4월 9일부터 12월 31일까지 9개월 동안 우리나라의 포털 사이트를 중심으로 총 1만8천여 건의 사이트를 조사하여 근무일당 21.7건인 총3,952건의 마약류 및 유해약물과 관련된 정보를 적발하였다(〈표9-2〉). 총 모니터링 건수는 담배 21.4%, 마약류 7.6%, 흥분제 43.5%, 수면 마취제 10.1%, 그리고 기타 21.4%로 구성되었다.

유해약물별로 살펴보면, 흥분제의 경우에는 담배보다 더 적극적으로 유통 홍보를 하고 있었다. 지속적인 모니터 노력에도 불구하고 월평균 150건 이상이 계속 모니터 되고 있었다. 아마도 이것은 약물의 유통자와 구입자 모두가 불법성에 대한 인식을 강하게 느끼지 못하기 때문일 것으로 추정된다. 흥분제는 주로 지식검색(예: 네이버), 외국서버를 이용한 외국 사이트(운영은 한국어), 카페, 블로그에 주로 검색되며 지식검색, 카페, 블로그는 하루에 한 번씩 생기고 지워지고 있는 실정이며 외국에서 운영하는 흥분제 유명사이트 커뮤니티에서는 마약 종류를 구한다는 글도 검색되고 있다.

이에 반해 마약류의 경우 지속적으로 감소되었다. 실제 마약류의 경우, 불법성을 강하게 인식하고 있어서인지 모니터 활동 자체만으로도 감소하고 있는 것으로 추정할 수 있었다. 모니터 초반에 비해 후반기에는 쉽게 검색되지 않으며 검색되어도 몇 년 전 댓글이 남아있는 것이거나 폐쇄되지 않은 카페 등이다. 후반에도 중반과 마찬가지로 다음 카페 메모장에서 가끔 발견되며 마약판매목적의 카페가 아닌 관련 단어만 연관되어있는 관리하지 않는 카페에 메모장에 올라오고 있는 추세이다.

수면제의 경우에는 마약류와 비슷하게 큰 하향곡선을 그리는 것이 홍분제와 매우 달랐다. 모니터링 후반기에 들면서 수면제를 구입하기를 원하는 사람은 많았으나 판매자는 거의 없었다.

〈표9-2〉 월별 유해약물별 모니터 결과 (단위 : 건수 / %)

구분	기타	담배	마약류	수면제	홍분제	월 계	일당 월평균
4월	23(3.3)	153(18.1)	122(40.8)	119(29.8)	210(12.2)	627(15.9)	39.2
5월	76(11.0)	125(14.8)	44(14.7)	68(17.0)	359(20.9)	672(17.0)	30.5
6월	93(13.5)	83(9.8)	26(8.7)	20(5.0)	130(7.6)	352(8.9)	17.6
7월	93(13.5)	131(15.5)	29(9.7)	45(11.3)	180(10.5)	478(12.1)	22.8
8월	71(10.3)	93(11.0)	15(5.0)	53(13.3)	187(10.9)	419(10.6)	19.0
9월	51(7.4)	75(8.9)	27(9.0)	27(6.8)	152(8.9)	332(8.4)	19.5
10월	114(16.5)	66(7.8)	23(7.7)	31(7.8)	178(10.4)	412(10.4)	18.7
11월	94(13.6)	65(7.7)	5(1.7)	26(6.5)	173(10.1)	363(9.2)	16.5
12월	76(11.0)	55(6.5)	8(2.7)	10(2.5)	148(8.6)	297(7.5)	14.9
총계	691(100.0)	846(100.0)	299(100.0)	399(100.0)	1717(100.0)	3,952(100.0)	21.7

대부분(80.2%)이 마약류 및 유해약물의 판매와 관련된 것이었고, 구입은 18.5%였다. 수면(신경안정제)제의 경우에만 구입비율이 판매비율보다 월등히 높았고 나머지 유해약물은 대부분 판매와 관련된 내용이었다. 특히 홍분제의 경우 거의 모두 판매와 관련된 것이었다(〈표9-3〉).

〈표9-3〉 유해약물별 행위 내용 (단위 : 건수 / %)

구분	기타	담배	마약류	수면제	흥분제	계(%)
판매	485(70.2)	668(79.0)	227(75.9)	103(25.8)	1685(98.1)	3168(80.2)
구입	200(28.9)	141(16.7)	67(22.4)	291(72.9)	31(1.8)	730(18.5)
구입/판매	4(0.6)	5(0.6)	1(0.3)	4(1.0)	1(0.1)	15(0.4)
기타	2(0.3)	32(3.8)	4(1.3)	1(0.3)	-	39(1.0)
계	691(100.0)	846(100.0)	299(100.0)	399(100.0)	1717(100.0)	3952(100.0)

마약류 구입의 경우, GHB, 마약류, 필로폰, 대마초 순이었는데 반해 판매는 마약류, 필로폰, GHB가 대부분을 차지하였다. 기타 유해약물 구입의 경우, 독극물, 다이어트 관련, 근육강화관련 내용 순이었고, 판매의 경우에는 다이어트관련이 대부분이었고 이어서 근육강화관련, 마취제 순이었다(〈표9-4〉).

〈표9-4〉 기타 유해약물 및 마약류의 세부 행위별 구체적인 약물

	마약류			기타 유해약물	
	구입	판매		구입	판매
필로폰	7(10.5)	62(27.3)	다이어트관련	66(33.0)	321(66.2)
GHB	27(40.3)	30(13.2)	독극물	85(42.5)	6(1.2)
대마초	6(9.0)	5(2.2)	마취제	12(6.0)	51(10.5)
마약류	14(20.9)	121(53.3)	근육강화관련	24(12.0)	62(12.8)
기타	13(19.4)	9(4.0)	기타	13(6.5)	45(9.3)
계	67(100.0)	227(100.0)	계	200(100.0)	485(100.0)

다음의 〈표9-5〉와 〈표9-6〉은 청소년과 성인에 대한 약물남용 실체이다. 약물에 따른 차이점이 드러나고 있다.

〈표9-5〉 청소년 약물남용 실태

연도		19세 이하	전체
2003	계	235(2.8%)	8,458
	마약류	37(0.5%)	7,546
	유해화학	198(21.7)	912
2004	계	139(1.6%)	8,432
	마약류	18(0.2%)	7,747
	유해화학	121(17.7%)	685
2005	계	123(1.6%)	7,853
	마약류	30(0.4%)	7154
	유해화학	93(13.3%)	699

출처: 대검찰청 2005년도 마약류사범백서.

〈표9-6〉 성인 약물남용 실태

구분	2001	2002	2003	2004	2005	2006	2007
계	11,686	11,843	8,458	8,432	7,853		
소계	10,102	10,673	7,546	7,747	7,154	7,709	10,649
마약	661	790	1,211	1,203	768	868	958
향정	7,959	7,918	4,727	5,313	5,354	6,006	8,521
대마	1,482	1,965	1,965	1,231	1,032	835	1,170
환각흡입물질	1,584	1,170	912	685	699		

출처: 대검찰청 2005년도 마약류사범백서.

1999년부터 2002년까지 4년 연속 1만 명 선을 상회하였으나, 2002년도에 강력한 단속효과에 힘입어 밀수 등 공급조직 10개 파 224명(구속 162명)이 단속됨에 따라 마약류 공급선 차단 등으로 2003년부터 2006년까지 4년간 7천명 선으로 감소하였지만 2007년도에 다시 1만 명 선으로 대폭 증가하였다.(02년에 이어 두 번째로 높은 수치)

5. 문제해결을 위한 방안 및 대책

1) 정신건강 문제에 대한 방안

(1) 정신장애인에 대한 서비스 전달체계 확립

정신장애인에 대한 국가의 책임을 강조하면서 국가, 민간, 가족의 혼합된 협동 전달체계를 확립한다. 민간단체들의 참여를 적극적으로 권장하며, 정신장애인 가족에 대해 경제적 지원과 주택, 직업, 의료 서비스, 가족상담 서비스 등을 제공함으로써 가족의 기능과 역할을 강화 할 수 있어야 한다.

(2) 정신장애인에 대한 연구 활성화

정신장애인에게 적절한 서비스를 제공하기 위해서는 무엇보다도 정신장애인의 실태와 욕구를 정확히 파악하는 연구를 활성화하여야 한다. 정신장애인에 대한 연구를 활성화하는 방안으로 국립정신보건복지 연구기관을 설립하여 전국적이고 정규적으로 정신장애인의 현황과 복지실태를 정확히 파악하고 치료, 재화, 예방에 관한 과학적인 연구를 실시할 것을 제안하였다.

(3) 포괄적이고 통합적인 서비스 제공

정신장애인에 대한 지원은 포괄적이고 통합적으로 이루어져야 한다. 정신장애인에 대한 기본적인 서비스로서 아래와 같은 열 가지 서비스를 제안 하였다.

가. 정신장애의 일차적 증상에 대한 위기개입
나. 정신장애의 부차적 증상인 사회기능의 상실에 대한 일상생화 훈련
다. 주거 서비스로서 지역사회에서 기거할 수 있는 중간집단이나 집단 거주지, 임대 아파트 등의 서비스
라. 고용보장 등의 직업 서비스
마. 직업이 보장되거나 유지되지 않는 장애인들에게 장애인연금 등 최저생계비를 보장하는 재정보조 서비스
바. 의료 서비스

사. 정신보건 서비스
아. 여가활용 서비스
자. 가족상담 서비스
차. 지역사회 교육 및 홍보 서비스

(4) 사회복지사의 역할 강조

정신건강문제에 효과적으로 대처하기 위해서는 사회재활을 지원하는 사회복지사의 역할이 더욱 강조되어야 한다. 특히 지역사회 내에서는 정신장애인과 그 가족에게 포괄적이고 통합적인 서비스를 제공하기 위하여 사회복지사의 사례관리의 역할을 활용할 수 있다. 사례관리자는 첫째, 질병관리를 목적으로 하는 질병관리 상담, 심리정서 지지 상담, 심리교육 가족치료, 응급입원과 요양 등의 서비스를 제공하며, 둘째, 기능적 기술 재활의 목적을 위한 일상생활 기술훈련, 사회기술훈련, 여가선용훈련, 직업기술훈련과 직업적응훈련, 취업장 개발, 현장접근과 지역개발 등의 서비스를 강조한다. 마지막으로 사례관리자는 삶의 질을 향상하기 위한 주거 서비스, 생활보호 서비스, 사회교육과 사회옹호서비스 등을 제공한다.

2) 약물남용 문제에 대한 방안

(1) 약물공급 측면에서의 대책

첫째로, 기존 통제관리기관의 인력과 장비를 보강하는 것이다.
둘째로, 마약류 관계입법의 정비를 들 수 있다.
셋째로, 머니론더링을 규제하는 입법을 통해 약물유통 관련 범죄자금을 통제해야 한다.
넷째로, 마약류의 불법거래와 관련된 이동수단 등의 재산과 불법거래의 이익금을 국가가 몰수하여 마약수사 활동비로 활용하는 것이다.
다섯째로, 의료기관을 통해 유출되는 약물에 대한 지도관리를 엄격히 하여 약물남 용자들이 약물을 조달하지 못하도록 해야 한다.

(2) 약물사용 예방측면에서의 대책 약물에 노출될 가능성이 있는 인구집단을 대상으로 한 홍보 및 예방

(3) 치료, 재활 또는 사회생활유지 대책 관점이 수정– 범법자가 아닌 사회구조의 희생자

가. 치료관련 법령의 개정
나. 입원치료 프로그램의 확대
다. 교정시설 내에서의 치료와 재활
라. 정신보건정책으로서의 치료, 재활대책
마. 약물남용자 치료모델 개발

6. 사회복지적 개입

1) 정신건강문제 개입

첫째, 정신건강문제에 대처하는 현행 정신보건사업의 중요한 문제점 중의 하나는 최근 지역사회 정신보건사업의 확대로 정신장애의 예방과 재활이 강조되고 있기는 하지만, 아직까지 정신보건시설의 대부분이 치료나 장기보고 서비스를 제공하는 정신병원과 정신요양시설 위주라는 것이다(김혜란, 2000; 김근홍 외, 2002). 정신질환자 치료재활체계는 병원중심에서 지역사회중심으로 나가는 것이 세계적인 추세이다. 우리나라 정신보건시설의 90% 가량은 정신병원과 정신요양시설이어서 예방과 재활서비스를 제공하는 다양한 서비스가 절대적으로 부족한 형편이다. 더욱이 정신의료기관의 정신병상수 증가 추세가 지속되고 있다는 것이 큰 문제로 지적되고 있다. 따라서 전체 정신보건 서비스체계의 효율성을 높이기 위해 장기입원과 수용중심의 서비스체계에서 지역사회 정신보건 서비스중심의 체계로의 구조조정이 필요한 시점이라고 할 때 지역사회 정신보건 서비스체계 구축을 위한 예산확대 뿐만 아니라 정신보건예산의 효율화를 추진할 예산의 통합, 통합된 예산의 조정과 집행을 담당할 행정조직의 뒷받침이 반드시 필요하다.

둘째, 정신장애인의 재활과 사회복귀를 지원할 수 있는 지역사회의 포괄적이고 통합적인 서비스가 부족하다. 정신장애인 들은 사회적 편견과 차별로 가정, 직장, 지역에서

소외되고 격리되는 경향이 있기 때문에 정신장애인의 욕구를 충족시킬 수 있는 다양한 서비스가 통합적으로 제공될 필요가 있다.

셋째, 지역 정신보건사업을 지원할 인력이 부족하다(이선영, 2002). 지역사회 정신보건현장에서 일하고 있는 정신보건사회복지사는 병원에서 일하는 정신보건사회복지사의 1/3에도 미치지 못한다. 지역사회 정신보건사업이 활성화되기 위해서는 정신보건 분야에서 훈련받은 사회복지사가 좀 더 활발히 참여해야 한다.

넷째, 알코올 및 약물환자의 증가에 따른 대책이 필요하다. 성인 6명 중 1명이 정신질환으로 분류될 정도의 알코올중독의 문제는 심각하다. 이러한 문제 해결을 위해 알코올중독자 치료 및 재활을 위한 전문 인력 양성은 물론이고, 알코올 중독 예방 및 건전음주문화 홍보를 적극 전개해 나가야 한다.

다섯째, 정신질환자에 대한 사회의 편견을 해소하기 위해 지속적은 노력이 필요하다. 심각한 정신건강문제를 가진 사람들이 조기에 적절한 서비스를 제공받도록 하기 위해서는 정신질환에 대한 부정적 인식이 개선되어야 한다.

정신질환자에 대한 편견을 줄이기 위해서 WHO에서는 다음과 같은 활동을 제안하고 있다.

- 지역사회에서 정신질환에 대해 터놓고 말하기
- 정신질환의 원인, 발생률, 경과 및 효과에 대해 정확한 정보 제공
- 정신질환과 관련된 부정적인 편견과 선입견에 대해 반격
- 정신질환을 겪고 있는 사람들이 지역사회의 모든 활동에 참여할 수 있도록 지원하고 치료적 서비스 제공
- 직장과 필요한 서비스를 받는 데 있어서 차별 받지 않도록 제도적 장치 마련

2) 약물중독문제 개입

첫째, 제도적인 면에서 현재 부분적으로 실시되고 있는 마약 사범에 대한 보호관찰 수강명령 프로그램 진행의 외부위탁을 전문성을 지닌 기관 및 프로그램을 갖고 있는 단체들로 과감하게 확대하는 것이다. 특히, 상황속의 인간 관점에서 한 개인이 어떻게 해서 마약에 손을 대게 되었으며 약물을 끊고 사회적, 정신적, 의료적으로 재활하는 데 필요한 조건들이 무엇인가를 개별적으로 찾아가면서 종합적 개입을 시도하는 사회복지적

개입방법을 갖고 있는 프로그램에 보호관찰 수강명령 프로그램의 진행을 위탁하는 것이다. 프로그램을 위탁받은 외부 기관이나 단체들은 나름대로 효과적인 단약 및 재활프로그램 운영 모델의 개발을 위해 노력해야 할 것이다.

둘째, 우리나라에서 약물 사용 및 의존은 사회 환경, 문화, 동료 혹은 가족의 영향 때문에 나타나는 경향이 있으므로 이들에 대한 상담을 통해 약물 사용 및 의존을 지속하게 하는 요인들을 찾아내어 분리 · 제거하기 위한 개입 체계를 마련해야 할 것이다. 즉, 마약 사용의 중단과 더불어 건전한 생산 활동을 통해 마약 하위문화로부터 탈출할 수 있는 여건을 조성해주어야 할 필요가 있다. 하나의 대안으로서 제시된 것이 치료공동체이다. 이곳은 재활 의지를 가진 약물 의존 자들로 하여금 보호된 환경 속에서 엄격한 규율 하에 건전한 경제 및 사회생활을 연습하게 함으로써 실제로 사회에 복귀한 후에도 건전한 생활을 지속적으로 영위해 갈 수 있는 능력을 갖추게 하는 곳이다.

셋째, 사법당국의 감시와 수색 없이 자유롭게 마약 중독자들을 치료할 수 있는 민간 전문 치료소가 활성화되어야 할 것이다. 즉, 자발적으로 마약으로부터 벗어나기를 희망하는 사람들에게는 사법적 처벌을 두려워하지 않으면서 재활에 전념할 수 있는 공간이 마련될 필요가 있다는 것이다. 현재는 사법당국의 경계와 감시, 급습, 체포 등의 염려로 인해 스스로 마약에서 벗어나길 원하는 일반인들이 사회의 어두운 곳에 숨어 어려움을 겪고 있는 실정이다.

넷째, 마약 의존자의 치료 및 재활을 위한 개입 모델이 개발되고 이들을 위한 개입의 장이 마련되기 위해서는 마약 의존 자에게 대한 연구가 활성화되어야 할 것이다. 우리 사회에는 현재 마약 의존 자들 모두를 정신병 환자나 성격이상자, 또는 흉악한 범죄자로 보는 시각이 지배적인 것으로 보인다. 하지만, 서서히 이뤄지고 있는 사회복지분야의 연구에서는 이와 상반된 결과들이 나타나고 있다. 또한 마약 사용 후에 모든 사람이 난폭해 지는 것도 아니니다. 보다 합리적이고 효과적인 치료 및 재활의 모델을 개발하고 잘못된 사회적 인식의 변화를 위해서는 마약 의존 자와 의존 문제에 대한 연구가 지속적이고 적극적으로 이루어져야 하며 이에 대한 지원 체계 마련이 시급하다 하겠다.

• 우울증 탈출 생활수칙 10계명 •

1. 유산소 운동을 하자
2. 주변 사람들에 대한 좋은 기억을 떠올려 보자
3. 자세를 바로하고, 고개를 들어 마음도 당당하게 만들어 보자
4. 햇볕을 즐기자.
5. 과일이나 야채, 해조류 등을 많이 먹고 물을 많이 마시자
6. 유머 있는 생활을 하자. 안되면 얼굴 표정이라도 밝게 해 보자
7. 스트레스는 나중에 따로 시간 내서 풀려고 하지 말고 바로바로 풀자
8. 남 탓을 할지언정 자신에게는 관대하다.
9. 문화생활을 즐겨보자
10. 몸을 바쁘게 움직일 수 있는 일을 만들어 보자

• 스트레스 자가진단 테스트 •

자신의 현재 스트레스 상태를 알아보는 것이 스트레스 극복의 지름길입니다. 다음 40개 항목에 대해 솔직하게 답변하되, 너무 깊이 생각하지 않도록 유의하면서 스스로를 점검해봅시다. 주저없이 '예'라고 대답을 할 수 있는 항목에는 1점, '확실히 어느 쪽이라고 단정지을 수 없다'는 생각이 들면 2점을 주며 결단코 '아니오'라고 대답할 수 있는 항목에는 3점을 부여해서 더합니다.

항목	예(1점)	글쎄요(2점)	아니요(3점)
1. 자신을 가치있는 인간이라고 생각한다.			
2. 자신의 가치관이나 감정을 소중히 여기고 있다.			
3. 이웃사람들과의 교제를 소중히 여긴다.			
4. 한 달에 두 번은 영화감상을 하러 나간다.			

5. 자신의 결점도 받아들일 수 있다.			
6. 친구에게 개인적인 문제를 툭 터놓고 말할 수 있다.			
7. 어떤 상황에 직면해도 일관성을 가진다.			
8. 명상의 시간을 가지려고 애쓴다.			
9. 남과 비교해 자신의 능력이 결코 떨어지지 않는다고 생각한다.			
10. 상대방에게 '성'에 관해 홀가분하게 말할 수 있다.			
11. 경쟁에 실패해도 녹초가 되지 않는다.			
12. 사물에 대해 깊이 생각하는 일은 어려운 일이 아니다.			
13. 자신의 얼굴이나 분위기를 좋아한다.			
14. 거절하고 싶은 것을 남에게 쉽게 말할 수 있다.			
15. 문제를 해결하기 위한 아이디어가 쉽게 잇달아 떠오른다.			
16. 건강한 생활을 위해 규칙적인 식사를 하는 편이다.			
17. 자신의 몸매에 자신감을 갖고 있다.			
18. 자신이 기쁘게 느끼는 것을 남에게 마음껏 표현할 수 있다.			
19. 지나간 일은 장황하게 되풀이하지 않는다.			
20. 시기 적절하게 알아서 휴식을 취하는 편이다.			
21. 남에게 비판을 받아도 순순히 받아들이는 편이다.			
22. 상대방의 말을 알아들을 수 없을 때에는 반드시 질문을 한다.			
23. 자신의 경제사정에 대해서 소탈하게 이야기할 수 있다.			
24. 자신의 내면을 닦는데 시간과 돈을 아끼지 않는다.			
25. 남에게 칭찬을 받으면 순순히 받아들이고 인정하는 편이다.			
26. 자신이 남들에게 비교적 바르게 이해되고 있다고 생각한다.			
27. 현재 자신이 바라는 요구사항들은 정당한 것이라고 생각한다.			
28. 하루하루 충실히 살아가고 있다.			
29. 자신이 지금까지 해온 일에 긍지를 가지고 있다.			
30. 마음에 들지 않는 일은 분명히 말한다.			
31. 오해나 잘못을 바로잡기 위해 노력을 아끼지 않는다.			
32. 취미시간을 가지려고 노력한다.			

33. 누구에게나 호감을 사는 성격이다.			
34. 다른 사람의 사고방식이나 의견에도 귀를 기울일 줄 안다.			
35. 이치에 맞는 말을 하려고 애쓰는 편이다.			
36. 자신은 예민하며 기운도 왕성하다고 생각한다.			
37. 실수를 해도 언제까지나 마음에 담아두려고 하지 않는다.			
38. 다른 사람의 가치관이나 감정을 쉽게 이해해주는 편이다.			
39. 남의 의견을 끝까지 듣는다.			
40. 몸가짐을 단정히 하는 습관을 가지려고 하는 편이다.			

– 40~60점 : '가벼운 스트레스 상태'. 실생활에서 별로 느껴지지 않을 만큼 경미한 상태입니다.

– 61~80점 : '중간 또는 보통의 스트레스 상태'. 현대인들이 공통으로 느끼는 수준입니다.

– 81점~100점 : '높은 스트레스 상태'. 거의 잠재된 폭발물과 같이 스트레스가 언제 터질지 모를 위험부담을 안고 있습니다.

– 101~120점 : '격심한 스트레스 상태'. 자신도 인식하지 못하는 사이에 벌써 여러 가지 심신증에 시달리고 있으며 정신질환을 앓고 있을지도 모르는 상태입니다.

생각할 거리

1) 정신건강의 문제를 일으키는 스트레스의 요인은 무엇인지? 토론해보자.
2) 베르테르 효과는 '모방자살 또는 동조자살'에서 나타나는 현상인데, 구체적으로 무엇을 의미하는지 토론해보자.
3) 청소년들에게 있어서 약물남용이 심각한데 사회적 원인이 어디에 있는지 토론해보자.
4) 정신건강과 약물남용의 상관관계를 토론해보자.

제4부

사회해체와 사회변화문제

제 10 장

가족문제 - 튼튼한 가정

학습목표

1. 우리나라 가족해체의 원인 이해
2. 가족 유형들과 가족해체의 문제점을 파악
3. 가족의 중요성 강조
4. 환상적인 가족 만들기

1. 들어가기

오늘날 한국사회는 서구사회와 비슷한 가족해체의 위기에 직면하고 있다. 어떤 면에서는 전통적인 가족이 지니고 있던 억압적인 성격이 급속한 가족형태의 변화 속에서 다양한 형태의 저항을 낳음으로써 서구사회보다 더 심각한 가족위기를 낳는 면도 있다. 그러므로 한국 가족의 위기는 산업화, 개인화 등으로 인한 현대사회의 보편적인 위기와 더불어 한국적인 특수한 위기가 중첩되어 나타나고 있다고 할 수 있다. 따라서 가족의 위기와 해체에 대해서 몇 가지 측면에서 고찰하고자 한다.

2. 가족의 개념 및 정의

인간은 출생과 함께 가족이란 집단에 속하게 되며, 일상생활에서 가장 친밀하게 상호작용을 하며 규범과 가치를 전달받고 나름의 독특한 문화를 형성해 왔다. 가족은 개인의 인성 형성에 강한 영향력을 미치며, 사회 공통의 행동특징, 문화 규범을 습득시키는 사회화 과정을 담당하는 사회의 가장 기본 집단이 되며, 사회를 존속시키는 기본 단위이다.

가족은 추상적인 개념으로 이해하는 주체에 따라 상이하게 정의될 수 있다.

UN에서는 가족을 "어린이를 돌보는 사람들" 또는 "국가의 법률과 관행하에 가족으로 간주되는 일군의 사람들"이라고 정의하고 있다.

우리나라 민법에서는 가족을 "호주의 배우자, 혈족과 그 배우자, 기타 본법에 의하여 입적한 자"로 규정하고 있다.

최근에는 호주제 폐지로 인해 가족에 대한 또 다른 변화를 엿볼 수 있다.

3. 가족해체의 개념과 유형

1) 가족해체의 개념

가족해체의 개념을 정의하기 위해서는 가족이라는 개념이 우선 정의되어야 하고, 다음으로 해체라는 개념이 정의되어야 할 것이다. 민법 내 호주제도의 폐지와 함께 존폐의 논란이 있었던 가족의 범위로 현행 민법 제779조는 "호주의 배우자, 혈족과 그 배우자 기타 본법의 규정에 의하여 그 가(家)에 입적한 자"로 규정하고 있다. 하지만, 호주 개념 삭제를 포함한 민법 개정안은 가족의 개념을 "부부, 그와 생계를 같이 하는 직계혈족 및 그 배우자, 부부와 생계를 같이하는 그 형제와 자매"로 재규정하고 있다. 우리 사회에서 일반적으로 이해 될 수 있는 가족의 범위는 "부부, 그와 생계를 같이하는 직계 혈족 및 그 배우자"로 개략적으로 정의될 수 있겠다. 따라서 해체의 대상인 가족 구성원에는 부부, 그 자녀들, 부부의 노부모 등이 중심이 된다.

표준국어사전에 의하면, 해체는 ① 단체 따위가 흩어짐. ② 체제나 조직 따위가 붕괴함을 의미 한다. 문자 그대로 정의해 본다면 가족해체란 최소 사회조직인 가족이 붕괴되어 가족이 뿔뿔이 흩어진 상황이라고 할 수 있다. 이 정의는 다분히 사전적 정의라고 볼 수 있다. 실제 우리 사회에서 사회문제로 대두된 가족해체는 이보다 훨씬 복잡한 상황을 내포하고 있다. 가족의 일반적 구조가 무너진 상황과 더불어, 가족의 구조는 유지되고 있으나 가족 간 갈등, 불화, 역할 수행 태만 등으로 인해 이미 가족 기능이 와해된 상황도 가족해체에 해당된다고 할 수 있다. 가족의 외적 형태가 와해되어 가족 구성원이 흩어진 상황을 흔히 구조적 가족해체 현상이라고 한다. 반면에, 가족의 형태는 갖추고 있으나 가족의 기능이 제대로 수행되지 못하고 있는 가족을 기능적 가족해체 현상이라고 한다. 구조적 가족해체 현상과 기능적 가족해체 현상을 나눠서 살펴보기로 한다.

(1) 구조적 가족해체

구조적 가족해체는 가족이 외형적으로 일반적 가족 형태를 벗어나 구조적으로 불안정한 상태에 놓여있는 것을 의미한다. 일반적 가족현태를 위의 민법 개정안에 나타난 대로 부부가 가족의 핵을 이루면서 자녀 및 자녀의 배우자 등과 생계를 함께 하고 있는 가족이라고 잠정적으로 합의할 때, 이혼 · 별거 · 유기 · 가출 또는 사별로 인한 한부모가족, 부모 없이 자녀들만으로 구성된 새싹가족, 결혼하지 않은 채 혼자 가구를 이룬 독신가족은 물론, 아내와 자식들을 해외에 보내고 국내에 남아 혼자 생활하는 기혼 남성 가족도 구조적 해체 가족에 포함된다. 생활고에 시달려 자녀와 함께 동반 자살함으로써 가족 자체가 없어지는 것도 구조적 가족 해체에 해당된다.

가족해체를 구조적 가족해체에만 초점을 맞춰 정의할 경우, 어떤 가족이 해체 가족인지를 객관적으로 구분해 내기가 쉬워진다. 따라서, 해체 가족에 대한 파악과 사회복지적 접근 또한 비교적 쉽다고 볼 수 있다. 하지만, 어떤 가족이 과연 그 사회의 일반적 가족 형태인가에 대해서는 시대 상황의 변화에 따라 상반된 의견들이 있을 수 있다.

어떤 사회에서 일반적 가족형태에 대한 합의 문제와 어울러 대두되는 문제는 구조적으로 불안한 형태를 갖고 있는 가족 모두를 해체가족 또는 해체 과정에 있는 가족으로 취급할 수 있겠느냐 하는 것이다. 가족의 외형적 모습이 어떻든 그 가족 안에서 가족의 기능이 충실히 이행되고 있을 경우 그 가족을 해체가족으로 보기가 어렵다는 것이다. 직장 문제나 자녀 교육 문제로 인해 국내에서 단기적으로 따로 생활하고 있는 단기 분거가족, 자녀 해외 유학을 위해 부부가 오랫동안 떨어져 생활하고 있는 장기 분거가족, 사별이나 이혼 후의 한부모가족 등이 정서적 · 경제적 · 교육적 측면에서 가족 기능을 충실히 다하고 있다면 이들 가족을 해체가족이라 할 수 없을 것이다. 이러한 문제로 인해 등장하는 개념이 기능적 해체가족이다.

(2) 기능적 가족해체

복잡 · 다양하게 변화하는 사회에 적응하기 위해 가족도 다양한 형태로 변화하기 시작했다. 산업화, 정보화, 이동성의 증가로 인해 다양한 형태의 분거가족의 출현이 불가피해졌다. 따라서 외형적 형태만을 기준으로 하여 결손 가족으로 낙인하기보다는 다양한 가족형태를 수용하는 인식의 전환이 요구되기 시작했다. 현대 사회에서 가족이 어떤 형태로 변한다 하더라도 가족이 정서적 기능, 경제적 부양 기능 등 가족의 핵심적인 기능을 수행할 수 있다면 이러한 상태를 가족해체로 규정할 수 없다는 것이다. 이러한 주장들은 가족 기능을 수행하는 가족의 일반적 형태를 사회가 규정할 수는 없다는 데에 기반을 두고 있다.

따라서 해체가족의 본질은 기능상의 장애에 있으며, 구조면에서 일반적인 형태를 벗어난 가족이 반드시 해체가족의 범주 속에 포함되는 것이 아니다. 가족의 구조가 외견상 온전하다고 하더라도 그 가족 안에서 가정폭력, 가족간 대화의 단절, 가족 결속의 와해, 경제적 부양의 소홀 등의 문제가 일어나고 있다면 이 가족은 가족해체 과정에 있거나 빈 껍데기만 남은 해체가족이라고 볼 수 있다. 이러한 맥락에서 복지연구회는 해체가족을 "부부(부모)가 현존하더라도 가족의 인간관계나 기능에 장해가 있는 가족"으로 정의함으로써 구조적 결손 여부에 관계없이 기능적으로 결함이 있는 가족을 해체가족으로 보고 있다. 공세권 등은 가족해체를 관계의 단절 또는 가족분화로 인해 생활자립이 어려움에도 불구하고 의존할 곳이 없는 경우로 정의함으로써 가족관계 또는 가족 구조상의 문제로 인한 경제적 역기능에 초점을 두어 해체가족을 정의하였다. 이렇게 볼 때 구조적 문제가 있는 가족과 구조적으로 전혀 문제가 없는 가족 모두가 기능적 해체 가족에 포함될 수 있어 이러한 가족해체 정의를 광의의 정의라고 할 수 있다. 반면, 구조적 해체 가족에만 초점을 맞춘 정의를 협의의 정의라고 한다. 기능적인 측면에 초점을 맞춰 가족해체를 정의할 수 경우에는 그 타당성은 인정되지만 과연 어떤 가족이 기능적으로 결손가족인가를 구분해 내기가 쉽지 않다. 가족의 기능을 어떻게 정의하느냐에 따라 동일한 가족이 기능적으로 결손가족이 될 수도 있고 그렇지 않을 수도 있다. 또한 가족 기능의 수행 정도를 누가 어떻게 측정하고 판단하느냐의 문제에 직면하게 된다. 이런 문제점들로 인해 사회에서 기능적 가족해체가 얼마나 존재하는지를 파악하고, 그러한 가족에 사회복지적 개입을 위해 접근하기가 매우 어렵게 된다.

이러한 한계를 인식하면서 적어도 개념적으로 기능적 가족해체를 종합 정리하면, 기능적 가족해체란 배우자의 사망, 부부의 이혼, 갖가지 사유로 인한 별거, 가출, 또는 부부에 의한 가족 유기 등과 관련되어 가족 중 부부관계를 이루는 경우가 없는 상황으로 인하거나, 가족구조면에서는 배우자와 자녀 또는 친족으로 구성되어 있지만 무능력, 가족 간의 갈등 또는 불화 등으로 인하여 최소한의 가족 기능을 수행하지 못하고 있는 가족이라고 할 수 있다. 여기서 무능력과 신체, 정서, 정신적으로는 심각한 문제가 없으나 가족 내에서의 조화 부족으로 자신의 역할 수행을 하지 못하고 있는 기능적 무능력 모두를 포함한다.

최소한의 가족 기능이란 가족성원간의 협력으로 경제적 자립을 영위하며, 자녀의 양육과 교육 그리고 부양을 자체적으로 감당하는 것을 말한다. 이 정의에 따를 때, 가족성원 간의 관계가 불안정하거나 주요 가족성원이 신체적으로 불완전한 상태에 있다 하더라도 위에서 지적한 최소한의 기능을 수행하고 있으면 해체가족으로 보지 않는다. 또한 가족 중 부부관계를 이루는 경우가 없는 상황이라 할지라도 자체적으로 또는 친족의 도움이나 방문에 의해 최소한의 기능이 충족되고 있다면 해체가족에 포함되지 않는다고 볼 수 있다.

(3) 과정상 가족해체

기능적 가족해체의 정의가 구조적 가족해체의 정의보다 타당성이 있으나, 이러한 정의를 갖고 사회복지 현장에서 해체가족을 가려내고 개입한다는 것은 매우 어렵다. 따라서 가족해체라는 것을 결과물(outcome)로 보기보다는 하나의 과정(process)으로 파악하는 시도가 있다. 해체가족을 하나의 과정으로 파악할 때, 한부모가족이나 부모 모두가 부재한 새싹가족, 장기 분거가족 등 구조적 결손가족은 최소한의 가족 기능을 자체로 충족시키고 있는가의 여부를 떠나 상황이 내포하고 있는 갖가지 구조 · 기능상의 한계성으로 인하여 해체가족을 향하여 나가고 있다고 보고 해체 과정에 있는 가족으로 분류가 가능하다. 또한 배우자와 자녀 또는 친족으로 구성되어 있으나 최소한의 기능을 자체적으로 수행하고 있지 못한 가족은 현재는 해체 가족이 아니지만 사회의 적절한 개입 없이 방치될 경우 구조적으로 해체되어 사회복지적 비용을 초래할 가능성이 있으므로 역시 해체 과정에 있는 가족으로 분류될 수 있다. 따라서 과정상 가족해체라는 것은 가족의 구조적 결손 여부를 떠나 해체를 향하여 나가고 있는 가족들의 큰 묶음으로 이해될 수 있다.

과정상 가족해체가 계속 진행되어 극단적인 단계에 이른 가족을 해체가족과 구별하여'파탄가족'이라고 부를 수 있을 것이다. 가족의 재구성이라 함은 이 해체과정에 있는 가족들이 파탄가족의 상태에 이르지 않고 최소한의 가족 기능을 자체적으로 수행하는 상태로 유지 또는 회복시키는 것을 의미한다. 가족해체 현상을 진행 중인 과정으로 파악할 때 구조적으로 해체된 가족은 물론 현재 구조적인 '정상성'을 유지하면서도 결손가족으로 변해갈 수 있는 가족에 대한 이해와 사회개입 방안을 함께 살펴볼 수 있는 장점이 있다. 하지만, 기능적 가족해체에서와 마찬가지로 구조적 결손가족을 제외하고 과정상 해체 상태에 있는 가족을 누가 어떻게 구별해 낼 수 있는가의 문제는 여전히 남게 된다.

최근 급증하는 이혼 가정의 경우 그 것이 어느 한 순간 갑자기 발생하여 출현하는 결과물(outcome)이 아니라 일상적인 가족생활 가운데 서서히 진행되는 가족 과정(family process)이다. 따라서 가족해체 현상의 파악과 그 예방을 위한 정책적 대안을 강구함에 있어서 과정에 초점을 두고 가족을 파악할 필요가 있다. 가족은 가족관계를 기초로 공동생활을 하며, 가족관계의 핵심은 부부관계이다. 가족의 공동생활은 부부간의 협력에 의한 생활자립과 가족부양, 자녀양육 그리고 사회활동 등을 포함한다. 따라서 부부간의 관계 악화로 인한 가족 와해과정이 가족해체 과정을 이해하는데 있어서 핵심이다.

2) 가족해체의 유형

가장 대표적인 가족해체로 사망, 이혼, 별거, 유기에 의한 결손가정을 들고 있어 구조적 결손은 당연히 해체가정 속에 포함되고, 구조적으로 완전하게 보이는 가정 중에서 가족관계 및 기타 기능에 문제가 있는 가정을 해체 가족에 포함시키고 있다. 구체적으로 볼 때 가족해체의 일반적 지표는 부모의 이혼과 별거, 가족원의 가출, 자녀의 양육포기, 가족원의 자살, 가족불화, 가정폭력, 신체적 건강의 악화, 심리적 건강의 악화 등 구조적, 기능적 측면을 포함한다.

과거에는 구조적 결손가정의 대부분이 배우자의 사망에 의해서 발생하였으나, 최근에는 사별이외의 원인, 즉 인위적 요인에 의한 결손가정의 수가 급증하고 있다. 정부가 가정복지 대상으로 삼는 구조적 결손가정에 해당하는 1,449가구 중 889가구의 추적조사에서 이혼(해체)사유를 보면 사별의 경우가 전체의 64.7%이었고 이혼과 별거를 합친 경우가 전체의 35.3% 이었다. 이러한 양상은 1984년에 이루어진 조사에서, 해체사유 중 배우자의 사별이 84%, 이혼 및 별거가 16%이었던 점과 대조적이다. 즉, 지난 10년간 해체 원인의 구성율은 이혼 및 별거에 의한 경우가 급부상 했다는 점이다. 이러한 양상을 통해서, 우리 사회에서도 이제 가족결손이 배우자의 사별과 같은 불가피한 원인에 의한 것만이 아니라 이혼이나 별거와 같은 인위적 요인에 의한 경우가 보편화되고 있음을 알 수 있다. 또한 결손가정의 이혼, 별거 사유를 살펴보면 편부의 경우 성격차이(36.6%)와 가족 간 불화(19.5%)가 주를 이루고 편모의 경우 배우자의 부정(29.0%)과 성격 차이

(26.9%), 기타의 경우 부모가 헤어진 사유로서는 성격 차이(34.4%)와 가족 간 불화(18.8%)가 주를 이루고 있어 자의적 가족해체가 증가 확산되고 있음이 우려된다.

(1) 가출

성인이 집을 나간 후 돌아오지 않는 경우 가족은 극심한 혼란에 빠질 수 있다. 이혼이나 별거와는 달리, 준비되고 예상되지 않은 상황이 남은 가족 구성원에게 갑작스럽게 닥치기 때문이다. 따라서 부부 중한 사람이 가출한 경우 남은 한 사람이 가족을 지키고 유지해 나가는 과정에서 많은 정신적 · 경제적 어려움을 겪는다. 뿐만 아니라 가정에 남아 있는 다른 식구들도 가족 기능 결손의 영향으로 부적응 현상을 나타나게 된다. 이런 현상은 결국 가족 파탄으로 이어질 수 있다. 우리 사회의 가족해체 현상은 이전부터 있어 왔지만, 1997년 외환위기 때 직장을 잃은 많은 남성들이 가출하여 노숙자가 되면서 크게 부각되기 시작하였다.

(2) 이혼과 별거

이혼이나 별거는 상호간 준비된 상황에서 일정 시간의 적응 기간을 거칠 경우 가족의 재구조화를 가능하게 한다는 면에서 그 자체가 반드시 가족 파탄이라고 볼 수는 없다. 하지만, 지난 10년간 우리 사회에서 확산되고 있는 이혼율 급증과 결혼 율 감소 현상은 우려하지 않을 수 없는 상황이다.

(3) 한부모 가족

2001년 중반부에 수행된 한 연구 결과에 의하면, 함께 생활하던 부부 중 한 사람만이 가족에 남아 자녀와 기타 피부양자를 부양하게 된 이유로써, 편부모가족에서는 이혼 · 별거 또는 아내 가출로 인한 경우가(75.6%) 배우자 사망에 의한 경우(24.4%)보다 많았다. 반면, 편모가족에서는 배우자 사망으로 인한 경우(67.5%)가 이혼 · 별거 또는 남편 가출에 의한 경우(32.5%)보다 많았다.

(4) 가정폭력

가족 안에서 가족 간에 발생하는 폭력은 사회의 기초단위인 가족의 평화와 안정을 깨뜨린다. 이러한 폭력행위를 방치할 경우 기능적인 면과 구조적인 면에서 가족의 해체,

나아가 사회의 해체로 이어질 수 있다.

가정폭력은 피해자에 따라 아내학대, 아동학대, 노인학대, 남편학대 등으로 나눠볼 수 있다. 가정폭력이 우리 사회에서 각 유형별로 얼마나 발생하고 있는지를 정확히 알 수 있는 자료는 없다. 폭력행위가 가족 내에서 은밀히 이루어지고 있기 때문이다. 또한, 가족 간의 폭력행위이기 때문에 피해자가 폭력을 당하고도 가족 밖의 사람이나 기관에 그 사실을 노출시키기를 꺼려하기 때문이다. 이러한 상황에서가정폭력의 현황을 알 수 있는 방법으로는 두 가지가 있을 수 있다. 하나는, 가정폭력의 피해자가 외부에 도움을 요청한 사례이다. 여성 긴급 위기 상담 창구인 '여성의 전화'를 통해 상담을 받은 횟수와 경찰에 도움을 요청한 횟수가 여기에 해당된다.

4. 가족해체의 원인－이혼가족과 가정폭력

1) 이혼가족의 개념

이혼은 결혼관계에서 생긴 여러 문제를 해결하기 위한 하나의 방법으로, 법률상으로 유효하게 성립된 혼인관계를 결혼 당사자들이 모두 살아 있는 동안에 결혼 당사자들의 협의 또는 재판상의 절차를 거쳐서 그 부부관계를 해소시키는 것을 의미한다. 이는 인위적으로 혼인관계를 해소시킨다는 점에서 부부 중 어느 일방의 사망에 의한 혼인관계 해소와 달리 부부관계에서 일어나는 여러 가지 문제에서 탈피하기 위한 하나의 방법이며 동시에 부부관계를 해소시킬 방법을 법률상으로 인정하는 제도이다. 그리고 이혼가족이란 이혼에 의해 축소된 가족을 말한다.

그러나 이혼은 부부관계가 소멸되는 것으로 부모가 이혼을 하더라도 그 관계를 통해 형성된 부모－자녀 관계는 그대로 지속되기 때문에 가족의 해체로 규정지을 수는 없다. 급속히 증가하는 이혼의 현상에 대해 가족이 해체되는 징후라고 우려하는 경우가 많은데 이는 전통적인 초혼 핵가족을 이상적인 가족으로 여기면서 이혼은 극복해야 할 사회적 문제라는 부정적 관점으로 보는 데 근거한 것이라고 할 수 있다. 그러나 이혼을 병리적이거나 일탈적 관점으로 다루기보다는 이혼 과정에서 겪게 되는 문제에 초점을 두어 예방적 차원의 결혼준비교육이나 이혼이 불가피한 가족에게는 당면 문제를 해결하게 하고 이혼 후의 적응에 관심을 쏟는 것이 바람직할 것이다.

이혼은 하루아침에 갑작스럽게 일어나는 단편적 사건이 아니라 오랜 과정 속에서 어렵게 도달하게 되는 경험으로 결혼생활에서 갈등이 누적되고 이러한 갈등을 해결하기 위한 나름대로의 행동을 취한 후에 최종적으로 이혼을 결심하게 되는 이혼의 과정 전반에 걸친 어렵고 고통스러운 문제로 보는 경향이 있다. 이와 같이 이혼은 일련의 과정으로 부부관계의 해체는 법정에서 이혼이 확정되기 이미 오래전부터 시작되는 과정이다. 즉 대부분 모든 이혼은 점진적이며 매우 유사한 과정을 경험하게 되어 부부가 이혼하기까지의 과정은 상당히 예측 가능한 일련의 단계를 거쳐 간다. 대개 심한 갈등 단계를 거쳐 그 갈등을 극복하지 못하면서 서서히 침묵과 냉전 단계가 일상화되어 표면적으로는 이상적 결혼관계를 유지하지만 서로의 마음이 단절되어 있는 상태인 정서적 이혼의 단계로 이어지며 이 단계가 심화되어 법적 이혼 단계에 이르게 된다. 대부분의 가족들은 이혼을 피하려 하며 최후의 방편으로 이혼을 선택하지만 일단 이혼이 발생하면 그것은 가족체계의 복잡한 발달적 과정을 가동시킨다.

즉 법적 이혼으로 모든 것이 끝나게 되는 것이 아니라 복합적 요소들이 상호작용하며 심각한 스트레스를 주게 되는 복합적 과정이다. 이에 따라 Ahrons와 Levinger는 이혼 과정을 부부 간의 갈등 단계, 사실상 부부관계 해체 단계, 이혼 후 단계의 3단계로 구분하였다. 또한 인류학자 Bohanan(1970)은 이혼을 정서적 이혼, 법적 측면에서의 이혼, 경제적 측면에서의 이혼, 부모역할 측면에서의 이혼, 사회적 관계 측면에서의 이혼, 심리적 측면에서의 이혼 등 여러 영역에 걸쳐서 서로 연결되고 중복되는 복합적 과정으로 보았다. 즉 이혼은 이와 같이 단일의 생활 위기나 사건이라기보다 다양하고 복합적인 심리사회적 과정이어서 법적 이혼은 이루어져 있으나 여타 나머지 영역의 이혼은 이루어지지 않은 채 생활할 수도 있고, 또는 법적 이혼은 이루어져 있지 않으나 여타 나머지 영역은 이혼한 채 생활할 수도 있다.

2) 이혼 가족의 실태 및 문제

(1) 이혼의 실태 및 원인

가. 이혼의 실태

이혼의 증가는 전세계적 현상으로 우리나라도 예외는 아니다. 우리나라의 이혼율은 1970년대까지만 해도 그다지 높지 않았으나, 1980년대에 들어오면서 조금씩 상승하기 시작하여 최근엔 일부 선진국의 수준을 넘어 1990년대 이후 폭발적 증가를 보이고 있다. 2002년 우리나라의 조인혼율은 인구 1,000명당 3.0건으로 OECD 회원국 중 미국(4.2건)에 이어 2위를 기록한 것으로 나타난다. 즉 1970년대 조인혼율은 0.4~0.5% 수준을 유지하다가 1980년대에 들어오면서 조금씩 상승하기 시작하였다. 특히 최근 10년 동안 조인혼율은 급격한속도로 증가하여, 1990년 1.1%에서 2000년 2.5%로 2개 이상 증가하였고, 2002년에는 3.0%에 달하는 것으로 나타났다. 인구 1,000명당 이혼 건수를 나타내는 조이혼율에 비하여 조금 더 정확한 지표인 것으로 지적되는 '결혼 건수에 대한 이혼 건수의 비율'의 변화를 살펴보아도 1980년대 서서히 증가하기 시작한 이혼율이 1990년대에 들어서면서 그 상승폭이 매우 커진 것을 알 수 있다(〈표10-1〉 참조).

〈표10-1〉 결혼 건수와 이혼율

연도	결혼 건수	이혼 건수	이혼율	결혼에 대한 이혼률
1980	400.471	23.150	0.6	5.8
1985	376.847	38.838	1.0	10.3
1990	402.911	44.608	1.0	11.1
1995	320.395	53.872	1.5	17.1
2000	334.030	119.982	2.5	35.9
2001	320.063	135.014	2.8	42.2
2002	306.573	145.324	3.0	47.4
2003	304.932	167.096	3.5	54.7
2004	310.944	139.365	2.9	44.8

출처: 통계청(2005). 인구, 가구, 주요 이혼력 지표.

나. 이혼의 방법 및 이혼 원인

우리나라 이혼 방법은 당사자가 합의해서 이혼하는 협의이혼과 협의가 이루어지지 않아 법원에 심판을 청구해서 이루어지는 재판이혼이 있다. 협의이혼은 부부 당사자가 서로 이혼할 것을 합의하고 가정법원에 가서 판사로부터 이혼 의사 확인을 받은 다음 본적지나 주소지의 호적계에 이혼신고서를 제출함으로써 부부관계를 해소하는 방법이다(민법 제 834조, 제837조, 호적법 제79조). 이 경우에는 이혼 사유는 전혀 문제가 되지 않아 이혼사유가 무엇이든 간에 부부가 이혼하는 것에 합의하기만 하면 된다. 단 이상의 절차를 거치기 전에 서로 위자료, 재산분할청구, 친권과 양육권 등 제반 사항에 대한 당사자 간의 철저한 합의를 할 것을 전제로 하고 있다. 이와 같이 우리나라의 이혼의 대부분을 차지하는 점이 있지만 그 사유를 불문하고 이혼과 위 사항에 합의되기만 하면 판사 앞에 출석한 지 몇 분도 안걸려 협의 이혼 의사 확인을 해 주기 때문에 감정에 의한 경솔한 이혼도 가능하고, 위자료 문제와 자녀문제를 합리적으로 해결할 수 없으며, 위장이혼의 가능성도 많은 등 여러 가지 문제점도 가지고 있다. 반면 재판이혼은 법률이 정해 놓은 일정한 이혼 사유가 생겨 부부 중 일방은 이혼하려 하는데 다른 일방은 이에 합의하지 않을 때 가정법원의 조정을 거쳐 이혼소송을 청구하여 법정에서의 판결에 의해 성립되는 이혼이다. 이 경우 단지 성격 차이 등의 이유로는 이혼이 불가능하며, 일정한 민법상의 이혼 사유가 있을 때에 한하여 허락된다.

다. 이혼 증가의 배경

이혼이 증가하는 원인은 다음과 같은 배경에서 찾아볼 수 있다.

① 여성의 사회경제적 지위 변화

예전엔 경제적 압력 때문에 불행한 결혼도 참고 견디지 않으면 안 되었으나 현대는 여성의 교육기회가 증가하고 경제활동참여가 활발해지고 고용 가능성도 향상되면서 여성이 주도적으로 먼저 제기하는 별거나 이혼의 중요한 전제 조건이 되고 있다. 물론 여성이 진출 가능한 직종 범위가 노동시장구조에서 한정되고 불안정 고용과 저임금이 특징인 열악한 노동 조건이 현실임에도 불구하고 기혼 여성의 취업 증가는 이혼율 상승에 기여하는 바가 있는 것으로 나타났다(peterson, 1989;김현주,2002). 여성 취업 증가로 여성이 경제적 자립 능력을 갖게 되는 경우가 많아지면서 남성에 대한 경제적 의존도가 낮아지게 되었고 이는 잠재적 문제를 이미 안고 있는 부부인 경우 부부관계, 결혼만족도가 낮은 부부에게는 특히 여성의 취업이 이혼 결정을 용이하게 하는 결정적 요인으로 지적된다. 즉 여성이 독립적 생계 수단을 확보하면 소득이 없는 여성이라면 참고 지낼만한 부부관계의 경우에도 이혼을 행동으로 옮길 가능성이 커지게 되기 때문이다.

여성의 경제활동참여는 앞으로도 계속 증가할 것으로 예측되며, 따라서 경제적 이유 때문에 불행한, 만족스럽지 못한 결혼관계를 감수하는 여성의 수는 점차 줄어들 것이고 이는 이혼율의 계속적 증가로 이어질 것이다. 또한 이러한 변화는 여성의 가치관에도 변화를 가져와서 인간의 권익에 대한 관심이 높아지고 평등한 부부관계에 대한 인식이 증대됨에 따라 남편의 부당한 대우를 참고 견디는 여성도 줄어들게 되었으며 이것도 이혼 증가를 높이는 요인으로 작용한다.

② 이혼에 대한 태도의 변화

이혼 태도는 이혼에 관하여 개인이 지향한 가치관 및 관념, 신념 등을 의미하는 것으로 이혼에 대한 개인 행위 방향의 지침이라고 할 수 있으며, 이혼 태도의 변화에 따라 이혼의 증감을 예측할 수 있다. 남녀평등사상과 자유 및 개인주의적 가치관의 형성으로 최근에 이혼을 자신의 삶을 위한 선택으로 받아들이고 자신의 선택에 대한 책임을 지려는 형태로 달라졌을 뿐 아니라 이혼에 대해 긍정적 시각으로 이혼에 대한 태도가 많이 달라지면서 이혼 증가의 한 원인이 되었다. 예전에 비해 이혼에 대한 사회 전반의 부정적 태도가 약화되고 있으며 점차로 이혼에 대한 허용적 태도의 확산(한경혜.이정화, 2002)으로 상황에 따라 이혼을 수용하는 태도가 증가하고 있다. 이혼은 불행한 결혼관계에서 오는 갈등으로부터 자유롭고 자기 발전의 새로운 기회가 될 수 있다고 보고 이혼을 자신의 삶을 위한 선택으로 받아들이고 있다. 즉 결혼생활에 문제가 있고 불행하다면 그 상태에서 참아 가며 결혼을 지속시키기보다는 불행한 결혼관계를 해소시키고 새로운 삶을 찾는 것이 낫다고 생각한다. 따라서 이제는 이혼이 결혼에 대한포기, 가족해체로 문제시되기보다는 불쌍한 결혼에 대한 하나의 해결 방법으로 자신의 삶을 위한 선택으로 인식되고 있으며 이혼에 대해서 허용적 태도가 증가하는 방향으로 변화하고 있다.

라. 이혼가족의 문제

이혼은 행복한 삶을 살아 나가기 위한 또 다른 도약의 계기가 될 수도 있다는 긍정적인 측면도 있으나 대부분의 사람들에게 있어서 매우 고통스러운 인생 사건의 중의 하나로 가족에게 심한 충격을 주는 어려운 과정이다. 따라서 개인의 생활양식에도 많은 변화를 가져오고, 이혼을 경험한 당사자나 그들의 자녀들은 이혼 후 첫 2년여 동안 여러 가지 많은 문제를 보인다. 대부분의 경우 이러한 위기의 시기가 지나게 되면 어려 문제점을 극복하고 정상적으로 기능하게 되지만, 일부는 지속적으로 극단적 문제행동을 보이고도 한다. 일부 하동의 경우는 성인기까지 부모의 이혼으로 인한 상처를 극복하지 못하고 여러 문제를 보이기도 한다(Hetherngon & O'Conner, 1993 ; 이정숙, 2004, 재인용).

또한 이혼으로 인해 겪게 되는 문제들은 부부에게 미치는 문제, 자녀에게 미치는 문제로 나누어 볼 수 있으며 부부에게 미치는 문제는 경제적 문제, 대인관계 및 사회적 문제, 신체적 정신적 건강상의 문제 등으로 볼 수 있다.

3) 가정폭력의 개념규정과 유형

(1) 가정폭력의 개념 규정

일반적으로 폭력이란 공격 행동의 한 형태로 분류되지만, 개념 규정상으로는 공격 행위와 구별된다. 공격 행위는 '타인에게 의도적으로 상처를 입히는 것'으로 정의되며, 폭력은 특히 그 정도가 심한 경우를 말한다. 또한 공격 행위는 가치중립적으로 긍정적 혹은 부정적 측면을 모두 포함하고 있으나, 폭력은 언제나 부정적 의미를 내포하고 있다. 폭력에 대한 정의는 다양한데, "신체적 힘에 의한 비합법적인 행위"(Goode, 1971), "상대방을 신체적으로 위협하거나 손상을 주는 행위"(O'Brien, 1971), "타인에게 의도적으로 신체적인 힘을 사용하는 행위"(Steinmetz & Staus, 1974) 등이 있다. 이 장에서는 가정폭력이란 "가족 구성원 중의 한 사람이 타인에게 의도적으로 물리적 힘을 사용하거나 정신적 학대를 통하여 고통을 주는 행위"(Gelles & Straus, 1979)로 정의한다. 이 단순한 물리적, 신체적 손상을 주는 행위뿐만 아니라 자아존중감을 해치는 언어적 학대, 성적 학대의 경우도 포함되는 포괄적 의미의 폭력 행위이다.

가정폭력에 대한 구체적 개념은 1997년 제정된'가정폭력범죄의 처벌 등에 관한 특례법'에 정의되어 있다. 이에 의하면, "가정폭력"이라 함은 "가정구성원 사이의 신체적,정신적 또는 재산상 피해를 수반하는 행위"를 말한다. 여기서 "가정구성원"은 "배우자,배우자 관계에 있었던 자, 자기 또는 배우자와 직계존비속 관계에 있거나 있었던 자, 계부모와 자의 관계 또는 적모와 서자에 관계에 있는 자, 동거하는 친족관계에 있는 자"로 정의된다.

따라서 가정폭력은 배우자 폭력, 부모와 자녀 간의 폭력, 형제간의 폭력을 모두 포함한다. 또한 현재 함께 살고 있는 가족원뿐만 아니라 전 배우자와 동거하는 친족으로 까지 범위를 확대하였다는 것도 주목할 점이다. 이와 같이 가정폭력은 가해자와 피해자가 매우 밀접한 관계에 있으며, 함께 생활하고 있다는 측면에서 일반적 폭력과는 다르다.

(2) 가정폭력의 유형

가정폭력의 유형은 합법성과 수단적이라는 두 가지 차원에 의하여 나누어 볼 수 있다.

가. 합법적·표현적 폭력

합법적 공격 행위는 긴장과 분노를 완화시키는 카타르시스적 작용을 하므로, 어느 정도의 공격 행위를 인정하는 것이 좋다고 한다. 예를 들어, 자녀들이나 배우자의 행동에 무작정 화를 참기보다는 가벼운 공격 행위로 분노를 해소시키는 것이 더욱 격렬한 폭력 행위를 유발시키지 않게 된다.

나. 비합법적·표현적 폭력

가정폭력의 대부분이 이 유형에 속하는데, 상대편에게 과도한 고통이나 상처를 주는 심각한 형태의 폭력으로, 아내구타, 아동구타, 노인학대 등이 있다. 이러한 유형의 폭력은 유기, 학대, 살인으로까지 이어져 사회적 문제가 된다.

다. 합법적·수단적 폭력

가정 내에서 빈번하게 볼 수 있는 유형으로, 어떤 바람직한 행동을 유도하기 위하여 행사하는 폭력으로, 자식이 잘되라고 때리는 부모의 체벌 등이 이에 속한다.

라. 비합법적·수단적 폭력

폭력의 합법성, 비합법성의 구분은 매우 애매하다. 그러나 부모나 형제, 부부간의 카타르시스적 폭력이 비록 인정된다 할지라도, 지나치게 심한 고통이나 상처를 주게 되면 학대로 이어지는 비합법적 폭력이 된다. 즉 초기에는 선의의 의도로 행해진 폭력 행위라 할지라도 지나치면 교육적이거나 교화의 목적에서 떠나 권력이나 권위의 남용으로 간주될 수 있다.

(3) 가정폭력의 범위

가정폭력에는 구체적으로 부부간의 폭력, 부모－자녀 간의 폭력(아동학대), 형제간의 폭력, 그리고 노부모에 대한 폭력 및 학대를 들 수 있다. 부부간의 폭력은 주로 남편의 아내폭력 및 학대로 나타난다. 즉 아내학대(wife-abuse), 아내구타(wife-battering), 그리고 아내폭행(wife-assault) 등으로 표현되면서 피해자가 주로 아내임을 지적하고 있다. 물론 최근에 아내에 의한 '매 맞는 남편'의 문제도 차츰 증가하고 있는 추세이긴 하다. 미국의 통계에 의하면 가정폭력 피해의 약 30%가 남성인 것으로 나타났는데, 실제로 피해를 당하고도 이를 겉으로 나타내지 못하는 남성의 입장을 감안한다면 매우 높을 것이다. 아동에 대한 폭력 행위는 아동학대, 아동구타, 그리고 아동방임 등의 개념으로 이어지면서, 자녀를 부모의 소유물로 여기는 전통적 가치관이 여전히 남아 있어서 사회문제로 부각되고 있다. 게다가 소유물로 여기는 전통적 가치관이 여전히 남아 있어서 사회문제로 부각되고 있다. 게다가 최근의 아동에 대한 성적 학대에 대한 신고 건수도 급격히 증가함으로써 아동폭력은 아동 관련 문제의 중심이 되기 시작하였다.

또한 1990년대 들어와 극도의 물질만능의 사회변화 속에서 미성년 자녀에게 의한 부모학대 사건도 나타나기 시작하였지만, 아직 체계적 연구는 이루어지지 있지 않다. 외국의 부모－자녀간의 폭력은 부모가 자녀에게 행하는 폭력 행위나 학대를 중심으로 연구되고 있다(Eook et al., 1985). 형제간의 폭력은 "형제끼리 싸우면서 큰다"는 포현에서 나타나듯이 그다지 문제시되지 않으며, 오히려 형제간의 경쟁의식, 갈등 처리 등의 사회화 과정으로 바람직하게 생각하는 경향마저 있다.

노부모에 대한 폭력 및 학대는 급격한 사회변화 소게서 노인의 지위 상실과 더불어 앞으로도 계속 증가할 추세이다.

(4) 가정 폭력의 발생 원인

가정 내의 폭력 현상을 설명하는 다양한 이론들이 있으며, 영향을 미치는 변수들이 대단히 많을 뿐만 아니라 가족이 처한 환경(경제적, 사회문화적, 그리고 생태학적 환경)에 따라 다르게 작용할 수 잇기 때문에 정확한 원인을 규명하기란 쉬운 일이 아니다. 여기서는 크게 네 가지 관점을 소개하고자 한다. 즉 개인 병리적 관점, 사회 심리적 관점, 생태학적 관점, 그리고 페미니즘적 관점 등이다.

가. 개인병리적 관점

가정폭력을 개인의 정신병리학적 산물이거나 알코올 혹은 약물중독에 따른 비정상적 행동, 또는 가학적 행동의 충동이나 심리적 불안정과 더불어 자아통제성을 상실하여 주체할 수 없는 폭력을 행사하게 된다는 것이다. 여기서 폭력을 행사하게 되는 사람은 대부분 남편이며, 정신병적 증세를 보이는 것으로 판단하는 것이다. 그러나 모든 폭력 남성을 정신병환자라고 말할 수 없다는 점에서, 가정폭력의 원인을 설명하기에는 미흡한 점이 있다.

나. 사회심리적 관점

사회심리적 관점의 대표적 이론으로 사회학습 이론(social learning theory)을 들 수 있다(Bandura, 1973; Steinmetz, 1977). 사회학습 이론에 의하면, 가정폭력은 인간의 다른 행동과 마찬가지로 학습된다는 것이다. 즉 인간의 공격 행위는 다른 형태의 사회적 행동처럼 자극, 강화 및 인지적 통제 하에 있는 학습된 행위이다. 폭력가정에서 역할 모델을 통하여 폭력을 배우고, 그것이 문제 해결에 효과적임을 배울 대 학습의 효과는 더욱 커진다. 또한 타인의 폭력 행위를 관찰함으로써 구체적 기술을 습득하고 반복되는 관찰을 통하여 폭력 행위에 대한 죄의식이나 양심의 가책마저 상실하여 폭력을 배워서 습득된 하나의 행위양식으로 용납하게 된다. 특히 어릴 때 가정에서의 신체적 체벌이나 학교에서의 체형, 성장 후 군대에서의 체벌 등은 가족이나 사회에서의 폭력의 정당성 내지는 효과를 인정하는 규범적 인식을 심어 줄 위험이 있다. 그리하여 폭력의 악순환적 고리를 형성하게 된다.

다시 말하자면, 폭력에 대한 태도는 자신의 원가족, 사회적 가치관, 문화적 영향에 좌우된다고 하겠다. 실제로 이러한 관찰학습의 중요성은 여러 선행 연구에서 실증적으로 확인되었다(Steinmetz, 1977).

다. 생태학적 관점

생태학적 관점에서는 대표적으로 체계 이론을 들 수 있다. 체계이론에 의하면, 폭력은 개인적 병리나 학습의 결과가 아니라 체계의 산물이다. 각각의 하부체계(부모, 잔, 남편, 부인 등)가 주변의 환경이나 다른 체계와 조화를 이루지 못하면서 발생되는 갈등 현상이다(Garbarino, 1977). 예를 들어 아동폭력이나 학대는 부모와 아동 간의 부적응 내지는 갈등적 환경에서 기인되는 현상이라고 본다. 생태학적 이론에서는 인구, 조직, 환경, 그리고 기술적 차원에서 문제점을 분석한다. 전반적으로 가정폭력이 발생하고 유지되는 과정에서 관심을 가지면서, 가족체계가 어떻게 운영되고 있는지에 따라 가정폭력의 강도가 유지, 강화, 또는 될 수 있다고 믿는다.

라. 페미니즘적 관점

기존의 이론이나 관점들과는 달리, 가정폭력은 성차별적 사회구조에서 기인되는 것으로 본다(Dobash & Dobash, 1979). 다시 말하자면, 가정폭력은 단순히 개인적 성향이나 학습 행위에서 야기될 뿐만 아니라, 폭력을 허용하는 사회문화적 규범, 가부장적 이데올로기에 근거를 둔 남성의 권위적 태도 및 우월성으로 가득 찬 구조화된 사회적 틀 속에서 발생하는 행위로 본다. 즉 남성 중심적 사회문화구조를 바꾸지 않는 한 여성의 억압 형태를 나타내는 가정폭력을 근본적으로 해결할 수 없다는 관점이다.

가정폭력은 아내와 자녀를 자신의 소유물로 생각하는 가부장적 사고방식, 그리고 이러한 가부장적 사고의 테두리에서 여성에게 행해지는 폭력에 대한 일반적관용이나 무관심(때로는 당위성)이 중요한 작용을 한다. 게다가 폭력은 남성다움의 표출로 간주되기도 한다. 남성에게 경제적, 심리적, 그리고 사회적으로 의존할 수밖에 없는 사회구조 속에서 남성과 여성의 관계에는 자원의 소유 여부에 따른 교환관계의 불균형이 발생하기 쉬우며, 상호작용 과정에서 좌절에 대한 공격적 행동이 폭력으로 분석된다. 여성은 남성의 권위와 통제하에 놓여 있으며, 이러한 종속관계는 정치경제적 제도에 의하여 지지되고, 가부장적 가족 내에서는 제도화된다는 사실이 역사적으로도 입증되었다. 이와 같이 남성 위주의 사회구조와 맞물려 일어나는 가정폭력은 가족의 역기능 결과, 남녀차별주의적 구조적 갈등에서 빚어진 행동, 혹은 가족체계의 혼란의 표출이다. 따라서 가정폭력은 현대사회에 들어와 새롭게 발생된 사회문제라기보다는 단지 새롭게 제기된 문제일 뿐이다. 이러한 페미니스트적 관점에서 제기되는 궁극적 문제는 '남성은 여성에 대한 통제력 때문에 폭력을 행사할 수 있는가?' 아니면, '여성에 대한 통제력을 행사하기 위하여 폭력을 행사할 수 있는가?'로 집약된다.

마. 가정폭력에 대한 의식 및 제도 개선

가정폭력을 방지하기 위하여서는 무엇보다도 의식의 전환이 필요하다. 가정폭력이 발생하지 않도록 예방교육이 선행되어야 하는데, 가령 남녀차별을 줄이거나 폭력을 용납하거나 미화시키는 일, 자녀 및 학생에 대한 체벌 등을 교부하여야 할 것이다. 또한 가정폭력의 심각성을 널리 인식시키고, 예방교육을 실시할 수 있는 전문인력의 양성을 꾀하여야 한다.

가정폭력의 가해자나 피해자로 하여금 다시 가정폭력에 휩싸이지 않도록 재활 및 재발 방지에도 관심을 가져야 한다. 대부분의 피해자들은 극단적인 심리적 불안감과 학습된 무기력증, 그리고 공포로 인하여 스스로 의사 결정을 할 능력을 상실한 상태에 놓이므로 현실을 직면할 수 있는 힘을 북돋아 주어야 한다.

5. 가출청소년

1) 가출청소년의 정의

우리나라 소년법 제2장 제1절 제4조에 의하면 "정당한 이유 없이 가정에서 이탈하는 자"를 소년 보호사건의 하나로 규정하고 있으나 가출의 명확한 범주를 규정하고 있지 않다. 이 법에서는 우범소년을 '성격이나 환경에 비추어 장래 형벌법령에 저촉된 행위를 할 우려가 있는 12세 이상의 청소년'을 지칭한다. 한편, 미성년자 보호법에서는 불량행위 소년이란 '음주, 흡연, 싸움, 유흥업소 출입, 성도덕 문란 등으로 자기 또는 타인의 덕성을 해롭게 하는 소년'을 일컬으며 요보호 아동은 '사회적 보호를 요하는 소년으로서 보호자로부터 유기되었거나 이탈된 자 또는 부모의 양육이 불가능 한 자로 이른바 미아, 기아, 고아, 가출 아동'을 일컫는다. 따라서 우리나라 법에서는 가출청소년을 우범소년, 불량행위 청소년, 요보호 아동을 의미하고 있다.

이용교(1993)는 Robert의 정의에 따라 "부모나 보호자의 동의 없이 집을 떠나서 24시간 이상 집에 들어가지 않은 18세 미만의 청소년"이라고 정의하고 있으며 안창규(1995) 등은 가출청소년이란 자신 및 주변의 문제에 직면하여 이의해결 혹은 대안을 추구하고자하는 (비)의도적으로 가정에서 (떠밀려) 나온 도움이 요청되는 18세 미만의 청소년이라고 정의하고 있다.

2) 가출의 요인

가출의 정의에서도 볼 수 있듯이 과거 생활이 몹시 궁핍했던 1960년대와 1970년대는 주로 경제적 요인이 기인하여 가출보다는 부랑아의 의미가 지배적이었다. 즉 주된 가출의 이유는 가난을 떨쳐버리고 생존과 성공을 위해 새로운 기회를 찾아 나선 청소년들이 대부분이었다. 그러나 1980년대 이후에는 단순 가출, 혹은 본인의 성격결함, 또래의 충동, 가정파탄 등 본인의 내적 요인 내지 주변 환경에 의한 가출이 증가하고 있다(김향초, 1998).

청소년 가출의 정의에서도 단순히 집을 떠난 행위라는 의미 이외에 부모의 학대나 무관심, 불화와 같은 가정환경 문제, 교사나 또래 친구와의 갈등과 같은 학교 환경 문제 등 청소년이 가출할 수밖에 없게 하는 배출 요인이 있음을 인정하고 가출청소년을 환경에 의한 피해자로 간주하여 보호의 대상으로 보는 것으로 변화하고 있다.

국내 연구들에서 청소년 가출 원인 파악을 보면, 가정과 부모에 대한 불만, 학교생활 부적응, 또래관계문제, 유해환경문제, 개인적 요소 등 한 가지 원인이 아닌 복합적인 요인이 작용하는 것으로 설명된다. 즉 밀어내는 요인과 끌어당기는 요인이 합친 것으로 개인, 가정, 학교, 또래집단, 사회환경적 요인들이 상호 복합적이면서도 역동적으로 작용하는 것이다.

3) 가출청소년의 현황

〈표10-2〉는 가출청소년(남·녀) 추이 현황이다.

〈표10-2〉 가출 청소년 추이 현황(9세~19세) (단위 : 명, %)

		전체	20세 미만
1998년	계	41,329	15,316(37.1)
	남	14,964	5,499(36.7)
	여	26,365	9,817(37.2)
1999년	계	50,621	17,894(35.3)
	남	18,130	6,397(35.3)
	여	32,491	11,497(35.4)
2000년	계	59,099	18,442(31.2)
	남	22,816	6,930(30.4)
	여	36,283	11,512(31.7)
2001년	계	61,319	18,276(29.8)
	남	23,577	6,689(28.4)
	여	37,742	11,587(30.7)

출처: 경찰청2002, 『경찰백서』, 청소년보호위원회, "가족문화개선 청소년보호교육 프로그램 개발" 2002.12 (p.34).

4) 가출 청소년의 대책

(1) 예방대책

가. 가족기능의 강화와 부모교육
나. 가출청소년을 보는 시각변화
다. 지역사회 유해환경의 정화
라. 유해한 무단광고의 제재
마. 학교체재의 변화
바. 교육기회의 보장 및 직장알선

(2) 사후대책

가. 가출인 신고체제의 확립

현재는 가출이 발생했을 경우 보호자가 경찰서에 신고할 수 있도록 되어 있다. 그러나 현실적으로 이런 기능이 어느 정도 효과적인지 의심스럽다. 따라서 이러한 신고체제를 확대 강화해야 한다. 아울러 가출인 발견자는 의무적으로 신고하는 방안도 검토되어야 한다.

나. 가출소년을 위한 청소년쉼터의 활용

1992년 10월 28일 개설된 청소년쉼터는 대개 최소한 하루 이상 보호자의 허락 없이 또는 무관심에 의해 집을 뛰쳐나오거나 쫓겨난 18세 이하의 아동을 보호하는 시설이다. 이 쉼터는 무료숙식제공, 의복제공, 상담, 심리검사, 의료서비스, 교육활동, 문화활동이 포함된다. 쉼터에 머무르는 동안 이들 가출청소년이 가정으로 돌아갈 수 있도록 도와주고 피치 못할 사정(가정폭력, 가정파괴, 가정불화 등)으로 가정으로 돌아가지 못할 경우에는 장기 보호시설로 의뢰하거나 의뢰할 때까지 보호하며 자신의 미래를 설계할 수 있는 다양한 프로그램을 제공한다.

다. 미성년자의 불법고용 철저 단속

우리 사회에서 가출아동청소년에게 형편없는 임금을 지불하면서 불법 고용하는 사례가 많다. 더욱이 여자 가출인 경우 서비스 업종(유흥업소)에 쉽게 고용되고 있어 이의 단속이 필요하다.

라. 위탁교육제도의 실시

위탁교육제도는 가출아동청소년이 부모가 자식을 수용할 능력이 안 되거나 가출아동청소년이 귀가를 거부하거나 재 가출을 반복할 때 부모의 동의를 받아 국가나 사회단체가 수용해 지도교육을 할 수 있는 제도를 말한다. 이것도 법으로 사회단체나 국가가 대리부모 역할을 할 수 있도록 하여서 탈선이나 범죄유발을 막고 정상적인 아동청소년으로 육성하기 위한 것이다.

마. 윤락 청소년의 재교육실시

가출한 여학생들이 유흥업소에 종사하다가 손님들과 윤락을 하면 윤락행위 등 방지법 위반으로 처벌하는데, 재판을 받아 처벌받는 경우는 없고 대부분 파출소나 경찰서를 경유해 여성보호소인 여자기술학원에 수용된다. 이것은 인권문제도 있지만 성인이든 미성년자든 구별 않고 수용해 나이 어린 청소년들이 재교육을 받을 수 있는 기회를 잃어버리고 또 윤락녀로 낙인 찍혀 구제될 수 없는 경우가 많다. 이 재교육 시설을 확보해 성인윤락녀와 구별하여 수용하고 또 수용시설을 학교화하여 정상적인 교육을 시행함으로써 사회적 나오자나 직업적인 윤락녀가 되지 않도록 하여야 한다.

바. 치료방법의 강화

① 심리치료

심리치료를 통하여 청소년들에게 삶에 대한 목표의식을 불어 넣어주고 인정해야 하며, 생활의 의미를 찾아주고 집안 분위기를 편안하게 하여 심리적으로 안정을 유지하도록 도와야 한다. 가출 청소년을 위한 심리치료방법 중 효과가 좋은 집단치료, 놀이치료, 역할놀이, 가족치료 등은 전문 사회사업가가 개입하여야 하기 때문에 가정에서는 부모가 할 수 없고 집이나 학교근처에 위치한 사회복지관이나 상담소 또는 신경정신과 등의 전문 기관을 이용해야 한다.

② 환경치료

아동청소년들의 가출원인 중 중요한 것은 나쁜 가정환경, 불량친구와의 교제 등으로서 이를 바로 잡기 위해 새로운 환경을 만들어 주기 위하여 이사하거나 아동청소년을 위한 '중간의 집'인 청소년쉼터나 통제된 국가기관 같은 시설을 활용할 필요가 있는 경우도 있다. 이 경우 전문화된 집단과 기술을 이러한 변경된 환경에서 동시에 활용한다면 상당히 효과적일 것이다.

③ 현실치료

아동청소년들은 어딘가에 소속되고, 사랑받고, 자신이 가치 있는 존재로 인정받고 싶은 욕구가 있다. 청소년들은 이러한 욕구가 충족될 경우 책임 있는 행동을 한다. 현실치료의 목적은 현실을 직시하도록 하고 그들의 욕구를 충족시키도록 도와줌으로써 책임 있는 행동을 하게 하는 것이다. 부모가 자기 자녀를 이 치료방법으로 지도할 경우 자녀는 따듯한 배려와 관심과 사랑받고 있다는 것을 체험하게 될 것이다.

사. 귀가 후 지도

귀가 후 정상생활의 회복을 위해 아동복지지도원, 여성상담원 그리고 청소년지도위원, 학교, 가정이 서로 협조하여 관심을 갖고 지도해야 한다.

6. 가족과 아동학대

1) 아동학대의 정의

아동학대는 보호자를 포함한 성인에 의하여 아동의 건강, 복지를 해치거나 정상적인 발달을 저해할 수 있는 신체적, 정신적, 성적 폭력 또는 가혹행위 및 아동의 보호자에 의하여 이루어지는 유기와 방임을 말한다(아동복지법 제2조 제4호).

2) 아동학대의 현황

전체 아동학대 사례유형을 살펴보는 또 다른 방법은 하나의 아동학대 사례에서 여러 가지 학대 유형이 발견되는 중복학대를 각각의 학대유형별로 분류하여 살펴보는 것임.

이런 방식으로 살펴보았을 때 전체 누계는 4,330건이었으며, 방임이 35%로 가장 빈번하게 발생한 것으로 나타남. 신체학대 및 정서학대는 각각 30.4%, 27.1%로 높은 비율을 차지하였으며, 성학대 및 유기는 각각 4.7%, 2.9%로 나타남.

3) 아동학대의 유형

(1) 신체학대(Physical Abuse)

보호자를 포함한 성인이 아동에게 우발적인 사고가 아닌 상황에서 신체적 손상을 입히거나 또는 신체손상을 입도록 한 모든 행위를 말하며 생후 12개월 이하의 영아에게 가해진 체벌은 어떠한 상황에서도 심각한 신체학대이다.

(2) 정서학대(Emotional Abuse)

보호자나 양육자가 아동에게 언어적, 정서적 위협, 감금이나 억제, 기타 가학적인 행위를 하는 것을 말한다. 언어적, 정신적, 심리적 학대라고도 한다.

정서학대는 눈에 두드러지게 보이는 것도 아니고 당장 그 결과가 심각하게 나타나지 않기 때문에 그냥 지나칠 수도 있다는 점에서 더욱 유의하여야 한다.

(3) 성학대(Sexual Abuse)

성학대란 성인의 성적 만족을 위해 아동의 신체에 접촉하는 행위를 말하며, 아동과 성인 사이의 부적절한 성적인 행동들을 모두 포함한다. 가족 내 성학대는 가족 및 친인척 사이에서 발생하는 형태를 말하며, 가족외부의 성학대는 아동과 안면이 있는 사람 혹은 낯선 사람에게서 발생되는 형태를 말한다.

일반적으로 강간은 두려움이나 강압적인 힘으로 성적 행위를 하는 것을 의미한다. 아동 성학대 역시 두려움이나 힘을 이용하지만 다른 방법도 사용한다. 놀이를 통해 착각하게 하거나 아동을 사랑하는 사람들로부터 심리적으로 고립되도록 조정하고, 성인의 권위로 강요하며, 움직일 수 없도록 물리적인 억압을 하며, 위협이나 공포를 조성한다.

(4) 방임(Neglect)

방임이란 고의적, 반복적으로 아동양육과 보호를 소홀히 함으로써 정상적인 발달을 저해하는 모든 행위를 말한다. 방임은 아동이 위험한 환경에 처하거나 충분한 영양을 공급 받지 못해 발육부전이 되는 경우가 많으며, 나이 어린 아동에게는 치명적인 결과(장애)를 가져오거나 사망에까지 이르게 한다. 또한, 발달상황에 놓여있는 아동에게 다양한 측면에서 잠재되어 있는 파생적인 문제들이 발견될 수 있다. 예를 들면 청결하지 않은 외모에서 오는 집단 따돌림, 사회문제행동의 피해자 혹은 가해자가 되기도 한다.

방임은 다음과 같은 유형으로 구분되어 질 수 있다.

① 물리적 방임
아동에게 의식주를 제공하지 않거나 아동을 장시간 위험하고 불결한 주거환경에 그대로 방치 하는 것을 의미한다.
② 교육적 방임
학교에 무단결석하여도 고의적으로 방치하거나 취학연령이 되었음에도 불구하고 학교에 보내지 않는 행위, 숙제 및 준비물을 챙겨주지 않는 행위가 해당된다.
③ 의료적 방임
예방접종을 제때에 하지 않거나 필요한 의료적 처치를 소홀히 하는 것을 의미한다.
④ 정서적 방임
아동과 대화를 하지 않거나 안아주는 등 아동이 필요로 하는 애정표현과 적절한 정서적 지지를 제공하지 않는 것, 신체적 접촉을 피하는 것, 아동과의 약속에 무관심한 것 등 정서적 결핍을 주는 행위를 의미한다.

4) 아동학대의 대책

(1) 아동학대의 개념 재정립

현재와 같이 아동학대에 대한 개념이 불분명한 상태에서는 아동학대를 방지하기 위한 좋은 정책이 나올 수 없다. 그러므로 먼저 아동학대에 대한 개념정리가 있어야 한다. 아동학대에 대한 개념을 파악하기 위해서는 일반 국민을 대상으로 한 광범위한 동의가 필요하다. 그리고 이러한 분위기 조성을 위해서 정부나 민간재단. 그리고 학술단체와 대학 등 연구 기관들이 제휴와 협력이 선행되어야 한다.

(2) 아동학대에 대한 인식변화와 신고의 의무화

아동학대를 예방하고 보호를 확대하기 위해서는 아동학대에 대한 인식변화가 있어야 한다. 이것은 아동학대에 대한 개념을 정립하는데도 도움이 되는 동시에 아동학대에 대한 인식을 널리 확산하는 데 도움이 되는 방법으로 아동학대에 대한 신고를 활성화 시키는 방법이 있다. 이를 위해 경찰의 신고접수 제도화와 아동학대 신고의무자의 지정이 필요하다.

현재로서는 아동학대 혐의를 신고하여도 가정의 사적인 일이라 하여 경찰의 개입이 되지 않고 있으나, 앞으로는 경찰의 업무지침에 아동학대 신고접수 의무화를 규정하고, 즉각 출동하여 아동학대 여부를 확인하고 필요한 응급조치를 취할 수 있는 권한이 주어져야 한다. 그리고 아동학대에 관여하는 사람은 반드시 신고하는 분위기를 확대하고 조성해 나가야 할 것이다.

(3) 아동학대 관련 서비스 제공 전담기관의 육성

아동학대는 앞에서도 살펴 본 바와 같이 다양한 원인과 이유에 의하여 발생하므로 이러한 문제를 해결할 수 있는 전담기구 또는 단체가 활성화되어야 한다. 전문적인 교육과 훈련을 받은 사회사업가들은 지역사회의 아동관계 전문가들로 이루어진 팀의 자문을 받으면서 조정자, 연락자, 매개자, 치료자 및 여타 서비스 제공자의 역할을 수행할 수 있어야 한다.

7. 가족과 노인학대문제

1) 노인학대의 개념

노인학대는 가볍게는 노인에게 말을 함부로 하거나 자존심을 상하게 하는 말을 하는

언어적 학대와 노인의 심기를 불편하게 하는 정서적 학대에서부터 심하게는 노인에게 구타와 폭력을 행하는 신체적 학대, 노인의 재산을 착취하는 재정적 학대까지 포함되며, 좁게는 증거가 명백한 신체적 학대에서부터 넓게는 방임, 자기방임 · 학대까지 포함되고 있다.

2) 노인학대의 유형

노인학대의 유형은 학대의 발생장소를 중심으로 가정 내 학대, 시설 내 학대, 자기방임 또는 자기학대의 세 가지로 분류되기도 하고, 학대의 행위와 관련해서 신체적 학대, 정서적 · 심리적 학대, 언어적 학대, 재정적 · 물질적 학대, 성적 학대, 소극적 또는 적극적 방임 및 자기방임 등으로 분류되기도 한다.

노인학대의 주요 유형은 다음과 같다.

① 신체적 학대
신체의 상해, 손상, 장애(결손)를 일으키는 모든 형태의 폭력적 행위(때리기, 치기, 밀기, 차기, 화상, 신체의 구속, 상처나 멍, 타박상, 골절, 탈구 등을 가하는 것.)
② 정서적 학대
정신적 또는 정서적인 고통을 주는 것(모멸, 겁주기, 자존심에 상처 입히기, 위협, 협박, 굴욕, 어린애 취급하기, 의도적인 무시, 멸시, 비웃기, 대답을 안 하기, 고립시키기, 짓궂게 굴기, 감정적으로 상처 입히기 등.)
③ 언어적 학대
언어로 정신적인 고통을 주는 것(욕설, 모욕, 협박, 질책, 비난, 놀림, 악의적인 놀림 등)
④ 재정적 학대
자금, 재산, 자원의 위법 또는 부당한 착취, 오용 및 필요한 생활비등을 주지 않는 것(재산이나 돈의 악용, 훔치기, 경제적으로 의존하기, 함부로 사용, 무단으로 사용, 허가 없이 또는 속이고 자기 명의로 변경하는 것, 무단으로 신용카드나 소유물을 사용하는 것, 연금 등의 현금을 주지 않거나 가로 채서 사용하거나, 노인 소유의 부동산을 무단으로 처리하는 것, 경제 적으로 곤란한 노인에게 생활비, 용돈 등을 주지 않는 것도 포함됨.)
⑤ 성적 학대
노인과의 합의가 없는 모든 형태의 성적 접촉 또는 강제적 성행위를 하는 것.
⑥ 방임

3) 노인학대의 발생 원인

노인학대의 발생 원인에는 크게 학대를 유발시키는 노인관련 요인, 학대를 가하는 가해자 관련요인, 가해자와 노인과의 상호작용요인, 가정환경요인, 사회문화적 요인 등을 들 수 있는데 이를 구체적으로 살펴보면 다음과 같다.

① 노인의 개인적 특성

노인의 성격적 특성, 정신장애, 알콜 중독, 무기력감 등이 학대를 유발하기도 한다.

② 노인의 의존성

노인이 장애, 질병, 치매 등을 가지고 있어서 의존적일 때 노인학대가 일어나게 된다.

③ 가해자의 개인적 특성

가해자의 성격적 특성, 정서장애 · 정신장애, 알콜중독, 약물중독 등에 의해 학대를 하기도 한다.

④ 부양자의 부양스트레스

부양자의 신체적 · 정신적 스트레스, 부양 미숙, 부양능력의 결여등에 의해 학대가 일어나게 된다.

⑤ 가정환경적 요인

가정의 경제적 문제, 가족관계의 불화, 재산문제, 힘의 갈등 등에 의해 노인학대가 일어나게 된다.

⑥ 세대 간의 학대의 전이

어려서 부모에게 학대를 받고 자란 자녀가 성인이 되어서 노부모를 학대하기도 한다.

⑦ 사회문화적 요인

사회의 노인차별, 가치관의 변화, 사회보장 및 노인복지서비스의 결여등과 같은 요인들에 의해서도 노인학대가 일어나게 된다.

4) 학대노인의 신체적 · 정서적 증상 및 의료 처치율

① 신체적 증상

학대를 받은 노인의 8.5%가 신체적 증상을 보였고, 가장 많이 나타난 증상은 두통으로 머리가 띵한 경우였으며, 심각한 신체적 증상은 팔 · 다리가 부러지는 등의 골절상 및 정신과 치료를 받는 정도의 쇼크 등으로 나타났다.

② 정서적 증상

학대 피해노인 중 76.6%가 정신적 증상을 갖고 있었는데, 평균 1.3종류의 정신적 증상수가 나타났다. 가장 많은 증상은 '자신에 대한 실망, 무력감, 자아상실'(30.8%)

과 '매사에 불안, 우울함'(29.7%)으로, '죽고 싶다'는 위험스러운 생각을 하는 경우도 22.0%나 되는 것으로 조사됐다.

③ **의료처치율**

신체적 · 정서적으로 증상이 나타난 경우의 19.4%가 의료처치를 한 경험이 있는 것으로 나타났다.

〈학대 피해노인의 대응행동〉

학대를 받는 노인 중 과반수 이상인 62.8%가 끝까지 참고 일방적으로 당하여서 상당수의 경우 학대에 매우 수동적으로 대처하는 것으로 나타났다. 그리고 무조건 피하는 경우(7.4%)와 주위의 도움을 요청(4.3%)하는 등의 능동적인 노인도 있었고 또한 가해자에게 함께 맞대응하는 경우(24.5%)도 상당수 조사됐다. 또한 학대받은 노인이 경찰에 신고하는 비율은 1.1%로 상당히 낮게 나타났다.

학대 피해노인이 피하는 장소로는 특정한 장소에 갈 곳이 없어 배회하는 경우가 가장 많았고, 그 다음은 따로 사는 자녀나 노인회관으로 조사됐다.

5) 노인학대의 대책

(1) 법적 · 제도적 · 사회적 대처방법

가. 노인학대를 사회문제로 인식하는 시각의 필요

무엇보다도 먼저 노인학대를 개인의 문제 또는 가족의 문제로만 방치하지 말고 사회문제로 인식하여 국가 사회적인 대책이 모색되어야 한다는 것이다. 즉 노인과 가족을 위한 법적, 제도적, 사회서비스적인 원조체계가 모색되어야 할 것이다. 현재 노인학대에 대한 직접적인 사회적 대응책은 거의 없는 실정이므로, 노인학대에 대한 정부와 사회의 적극적인 대책이 절실히 요구된다고 할 수 있다.

나. 노인학대 관련법 제정

노인학대에 대한 법적 장치로서 독립된 노인학대방지법의 제정이 필요하다. 현재는 가정폭력방지법에 의한 소극적인 대응으로 이루어지고 있는데, 이것만으로는 충분하지 못하다.

다. 노인 방임에 대한 사회적 대책 필요

노인방임에 대한 사회적 대책이 필요하다고 본다. 필자의 연구 결과 노인학대 유형 중 방임이 가장 많은 것으로 나타났고, 원인으로는 가족의 무관심이 가장 많았다. 방임은 노인에게 경제적 곤란, 요보호노인(건강이 좋지 않은 노인, 치매노인, 거동이 불편한 노인 등)의 수발문제 등을 야기하므로 가족에게서 방임된 노인들을 국가 차원에서 보호하는 지원대책이 필요하다고 하겠다. 혼자 사는 노인이나 노부부세대는 일단 방임에 노출된 상태로 보고 이들에 대한 사회적 관심이 필요하다고 본다.

라. 은폐된 노인학대의 발견과 개입에 대한 제도적 장치 필요

노인학대는 주로 가정이라는 밀폐된 공간에서 일어나며, 동거하는 가족에 의해서 행해지고 있으므로, 가정에서 일어나는 은폐된 노인학대의 발견과 개입에 대한 제도적인 장치가 필요하다고 하겠다.

(2) 노인학대 가족을 위한 대처방법

가. 노인에 대한 부양부담을 경감시키는 가족지원서비스 실시

노인학대의 가해자는 주로 직계가족, 특히 주로 아들과 며느리, 딸 등인데, 이 가해자는 노인을 부양하는 가족이므로 부양자가 동시에 가해자가 되기 때문에 노인학대를 예방하고 해결하기 위해서는 피학대 노인에 대한 보호서비스뿐만 아니라, 피해자와 가해자가 있는 가족에 접근해서 지원책을 모색하는 가족복지서비스가 실시되어야 할 것이다. 학대의 원인에 있어서 노인에 대한 부양자의 부양스트레스가 적지 않은 원인으로 나타났듯이 노인학대는 가족이 노인에 대한 부양을 담당하기 어려운 상황에서 발생하고 있기 때문에 노인에 대한 부양을 가족에게만 전담시킬 것이 아니라 그 부양 부담을 경감시킬 수 있는 가족지원서비스가 이루어져야 할 것이다. 특히 학대의 가해는 한 사람에 의해서만 행해지는 것이 아니라 복수의 가족들에 의해서 행해지기도 하므로 가족 전체에 대한 지원서비스가 필요하다고 하겠다.

나. 가족원에 대한 노인 이해 교육 실시

노인학대 가족에 대해서는 노인과 동거하는 가족들이 노년기 특성 및 노인의 심리적 특성에 대해서 이해할 수 있는 교육을 통해서 노인을 이해할 수 있도록 원조하는 것이 필요하다고 할 수 있다.

(3) 피학대 노인에 대한 대처방법

가. 피학대 노인에 대한 대처

피학대 노인에 대해서는 적절한 치료나 가족과의 분리와 같은 서비스가 필요하며, 노인 자신의 의존성을 줄이고 자립력을 증대시키기 위한 지원이 필요하다고 본다. 피해자의 특성으로는 남성보다는 여성이 많고, 건강이 좋지 않은 노인, 사회활동 참여가 저조한 노인의 경우가 피학대율이 높으므로 이런 노인들에 대한 특별한 관심과 서비스가 필요하고 사회활동 참여 촉구가 필요하다고 하겠다.

피학대 노인에 대한 접근에 있어서 보다 구체적인 대응방법을 생각해 보면, 필자의 조사에서 노인학대 유형 중에서 가장 심한 학대로 인지되고 있는 것은 신체적 학대였으며, 상대적으로 가장 가벼운 학대로 인지되고 있는 것은 정서적 학대로 나타났으나, 각 학대유형의 심각성에 대한 인지에 있어서는 정서적 학대를 가장 심각한 것으로 인지했고, 신체적 학대를 가장 심각하지 않은 것으로 인지하고 있는 것으로 나타났다. 여기에서 정서적 학대는 가장 가벼운 학대로 인지되고 있으면서 또한 가장 심각한 것으로 인지되고 있는데, 이는 평소 노인에 대해서 함부로 무례하게 대하는 것을 그다지 학대라고 생각하지 않는 반면 이런 행동들이 가장 많이 행해지고 있다는 것을 의미하는 것으로서 가볍게 지나칠 수 있는 정서적 학대도 노인학대라는 것을 알고 이에 대한 대처가 필요하다고 하겠다.

또 학대를 당하는 노인들은 두세 가지 학대를 중복적으로 받게 되기 쉬우므로 학대의 후유증이라든지 학대의 피해가 훨씬 가중된다고 할 수 있다. 따라서 단일학대에 대한 보호뿐만 아니라 중복학대에 대한 세심한 관심과 서비스가 필요하다고 할 수 있다.

나. 피학대노인에 대한 사회적 지원체계 확립

노인들이 쉽게 접근할 수 있는 외부 지원체계의 확립이 필요하다고 본다. 노인들은 학대를 당하고도 그냥 참고 있거나 수동적, 소극적으로 대응하는 경우가 대부분이다. 이는 피학대 노인들이 학대 사실을 남에게 알리는 것을 꺼리는 성향이 있기도 하고 또한 외부 원조기관이 무엇이 있는지, 외부의 원조를 어떻게 구해야 하는지를 몰라서 그럴 수도 있으므로, 노인 스스로도 학대로부터 벗어나려는 노력을 하는 것이 필요하고 또 피학대 노인을 돕고 돌볼 수 있는 외부 원조기관 및 서비스 프로그램이 필요하다고 하겠다. 노인들이 쉽게 접근할 수 있는 외부지원체계가 확립되고 그에 대한 홍보가 이루어져야 할 것이다. 학대받는 노인들에 대한 외부지원체계로는 노인학대 상담센터, 노인학대신고센터, 노인임시보호시설과 같은 기관이 설치되어야 할 것이다.

현재 노인학대 상담센터는 사회복지공동모금회의 지원을 받아서 전국적으로 11개 권역에서 시범적으로 운영되고 있는데, 앞으로는 이 노인학대 상담센터와 노인학대신고센터를 공공사업화 해서 이용자들의 접근이 용이한 하부행정기관인 읍, 면, 동에 설치해야 할 것이다. 또 학대의 위기상황에 처한 노인들이 대피해서 보호를 받을 수 있는 노인일시보호시설이 설치되어야 할 것이다.

8. 가족과 소년소녀가정

1) 소년소녀가정의 정의

소년소녀가정세대는 부모가 사망하였거나 생존해 있어도 질병, 심신장애, 가출, 이혼, 재혼 등으로 인하여 부모의 보호 및 부양을 받을 수 없는 만18세미만의 소년・소녀가 가정의 생계를 책임져야 하는 세대를 말한다. 즉 생활보호법이나 기타 관련규정에 의거하여 정부나 사회단체가 지원하는 정상적인 가정으로 육성될 수 있도록 보호 및 후원해야 하는 요보호 소년소녀가정세대이다.

소년소녀가정에서의 가장은 실질적인 가장권을 행사할 수 없는 미성년자이지만, 가족 구성원중의 연장자 또는 주민등록표상의 세대주로 되어 있는 자를 말한다. 세대는 가족과 동일한 개념으로 사용되고 있으나 가족이 애정을 중심으로 한 부부와 혈연관계인 부모 및 자녀로 구성된 사회의 원초적 집단을 의미하는 반면 세대는 가구를 한 단위로 표현하는 개념으로서 혈연의 가족만이 아니라 함께 생활하는 하나의 공간적 개념이라 할 수 있다.

소년소녀가정세대의 구성은 만18세미만이며, 중학교나 고등학교에 재학 중에 있는 학생이 대부분이다. 그리고 상당수의 소년소녀가정세대가 친척과 함께 살면서 직접 또는 간접적으로 도움을 받고 있는 것으로 나타나고 있어, 이들 소년소녀가정세대는 가정에서 유지·존속할 수 있도록 보호 및 후원해야 하는 가족형태를 가지고 있다

2) 소년소녀가정세대의 두드러진 문제

소년소녀가정세대가 나타나는 문제는 여러 측면에서 볼 수 있다.

① 소년소녀가정의 수가 지속적으로 증가하는 것이 하나의 큰 문제

② 경제적 지원에만 치중하여 정서적 보호가 결핍(예 : 성폭력 사건 등).

③ 소년소녀단독세대는 건전 성장에 대한 위해 요인(보사연 : 26.4% 단독세대)

④ 결연사업의 편중

지역사회인사와 결연을 맺어 민간이 지원하는 후원자구좌는 소년소녀가정세대의 4.5배이나 결연세대는 93.8%로 균형적인 결연이 이루어지지 않고 있음.

⑤ 보호자가 있더라고 조부모, 외조부모인 경우가 44%임.

이들은 보호금품을 마음대로 사용할 수 있고 정서적으로 불안하므로 비행청소년으로 전락할 우려가 있으며, 특히 소녀가장은 자기방어능력이 부족하여 성폭행 등의 사건이 발생할 소지가 많음.

⑥ 아동위원과 아동복지지도원의 활동 미약

읍, 면, 동지역의 요보호 아동에 대하여 필요한 원조와 지도를 하게 되어 있는 아동위원은 명예직에 불과하며, 아동복지지도원은 보육사업 등 타 행정업무가 과중하여 소년소녀가정 방문, 상담사업에 소홀

⑦ 후원자 및 자원봉사자 발굴, 관리체계 미흡

부모처럼 보살펴 주는 후원이 아니라 금전적 후원자 발굴에만 치중하고, 지역사회에서 자원봉사자 활용체계 미확립

⑧ 소년소녀가정세대 책정기준 현실화(소득과 지출을 모두 감안하는 경제적지원)

소년소녀가정으로 생활보호 대상자의 혜택을 받다가 맏형이나 누나가 취업하면서 경제적 능력을 갖게 되면 생활보호대상자에서 제외되게 되어 있으나 세금을 내고 중·고등학교에 다니는 동생들의 학비를 내고 나면 생활비로 활용 할 수 있는 돈은 거의 없게 되는 실정이므로 소득뿐 아니라 지출을 감안하는 경제적인 지원이 실시되어야 한다.

⑨ 소년소녀가정세대에 대한 정서적인 지원이 필요

담당직원이 충원, 소년소녀가정세대의 상당수는 학교문제를 갖고 있어 보다 적극적인 상담 및 정서적인 지도가 필요하다. 그러나 결연 사업 위주로 일을 하고 있는 한국복지재단의 직원은 많은 경우 한 직원이 500명의 소년소녀가정세대를 담당하고 있어 정서적인 지도는 거의 불가능한 실정이다. 또한 소년소녀가정들은 지역사회 내에서 가깝게 접근할 수 있는 사회복지 전문요원도 과다한 업무량 때문에 적극적인 상담 및 지도를 하기 어려운 실정이다.

3) 해결방안

가족해체로 인한 소년소녀가정세대가 증가하고 있는 실정이다. 소년소녀가정세대를 위한 몇 가지 방안을 제시한다.

① 빠른 예방적 조치의 필요

빈곤가족, 한부모가족 및 고령가족에 대한 경제적 지원 및 상담을 통한 정서적 지원(노혜련, 1995: 269)이 필요하다.

② 미성년자는 성인의 보호 하에 양육 받을 권리를 보장받아야 한다.

정부가 추진하고 있는 선가정, 후시설보호 정책은 그 취지는 훌륭하나 그 시행방법에 있어서 무리가 있다.

가장이란 집안식구를 감독하고 다스리는 감독권, 재산을 관리하는 재산권, 그리고 외부에 대하여 가정을 대표하는 권리를 가진 자를 의미하므로 소년소녀가 진정한 의미에서 한 세대의 가장이 된다는 것은 불가능하다. 지역사회 내 일반가정과 같은 형태의 그룹홈이라면 형제, 자매도 함께 시설아동이 경험하는 압박감이나 편견 없이 살 수 있을 것이다.

③ 대모제, 대부제를 실시

대리모, 대리부 또는 이모 고모 삼촌의 역할을 할 수 있는 사람들을 지역사회 내에서 지원받아 철저한 교육을 한 후 실시, 단기간보다는 장기간, 일시적인 캠프와 같은 프로그램보다는 집단 프로그램, 인성교육 프로그램 등과 같은 장기적인 프로그램을 정기적으로 실시.

④ 소년소녀가정의 60% 정도가 자립시 갖추어야 할 최소한의 교육수준을 고등학교로 보았고, 36% 정도는 대학교로 보고 있어 고등교육을 위한 지원이 요망되고 있다.

따라서, 세제혜택 등을 통한 보험회사 및 민간기업의 협조 하에 소년소녀가정들이 교육보험 및 생활자립보험을 후원금 형태로 지원 할 수 있게 하는 방안도 연구해 보아야 한다.

⑤ 소년소녀가정세대에 대한 지원은 일원화된 체계를 통해 제공 일선지역사회복지관에서는 결연서비스와 같은 소년소녀가정세대와 관련된 프로그램을 복지센터에서 운영하고 있기 때문에 각종보고 및 자료 제출은 사회 복지관에 하고 있으나, 소년소녀가정세대에 대한 사례관리는 구청 가정복지과에서 담당하고 있어 이중적인 행정체계로 인한 중복 서비스 등의 문제가 있다. 또한, 현재는 사회복지전문요원, 한국복지재단, 사회복지관, 종교단체 등이 각각 개별적으로 소년소녀가정세대를 위한 사업을 실시하고 있기 때문에 결연후원금의 편중현상이 나타나고, 서비스 계획을 세우는 사회복지전문요원이나 각 기관의 사회복지사 사이의 협의나 조정이 매우 부족한 상황이다. 이러한 분산되고 중복된 서비스는 일관성이 있는 서비스 지원으로 전문적인 개입의 폭을 넓힐 수 있는 기회를 앗아가고 있고 일시적인 지원이나 방문 등은 오히려 정서적인 혼란을 야기 시키고 의존심을 키울 수 있다. 이와 같은 상황을 개선하기 위해서는 중앙 집중적으로 지원 상황을 파악, 조절하고 소년소녀가정에게 필요한 서비스를 관리, 지원하는 업무를 전담하는 기구가 필요하다.

• 유료가정위탁제도: 친척이 있는 경우 •

전체 3분의 2, 경제적 지원 제공, 전문가를 통한 장기적 접촉상담으로 소년소녀가정세대를 올바르게 양육

• 그룹홈제도(소규모공동체)의 도입: 친척이 없는 경우 •

소년소녀가정들이 90%가 시설에 들어가고 싶지 않아 하기 때문에, 또한 그룹홈에서의 생활이 정신건강이나 정서적 안정에도 더 좋기 때문이다. 실제로 그룹홈제도 아래 자란 아이들은 대부분 굉장히 즐거워하고 만족해하기 때문이기도 하다. 소년소녀가정세대의 아동 4~5명이 1명의 사회복지사와 함께 한 가정을 이루어 생활하는 그룹홈제도를 도입하여 가족적인 분위기에서 성장할 수 있도록 지원해야한다. 그룹홈은 97년부터 서울시에서 도입한 복지제도로, 보호가 필요한 소년소녀 가장들에겐 시설보호보다 가정보호가 필요하다는 점에 착안, 한 명의 관리인과 아이들 4~5명을 모아 가족처럼 살도록 한 제도이다. 관리모는 아이들에게 부모 역할을 한다. 아이들이 가족과 같은 근근한 유대관계를 느끼면 살 수 있도록 한 것이다. 서울시에 있는 그룹홈은 종로구, 성북구, 중구, 강서구에 한군데씩 모두 4곳. 한 그룹홈에 5~6명씩 23명의 아이들이 생활하고 있다. 그룹홈은 울타리 역할을 하여 성착취와 청소년범죄로부터 소년소녀가정 보호에도 좋다.

⑥ 정서적으로 취약하고 자기방어능력이 부족한 소년소녀가정들은 신체적인 위해를 당할 우려가 있으므로 친척, 이웃 등 지역인사의 참여와 역할분담을 통한 정서적 안정과 일상생활의 안전을 도모를 위해서 소년소녀단독세대를 유지보다는 친인척과 동거하는 가족형태로의 전환을 유도하고, 단독세대인 경우는 아동위원, 종교인 등을 후견인으로 지정하여 보호강화 해야 한다.

⑦ 인근지역에 친인척이 거주하고 있는 경우에는 그들과 동거하도록 유도하여 가족형태를 계속 유지한다.

친인척이 부담하게 되는 부양비용을 아동복지시설에서 보호할 경우 소요되는 비용의 범위 내에서 지원하는 방안 강구(연간 시설보호 1인 2,169천 원)

⑧ 지역인사를 후견인으로 지정하여 정서적 보호 강화

소년소녀단독세대나 고령의 보호자와 동거하는 세대는 가까운 이웃에 거주하는 아동위원, 종교인, 지역여성지도자, 공무원 등을 후견인으로 지정하여 고충이나 애로사항을 상시 의논, 해결하며, 후견인은 해당 지역 내 아동위원, 통반장, 읍 · 면 · 동장의 추천으로 시 · 군 · 구의 장이 선정하고 유지관리한다.

⑨ 소년소녀가정세대에 대한 체계적인 행정지원체계 구축

소년소녀가정세대와 그 지역의 아동위원, 사회복지관 및 부녀복지관의 사회사업가, 아동복지지도원, 사회복지전문요원 등과의 연결체계를 구축하여 정기적으로 방문 지도케 함으로서 정서결핍에 따라 발생하는 아동문제를 미연에 방지한다.

9. 가족문제의 현황

1) 이혼과 별거

- 하루 평균 840쌍이 결혼하고, 398쌍이 이혼함으로써 조 이혼율이 3.0건을 기록 하여 경제협력개발기구(OECD)국가 가운데 미국에 이어 2위를 기록하였다.
- 재혼건수가 지난10년 간 별반 달라진 게 없는 것으로 미루어 볼 때 우리사회서도 동거가 족이나 1인 단독 가족 등 새로운 가족 형태가 등장하였다.

2) 가출

● 이혼이나 별거와 달리 성인의 가출은 가족 구성원에게 갑작스러운 혼란을 야기 시킨다.

● 가출로 인한 가족구성원들의 정신적, 경제적 어려움으로 결국 가족파탄으로 이어질 가능성이 많다.

● 외환위기 이후 남성들의 가출증가로 1차적 구조적 결손이 발생 후 생활을 떠맡은 아내마저 아이들을 두고 가출함으로써 제2차적 구조적 결손가족발생 하고 있다.

● 외환위기 이후 아직도 우리사회는 경제가 호전되지 않고 있다.

● 외환위기 직후에는 남성들의 가출이 증가하였지만, 현재는 실직상태의 장기화와 실업의 증가 그리고 가계 부채 증가 등으로 가장의 경제력에 불만을 가진 주부들의 가출 현상이 발생 하였다.

3) 한부모 가족

(1) 한부모 가족 가구 비율 및 혼인상태

● 함께 생활하던 부부 중 한 사람만이 가족에 남아 자녀와 기타 피부양자를 부양하는 상태를 말한다.

● 편부가족은 이혼, 별거, 아내가출로 인한 경우가 많은 것으로 나타났다.

● 편모가족은 배우자의 사망으로 인한 경우가 이혼, 별거보다 많은 것으로 나타났다.

● 지난 1985년에 848000한부모 가족 가구가 2000년에는 112400가구로 늘어나 15년 사이에 32.5% 증가했다.

4) 가정폭력

● 가정폭력범죄의 처벌 등에 관한 특례법에 따라 1998년 7월부터 가정폭력방지 및 피해자 보호 등에 관한 법률이 시행되었다.

• 가정폭력은 가족 내에서 가족 구성원에 이루어지는 신체적, 정신적 또는 재산상의 피해를 수반하는 모든 행위를 말한다.

• 특례법의 정의에 따라 가정폭력범죄의 유형에는 형법상 상해, 모욕, 주거, 신체, 수색, 공갈 등이 포함된다.

• 가정폭력의 피해자는 아내학대, 아동학대, 노인학대, 남편학대 등으로 나누어진다.

10. 가족문제에 대한 이론적 접근

가족문제는 여타의 문제보다도 복잡하기 때문에 다양한 측면에서 접근하여야 한다.

1) 가족발달이론

가족발달이론의 관심사는 가족생활주기와 가족이 한 가족으로서 거치는 각 단계에서 그들이 직면하는 역할인 발달적 과업에 초점을 맞추는 것이다. 따라서 이 이론은 가족이 각 발달주기에 따라서 겪는 상황을 어떻게 대처해 나가는 것이 관점이 된다.

2) 가족체계이론

가족은 여러 하위체계의 연합체라고 할 수 있다. 가족원은 가족체계의 상호작용에 영향을 받는다. 이 이론은 가족 간의 문제를 각 체계별로 분석하여 방안을 찾는 것이다.

3) 사회변동이론

사회변동은 사회에 현존하는 질서, 체제, 개념, 가치의 내용이 변화하는 과정이다. 사회의 최소 단위인 가족은 사회변동에 영향을 받을 수밖에 없다. 따라서 가족이 변화하는 사회에 어떻게 적응하는가에 따라 갈등과 문제가 발생한다.

4) 구조기능주의 이론

구조기능주의 이론은 가족이 사회에 어떤 기능을 하고 있는 가에 초점을 둔다. 따라서 가족문제에 있어서 가족의 갈등과 해체를 역기능적인 것으로 간주한다.

5) 갈등주의 이론

갈등주의의 이론은 남녀 성 불평등에 초점을 맞추고 있다. 성역할 변화에 따른 불평등한 관계에 의한 가족문제가 발생한다.

6) 상호작용주의 이론

상호작용 이론은 변화하는 사회에서의 가족 형태에 대한 판단에 초점을 두고 있다. 가족의 다양성에 대한 인정이 우선되어야 가치판단에 따른 것이다.

11. 문제 해결방안-사회적 개입

이상과 같이 가족해체의 원인되는 다양한 문제들을 살펴보았다. 본서에서 제시한 가족해체의 원인들 이외에도 사회변화에 따른 다양한 원인들이 나타날 것이다. 따라서 사회변화에 따른 가족문제에 대응하는 가족정책이 요구된다.

1) 거시적 개입

가족문제(해체)를 사회구조적인 문제로 보는 것으로, 문제해결을 위해서는 다양한 사회제도와 관련성 속에서의 정책적 방법을 의미한다.

가족복지정책은 가족성원과 가족이라는 하나의 단위에서 표출되는 욕구를 지원하는 기능을 하는 데서, 그 성과가 가족과 전체 사회의 변화 방향에서 긍정적으로 발현되도록 하는 국가개입적 실천이라고 할 수 있다.

정책에 대한 보편적 개입으로는 세 가지 유형을 제시하면 다음과 같다(Kamerman& Kahn, 1978; 박용순 외 2008).

첫째, 정책의 한 분야로 인식되는 유형으로 다른 정책과 연계성을 강조한다.

둘째, 다른 거시적인 정책적 목표를 달성하기 위한 수단으로 이해하는 유형이다.

셋째, 다른 사회정책의 선택 및 정책평가의 기준이나 관점으로 인식하는 유형이다.

이 유형들은 소득지원정책 강화, 건강지원정책 강화, 사회적 문제 예방 및 치료기능의 강화 등을 제시하고 있다.

2) 미시적 개입 – 사회복지적 개입

가족문제를 겪고 있는 가족에게 전문가가 직접적으로 개입하는 임상적 방법을 의미한다.

12. 사회복지적 개입

가족해체는 개인들에게 경제적 생존의 위기와 삶의 의미의 위기를 낳을 수 있다. 그러므로 사회는 이러한 이중적 위기에 대한 지원책들을 제공할 필요가 있다. 많은 유럽 복지국가들은 이혼이나 동거에 따른 가족의 해체 경향을 반영하여 가족단위의 복지체계를 개인단위의 복지체계로 전환시키거나 다양화하고 있다. 우리나라도 가족해체의 장기적인 경향을 인식하여 다양한 복지 지원체계를 갖추어나가야 할 것이다. 그리고 재취업 지원 상담 등을 통해 새로운 삶을 모색할 수 있도록 도와주어야 할 것이다.

- 가정폭력방지를 위한 다양한 프로그램 개발
- 가족치료와 가족 상담
- 예비부부들에 대한 프로그램 개발 및 교육
- 기타 가족사업을 위한 프로그램 개발

핵가족화, 소규모 가족화, 개인화 등에 따라 외도, 이혼, 가출 및 별거, 연대감의 상실, 주거공간의 분리, 가정폭력 등 가족을 해체시킬 수 있는 요인들은 도처에 있다. 그렇다고 과거로 돌아가 옛날의 가족을 복원하는 것은 불가능할 뿐만 아니라 바람직하지도 않다. 물론 가능하다면 가족의 해체를 줄이기 위한 노력들이 선행되어야 할 것이다. 이를 위해서는 가족 구성원 간의 사랑과 민주적 관계형성이 이루어져 한다. 가족 안에서 일어나는 성차별, 권위주의, 가정폭력 등이 사라져야 한다.

13. 해결과제

현대 사회에서 전통가족 형태를 찾아보기란 매우 어렵다. 전통사회에서는 농사를 주로 지었기 때문에 대부분이 확대 가족이며 가족원과의 문제가 생겼을 때는 조언 해주는 어른이 있었기 때문에 중재될 수 있었으며 가족 구성원 스스로의 역할에 책임석이 강했다.

지금은 대다수의 사람들은 정말 셀 수 없을 정도의 다양한 직업을 가지고 살게 되었다. 농기계의 발명과 비료나 생산기술의 혁신, 좋은 종자 개발 등으로 인해 대가족이 와글와글 모여 농사를 지을 필요성이 없게 된 것이다. 그래서 각자 하고 싶은 일들을 찾아서 도시로 하나둘씩 빠져나가며 핵가족이 보편화가 되고 문제가 많이 발생하게 되었다. 대가족시대에는 부모님을 하늘같이 알았으며, 순종이 미덕으로 여겨졌었고 가족은 삶의 터전이자 생계를 위한 필수불가결한 존재였었는데 핵가족시대에는 자기의사가 제일 중요하게 변하였다.

다들 뭔가에 바쁜 이 시대에 가족이 하나가 된다는 것 자체가 욕심이 되는 시대가 되었다. 서로에 대한 무관심으로 아이들의 가치관은 큰 혼란을 빚게 되었고 무엇이 옳고 그르다는 진리를 가르칠 사람이 없기 때문이다. 자녀들이 가치관 확립에 영향을 줄 수 있는 곳이 학교인데 요즘 교육정책 또한 그런 역할을 감당하지 못한다는 것이다. 경쟁을 강조하는 사회풍토에 적합하게 변모를 꾀하는 학교에서는 그런 진리를 가르치지 않는다. 결국 어느 누구도 아이들의 가치관을 정립하는데 도움을 주지 못한다. 그런 혼란을 겪은 아이들이 자란 사회가 지금의 우리 사회인 것이다. 가족은 사회를 구성하는 가장 기본적인 단위이다. 가족이 튼튼하면 사회도 튼튼할 것이다. 해체된 가정을 찾는 것이 매우 쉬워졌다. 사전대비도 중요하다. 또한 가족해체가 일어난 후의 사회생활을 위해 심리 정서 사회 교육프로그램을 통하여 안정적으로 이끌어 가야한다.

생각할 거리

1) 한국 사회의 가족에 대한 전통적인 의미가 무엇인지 생각해보고, 가족해체의 핵심인 '이혼'에 대해서 토론해보자.
2) 산업화는 가족의 변화에 큰 영향을 끼쳤다. 가족의 변화 중에서 남녀의 성역할의 변화는 매우 중요하다고 할 수 있다. 성역할의 패러다임에 대해서 토론해보자.
3) 사회변화(변동)가 가족의 기능에 어떤 영향을 주었는지에 대해서 토론해보자.
4) 한 부모 가정이 늘어나는 추세에 있다. 한부모 가정에 대한 지원정책에 대해서 토론해보자.
5) 호주제 폐지로 인한 가족형태의 변화에 대한 생각을 정리해보자.
6) 가족문제가 나타나는 내·외적 요인들을 알아보자.

제 11 장

정보화문제 - 사이버 공간의 문제

학습목표

1. 사이버에 대한 개념의 이해
2. 사이버에서의 활용 방안
3. 정보력과 사이버의 관계

1. 들어가기

1일 인터넷 사용시간은 '1시간 이상 3시간 미만'이라는 응답이 46.7%로 가장 많았고, 다음은 '1시간 미만(34.0%), '3시간 이상 5시간 미만'(14.2%), '5시간 이상 10시간 미만'(3.8%) 등의 순위로 나타났다.

이와 같은 인터넷 이용인구는 날이 갈수록 늘어나고 있으며, 특히 청소년들의 인터넷 이용률은 다른 연령층에 비하여 빠른 속도로 증가하고 있는 추세이다. 정보통신기술의 급격한 진보에 따라 초래된 이러한 인터넷 이용인구의 급증현상은 여러 가지 정보보사회의 문제점들을 낳고 있다. 기술은 급속히 발전하는데 반해, 신기술에 적응하는 인간들의 정신적 · 문화적 지체현상은 심화되고 있기 때문이다. 새로운 기술의 탄생과 함께 그에 걸맞는 기술문화가 정착하기 위해서는 시간과 사회구성원들의 노력이 필요하기 마련이다. 그러나 정보사회에서 등장하고 있는 새로운 기술들의 발전 속도는 그에 상응하는 문화의 창출과 보급의 속도를 능가하기 때문에 여러 가지 사회적 병리현상이 발생하는 것이다. 이를테면 국가 간 정보격차, 개인 간의 정보와 지식의 격차, 인간소외, 인터넷 중독, 사생활침해, 지적재산권 침해, 음란물 유표, 사이버 폭력 및 테러, 해킹, 스팸 등 정보사회의 발전을 저해할 수 있는 다양한 일탈행위들이 사이버 공간에서 발생하고 있다.

21세기 정보사회를 짊어지고 나갈 청소년들에게 정보사회를 살아가는 사회구성원으로서 갖추어야 할 올바른 가치관과 행동양식을 심어주고, 특히 정보화의 역기능으로부터 이들을 보호해야 한다는 인식은 국제적 공감을 불러일으키면서 그 중요성이 부각되고 있다. 미래 정보복지사회의 이상을 구현하기 위해서는 오늘의 청소년들에게 사이버 일탈의 문제점을 가르치고, 그것으로부터 보호하는 것이 무엇보다도 중요한 일이기 때문이다.

이러한 맥락에서 정보화 사회에서 중요한 사회적 문제로 논의되고 있는 이슈들 가운데 정보격차, 사이버 성폭력 및 사이버 중독, 정보격차를 중심으로 살펴보고 그 해결방안을 제시해보고자 한다.

2. 사이버 공간의 개념

사이버 공간은 우리의 현실세계와 동일한 일이 가상공간에서 재현되는데, 이를테면 영화나 텔레비전 시청도 인터넷으로 할 수 있고, 인터넷으로 은행업무를 보며, 의복에서부터 식품까지 필요한 모든 생필품을 구입할 수도 있으며 뉴스와 자료 등 다양한 정보를 수집할 수도 있다. 또 외국의 바이어와 화상회의를 할 수도 있게 되었으며, 이메일(전자우편, e-mail)의 보편화로 대부분 문서로 제출되던 보고서나 결재 서류, 학교의 시험도 이메일을 통해서 이루어지고 있는 실정이다.

사이버공간(cyber space)란 실체는 없지만 보고 느낄 수 있고 직접적인 거래와 관계가 이루어지기 때문에 우리말로 '가상적인 현실(virtual reality)'라고 풀이하는 것이 가장 적절하다. SF소설가인 깁슨(Gibson)의 소설 「누르만서(Neurmancer)」에서 처음 만들어진 용어라고 알려져 있는 사이버 공간은 컴퓨터 화면을 통해 가능한 전자상거래, 지식과 정보 검색, 채팅 이메일, 게임 등이 현실공간인 시장이나 도서관, 찻집, 오락실 등에서 이루어지는 것이 아니라 가상의 공간에서 사회적인 관계가 형성되는 것이다. 예를 들어, 전자상거래의 경우 실제로 인터넷 상에서 물건을 구입하고 그 물건을 직접 배달받을 수 있으므로 가상의 공간에서 매매가 이루어져 현실세계로 이어지는 것이다.

가상에 기반을 둔 사이버 공간은 다음과 같은 특성을 지닌다.

① **개방성** : 사이버공간은 네트워크로 연결되어 있기 때문에 시간과 공간을 초월하며 언제 어디서나 접근이 가능하기 때문에 인터넷은 '무한 세계', '정보의 바다'라고 표현하기도 한다.

② **익명성** : 사이버 공간에서는 이름이 없어도 ID 하나만으로 자신을 대신할 수 있으며 익명으로 거래를 할 수도 있으며 채팅, 이메일이 가능하다.

③ **탈공간성** : 공간의 제약을 받지 않는다. 인터넷은 전세계와 인종을 초월하여 광범위한 네트워크에 의해 연결된다.

④ **탈시간성** : 사용자가 컴퓨터를 켜고 끄는 시간에 의해 제한될 뿐 언제나 어느 때나 열려 있는 장점이 있다.

3. 사이버 문제의 유형

1) 인터넷 중독문제

인터넷 중독이란 정신의학적으로는 충돌조절장애로 설명될 수 있는데 인터넷의 과도한 사용으로 인해 현실감을 잃어버리고 자신의 역할과 기능을 원만하게 수행하지 못하여 자신 또는 주변에 피해를 초래하는 현상이라고 할 수 있을 것이다.

인터넷 중독의 과정은

(1) 인터넷 중독에 이르는 세 단계 과정

〈1단계 : 인터넷에 빠져들기〉

가족이나 친구가 좋은 뜻으로 사준 선물인 모뎀을 컴퓨터에 달면서 접속의 길이 열린다. 인터넷에 대해 배우고 들어가기 시작한다. 며칠 아니면 몇 시간 내에 관심을 끄는 온라인 사이트를 발견하고 정규적으로 들어가게 된다. 머드게임이나 채팅룸, 뉴스그룹 같은 곳에 참여하게 된다. 거기서 자신의 정체성을 키우게 된다.

〈2단계 : 인터넷을 통한 대리만족〉

현실에서는 찾지 못했거나 그럴 수 없었던 것의 대체 수단으로서 인터넷 공동체에 깊이 빠져든다. 몇 주 아니면 몇 개월 이내에 친구를 만나게 된다. 자극과 신뢰, 애정, 도움을 발견한다. 갈 만한 곳, 할 만한 일을 더 많이 알게 된다. 현실 생활에서 해야만 했던 일과 사람들을 이제 무시하게 된다. 인터넷 세계는 거부할 수 없는 대리 만족의 세계가 되어 간다.

〈3단계 : 현실탈출〉

대리 만족을 얻기 위해 더 자주, 더 오래 인터넷 공동체에 들어간다. 온라인에서는 진정되고 평화롭고 행복하게 느끼며, 거기에서는 외로움이나 기타 문제에 대해 걱정할 필요가 없다. 인터넷 공동체에서 경험하는 느낌은 모든 걱정에 대한 해독제이며 고통을 잊게 해준다. 인터넷에서의 시간이 더 많이 필요해지고 의존성이 생긴다. 현실 세계와 삶에서 탈출하며, 그러한 탈출로 인해 현실 세계의 어떤 것도 변화시킬 수 없게 된다. 어딘가 다른 곳에 살고 있다.

(2) 인터넷 중독의 증상

증상은 강박적 집착과 사용, 내성과 금단, 일상생활 장애, 신체적 증상 등이 나타날 수 있다.

중독의 종류로는 대표적으로 게임중독과 통신 중독, 음란 사이트에 대한 중독 등으로 설명될 수 있을 것이다. 게임 중독은 청소년에게 가장 흔하게 발생하는 중독 증상으로서 게임에 빠져들면 그것이 현실에서 일어나는 듯한 착각을 일으키기 때문에 아직 자아의 미성숙 단계에 있는 청소년의 경우 혼돈에 빠져 더욱 집착하게 되는 것이다. 청소년들이 인터넷 게임에 중독되면 성적이 떨어지거나 대인관계가 현저히 줄어드는 것을 볼 수 있으며 무기력하고 피곤해하며 심하면 자폐증까지 나타날 수 있다고 한다.

(3) 인터넷 중독자의 문제

가. 가정불화

킴벌리 영에 따르면 조사된 응답자들 중에 53%가 심각한 가정불화를 경험했다고 한다. 인터넷 과잉사용으로 인해 부부, 연인, 부모－자식, 친한 친구사이에 심각한 문제가 발생한다. 대부분의 중독자들은 인터넷 사용으로 인해 가정 일을 등한시하면서 이렇게 허비하는 시간과 에너지에 대해서는 부정을 하고, 주변 사람들로부터 인터넷을 중단하거나 멀리하라고 요구 받으면 분노하거나 화를 내게 되는데, 특히 부부사이에 더욱 심한 갈등을 보인다고 한다. 얼마 전 국내에서 발생했던 인터넷 채팅으로 인한 살인사건도 그런 갈등의 결과였다. 이와 같이 인터넷 과잉 사용은 실생활에서의 대인관계를 손상시키고 가정에서 부부간이나 가족들 사이에 심각한 갈등을 불러일으킬 수 있다.

나. 학업문제

한 연구에서, 조사에 응한 교사, 도서관 직원과 컴퓨터 관련자들의 86%가 인터넷 사용이 학생들에게서 학업능률의 증가를 가져오지 않았다고 하였다. 응답자들은 인터넷을 통한 정보가 체계적이지 못하고 교과 과정이나 교과서와의 관련이 적다고 주장하였다. 더더욱 58%의 학생들은 인터넷 사용으로 인해 학업성적의 저하, 유급, 결석 등을 보고하였다.

다. 직장문제

부하직원이 업무 외 다른 용도로 직장 내 인터넷을 사용한다는 것을 발견하였을 때, 상사들은 이를 어느 선까지 어떻게 통제해야 할 것인가에 대하여 고심하게 된다. 또 이렇게 인터넷을 사용하는 사람들은 직장 상사들과 마찰을 일으키며 승진이나 업무성적에서 불이익을 받고 심한 경우는 직장을 잃기도 한다.

2) 인터넷의 해킹과 보안 문제

인터넷이 생활화 되면서 개인의 신상 정보가 유출되는 문제가 끊임없이 발생하고 있어 문제가 되고 있다. '해킹(hacking)'이라고 말하는 개인 정보 침해는 컴퓨터를 능숙히 작동할 수 있는 사람이 온라인으로 다른 사람의 컴퓨터에 침입하여 그 사람의 개인적인 신상 정보는 물론 중요한 기밀문서나 자료까지도 훔쳐 오거나 목적을 가지고 아예 사용할 수 없도록 파괴해 버리는 행위를 말한다.

인터넷 뱅킹을 하기 위해 로그인(login)한 상태에서 해킹을 당하면 해커에 의해 통장에 들어 있는 돈이 몽땅 사라질 수 있다. 또 다른 사람의 ID나 비밀번호(password)를 조합하여 유료 게임을 즐긴다거나 물건을 구입하는 행위 모두가 해킹에 의해 발생하는 피해로 볼 수 있다. 대형 회사나 국가적인 기밀사항에 있어서는 해커의 의도적인 바이러스 살포로 전 국가적인 인터넷 마비를 초래하기도 한다.

3) 사이버 성폭력 문제

사이버 성폭력이란 ① 원치 않는 성적인 언어(외모와 성적 취향, 음담패설 등)와 이미지를 사용함으로써 위협적, 적대적, 공격적인 통신 환경을 조성하여 상대방의 통신환경을 저해하거나 현실공간에서의 피해를 유발한 경우, ② 명시적으로 성적인 접근이나 제안이 아니더라도 성적인 은유나 상대방으로 하여금 불쾌감을 느끼게 한 경우(한국 성폭력 상담소, www.sisters.co.kr)를 의미한다.

사이버 성폭력의 문제점은 가상공간에서 발생하는 일이며 성폭력 가해자가 익명으로 접근할 경우 처벌을 할 수 있는 법적인 조치도 미비한 점이다.

사이버 성폭력의 종류는 첫째, 사이버 성희롱이 있는데 이는 전자우편이나 채팅을 통해서 상대에게 성적 수치심이나 모멸감을 느끼게 하는 글, 음향, 영상을 보내는 행위이며, 둘째, 사이버 스토킹으로서 사이버 공간에서 이루어지는 스토킹으로 상대방에게 편지 보내기, 채팅 요구, 성적 희롱의 대상이 될 것을 요구하는 행위로 이는 원조교제 등으로 발전될 가능성이 커서 오프라인의 성폭력의 가능성이 있다. 셋째, 사이버 명예훼손으로 사이버 공간에서 성폭력과 관련한 명예훼손은 게시판이나 성 관련 사이트에 특정인의 사생활, 특히 성생활과 이와 관련된 허위 사실을 글, 음향, 영상 등으로 올려서 개인의 명예를 훼손한 행위이며, 넷째, 사이버 음란물 게시로서 사이버 음란물 게시는 전자우편이나 PC통신을 통해서 음란한 부호, 문언, 음향, 영상을 배포하고 판매하는 행위 또는 임대하거나 전시하는 행위이다.(사이버성폭력신고센터, http://www.wmonitor.or.kr)

4) 컴퓨터 언어문제

요즘 청소년들이 핸드폰 문자나 이메일에서 사용하는 언어를 보면 기성세대들은 이해하기 어려운 단어와 용어들이 너무 많다. 학교에서도 작문이나 국어 시간에 우리말 문법과 어법에 맞추어 정확하게 표준말을 적어 내는 어린이는 극히 일부라고 하여 우리말 파괴 현상이 심각한 실정이다. 이러한 통신언어는 이른바 N세대[1]의 문화를 대변하는 것으

1. N세대(N-Generation)란, 네트워크(Network), 차세대(New) 등의 영문 첫 글자를 딴 것으로 디지털 환경에서 생활하는 세대를 의미한다.

로 오늘날 컴퓨터를 접하는 어린이와 청소년들은 자연스럽게 이 언어를 습득하고 있는 것이다. 컴퓨터 언어가 스피드 시대라고 불리는 현대사회에서 시간을 줄일 수 있고 문자 메시지 등을 보낼 때 메시지 발송 비용을 줄일 수 있으며 표현력이 풍부하다는 점에서 그리고 청소년들의 새로운 하나의 문화로서 받아들여야 한다는 목소리도 있지만, 문제는 우리 청소년들이 국어와 표준어를 올바르게 배우는 것을 방해하고 소중한 우리말을 심각하게 훼손한다는 데 있는 것이다. 컴퓨터 언어에 너무 익숙하다 보니 심지어 어떤 어린이는 어떤 것이 한글이고 어떤 것이 통신 언어인지 구별해 내지도 못하는 경우도 있다고 한다.

5) 정보격차 문제

정보격차란 정보기술의 접근이나 활용, 활용능력에 있어서 나타나는 격차를 말한다. 정보화가 빠르게 진행되면서 이러한 정보격차의 문제는 중요한 이슈로 제기되고 있다. 정보화 사회에서는 사회적 약자들이 정보기술을 이용해 장애를 극복함으로써 사회적 불평등이 해소되고 국제사회 간에는 긴밀한 유대관계의 유지가 가능함에 따라 상호 평등사회가 실현될 것이라는 낙관론적인 관점과는 달리 정보화는 정보를 구매・활용할 수 있는 능력에 따라 '정보부자'와 '정보빈자'라는 새로운 계급적 불평등을 초래하고 있다.

정보격차는 여러 영역에 걸쳐 불평등을 야기하며 그러한 열악해진 사회적 여건으로 인해 다시 그 격차가 심화・재생산된다는 점에서 더욱 큰 문제가 아닐 수 없다. 종국에는 빈부격차와 문화적 단절을 심화시켜 사회통합을 저해하는 요인으로 작용할 것이다.

6) 사이버 테러 문제

사이버 테러(Cyber Terror)란, 컴퓨터 통신망상에 구축되는 가상공간인 사이버 공간상에서 이루어지는 악의를 가지고 행동하는 모든 행위를 가리키는 용어이다. 컴퓨터 통신망을 이용하여 정부기관이나 민간 기관의 정보시스템에 침입, 중대한 장애를 발생시키거나 파괴하는 등의 범죄 행위, 개인의 정보를 불법적으로 수집하여 악용하는 등의 행위를 말하는 것으로써 행위자는 개인에서 조직까지 광범위하게 이루어지고 있다.

사이버 테러는 다음과 같이 세 개의 영역으로 구분지어 설명할 수 있다. 첫 번째는 개인에 대한 테러이다. 민간의 영역에 속한 것으로 언론에서 자주 보도 되는 형태를 가진다. 유언비어의 유포, 명예훼손, 사기 등이 이 경우에 해당되며 스토킹 또한 자주 거론된다. 두 번째로 집단에 대한 테러이다. 가장 대표적인 것이 집단과 조직의 홈페이지에 대한 행위로서 크래킹(Cracking)[2]에 의한 가동중지, 홈페이지의 변조 및 파괴, 서비스거부 공격 등의 형태가 있다. 세 번째는 1990년대 중반에 들면서 구체적인 사례와 함께 논의되는 문제로 국가를 상대로 하는 테러를 들 수 있다. 국가의 주요한 사회간접자본과 주요 인프라에 대해 행해지는 테러는 가장 영향력이 크다. 문화권의 구분에 의한 상대 문화에 대한 비판이나 멸시 등도 사이버 테러로 볼 수 있으며, 국가 간의 정보전 또한 테러의 관점에서 해석되고 있다.

4. 사이버 상의 현황 : 범죄 실태

사이버 상에서 발생하는 범죄에 관한 실태이다.

1) 사이버 범죄 실태 현황

〈그림11-1〉은 사이버 상의 범죄 발생률과 검거률에 관한 내용이다. 발생률과 검거률이 비례하여 증가함을 알 수 있다.

〈그림11-1〉

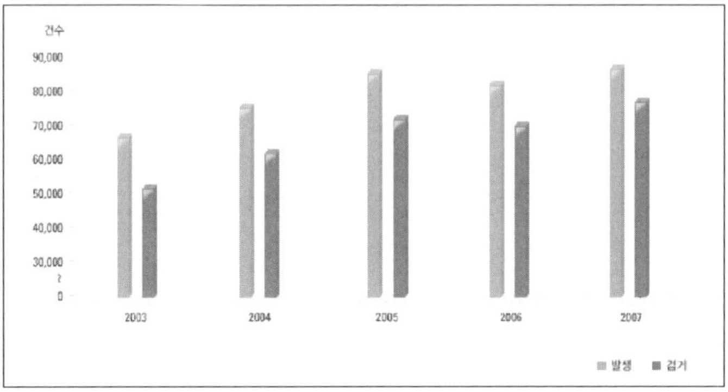

출처 : 경찰청사이버테러대응센터(NETAN), 2007.

2. 1) 허가받지 않은 시스템에 대하여 정신적 또는 물리적인 피해를 입히는 것.
2) 특정 개인이나 특정 단체의 정신적 또는 물리적인 이익을 위하여 허가받지 않은 시스템에 강제로 침입하는 것. 위의 두 가지 내용 중 하나 이상의 항목에 해당되는 경우, 이를 크래킹이라고 부른다.

2) 사이버폭력의 현황

인터넷 이용 중 사이버 폭력을 당하거나 주변 사람이 당하는 것을 본 경험이 있는 응답자는 15.2%로 나타났다. 사이버 폭력 접촉 경험자들이 사이버폭력을 접촉한 경로는 '인터넷 뉴스 댓글'(53.9%)이 가장 많았고 10대들은 '미니홈피, 블로그'(60.0%) 등에서 접하는 경우가 많았다. 2006년에 비해 채팅이나 메신저, 게임을 통한 직접적인 폭력은 감소한 반면, 게시글에 대한 댓글을 통한 간접적인 폭력은 증가하였다(〈그림11-2〉).

〈그림11-2〉

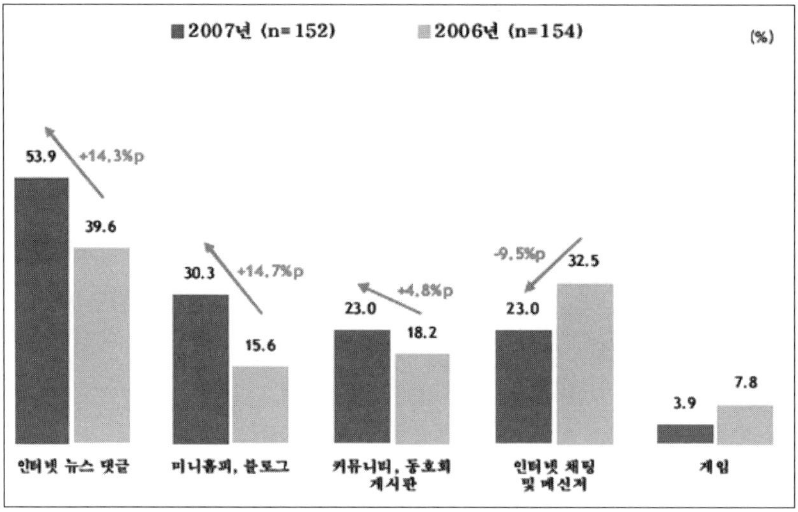

출처 : 정보통신윤리위원회, 2007

댓글을 통한 간접적인 폭력이 증가한 결과, 사이버 폭력 가해자로 '익명이라 알 수 없거나 모르는 사람'이라는 응답이 가장 많이 나타났다. 응답자들은 가장 심각한 사이버폭력으로 '허위사실유포'(28.0%)를 가장 많이 꼽았다.

그러나 사이버 폭력은 악의보다 단순한 호기심과 장난에 의한 것(48.5%)이라는 판단이 우세하였으며, 사이버 폭력 접촉시 특별한 조치를 취하지 않는다는 응답이 많았다. 사이버 폭력 행위로 처벌받을 수 있다는 인식은 69.1%로 전반적으로 높은 편이다.

3) 사이버 중독 현황

2007년 9월 청소년보호위원회가 청소년(10~18세) 인터넷 사용자 1930명을 대상으로 조사한 결과, 하루 3시간 이상 인터넷을 사용하는 응답자가 20%에 달했으며, '인터넷 중독'으로 의심되는 청소년이 11%나 됐다. 국내 인터넷 사용자 1600만 명(정통부 통계) 중 청소년을 500만 명으로 추정할 때, 50만 명 이상이 인터넷 사용으로 인해 정상적 학업생활을 못하고 있다는 얘기이다. 지난 8월 인터넷에 '청년의사인터넷중독치료센터'를 차린 '사랑이 꽃피는 마을 정신과' 김현수 원장은 "두 달 동안 인터넷 중독 청소년 60여 명이 상담을 요청해 와 놀랐다"며 "무분별한 인터넷 사용은 청소년들에게 스트레스성 장애와 충동조절 장애를 일으켜 불면증과 악몽, 금단현상으로 이어진다"고 말했다. 중학교 1학년이라고 밝힌 한 여학생은 이 사이트에 보낸 이메일에서 "수업 중에도 게임소리가 귓전을 맴돌고 밤에도 한 시간 이상 게임을 해야 잠을 잘 수 있다』고 호소했다. 이 같은 인터넷 중독증상은 정도의 차이만 있을 뿐 대부분의 청소년들이 갖고 있어, 각 가정에서는 고속통신망 가입을 해지하거나 컴퓨터가 고장나도 고치지 않는 경우가 속출하고 있다. 인터넷 중독으로 일반학교 생활에 적응하지 못해 대안학교를 찾는 학생 수도 최근 급증 추세다.

고려대 의대 예방의학교실 천병철 · 김정숙 교수팀이 경기지역 중 · 고교생 764명(중학생 369명, 고교생 395명)을 대상으로 조사한 결과, 중독 초기에 있는 학생 38.5%(중 36.6%, 고 40.3%)와 중증 2.9%(중 4.3%, 고 1.5%)를 포함해 모두 41.4%가 인터넷 중독증세를 보이는 것으로 나타났다. 응답자들의 하루 평균 인터넷 사용시간은 중학생이 3.1시간, 고교생이 2.8시간 이었으며, 접속 장소는 대부분(90%) 집인 것으로 조사됐다. 중독증세를 보인 학생들을 분석한 결과, 예상대로 • 학업성적이 낮은 학생일수록 • 하루 평균 사용시간이 길수록 • 인터넷을 게임과 통신용으로 주로 이용할수록 중독증세가 심했다. 삼성서울병원 가정의학과 이정권 교수팀이 서울과 경기 성남의 6개 PC방에서 인터넷을 이용 중인 888명을 면접 조사한 결과에서도 중독 3.4%, 지나친 사용 41.3% 등 10명 중 4명꼴로 인터넷 중독의 위험에 처한 것으로 나타났다. 이 조사에서는 • 남성 • 저학력자 • 무직자 • 주 이용장소가 PC방인 사람 • 인터넷 사용 빈도가 잦고 새벽까지 이용하는 사람일수록 중독 정도가 심했다. 인터넷 중독은 각종 정신병증과 밀접한 연관이 있다. 인터넷 중독자들의 우울증 유병률은 20.4%로서, 과사용군이나 비중독군의 4.1%, 1.6%에 비해 크게 높으며, 불안증 유병률도 과사용군(9%), 비중독군(2.4%)보다 높은 46.7%에 달한다.

5. 사이버 문제에 대한 원인과 이론적 접근

1) 인터넷 중독의 원인

인터넷에서는 안 되는 일이 없기 때문이라고 할 수 있을 것이다. 원하는 정보를 얻는 일에서부터 자유롭게 편지(이메일)를 주고받을 수 있으며 짧은 시간 동안 공통의 관심을 가진 많은 사람들과의 만남이 가능하며 그 외에도 원하는 물건을 쉽게 구입할 수 있고 집에 가만히 앉아서 원하는 것을 얻을 수 있는 것이다. 또 평상시 문제가 있는 성격이거나 또는 지나치게 소극적인 사람들도 인터넷 공간에서는 자신 있고 능력 있는 사람으로 재창조할 수 있다는 점에서 많은 사람들이 사이버 공간의 독특한 매력에 이끌리게 되는 것이다.

특히 인터넷 게임의 경우 현실세계에서는 법이나 규범에 의해 불가능한 일도 가상공간에서는 얼마든지 가능하므로 인해 인간의 무의식 속에 내재된 파괴의 본능을 자극하기 때문에 사람들은 게임에 몰두하게 되는 것이다.

2) 사이버범죄의 원인

첫째, 개방적, 자율적 속성의 인터넷상에서 통제와 구속에 거부감이 원인이다. 이러한 개방성이 개인정보 유출로, 육체적인 자유로움이 사이버 성폭력으로, 네트워크의 방대함이 해킹으로, 수평적 자율성이 무책임함으로 손쉽게 둔갑해 버리는 것들로 나타날 수 있다. 둘째, 온라인 공동체를 매개로 한 집단 이기주의이다. 사이버 테러나 폭력성을 드러내는 사이버 성폭력, 언어폭력, 폭탄 제조 사이트, 또한 자살 사이트 등이 확산되는 문제점을 야기한다.

셋째, 처벌에 대하여 직접적으로 피부에 와 닿지 않는다는 점이다. 오프라인 상에서는 자신의 행위에 대해서 바로 규제나 처벌이 가능하지만, 온라인상에서는 그렇지 않다고 많은 사람들이 느끼고 있기 때문이다. 넷째, 익명성 속에서의 인간의 심리적 속성 때문이다. 아무리 나쁜 짓을 해도 자신이 했다는 것이 드러나지 않기 때문에 그에 대한 안도감 때문에 폭력적 측면을 더 드러낸다는 것이다.

3) 정보격차의 원인

정보격차문제는 연령, 직업, 지역, 소득, 성, 장애유무 등 다양한 사회적 · 지역적 · 신체적 여건 등으로 인해 정보이용에 제약을 받는 정보소외계층이 나타남으로써 발생하게 된다. 예를 들어, 각종 통신기기나 정보통신서비스를 구매할 수 없는 빈곤계층이나 열악한 네트워크를 비싸게 이용해야 하는 농 · 어민층, 그리고 신체적 · 정신적 장애로 매체에 대한 접근 자체가 불가능한 장애인 등은 정보매체에 대한 단순한 접근조차 어려운 기본적인 문제를 안고 있다. 이와 같은 정보의 불평등한 접근성 이외에도 정보활용능력의 차이에 따라 다시 정보격차가 발생할 수 있다. 정보기술의 활용은 어느 정도 수준의 지적 능력을 요구하기 때문에 아무래도 화이트 칼라[3]나 고학력자일수록 정보활용능력이 클 가능성이 높아 직업, 교육수준 등에 따라 기존의 불평등이 더욱 심화될 수 있다. 또한 연령이나 성별 또한 정보활용능력의 차이에 영향을 미치는 요인이 될 수 있는데 정보매체 활용을 중심으로 생활습관을 바꿔야 하는 중년세대 및 노인이나 가정주부들은 상대적으로 정보매체에서 소외되기 쉽다.

(1) 규범이론

일반적으로 많은 사회학자들은 일탈행동의 규범적 정의를 취해 왔다. 규범이론은 규범성의 약화가 부적절한 행동을 유발한다는 입장이다. 규범이론은 사회통제이론(Hirschi,1969)과 자기통제이론(Gottfredson & Hirschi, 1990)으로 나뉘는데, 이는 고전주의 범죄학의 가정을 따르고 있다. 고전주의 범죄학은 인간의 본성을 자기 이익으로 추구하는 이기적인 존재로 보고 있다. 대부분의 범죄나 비행이 행위자에게 쉽고 즉각적이며 확실한 이익을 제공한다는 면에서 모든 사람은 범죄나 비행의 동기를 가지고 있다고 본다.

---

3. 사무직에 종사하는 노동자. 푸른 작업복을 입는 육체노동자와 달리 흰 와이셔츠를 입기 때문에 생긴 말이다.

히쉬(Hirschi, 1969)[4]는 인간은 기본적으로 규범을 위반하려는 이기적 속성과 일탈속성을 지니고 있다고 본다. 이러한 기본적인 일탈적 성향을 가진 인간들이 일탈행동을 하지 않게 되는 것은 그들에게 작용하는 규범강요기제가 있기 때문이다. 이러한 규범강요기제를 그는 미시적 수준에서의 사회적 결속(social bonding)에서 찾고 있다. 특히 그는 사람들을 규범적 동조에 결합시키는 사회적 · 심리적 강제요소로 규범동조적인 친밀한 타자와의 사회적 결속을 강조하고 있다. 이러한 관습적 생활양식에 대한 결속이 약해질 때, 따라서 개인에 대한 제약적 영향력이 없어지게 될 때, 사람들은 규범으로부터 일탈을 하게 된다.

따라서 통제이론에서는 비행의 동기보다 통제에 초점을 둔다. 실명의 대면적인 관계에서는 주변사람들의 통제가 작용하여 자기가 하고 싶은 대로 행동하지 못하는 경향이 있다. 그러나 사이버 공간과 같이 익명성이 보장되는 상황에서는 다른 사람이나 공동체의 통제가 약해서 자기가 하고 싶은 대로 행동하는 경향이 있다.

자기통제이론은 또한 가정에서의 훈육이 자녀들의 자기통제력을 만들어낸다고 본다. 가정에서 자녀의 사이버일탈을 감독하고 훈육하는 방법은 통제이론적인 관점에서 보면 매우 적절하다. 이는 최근의 연구결과에서도 경험적으로 뒷받침되고 있다. 부모의 양육태도는 자녀의 게임방 출입에 상당한 영향을 미친다. 부모가 독재적일수록 그 자녀들은 자신들의 인터넷과 게임방 이용행위를 부모들에게 숨기는 경향이 있으나, 부모가 자녀들에게 모범적이고 허용적인 태도와 행동을 보이면 부모들로부터 허락을 받는 경향이 있다. 또한 자녀에 대한 부모의 지나친 간섭이나 방임은 청소년들이 게임이 중독되거나 사이버 일탈을 하는데 기여할 수 있다.

(2) 긴장이론

머튼(Merton, 1968)[5]에게 있어 인간행위는 공유된 문화적 목표와 제도화된 수단을 통

4. Godfredson & Hirschi은 자기통제이론(self-control theory)에서 비행행위 뿐만 아니라 위험한 행위 까지도 포함한 다양한 범죄가 낮은 자기통제력에 기인한다고 했다(Godfredson & Hirschi,1990). 이 주장에 따르면, 이들은 즉각적인 쾌락을 좇아 범죄 뿐 아니라 '유사한 행위'를 저지르며, 이런 행동은 평생을 두고 계속적이며 차등적인 경향으로 나타나는데. 이것을 '낮은 자기통제력'으로 설명하는 것이다. 자기통제이론은 모든 범죄나 비행은 동질적인 현상이고 동일한 원인을 공유한다고 보고 그 공통된 원인을 낮은 자기통제력이라고 보는 것이다.

5. 필라델피아 출생. 템플대학을 거쳐 하버드대학을 졸업하였다. 1939~1941년 털레인대학 교수로 재직하였고, 1941년 컬럼비아대학 사회학 주임교수가 되었다. M.베버, P.A.소로킨, V.파레토 등의 영향을

해 수행된다. 그에게 있어 일탈은 공유된 문화적 목표와 제도화된 수단이라는 두 가지 행위 요소간의 불일치를 통해 발생하는 것이다.

머튼은 사회적으로 인정된 가치와 그것을 달성하는 제한된 수단 사이의 긴장에 대하여 다섯 가지 가능한 반응을 제시하고, 보편적인 가치와 그것을 실현시키기 위한 관습적인 수단을 받아들이는 순응주의자 외에는 모두 일탈의 범주에 들어간다고 보았다. 그러나 그의 인식의 초점은 일탈의 1차적 원인은 정상적인 행동의 동기와 문화적으로 정당한 욕구의 충족이라는 것이다. 단지 일탈은 이러한 정당한 욕구의 충족을 위한 제도화된 수단을 확보하지 못함으로써 욕구충족을 위해 공인되지 못한 수단을 사용한 데 있다는 것이다. 따라서 대부분의 일탈행동은 욕구충족수단의 확보를 제약하는 사회구조적 문제라고 할 수 있다.

사이버공간에서 자신의 욕구를 충족시키기 위해 이루어지는 물물교환, 사이버 화폐 거래, 사기, 폭력, 약탈행위, PC방에서 게임 아이디나 아이템을 해킹하거나 게임 아이템을 확보하기 위해 상습적으로 PK[6]를 일삼는 청소년들의 행위는 이러한 맥락에서 이해될 수 있다. 또한 가상의 재산인 게임 아이템을 얻기 위해 수단과 방법을 가리지 않는 이유는 이 아이템이 현실세계에서 현금으로 거래되어 현금에 대한 인간의 욕구를 충족시켜 주기 때문이다.

• 아노미론 •

머튼[7]은 사회에서 문화적으로 규정된 합법적 목표와 이를 달성하기 위한 제도적 수단 사이에 괴리가 있을 때 사람들이 아노미 상태에 빠지게 된다고 한다.

ex) 자신이 하고 있는 게임에서 원하는 아이템을 가지고 싶은데 그렇지 못할 경우 해킹이나 불법 프로그램의 사용을 통한 아이템 획득의 경우.

받아 이론사회학을 추구하면서도 경험적 조사에 관심을 보여, 중(中)범위 이론을 제창하고 이론과 조사와의 통합을 역설하였다. 또, 기능주의 입장에서, 현재적(顯在的) 기능 이외에 잠재적 기능의 중요성을 지적하였다. 또한 관료제의 역기능에 대한 체계적인 연구를 최초로 하였다.

6. 게임에서 아무 이유 없이 남의 캐릭터를 죽이는 사람 또는 그 캐릭터나 그 행위

(3) 하위문화론

범행 및 비행과 관련해서는 두 가지 하위문화론[8]이 존재한다. 이 이론들은 머튼(Merton, 1968)의 아노미론과 서덜랜드(Sutherland,1947)의 접촉차이론의 통합이라고 볼 수 있는데, 특히 소년비행과 갱(gang)[9]의 존재를 설명하려는 시도에서 발전되었다. 하위문화란 기존의 지배적인 사고방식(가치관 · 의사결정)과 행동방식과는 다른 내용을 갖는 문화를 말한다.

일탈의 하위문화론적 설명은 한 사회 내에는 성격을 달리하는 문화를 가진 하위집단들이 있다는 인식을 바탕으로 한 것이다. 이러한 하위문화의 종합적 집합체로서의 사회문화는 이들을 아우르는 핵심가치로 연결되어 있다. 그러나 하위문화집단의 문화가치가 그 사회에서는 수용 불가능할 정도로 핵심가치와 충돌한다면 그것은 일탈적 하위문화집단으로 간주될 수 있고, 그들의 문화를 내면화한 구성원들의 행동은 일탈행위로 간주된다는 것이다.

이러한 하위문화적 인식은 서덜랜드(Sutherand,1947)[10]의 차별적 결합이론에서 출발하였다. 이는 비행집단이라는 하위집단과의 접촉이 일탈행동을 유발한다는 것으로, 이는 일탈행동이 친밀한 집단 내에서의 상호작용과 의사소통과정을 통해 학습된다고 보

---

7. 머턴(Robert King Merton, 1910.7.5~) 필라델피아 출생. 템플대학을 거쳐 하버드대학을 졸업하였다. 1939~1941년 털레인대학 교수로 재직하였고, 1941년 컬럼비아대학 사회학 주임교수가 되었다. M.베버, P.A.소로킨, V.파레토 등의 영향을 받아 이론사회학을 추구하면서도 경험적 조사에 관심을 보여, 중(中)범위 이론을 제창하고 이론과 조사와의 통합을 역설하였다. 또, 기능주의 입장에서, 현재적(顯在的) 기능 이외에 잠재적 기능의 중요성을 지적하였다. 또한 관료제의 역기능에 대한 체계적인 연구를 최초로 하였다.
   주요저서로 『대중설득(Mass Persuasion)』(1946), 『사회이론과 사회구조(Social Theory and Social Structure)』(1949), 『사회이론과 기능주의적 분석(Social Theory and Functional Analysis)』(1969), 『사회적 이중가치에 관하여(Social Ambivalence and Other Essays)』(1976) 등이 있다.
8. 하위문화이론은 각계각층 공유하는 문화와는 별개로 특정한 집단에서 가치나 규범체계를 의미 코헨(비행소년) 1955년과 오린(비행과 기회) 1960년 저서에서 차별적 기회론 주장.
9. 본래 갱이라는 말은 노예·죄수·막벌이꾼 등의 집단을 뜻하였으나, 범죄자 집단을 가리키는 말로 변하였다. 한국에서는 무법적이고 흉악한 직업적 범죄자를 뜻하는 말로도 쓰이는데, 여기에 해당하는 영어는 갱스터(gangster)이다.
10. 네브래스카주(州) 기본 출생. 1913년 시카고대학교에서 철학박사 학위를 취득한 후 윌리엄주얼대학교·일리노이대학교·미네소타대학교·인디애나대학교 등에서 사회학을 강의하였다. 전공은 형사학(刑事學)이며, 그의 범죄학 이론은 범죄행동의 습득이론으로 집약된다. 즉, 개인이 범죄행위로 나오는 과정을 습득이라는 개념으로 해명하는 것으로, 습득은 타인과의 교호작용(交互作用), 개인적인 집단 내에서의 접촉, 법적인 타산 등 9개의 메커니즘 명제로써 해명할 수 있다고 하였다. 그것은 미국 범죄사회학에서 전통적인 습관을 중심으로 하는 범죄행동의 발생적 해명측면을 이루었다.

고 있다. 청소년들은 게임방에서 친구들과 교제하면서 해킹이나 바이러스 유포 및 게임방에서 학생들 돈 뺏기 등을 경험하고 학습하게 된다. 나아가 일탈행동은 단순한 비행지지 인구집단과의 접촉만으로는 발생하지 않고 비행집단의 문화를 자신의 행위양식으로 내면화하는 과정이 필요하다고 주장한다. 이러한 하위문화이론은 특정한 일탈적인 하위문화집단의 존재와 그들의 행위양식이 일탈행동의 중요한 사회적 요인이라는 것을 인식시켜 주었다. 그리고 이 이론은 일탈하위집단문화의 내면화는 또래집단과 같은 친밀한 1차적 사회관계를 통해 사회화된다는 것을 밝혀 줌으로써 친밀한 1차적 사회관계가 일탈행동의 통제적 효과만이 아니라 유발효과도 가지고 있음을 보여주었다.

• 차별적 접촉차이이론 •

서덜랜드는 개인의 성향이나 습성, 소속되어 있는 사회적 계층보다는 개인이 사회적 그룹에 대해 갖는 관계를 중시하는 것과 주변에서 배운 학습의 내용이 범죄 발생에 더 큰 작용을 한다고 보았다.

ex) 최근 인터넷에서 다른 사람이 올려놓은 악플에 대해 아무런 거리낌 없이 따라서 악플을 다는 경우.

6. 정보화 문제 해결을 위한 해결방안과 대책

1) 정보격차 해소를 위한 정책

우리나라의 정보격차 해소정책은 국가정보화가 추진되기 시작한 1996년부터라고 볼 수 있으며, 2000년을 기준으로 실질적인 정책 추진이 이루어졌다고 할 수 있다. 아래 표에서 우리나라 정보격차 해소정책 추진현황을 보면, 1990년대는 정보격차 해소를 위한 기반조성단계라 할 수 있는데 주로 접근성 제고(기기 보급 및 인프라 구축)에 초점을 맞추고 있으며 정보통신부를 중심으로 정책이 추진되었던데 반해, 2000년대 초반부터는 정보화교육과 취약계층을 위한 콘텐츠 개발 등 정보활용능력 제고에도 관심을 기울이며 정보격차 해소정책이 범정부적으로 추진되기 시작하였다.

〈표11-1〉 우리나라의 정보격차 해소정책 추진현황

시기구분		주요정책내용	
1996년 이후	정보격차해소 기반조성단계	농어촌 컴퓨터 교실(88‘~99’) 지역정보화사업(지역정보센터구축사업)(92‘~) 정보화지원사업(기기보급, 인프라 구축)	
2000년 이후	정보격차해소 실현단계	정보통신기반구축	초고속 정보통신망 기반구축
		정보접근환경구성	중고PC보급('97~) 무료인터넷 이용시설설치 (정보접근지역센터 등) IT PLAZA 구축 운영('04~'08)
		소외계층	농어촌지역 초고속정보통신망('01~'03) 취약계층 정보통신기기 보급('04~'08) 정보취약계층 컨텐츠 개발 및 보급
		정보이용능력 향상	1000만 정보화 교육계획('00~'02) 2단계 국민정보화 교육계획('02~'04) 도움나라('02~)

출처: 황주성 · 유지연. 2004, "제2세대 인터넷에 대응하는 정보격차해소 정책의 방향과 과제.".

구체적으로 살펴보면, 우리나라 정보격차 해소정책(〈표11-1〉 참조)은 2000년에 개최된 제 4차 정보화전략회의에서 정보통신부 등 9개 부처가 공동으로 정보격차해소를 위한 실천계획으로서 「함께 하는 지식정보강국 건설 계획」을 발표한 이후 본격적으로 추진되었다.

이와 함께 2001년에는 「정보격차해소에관한법률」이 제정됨에 따라 정보통신부에서는 정보격차 문제의 효율적인 해결을 위해 종합적이고 체계적인 대책을 마련하고자 「정보격차해소종합계획(2001~2005)」을 수립하였다. 이 계획은 '디지털 복지사회 구현' 이라는 비전 아래 2005년까지 전국 모든 지역에 초고속정보통신서비스 제공, 2003년까지 전국의 모든 읍 · 면 · 동 단위당 최소 1개 이상의 무료 인터넷 이용시설 설치, 희망하는 모든 국민에게 인터넷 기초교육 기회를 제공하고 실생활에 필요한 정보활용 교육 실시, 장애인 · 노인 · 농어민 등 정보소외계층별로 실생활에 필요한 콘텐츠 개발 · 보급 지원을 주요 내용으로 하고 있다.

「정보격차해소종합계획(2001~2005)」을 토대로 범정부적인 차원에서 정보격차 해소정책을 추진하기 위해 각 부처별로 2001년부터 매년 정보격차해소시행계획을 수립해왔다.

그리고 2004년 9월 정보통신부는 정보격차해소위원회의 의결을 통해 「정보격차해소 중장기계획(2004~2008)」을 근간으로 「2005정보격차해소시행계획」이 수립되었다. 정부는 제 4차 정보격차해소위원회를 열어 2005년도 정보격차해소 사업에 정보통신부 등 12개 부처에서 총 3407억 원을 투입하기로 결정하였다.

2) 건전한 정보문화 창출을 위한 정책

정보윤리 정립을 위한 정책적 노력은 2002년 민관협의회가 조직됨으로써 그 필요성이 부각되었다. 민관협의회는 5개 정부부처 및 3개 관련기관, 민간감시단체, 청소년단체, 인터넷관련 사업자 단체 등 총 20개 기관 및 단체들로 구성되어 있다. 우리나라에서 건전한 정보문화 정립을 위해 추진되어온 정보윤리 정책은 정보문화와 컨텐츠, 자율규제, 법 · 제도적 장치, 정보통신윤리교육 등 4가지로 분류할 수 있으며 비윤리적 정보행위에 대한 문제해결을 위해 관련 정부부처는 물론 관계기관, 청소년 · 시민단체, 각급 시 · 도 교육청 등이 다양한 노력을 전개해왔다.

건전한 정보문화 창출을 위한 노력은 건전한 정보문화 정립, 자율규제체계 구축, 법제도적 제재, 정보통신윤리교육을 통한 정보윤리 확립 등을 포함한다. 이와 관련하여 정부부처 및 민간단체들이 기울이고 있는 노력은 다음과 같다.

건전한 정보문화를 홍보하고 음란 · 폭력 매체물을 추방하기 위해 정부 및 시민단체들은 민 · 관 협력체계를 구성하여 유해사이트를 선정하여 알리고, 청소년을 대상으로 건전사이트를 추천하는 활동 등을 전개하고 있다. 또한 정보화 역기능 예방을 위한 가이드북을 발간 · 보급함으로써 건전한 정보문화의 필요성 및 정착을 위한 시민의식 제고 활동을 벌여왔다.

2002년도 구성된 민관협의회에서는 민간자율시스템을 구축함으로써 사이버공간에서 기하급수적으로 확산되고 있는 유해 정도의 흐름을 통제하기 위해 노력해 왔다. 이 프로젝트는 불건전정보 감시네트워크 구축, 인터넷 민간감시단체 육성, 민간에 의한 자율규제 유도, 불건전정보 대응을 위한 국제공조체제 강화 등 총 21개 분야에 걸쳐 진행되었다.

한편 우리나라에서는 비윤리적 정보의 유통을 방지하기 위해 전기통신사업법, 정보통신망법, 청소년보호법, 형법 등을 토대로 규제책이 이루어지고 있다. 그러나 정보기술은 그 발전을 예측할 수 없을 정도로 급격하고 그에 상응하는 기술문화나 자율적인 윤리

규범이 형성되어 있지 않아 많은 경우 기존의 법적 규제가 미치지 못하는 분야에서 범죄행위가 먼저 발생하고 사후에 법적 규제가 모색되고 있다.

3) 정보윤리교육

정보기술이 발전하면 할수록 정보화의 역기능을 유발하는 기술 또한 계속 재생산되기 때문에 법적 제재와 기술적 지원이 아무리 강화된다고 하더라도 법률망의 그물은 느슨해질 수밖에 없다. 법과 기술이 가지는 이러한 딜레마를 극복하기 위한 가장 효과적인 방법이 바라 정보윤리교육이다. 정보사회에 존재하는 다양한 문제상황에 직면했을 때 올바른 것과 그렇지 않은 것을 판단할 수 있는 능력을 갖추도록 교육하는 것은 정보화 사회의 역기능에 대응하는 가장 궁극적이면서도 장기적인 해결방안이 될 수 있기 때문이다.

4) 인터넷 중독문제에 대한 개입

일반적으로 게임, 채팅, 서핑, 음란물 등을 이용하는 인터넷 사용자들이 인터넷 사용을 과도하게 하여 일상생활에서 신체적 · 심리적 · 사회적 · 경제적으로 심각한 지장이 발생하는 상태를 인터넷 중독이라고 한다. 흡연, 알코올, 마약 중독에서 금단증상과 내성, 그리고 강박적 사용이 나타나듯이 인터넷 중독에서도 금단증상과 내성, 강박적 사용, 신체적 증상, 일상생활의 장애가 나타난다. 최근에는 게임중독 등 인터넷 중독문제를 해결하기 위한 다양한 프로그램과 치료방법 등이 개발되고 있는 추세이다.

정보통신부 산하 정보통신윤리위원회 '사이버 중독 정보센터'에서는 인터넷 중독의 예방과 치료를 위해 다음의 방법을 권장하고 있다.

① **목적 없이 웹서핑 금지** : 하루 중 컴퓨터를 켜고 끄는 시간을 일정하게 정하고 꼭 지키도록 노력하라; 뚜렷한 목적이 없는 웹서핑을 하지 말아야 하며, 자신에게 주어진 다른 일을 다 끝마친 후에 컴퓨터를 켜는 습관을 들이는 것이 좋다. 한 시간만 채팅한 뒤 리포트를 쓰거나 시험공부를 하겠다는 생각 자체가 중독 증상이라는 사실을 자각해야 한다.

② **컴퓨터 공개된 공간에** : 혼자만의 밀폐된 공간에서 컴퓨터를 사용하는 것을 피해

라; 남에게 드러나지 않는다는 은밀성이 사이버 중독증을 악화시키므로 보다 공개된 장소, 예를 들면 마루 등으로 컴퓨터의 위치를 옮기는 것도 좋은 방법이다.

③ **불필요한 CD는 정리** : 컴퓨터는 업무 또는 공부 목적으로만 사용하고, 오락과 휴식의 도구로서 사용하지 말라; 컴퓨터 사용은 신체적, 정서적 긴장을 유발하므로 또 하나의 스트레스가 되는 경우가 많다. 과감하게 불필요한 게임 CD는 정리하고 게임 파일을 삭제하는 것이 좋다.

④ **규칙적으로 운동－신체 활동시간을 늘려라** : 땀을 흘리는 운동을 규칙적으로 하고, 모니터 앞에서는 절대로 식사하지 말라.

⑤ **PC방엔 친구와 함께－사이버 공간이 아닌 현실 공간에서의 대인관계를 늘려라** : PC게임방을 갈 경우에도 혼자 가지 말고 친구 등과 함께 간다는 원칙을 정하고 지키는 게 좋다.

⑥ **대안 활동 가능한 한 많게** : 단순히 컴퓨터 사용 시간만을 줄이는 데 목적을 두면 남는 시간에 할 일이 없어서 다시 인터넷을 하게 되는 경우가 많다. 인터넷 이외에도 자신에게 즐거움을 주는 대안활동을 찾아서 즐기는 게 좋다. 대안활동의 종류도 가능한 많을수록 좋다.

5) 사이버 일탈에 대한 개입

(1) 자율규제

사이버 일탈행위를 예상하고 가장 먼저 자율규제를 주장한 것은 컴퓨터를 주로 사용하는 미국의 대학과 연구소의 컴퓨터공학자들이었다. 이들은 컴퓨터 사용의 보편화가 가져 올 사회적 악영향에 대하여 예측하고, 소위 컴퓨터 사용자를 위한 윤리강령 또는 윤리실천강령을 제정하여 이를 공포하고 지킬 것을 주창하였다. 다음은 미국 부르킹스 연구소(Brookings Institution)[11] 에서 설립한 컴퓨터 윤리연구소가 만든 소위 '컴퓨터 윤리

11. 미국 워싱턴 D. C.에 있는 비영리 연구기관. 1927년 상업가·제조업자·자선가였던 로버트 S. 브루킹스가 세웠다. 사회과학, 특히 경제학, 정부 및 외교 정책에 관한 연구·교육 활동을 통해서 공공 서비스를 제공하고 있다. 1916년에 설립된 정부조사연구소와 1922년 설립된 경제학연구소 및 1924년에 설립된 로버트 브루킹스 경제학 및 행정학 대학원을 합쳐서 만들어졌다. 주요 출판물로는 『브루킹스

십계명'은 자율규제의 좋은 본보기가 되고 있다.

• 컴퓨터 윤리십계명 •

- 너희는 다른 사람을 해롭게 하기 위하여 컴퓨터를 사용하지 말라.
- 너희는 다른 사람의 컴퓨터 작업을 방해하지 말라.
- 너희는 다른 사람의 컴퓨터 파일을 살펴보지 말라.
- 너희는 도둑질하기 위하여 컴퓨터를 사용하지 말라(다른사람의 ID를 도용하지 말라)
- 너희는 대가를 지불하지 않고 소프트웨어를 복제하거나 사용하지 말라.
- 너희는 허락이나 적절한 보상없이 다른 사람의 컴퓨터 자원을 사용하지 말라.
- 너희는 다른 사람의 지적 재산을 무단으로 차용하지 말라.
- 너희는 자신이 개발하는 컴퓨터 프로그램이나 자신이 디자인하는 시스템이 가져 올 사회적 결과에 대하여 생각하라.
- 너희는 항상 인간에 대한 배려와 존경심을 갖고 컴퓨터를 사용하라.

그러나 여기서 특히 문제가 되는 것은 청소년들이다. 성인들은 그들 나름대로의 가치관이 확립되어 있기 때문에 윤리강령이나 윤리실천강령을 지키기보다는 거부하려는 심리가 내재되어 있기 때문이다.

따라서 이들 청소년들에게 절실히 필요한 것은 컴퓨터와 인터넷에 대한 올바른 이해와 사용법을 가르치는 미디어 교육이다. 물론 이러한 미디어 교육은 정보사회를 살아가는 일반성인 네티즌들에게도 필요한 교육이다.

2) 미디어 교육

정보사회의 발전과 인터넷의 사회저변확대로 인하여 그 사회적 영향력은 날로 증대되고 있고, 아울러 그 역기능 또한 날로 심화되고 있는 현실이다. 이에 사회 각계 각층에

게시판(Brookings Bulletin)』(계간), 『경제활동에 관한 브루킹스 논문집(Brookings Papers on Economic Activity)』(연 3회 발행), 『재판 시리즈(Reprint Series)』(부정기 간행물) 등이 있다.

서는 인터넷에 대한 올바른 이해와 이용을 위한 체계적인 교육의 필요성의 목소리가 높아가고 있다. 인터넷의 역사, 기술적 특성, 사회적 영향력, 윤리강령, 그리고 올바른 활용방법에 대한 이해는 네티즌들로 하여금 스스로 인터넷을 올바르게 이용하도록 유도할 것이기 때문이다. 사이버 일탈은 영리추구 등 특정목적을 달성하기 위하여 의도적으로 행해지기도 하지만, 무지나 무의식중에 행해지기도 하기 때문에 이러한 후자에 속하는 사이버 일탈은 교육과 홍보를 통하여 충분히 사전에 방지할 수 있는 것이다.[12]

가정에서의 미디어 교육에만 의존할 것이 아니라, 유치원을 비롯한 초·중·고등학교 정규교과과정에도 컴퓨터와 인터넷에 관한 기본소양교육을 포함하여 체계적으로 교육할 필요가 있다.

3) 법(제도)

자율규제는 자유민주주의를 신봉하고 실천하려는 네티즌들의 시민의식을 바탕으로 실효를 거둘 수 있는 이상적인 사이버 일탈대책이라고 볼 수 있다. 그러나 앞에서 논의한 인터넷의 기술적 특성과 사이버 공간의 커뮤니케이션 특성 및 네티즌들의 심리적 특성에 비추어 볼 때, 이러한 자율규제는 그 한계를 지니기 마련이다.

따라서 이러한 자율규제의 한계를 극복하고 보완하기 위하여 각국은 법적·제도적 장치를 마련하고 있다. 현실세계에 적용하던 기존의 법률들을 사이버 일탈행위에 적용하는 국가들이 있는가 하면, 가상공간에서 새롭게 등장하는 일탈행위들에 적절히 대처하기 위하여 새로운 정보통신관련법들을 제정하는 국가들도 있다.

이러한 문제점들을 극복하기 위하여 미국을 비롯한 정보통신 선진국들은 국제적인 공조체제를 구축하고 있다. 이를테면 국제적인 사이버 테러나 아동 포르노그래피의 제작·유포행위에 대한 국제적인 사법기관들 간의 공조체계가 형성되어 이러한 문제점들에 대처하고 있다.

---

12. 실제로 많은 네티즌들은 자신의 행위가 법이나 윤리적으로 문제가 없는 것으로 생각하여 사이버 일탈을 행하는 경우를 볼 수 있다. 직장에서 동료들 사이에 소프트웨어를 무단복제하여 사용하거나, 청소년들이 게임CD를 친구들에게 복사해 주거나 빌려 주거나 빌려서 사용하는 행위가 대표적인 저작권 침해행위에 해당한다.

4) 기술

자율규제나 미디어 교육 그리고 법 · 제도의 정비 외에도 사이버 일탈을 방지할 수 있는 대책으로 기술적 장치의 마련이 꾸준히 논의되고 개발 · 보급되고 있다. 해킹을 방지하기 위한 방화벽(firewall) 기술이나 미성년자들이 부적절한 정보에 접근하는 것을 차단하기 위한 인터넷 내용선별 소프트웨어 또는 성인인식기술 등이 대표적인 본보기이다.

7. 사이버 공간문제에 대한 사회복지적 개입

1) 청소년미디어 중독 예방센터－예방교육

인터넷 중독의 개념, 유형, 심각성 등을 알려주고 모둠활동을 통해 인터넷 중독에 대해 생각해보게 하는 프로그램이다.

2) 상담원 학교파견 인터넷 중독 집단상담

인터넷 사용조절(중 / 고등) 및 게임 중독예방(초등)이 필요한 서울/경기지역학생을 대상으로 집단 상담 프로그램을 실시 / 지원한다.

3) 인터넷 쉼터 캠프

캠프를 통한 자연 속에서의 집단 상담과 다양한 프로그램 경험 기회를 통해 인터넷 과다사용 청소년의 인터넷 사용조절 능력향상을 도모하기 위한 프로그램이다.

8. 해결방안

정보사회라는 개념이 등장하기 시작한 것은 1970년대부터이지만, 정보사회의 진전에 따른 다양한 문제들이 사회적 현안으로 등장하여 본격적으로 논의되기 시작한 것은 1990년대 인터넷이 전세계적으로 확대되기 시작하면서부터다. 정보사회에서 나타나는 여러 가지 문제들 가운데 사이버 일탈은 눈부신 정보통신기술의 발전을 따라가지 못하는 사람들의 정신적 문화지체현상으로 이해될 수 있다.

정보사회에서 사이버 문제는 산업사회에 있어서 그것과는 비교가 되지 않을 정도로 파장이 크며, 그만큼 파급효과도 크다. 산업사회에서 사회적 일탈행위는 그 사회나 국가에 국한되지만, 정보사회에 있어서 사이버 문제는 시간의 한계를 뛰어 넘고, 국경을 초월하기 때문이다.

따라서 정보사회에 있어서 사이버 문제에 적절히 대처하기 위해서는 앞에서 논의한 다양한 대책에 대하여 한 국가만의 노력으로는 그 실효를 거두기 어렵다. 이해당사국들과 기관들과의 긴밀한 협조와 공동대처의 노력 없이는 근본적으로 해결하기 어려운 문제들까지 등장하고 있다. 이러한 현상은 정보통신기술의 발전하면 할수록 더욱 더 전에는 볼 수 없었던 새로운 사이버 문제의 가능성은 항상 존재하는 것이다. 오늘날 정보사회에서의 문제는 시간과 공간을 초월하여 발생될 수 있으며, 그 파급효과 또한 인간의 상상력은 초월할 수 있다는 점을 명심할 필요가 있다.

세상을 알면 이해하게 되고, 이해하면 행동이 바뀐다. 사이버 세상에 대해서도 마찬가지 이다. 사이버 일탈을 방지하는 최선의 방법은 정보사회에 있어서 사이버 일탈에 관한 모든 사회구성원들의 올바른 이해와 일탈을 방지하기 위한 공동의 노력이 무엇보다도 중요하다. 그러므로 네티즌은 물론, 일반시민들에 대한 교육과 홍보를 통하여 정보사회의 건전한 시민정신을 기르도록 도와주어야 한다. 특히 인터넷이 주 이용계층을 이루고 있으며, 또 21세기 정보사회의 주역이 될 오늘의 청소년들이 정보사회에 대한 올바른 인식과 지식과 가치관을 확립할 수 있도록 학교교육과 사회교육을 통하여 지속적으로 지도해야 할 것이다.

사회복지적인 측면에서 보면 청소년의 인터넷 이용에 대한 교육과 캠페인을 통하여 청소년들이 사이버 일탈에 빠지지 않도록 예방하는 것이 중요할 것이다. 과거에는 사회복지서비스가 주어져야 할 클라이언트대상자에서 사이버문제를 가진 사람은 등한시 되었지만 사회가 정보사회로 진입하였고 그에 따른 문제가 그저 사이버 공간 안에서의 문제가 아니라 개인의 목숨을 위협하는 문제에서 사회적 파장을 일으키는 문제로 확산되어가고 있다. 사회적 분위기가 이런 만큼 사이버 일탈 문제까지도 우리가 신경 써야 할 부분이 되었기 때문에 사회복지사는 사이버 문제와 그 해결방안과 여러 가지 사이버일탈에 관한 문제해결을 돕는 다양한 기관과 기구를 잘 알아서 사이버 일탈문제를 가진 클라이언트를 자원과 잘 연계해서 클라이언트의 문제가 더 이상 확산되지 않도록 도와야 하며 정상적인 생활로 돌아올 수 있도록 해야 할 것이다. 또한 클라이언트가 사이버 일탈문제에 빠지게 되었는가에 대한 사정이 중요하며 그 원인을 클라이언트 주변환경에서 찾을 수 있다면 그 주변환경까지의 변화까지도 계획, 실행하여 긍정적인 변화를 도모해야 하는 것까지 사회복지사의 역할이라고 할 수 있을 것이다.

생각할 거리

1) 여러 가지 다양한 사이버 문제들 중에서 통계상으로 가장 많이 나타나는 문제는 무엇이며, 가장 심각한 문제는 무엇인지 토론해보자

단위 : 건 / (2007.12.31)

구분	총계	해킹 바이러스	인터넷 사기	사이버폭력	불법 사이트운영	불법 복제 판매	기타
03	51,722	8,891	26,845	4,991	1,719	677	8,569
04	63,384	10,993	30,288	5,816	2,410	1,244	12,633
05	72,421	15,874	33,112	9,227	1,850	1,233	11,125
06	70,545	15,979	26,711	9,436	7,322	2,284	8,813
07	78,890	14,037	28,081	12,905	5,505	8,167	10,195

자료 : 사이버경찰청

출처 : 사이버 경찰청 2008 자료.

2) 인터넷 실명제에 대해서 알아보고, 인터넷 실명제가 분명히 사이버폭력의 예방에 도움이 되는 것 사실이나 정치적인 부분에 있어서 오히려 시민의 발언권을 제한하게 하는 요인이 되지나 않을까 하는 걱정이 드는데 어떻게 생각하는지 이야기해보자. 〈악성댓글로 인해 많은 문제가 야기 되고 있습니다. 정치권에서 악성댓글에 대한 대대적인 수사를 하겠다는 말이 나올 정도로 심각한 문제가 되고 있습니다. 따라서 실명제, 사이버모욕죄 등을 도입하려고 하는데, 이는 표현의 자유라는 헌법상의 권리를 침해하게 됩니다. 그래서 다른 한편에서는 익명을 사용한 인터넷 공간에서조차 표현의 자유를 뺏는 것은 옳지 않다고 반기를 드는 사람들도 있습니다.〉

3) 최근에 이 부분과 관련해서 최진실 법이라는 용어가 생겼다던데 이 용어의 의미가 무엇인지 살펴보고 사회복지사에겐 무슨 의미인지 토론해보자.

4) 사이버 공간의 활용에 대한 각자의 견해를 생각해보자.〈정보화 문제에서 사이버 권리침해문제가 심각하다고 생각합니다. 이에 대한 의견을 말씀해 주시기 바랍니다.〉

제 12 장

다문화문제와 다문화가족 – 더불어사는 세상에서의 문화

학습목표

1. 다문화에 관한 개념 및 정의와 다문화주의
2. 다문화사회에 관한 이론적 관점
3. 다문화를 위한 프로그램

1. 들어가기

세계가 점점 하나가 되는 세계화가 국내에서도 국가 간의 다양한 방법을 통해서 이루어지고 있는 가운데 우리나라에서는 2008년 현재 한국 거주 외국인 100만 명이 넘는 시대에 달하고 있다. 이는 한국이 세계화라는 시대적 변화에 대응하고 있는 것을 말한다. 세계화는 다양한 인종과 문화들이 한 나라에 공존하게 한다. 우리나라도 이에 예외 일 수 없다. 세계화로 인해 우리나라가 거주 외국인 100만 명이 넘는 시대가 된 이유에는 외국인 근로자수의 급격한 증가와 2000년대부터 활성화되고 있는 국제결혼으로 이주결혼여성들이 많이 들어오기 때문이다. 이것은 1990년대 후반 '농촌총각 장가보내기' 운동의 한 방법으로 국제결혼이 추진되면서 시작하여 지금은 국제결혼중개업체나 먼저 외국인여성과 결혼한 한국남성들의 지인의 소개로 결혼하는 형태가 자리잡아가고 있는 실정이다.

하지만, 한국사회는 다문화시대의 변화에도 불구하고 국제결혼을 통해 형성된 다문화가족을 대하는 우리나라 국민들의 태도는 긍정적이지 못하다. 한국사회는 아직 보수적인 시각과 생각으로 사회를 이끌어가는 기득권자들의 목소리가 더 높은 사회이다. 이러한 현상으로 '다문화가족'을 받아들이는데 지체현상이 나타나고 있다. 그 중에서도 다양한 인종과 다양한 문화가 만나 빚는 윤리, 문화적 갈등과 외국인에 대한 편견은 한국사회로 들어와 적응하려 애를 쓰는 외국인 모두에게 어려움을 주고 있다.

우리는 시대에 변화에 민감한 반응을 보여야 한다. 2000년대의 미래형 한국사회는 이전처럼 한국사회를 구성하는 구성원들이 같은 조상, 같은 혈연관계로 된 사람들만이 구성하고 있는 사회가 아니다. 다국적, 다인종이 모두 모여 한국을 구성하고 한국 구성원의 한 사람으로서 한 자리를 차지하고 있는 사회이다.

본서에서는 최근 우리나라에 거주하는 다양한 이주민의 이주 목적과 경로, 실태와 문제점을 살펴보고자한다. 또한 다문화가족의 대두에 따른 현안과 다문화가 공존할 수 있는 다문화사회의 방향을 제시하고자 한다.

2. 다문화의 개념

문화란 우리가 살아가는 생활양식의 총체이다. 문화는 전통 가옥, 의복, 음식, 미술이나 음악, 축제뿐만 아니라 사람들 사이에 지켜야 할 예정 공동체의 규범, 가족이나 친지들 간의 관계와 행동 규범 등을 모두 포함하는 것이다.

다문화란 하나의 문화 속에서 다른 문화가 들어가는 것을 말한다. 이처럼 경험되어지고 습득되어지면 떼어 놓을 수 없는 문화에서 사람들이 하나의 문화 속에 살다가 다른 문화 속에 들어가 살게 되면서 나타나는 현상을 다문화라 하며 문화 적응이라 한다. 문화 A와 문화 B가 접촉하면 두 문화 모두에서 변화가 일어나고 집단적 수준과 개인적 수준 모두에서 문화적응이 일어나게 된다. 이 때 개인들은 문화적응 스트레스를 겪으면서 행동적 변화가 먼저 일어나고 그 후에 심리적, 사회문화적인 적응이 이루어진다.

그리고 다문화주의란 한 국가 또는 사회 안에서 몇 가지 문화가 공존하는 것을 의미하며, 일반적으로 인간 사회의 인종적, 문화적 다양성과 특수성을 설명할 때에 사용된다. 따라서 다문화주의라는 용어는 사용하는 사람에 따라, 분야에 따라, 국가에 따라 많은 다양한 의미를 표현 할 수 있다.

1) 다문화의 형태

(1) 이주노동자의 다문화가족

1980년 중반 이후부터 한국의 경제규모가 확대됨에 따라 많은 수의 외국인들이 국내에 유입되었고, 또 한국 근로자들의 해외 진출 등을 통하여 국제결혼이 늘어나게 되었다. 즉, 이주노동자들을 중심으로 다문화가정이 형성되는 것이다.

(2) 결혼이주자의 다문화가족

1980년대 이전의 국제결혼은 주로 외국남성과 한국여성 사이에서 이루어졌으나, 현재에는 국내남성과 외국여성과의 결혼이 증가하고 있다. 이는 특히 농 · 어촌을 중심으로 연변동포를 비롯한 외국여성과의 결혼이 늘어났기 때문이다. 이런 외국여성들을 여성결혼이민자라 지칭하며, 자연히 이런 다문화가정에서 출생한 2세의 수도 급격하게 증가하고 있다.

(3) 새터민과 다문화가족

새터민은 '새로운 터전에서 삶의 희망을 갖고 사는 사람'이라는 뜻이다. 1960~1970년대에는 북한체제에 대한 불만 등 저항적인 성격이 강하였으나 1980년대 이후에는 처우불만, 동반귀순, 이성 문제 등 개인적 수준이 주류를 이루고 있다.

(4) 1인외국인(유학생)과 다문화가족 : ex) 미녀들의 수다(TV 방송)

3. 다문화의 원인과 배경

다문화가 늘어가는 원인을 찾아보면 우선 국제결혼의 증가와 더불어 농촌에 살기를 꺼려하고 도시화 되어가고 있는 남성과 여성의 가치관이 바뀌고 있는 것이 가장 큰 이유이다.

첫째, 편중된 성 비례로 인해 결혼하지 못하는 남성의 수요가 급증하고 있다.

둘째, 결혼하지 않고 혼자 사는 여성이 증가하고 있다.

셋째, 한국 여성의 결혼 조건을 충족시키지 못하는 남성이 저개발국의 여성을 선택하는 경우가 증가하고 있다. 여기에는 농촌에서 살기를 꺼려하는 한국 여성의 가치관이 작용한다.

넷째, 정보화, 세계화에 따라 국제결혼에 대한 인식과 가치관이 바뀌고 있다.

다섯째, 저임금 외국인 노동자의 고용정책으로 외국인의 한국으로의 이주가 많아졌고 주변국 여성이 결혼을 통한 한국 이주를 빈곤에서의 탈출로 생각한다.

여섯째, 결혼을 빙자한 외국인과의 인신 매매 성 위장 결혼을 용인하는 사회적 분위기가 있다.

일곱째, 저임금 외국인 노동자의 유입정책으로 아시아에서 한국으로의 이주가 관심의 대상이 되었고, 이주의 여성화 현상에 따라 결혼을 통한 이주를 생존과 꿈을 펴는 대안으로 선택하게 되었다.

다문화주의는 정치적 입장이나 정책시행 방식에 따라 여러 유형으로 구분되는데, 기본적으로 한 사회내의 모든 인종, 민족 집단이 문화적 차이에 상관없이 동등한 권리를 가지고 정치와 공동생활에 참여할 수 있도록 노력한다는 특성을 갖는다. 문화는 흔히 '정체성'과 연관된다. 문화는 사회마다 다르고, 따라서 한 사회의 특징을 가장 잘 보여주는 것은 경제나 정치가 아니라 문화라는 것이다. 이러한 정체성의 원천으로서 문화는 전통문화 고유문화라는 개념에서 가장 잘 드러난다. 여기서 문화는 이질적인 것들이 섞이지 않은 '순문화'로 파악된다. 이러한 단문화적 문화관은 순혈주의적 민족관과 합쳐서 강력한 단일 민족문화의 개념을 형성한다.

한국을 방문한 미국 춧볼 스타인 하인즈 워드(Hines Ward)를 통해서 우리는 그 동안 우리 사회가 가지고 있던 혼혈인에 대한 인종적 차별의 어두운 부분을 사회 문제로 인식하게 되었다. 혼혈인 등과 국내 거주 외국인들의 증가는 결국 우리 사회가 갖고 있는 단일인종으로 구성되었다는 성격을 변화시키고 있다. 이제 한국사회도 단일문화 내지 단일민족으로 구성된 사회가 아니며, 국가의 구성원 또한 다양한 인종과 그들 고유의 문화가 어우러지는 다민족국가 내지는 다문화주의를 인정하는 다문화사회로 나아가고 있다. 이를 가속화 시키는 것은 바로 교통과 통신의 발달이 가져온 지구촌화와 세계화이고, 시대적 대세에 때라 세계 다른 나라들도 정도의 차이는 있겠지만 순순한 단일민족 또는 단일문화로만 이루어진 사회나 국가가 점점 줄어들고 있다.

사회 구성원과 문화의 변화는 국적제도를 비롯하여 경제 · 노동제도는 물론이며, 사회보장제도와 심지어는 정치제도까지 그 사회 전체의 성격을 바꾸어 나가도록 유도하고 있다. 그리고 이런 변화는 우리가 그 동안 단일민족국가를 형성해 왔고, 단일민족문화 안에서 생활해 왔기 때문에 구성원 모두에게 크나큰 충격을 줄 수 있다. 따라서 그런 충격을 흡수 · 예방하고, 다문화사회의 안착을 유도하기 위해 국민의 인식 변화나 국가의 제도 또는 정책 변화와 같은 준비가 필요한 것이다. 또한 혼혈인뿐만 아닌 외국인 등 국내 거주 이주민에 대한 인권적 보호와 평등권 보장은 우리가 앞으로 풀어내야 할 숙제이며, 그와 동시에 우리 국가와 사회의 성숙도를 판단할 수 있는 잣대가 될 수도 있다.

4. 다문화 실태 및 현황

1) 외국인노동자(이주노동자)

지구화의 추세는 자본과 정보뿐만 아니라 사람의 이동을 촉발시키고 있으며, 국가와 민족의 경계를 넘나드는 이주노동을 더욱 증가시키고 있다.

1970년대까지 우리나라는 노동력을 송출해온 전형적 인력 송출국 이었으나 1990년대에 들어서면서 외국인 노동력의 수입국이 되었다. 노동력 수출국에서 노동력 수입국으로 완전히 전환한 것은 아니지만 여전히 미국과 일본 등지로 노동력을 송출하는 한편, 내국인들이 기피하는 저임금 산업의 부족인력을 대량으로 수입하는 양면적인 모습을 보여주고 있다.

현재 우리 사회의 전체 이주민 수는 203개국의 80만여 명이며, 이 중 외국노동자는 〈표12-1〉과 같이 약 39만 명이다. 이 중 합법적인 고용허가제와 산업연수제를 통해 들어온 사람은 51.4%이며, 미등록 노동자는 48.6%에 해당된다.

〈표12-1〉 외국인 노동인력 현황 (단위 : 명, %)

전체	합법체류자						미등록 노동자
	소계	취업사증 소지자					
		비전문취업자	전문기술 인력	연수 취업자	산업 연수생	해외투자기업 연수생	
387.351 (100%)	199,269 (51.4)	89,478 (23.1)	25,584 (6.6)	43,127 (11.1)	34,443 (8.9)	6,637 (1.7)	188,082 (48.6)

출처: 법무부, 2006.3.31.

다음의 표들은 국적별 · 지역별 · 직업별 현상이다(〈표 2~10〉).

〈표12-2〉 체류 외국인 연도별 증감현황(법무부, 2007)

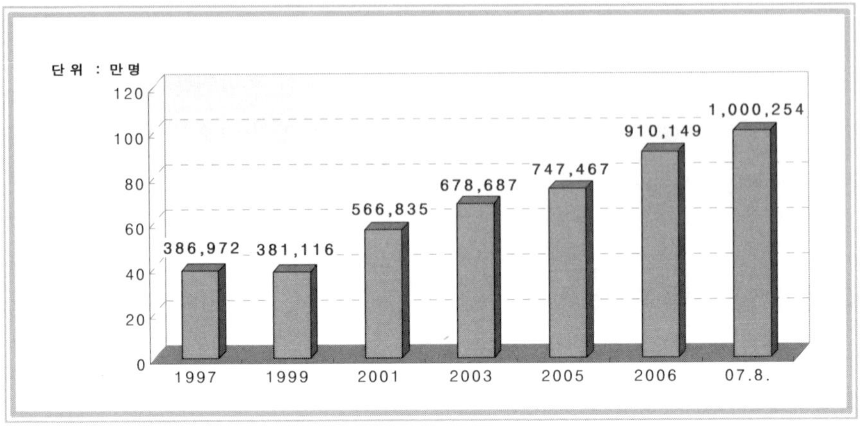

〈표12-3〉 국민대비 장기체류(등록) 외국인 비율(법무부, 2007)

구분	1980년	1985년	1990년	1995년	2000년	2005년	2007년 현
등록외국인	40,519명	40,920명	49,507명	110,028명	210,249명	510,509명	724,967명
국 민	38,123천	40,805천	42,869천	45,092천	47,008천	48,294천	49,134천
대비(%)	0.10	0.10	0.11	0.24	0.44	1.05	1.48

〈표12-4〉 국적별

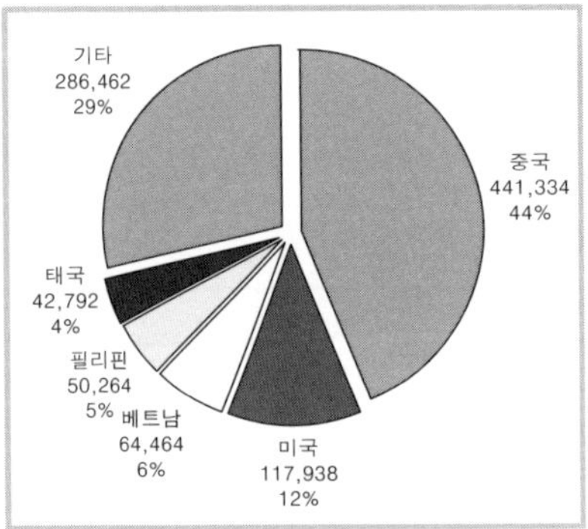

〈표12-5〉 유형별

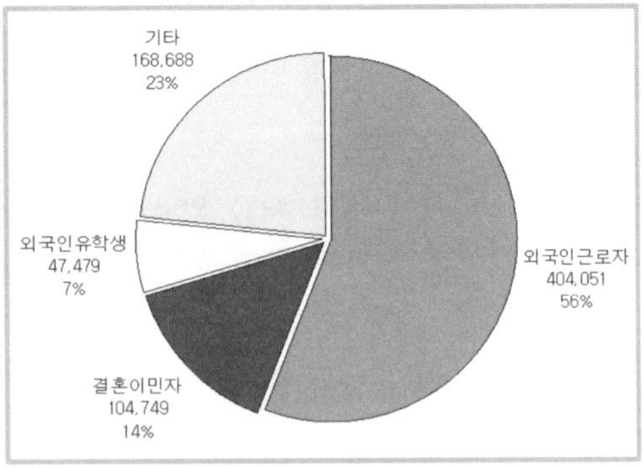

〈표12-6〉 지역별

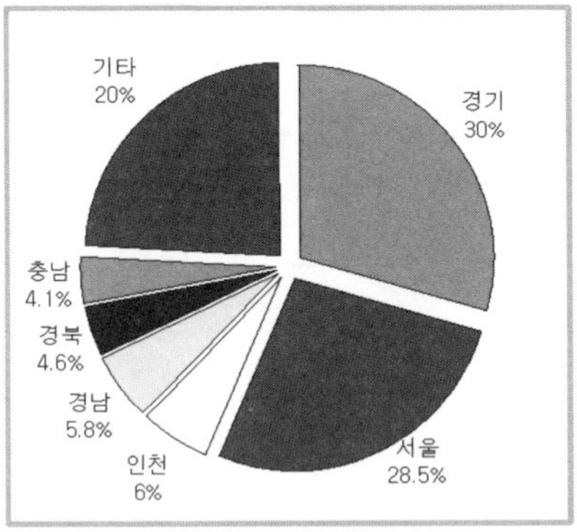

〈표12-7〉 불법체류자

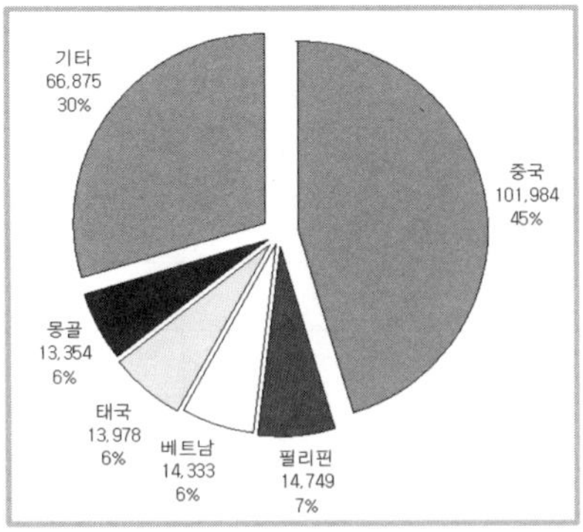

〈표12-8〉 국적별 장기체류 외국인 현황

총 계	724,967
중국	356,409
베트남	59,796
필리핀	41,937
태국	30,890
미국	48,817
인도네시아	23,309
대만	21,984
몽골	20,212
일본	18,673
스리랑카	11,652
우즈베키스탄	11,389
파키스탄	8,746
카나다	6,952
방글라데시	8,465
네팔	4,992
인도	4,129
러시아	4,056
영국	3,107
기타	39,452

〈표12-9〉 체류 자격별 장기체류 외국인 현황

총 계	724,967
유학	36,175
산업연수	50,434
일반연수	2,789
국어연수	10,527
종교	1,721
상사주재	1,494
기업투자	7,635
무역경영	2,182
교수	1,233
회화지도	15,769
연구	2,184
예 · 체능	3,766
특정직업	6,092
연수취업	64,467
비전문취업	139,910
방문동거	42,475
취업관리	49,262
결혼이민자	103,152
방문취업	91,381
기타	92,319

〈표12-10〉 이주노동자의 직장 내 인권침해 경험

구분	빈도	백분율
한국동료와 차별대우	91	55.5
신분증 압류	88	53.7
관리자의 폭력	51	31.1
강제근로	47	28.7
통장 압류	26	15.9
외출제한, 금지	19	11.6
기타	7	2.1

출처: 자료 : 이주노동자인권연대(2006). 고용허가제실태조사보고서.

2) 국제결혼이주민

통계청이 25일 발표한 2007년 외국인과의 혼인은 3만 8491건으로 전년보다 3% 감소했으며 한국 남자와 외국 여자와의 혼인은 전년보다 3.5% 감소, 베트남 여자와의 혼인은 6611건으로 전년보다 3520건(34.7%) 감소했다. 이는 베트남 사람과의 국제 혼인 규제강화의 영향으로 반면 캄보디아 여자와의 혼인은 1804건으로 전년보다 1410건이 증가했다.

한국 여자와 외국 남자와의 혼인은 9351건으로 나타났으며 2007년 혼인한 농림어업에 종사하는 남자 7930명 중 40.0%인 3172명이 외국 여자와 결혼해 농촌 총각 10명중 4명꼴은 외국인 신부를 맞이한 셈이다.

농림어업 종사 남자와 혼인한 외국 여자의 국적은 베트남, 중국의 순이었다(〈표12-11〉 참조).

〈표12-11〉 한국인 남성과 결혼한 외국 여성의 국적 (단위 : 명)

한국인 남성과 결혼한 외국 여성의 국적				
	2004년	2003년	2002년	2001년
총계	25,594	19,214	11,017	10,003
중국	18,527	13,373	7,041	7,001

일본	1,224	1,242	959	976
미국	344	323	267	265
필리핀	964	944	850	510
베트남	2,462	1,403	476	134
태국	326	346	330	185
러시아	318	297	241	157
몽골	504	318	195	118
기타	925	968	658	660

출처: 「외국인과 혼인 통계」, 통계청: 2007년도.

3) 새터민

최근 남한에 입국하는 새터민의 수는 급증하여 1년에 1천명이 넘게 되어 곧 새터민은 1만 명의 시대에 육박하게 된다. 초기의 탈북은 해방 후 남북한이 대치되는 상황에서 발생하였으며, 그 숫자는 시기에 따라 변화가 있었다. 해방 직후에는 약 74만 명의 난민들이 발생하였으며, 이후 6 · 25가 장기화되면서 북으로부터 남으로 온 약 65만 명의 '피난민'들이 발생하였다. 1994년 이후 탈북자의 수가 급증하고, 새터민의 열악한 생활여건이 문제되자 김대중 정부는 IMF 경제생황 속에서도 노동시장에 개입하여 획기적인 지원정책을 추진하여 자립정착의 토대를 마련해 주었다. 노무현 정부는 입국자 규모가 급증하고 정착지원제도가 고비용, 저효율이라는 비판을 받자 정착금과 생계비 보조금을 줄여 근로의욕을 높이고 취업을 제고하는 방향의 현행 정착지원제도로 개선하였다. 현재 새터민은 입국 후 '하나원'에서 2개월 동안 사회적응 훈련과 1~2년 간 보호경찰관의 신변보호를 받으며, 1인 가족 기준 3,590만 원 가량의 정착금과 취업알선, 직업교육, 교육지원. 특별생계보조금 등을 지원받고 있다. 정부는 2004년부터 북한이탈주민을 일컫는 부정적이고 거부감을 주는 '탈북자'라는 용어 대신 '새터민'으로 바꿔 부르고 있다. 새터민은 '새로운 터전에서 삶의 희망을 갖고 사는 사람'이라는 뜻이다. 1990년대 이후에는 제3국을 통한 탈북이 90%를 차지하고 있으며, 제3국의 체류기간도 점차 늘어가오 있다. 한편 입국동기와 목적도 점차 변화되고 있는데 1960~1970년대에는 북한체제에 대한 불만 등 저항적인 성격이 강하였으나 1980년대 이후에는 처우불만, 동반귀순, 이성문제

등 개인적 수준이 주류를 이루고 있다. 1990년대 중반 이후에는 경제난과 식량난 때문에 그 수가 급격히 증가하였으며, 2000년대 이후에는 단순히 식량구입뿐만 아니라 더 나은 삶을 추구하기 위해 탈북 하는 사례가 많아지고 있다.

가족단위의 입국이 증가하면서 여성의 비율이 특히 높아지고 있으며. 아동, 장년층의 비율도 크게 증가 하고 있다. 이러한 연령구성이 다양화되면서 육아문제, 학교생활적응문제, 노인문제 등 새로운 적응문제가 대두되고 있다. 새터민들의 가장 심각한 문제는 경제적 적응으로, 사회적응의 물적 토대가 되는 경제적 적응이 잘 이루어지지 않으면 심리적 적응도 기대하기 어렵다. 정규직은 극소수만 가능하며, 북한에서의 경험과 경력이 인정되지 않고, 대부분 단순 노동직이나 단순서비스직이며, 30~40%는 아예 실업상태에 있다.(북한이탈주민후원회, 2001) 취업자 중 생산직과 서비스에 종사하는 새터민은 저임금, 고용불안정, 발전 가능성 부재 등으로 직장에 애착을 갖지 못하고 이직하는 경우가 많다. 2003년 통일연구원의 조사에 따르면 거의 절반 수가 월평균 51~100만 원을 받으며. 50만 원 이하도 41%나 되었다. 또한 대다수(95.4%)가 국민기초생활보장법에 따라 생계비를 지급받았거나 현재 받는 것으로 나타났다. 문화적 적응에서는 언어(어투, 어휘, 뉘앙스), 전통적인 유교적 태도, 경직된 사고방식, 집단주의 사고 등으로 남한 사회적응에 어려움을 겪고 있으며, 심리적 적응 에서는 남북한 문화와 사고방식차이, 새터민에 대한 편견과 주장적인 태도 등에 어려움을 겪고 있다. 통일연구원 조사에 따르면, 남한 사람이 새터민에게 편견을 갖는 이유는 단지 북한에서 왔다는 것이 가장 큰 이유였다. 따라서 새터민들은 생명의 위협을 무릅쓰고 탈북 하였으나 남한사회의 편견과 차별이 심하여 적응에 많은 어려움을 겪고 있다.

5. 다문화의 문제 발생 원인과 배경

1) 이주노동자

한국의 이주노동자는 대부분 단순기능직에 종사하며, 많은 경우 불법체류의 신분을 유지하고 있다. 이주노동자가 한국사회에서 겪는 저임금과 임금체불 등의 여러 문제들은 TV를 비롯한 매스매디어에서 오래 전부터 다루어왔기 때문에 한국의 시민들에게도 익숙하다.

(1) 근로조건

이주노동자들이 주로 3D업종의 대표적인 영세제조업체에서 일하기 때문에 이주노동자들과 내국인노동자들의 근로조건을 단순 비교할 수는 없다.

2000년에 행해진 한 조사에 따르면 , 이주노동자는 평균 월 67만 9천원(해외투자기업연수생)~92만 3천 원(연수 후 취업자)을 받는 것으로 주사되었다. 이것을 성별로 나누어 보면, 남성은 72만천 원에서 94만 4천 원을, 여성은 55만 7천 원에서 84만 3천 원을 받았다.

이 당시 이들과 동일한 업무를 수행하는 내국인 고졸 생산직근로자의 평균임금이 남성의 경우 106만 8천 원이고 여성의 경우 84만 3천 원이었기 때문에 이주노동자가 내국인 노동자에 비해 낮은 임금을 받았음은 분명하다.

그런데 내・외국인 간의 차이는 근로시간을 고려하면 더욱 커진다. 이주노동자는 남성의 경우 월평균 228시간(해이투자기업연수생)~90시간(연수 후 취업자)을 일했고, 여성의 경우에는 243시간(미등록근로자)에서 292(산업연수생) 시간을 근로하였다. 이에 반해서 내국인 근로자는 남성 221시간, 여성 217시간 근로하여, 남녀 모두 이주노동자보다 근로시간이 훨씬 짧았다. 말하자면, 이주노동자는 내국인 노동자에 해서 보다 많은 시간을 일하면서 임금을 더 작게 받았던 것이다.

이러한 사정은 최근에도 별로 달라지지 않았다. 2006년의 한 조사에 따르면, 이주노동자들은 하루 평균 11시간 정도의 노동을 하면서 월평균 83만 2천 원의 임금을 받았다고 한다. 최저임금액이 월 70만 원 정도라는 점에서 이주노동자들은 8시간을 기준으로 할 때 거의 최저임금수준의 임금을 받은 것이다. 이들의 한 달 평균 휴일은 3.86일로 채 4일이 되지 않으며, 응답자의 47%는 본인이 원하지 않았음에도 불구하고 휴일에 근무한 경험이 있다고 하였다

(2) 인권

한국의 이주노동자정책의 근간은 산업기술연수제도였다. 이 제도의 핵심은 이주노동자를 근로자가 아니라 연수생으로 인정하고 국내체류기간을 3년으로 제한한다는 것이다. 이주노동자는 근로자가 아니라 연수생이기 때문에 일반근로자에게 보장된 노동3권을 가질 수가 없었고, 더 많은 돈을 벌기 위해 체류기간을 넘겨 불법체류를 할 수밖에 없었다. 이주노동자들은 한편으로는 내국인 근로자에 비해 훨씬 열악한 근로조건에 시달

렸고, 다른 한편으로는 작업장에서 다양한 형태의 인권침해를 감수해왔다.

〈표12-12〉 이주노동자의 직장 내 인권침해 경험

구분	빈도	백분율
한국동료와 차별대우	91	55.5
신분증 압류	88	53.7
관리자의 폭력	51	31.1
강제근로	47	28.7
통장 압류	26	15.9
외출제한·금지	19	11.6
기타	7	2.1

출처: 자료 : 이주노동자인권연대(2006), 고용허가제실태조사보고서.

표에 제시한 바 이주노동자들이 어떤 형태로 어느 정도의 인권침해를 겪고 있는가가 제시되어 있다. 이에 따르면, 이주노동자의 55.5%가 한국동료에 비해 차별대우를 받고 있었다. 고용주에게 여권과 같은 신분증을 압류당한 이주노동자는 53.7%였고 저금통장을 압류당한 이주노동자는 15.9%였다. 법적으로는 고용주에게 매어있을 수밖에 없기 때문에 일부 이주노동자들은 불법체류의 신분을 감수하고 보다 나은 근로조건을 제시하는 다른 직장으로 '도망'가기도 한다. 고용주는 이를 방지하기 위해서 이주노동자의 신분증이나 저금통장을 압류해 두는 불법을 저지르고 있다.

여성이주노동자들의 근무조건과 인권실태는 더욱 열악했다. 여성이주노동자들은 월평균근로시간이 더 많음에도 불구하고 임금 수준이 내국인 여성노동자들의 73~88%였으며, 남성이주노동자에 비해서는 90% 정도였다.

이들은 작업장과 기숙사 등지에서 남성 관리자에 의한 각종 형태의 성희롱과 성추행에 시달리가도 했다. 한 조사에 따르면, 여성이주노동자 가운데 12%가 성폭력을 경험하였고, 그 가운데 54%는 고용주로부터 본국귀환의 위협을 받았다고 한다. 또한 임신한 여성이주노동자의 66.7%가 해고를 두려워하여 고용주에게 임신사실을 알리지 않았으며, 56%는 과도한 업무로 인해서 유산한 적이 있다고 한다. 여성이주노동자는 한국사회의 대표적인 차별현상이 집약되어 있는 존재인 것이다.

(3) 사회보장

이주노동자도 노동자이기 때문에 각종 법률에 따라 국내의 사회보험제도에 가입해야 하며, 필요시에 사회보장급여를 받을 수 있어야 한다. 임금이 근로자 자신의 노동의 대가로 근로자의 생활을 유지시키는 것이라면, 사회보장급여는 질병, 재해, 실업 등의 사고로 인해서 정상적인 생활을 영위하기 어려운 근로자의 생활을 유지시키는 것이다. 사회보장제도 가운데 이주노동자의 생활과 관련하여 특히 중요한 것은 산재보험과 건강보험이다. 재해를 입거나 질병에 걸리면 의료비가 많이 드는데다가 이주노동자들은 일을 하지 못하는 기간 동안 국내에서 다른 소득원을 가질 수 없기 때문이다. 그럼에도 불구하고 이주노동자들의 사회보험가입률은 매우 낮다. 2000년에는 외국인 근로자 고용업체 433개 가운데 55.7%만이 건강보험에 가입되어 있고, 특히 미등록근로자를 고용하고 있는 업체는 17.5%만이 가입되어 있었다. 산재보험의 경우에는 조사기업 가운데 65.4%가 가입되어 있었지만, 미등록 근로자 고용업체의 경우에는 20%만이 가입되어 있었다. 2006년의 조사에서는 조사대상 이주노동자의 6.4%가 국민연금에, 22.3%가 건강보험에, 8.1%가 고용보험에, 그리고 15.9%가 산재보험에 가입해 있었다. 현재 국내영세기업 종사자들의 사회보험가입률이 제도별로 50% 정도라는 점에서 이주노동자는 사회보장의 영역에서도 내국인 근로자에 비해 차별대우를 받고 있다.

이주노동자들이 산재사고가 비교적 빈번한 영세 작업장에서 일하는 반면에 산재보험 가입은 크게 제한되어 있기 때문에 이주노동자들은 많은 경우 산재사고로 인해서 생활상의 곤란을 겪는다. 2000년 조사에서는 응답자의 16.7%인 168명이 산재사고를 당한 경험이 있었다고 한다. 이 가운데 치료비를 본인이 부담한 경우가 42.3%나 되었으며, 회사가 부담한 경우는 31.5%, 그리고 산재보험이 부담한 경우는 15.5%였다.

2) 국제결혼이주민

(1) 가정폭력

한국사회에는 가부장적 가치관과 남존여비 사상이 강력하게 남아있고, 이 때문에 남편이 부인에 대해 가하는 가정폭력의 빈도가 높은 편이다. 특히 국제결혼이주여성들은 내국인 주부에 비해 가족 내 지위가 훨씬 낮고 의사소통의 문제가 있기 때문에 가정폭력에 더욱 많이 노출되어 있다. 〈표12-13〉에는 2004~2005년의 1년 동안 국제결혼 이주여성에 대한 한국인 남편의 가정폭력이 어떤 형태로 얼마나 행해졌는가가 제시되어 있다.

〈표12-13〉 국제결혼 이주여성에 대한 가정폭력 빈도 (단위 : %, 명)

구분	전체 (921)	기혼 (755)	별거 (76)	이혼 (38)	동거 (32)	사별 (20)
모욕적인 말	31.0	24.1	84.2	68.4	22.6	30.0
때리겠다고 위협	18.4	11.1	74.7	50.0	16.1	36.3
물건 던짐	23.7	19.5	60.5	52.6	3.1	20.0
세게 밀기	13.9	7.6	57.6	52.6	6.3	26.3
손발로 구타	13.5	8.1	48.7	57.9	0	20.0
성행위 강요	14.0	6.9	63.2	47.4	21.9	20.0
변태행위 강요	9.5	3.4	47.4	42.1	15.6	20.0

출처: 설동훈 외(2005), 국제결혼 이주여성 실태조사 및 보건복지 지원 정책방안.

별거가정과 이혼가정은 기혼가정에 비해 가정폭력의 빈도가 훨씬 높았다. 이것은 가정폭력이 별거나 이혼의 사유가 되었기 때문이었을 것이다. 특히 별거가정의 경우에는 언어폭력이 84.2%, 구타가 58.9%, 성행위 강요가 47.4%로 나타나는 등 정사적인 가정생활이 거의 불가능한 지경이었다. 국제결혼 이주여성들이 그러한 가정폭력을 감수할 수밖에 없는 이유는 한국국적을 취득하기 전까지는 그들의 한국 내 체류자격이 전적으로 그들의 남편에게 달려있기 때문이다. 이혼을 하게 되면 불법체류자로 전락한다. 또한 그들은 거주비자를 받아 한국에 체류하는데, 매년 비자갱신을 해야 하며 그때마다 남편의 보증이 필요하다. 한국인 고용주가 이주노동자들의 생존권을 쥐고서 그들의 인권을 침해하는 것과 같은 맥락에서 한국인 남편은 국제결혼 이주여성의 인권을 유린하고 있는 것이다.

(2) 사회적 차별

최근 한국의 국제결혼 가운데 매매혼의 형태가 증가하게 되면서 국제결혼 이주여성에 대한 한국인의 차별의식이 강해지고 있다. 특히 이주여성들이 한국국적을 얻고 돈을 벌기 위해 위장결혼을 했다는 식의 각종 매스미디어의 보도들이 경쟁적으로 잇달으면서, 많은 사람들이 국제결혼 이주여성을 인종적으로나 사회 경제적으로 열등한 존재로 취급하는 것을 넘어서 도덕적으로 타락한 존재로까지 여기게 되었다. 위장결혼은 극히 일부 사례에 불과함에도 불구하고 모든 국제결혼 이주여성들이 그런 식으로 낙인찍힘으로써 그들은 한국인들과의 일상적인 교류조차 힘든 지경이다. 이들은 한국사회가 사회구성원으로 수용하길 거부하는 존재이며, 사회생활에서는 이주여성들만의 게토에서 살 수밖에 없는 고립된 존재인 것이다.

국제결혼가족이 직면하는 또 다른 심각한 문제는 자녀들에 대한 사회적 차별이다. 자녀들은 이국적인 외모와 피부색으로 인해 어린 시절부터 놀림과 집단따돌림의 대상이 되며, 학교생활의 적응에 어려움이 있다. 2005년 현재 국제결혼 여성이주자의 자녀들 가운데 약 6,700명이 재학 중이며, 그 가운데 초등학교는 88% 정도라고 한다.

국제결혼가족의 자녀들 가운데 17.6%가 집단따돌림을 경험한 것으로 조사되었다. 집단따돌림 경험은 도시에 비해 농촌에서 조금 더 많이 나타나며, 내국인과 외모가 같은 중국동포의 자녀는 다른 외국인 자녀에 비해 집단따돌림을 훨씬 적게 받았다. 집단따돌림을 당하는 이유로는 '엄마가 외국인이기 때문'이 34.1% '의사소통이 잘 안 되어서'가 20.7% '특별한 이유 없이' 15.9% '태도와 행동이 달라서' 13.4% '외모가 달라서' 4.9% 등이었다.

(3) 빈곤과 사회보장

개발도상국가의 여성과 결혼하는 한국남성 가운데 상당수는 사회경제적인 지위가 낮다.

국제결혼가족이 국민기초생활보장제도의 수급대상자가 되지못한 사유는 수급대상에서 탈락한 국제결혼가족 가운데 소득 및 재산기준과 부양의무자 등 국민기초생활보장제도의 일반적인 수급자 선정기준을 충족시키지 못하는 경우는 33%에 불과했다. 반면에, 외국국적이기 때문에 탈락한 경우는 26.4%이고, 탈락사유를 알지 못하는 경우는 16.5%이며, 기타가 21.5%였다. 탈락사유 미통보와 기타 중 적지 않은 비율이 외국인에 대환 차별의식에서 비롯되었을 것으로 추정된다는 점에서, 빈곤층 국제결혼가족은 모든 이들에게 공평해야 할 사회보장의 영역에서도 차별을 받고 있는 것이다.

3) 다문화가족의 문제점

(1) 언어의사소통 문제

가족관계를 유지하기 위하여 우선 필요한 것이 언어이다. 특히 필리핀과 인도네시아나 태국과 베트남, 몽골과 우즈베키스탄, 페루 등 중국 조선족 여성을 제외한 나라의 여성들의 경우 한국어 습득의 기회를 갖기도 전에 출산을 하거나 가정의 대소사를 책임져야 하는 등 일상생활의 적응 자체에 어려움을 겪고 있다. 가장 많은 결혼이민자가 시부모와의 관계에서 한국어 의사소통의 어려움을 지적하고 있다. – 어머니가 한국어 교육을 제대로 받지 못한 상태에서 아이를 낳다 보니 2세들 역시 한국어 발음이 서투름 → 이로 인해 의사소통 문제로 인해 학습 능력 저하가 우려됨. 이들 가정의 대다수가 저소득층 가정이기 때문에 따로 언어를 지도할 경제적 · 시간적 여유가 없음을 호소.

(2) 정체성 문제

두 나라의 문화가 혼재된 가정교육과 한국의 학교 교육을 동시에 경험하면서 번민 속에 주변인으로 성장

(3) 가정폭력 문제

언어와 문화적 차이, 의사소통의 어려움, 성격과 기대의 차이, 혹은 남편의 성격장애나 알코올중독으로 인하여 가정폭력 사례가 늘고 있다. 매매혼에 의하여 남자들의 '본전빼기'심리에 의한 폭력도 나타나고 있다. 부부폭력을 보면, 2005년도 조사에서 지난 1년 동안 언어폭력을 경험했다는 사람이 31%, 신체적 폭력을 경험했다는 사람이 10～14%이다. 현재 별거나 이혼을 한 사람들 중 부부폭력 경험율이 높은데, 언어폭력은 70～80%, 신체적 폭력은 50%, 남편으로부터 성행위 강요는 40% 이상이 경험한 것으로 나타난다 그러나 정보를 접할 수 있는 매체로부터 소외되거나 지역사회 주민으로서도 언어적인 장벽으로 관계망 확장이 어려워 여성폭력 발생 시나 문제 예방을 위한 접근성 자체가 떨어진다.

(4) 사회 적응의 곤란

한 필리핀 여성은 출산 전 진료를 위하여 병원을 찾았는데 진료방법의 차이에 따른

충격으로 정신착란 증세를 일으켜 출산 후 바로 가출한 사례가 있었다. 그 이외 혼인신고 절차를 몰라 불법체류자가 되거나(남편의 무관심과 더불어), 자신이 가지고 있는 문제를 어디에 어떻게 신고하고 호소해야 할지 모르는 가운데 벌어지는 인권 침해 등을 들 수 있다.

(5) 신분상의 불안

국내 2년 이상 체류한 배우자들에게 주어지는 귀화 시험의 자격요건은 최근 국적법이 개정되어 필기시험을 면제해 주고 있다. 초등학교 3.4학년 수준의 읽기와 한국에 관한 기본상식을 묻는 것으로 60점 이상을 맞아야 한다.

(6) 학업 부진 문제

외국인 어머니들이 한국말에 서툴러 남편의 도움이 없는 한 가정학습을 하기 어려움

6. 다문화에 대한 접근방식과 이론적 관점

현대사회에서 국가는 어느 사회에서나 다양성이 존재하며, 기존의 문화와 인종을 넘어서는 이질성이 존재한다. 이런 이질성이 어떻게 인식하고 받아들이느냐 하는 문제가 제기되고, 그 사회가 소수집단들이 표출하는 다양성들을 어떠한 기준을 가지고 접근하느냐 하는 문제도 제기된다. 여기서 특수성과 이질성에 접근하는 방법에는 동화 주의적 접근방식과 다원주의적 접근방식이 있다.

1) 동화주의적 접근방식

동화주의 사회에서는 국민의 소속원인 이민자들의 소수집단이 다수집단이라는 커다란 사회 속으로 녹아서 융해되는 것이다. 그 과정에서 문화적, 사회적 적응이라는 것을 목표로 이주자들 또는 소수자들이 자신의 정체성을 잃고, 사회의 주류들에 의해 정의된 다수문화에 적합한 형태로 융해되어 바뀌는 것이다. 그 때에 개인이나 소수집단은 자신

들의 특징과 문화적 정체성을 잃게 되거나, 그렇지 않으면 사적이고 개인적인 공간에서만 자신들의 정체성을 표출할 수 있게 된다.

2) 다원주의적 접근방식

소수집단의 문화와 정체성을 어느 정도 인정한다. 기존의 사회상과 다수집단의 방식을 중심으로 동화시키는 것이 아니라, 개인이든 소수집단이든 자유롭게 모여서 자신들의 문화와 정체성을 인정하며 보존할 수 있게 하는 접근방식이다.

3) 다문화주의에 대한 이론적 관점

다문화주의란 한 국가 또는 사회 안에서 몇 가지의 문화가 공존하는 것을 의미하며, 일반적으로 인간 사회의 인종적, 문화적 다양성과 특수성을 설명할 때에 사용된다. 대부분의 사람들에게 다문화적인 현실은 관심의 대상이 되고 있다. 따라서 다문화주의는 현재 우리가 살고 있는 현실을 나타내는 것이며, 사회적인 의미를 넘어 정치적 철학적 의미도 가지고 있다. 그리고 한 국가나 사회 구성원들의 다문화주의는 개인 또는 소수집단이 가지고 있는 인종과 문화의 정체성과 다양성을 어떻게 어느 정도 받아들이느냐에 따라 각기 다른 다문화주의를 나타낼 수 있다.

① 기능주의

다문화문제는 기존의 사회화 과정과 사회 통제 기능을 강화하거나 재정비하는 한편, 이주외국인들이 한국사회에 적응 할 수 있도록 하는 프로그램에 참여시켜 사회에 잘 적응 할 수 있도록 하는데 초점을 맞춘다.

② 갈등주의

갈등주의는 개인에게서 해결책을 찾지 않는다. 다문화문제는 원인이 사회구조에 있으니 사회구조를 바꾸면 된다고 보고 있다.

다문화문제에 관한 정책마련과 사회인식변화를 요구한다.

가치갈등론 : 제도화된 타협을 통해 이익갈등을 해결하는 것이 사회질서를 유지. 도

덕적, 경제적, 정치적 제재를 적절히 조합.

③ 상징적 상호작용주의

외국인이민자 개개인의 문제라 보며, 이들 개개인의 문제접근을 통해 해결한다.

④ 교환주의

모든 대인관계의 행동 또는 사회적 관계를 관계당사자들 사이에 비용과 보상을 반복적으로 주고받는 관계로 본다.

7. 문제해결을 위한 방안

우선 외국인 차별에 관한 국민의식의 변화는 장기적인 프로젝트로 추진하도록 하고, 우선은 이주노동자와 국제결혼 이주여성의 인권을 제도적으로 보장하기 위한 정부의 적극적인 대책마련이 필요하다. 제도적인 차원에서의 차별 감소는 사회적 약자로서의 외국인 집단에 대해 즉각적인 도움이 될 뿐 아니라 한국사회의 외국인 차별의식의 변화에도 크게 기여할 것이기 때문이다.

1) 제도적인 측면

첫째, 이주노동자의 신분을 보장해야 한다. 이제까지 이주노동자는 산업연수생이나 미등록노동자의 신분이 대부분이었다. 그렇기 때문에 이주노동자는 내국인 노동자와는 달리 노동3권을 갖지 못했고 자신들의 이익을 대변하는 노동조합의 보호를 받지 못했다. 이주노동자도 노동자이기 때문에 그 명칭이야 어떻든 단순한 연수생으로서가 아니라 내국인 근로자와 동일한 권리가 주어져야 한다. 2007년 1월부터 산업연수생제도가 폐지되고 고용허가제로 일원화되는 등 이주노동자의 지위가 나아진 것은 사실이지만 이주노동자에 대한 제도적 차별이 완전히 없어진 것은 아니다. 특히 일정 기간 이상 국내에 체류한 이주노동자의 자발적 퇴직의 권리를 인정하고 자신에게 적절한 직장을 찾을 때까지 몇 번이든지 직장을 옮길 수 있도록 보장해야 한다.

둘째, 이주노동자에 대해 국내거주기간을 연장하거나 영주권을 제공해야 한다. 이제까지 이주노동자의 국내거주기간은 최장 3년으로 제한되어 있었고, 고용허가제의 실시

이후에는 매년 계약을 갱신하도록 되어있다. 이렇게 되어서는 이주노동자의 미래는 매우 불안정하다. 가장 좋은 방법은 외국처럼 일정 자격을 지닌 이주노동자에 대해 영주권을 제공하는 것이며, 이보다 쉬운 방법으로는 체재기간 갱신을 5년 혹은 10년으로 연장하는 것이다.

셋째, 이주노동자에 대해서 내국인근로자와 같은 수준의 사회보장혜택을 주어야 한다. 산재보험이나 국민연금은 물론이고 건강보험과 고용보험에도 의무가입 하도록 하여 불의의 사고에 대비해야 한다. 특히 고용보험의 강제적용이 중요하다. 이주노동자는 영세사업장에서 일하기 때문에 실업의 위험이 높기 때문이다. 고용보험의 실업수당도 중요하지만, 직업훈련 및 구직지원 프로그램은 이주노동자의 노동시장에서의 가치를 높이고 직업적 안정을 제공하게 될 것이다.

넷째, 일정 기간(예를 들어, 1년) 거주한 국제결혼 이주여성에게는 국내에 거주 할 수 있는 권리를 제공해야 한다. 현재 이주여성은 국적을 취득하지 않는 한 거주비자를 얻어야 한다. 그런데 거주비자는 매년 갱신해야 하며 그때마다 남편의 신원보증이 필요하여 한국인 남편에 대한 이주여성의 종속이 심화되었다. 가장 좋은 방법은 국제결혼 이주여성에게 영주권이나 5~10년 한도의 거주권을 제공하는 것이다. 이렇게 되면 국제결혼 이주여성이 보다 손쉽게 이혼을 청구할 수가 있으며, 자신의 국적을 포기하지 않고도 국내에 거주할 수 있다. 그 결과 국제결혼 이주여성의 가족 내 지위가 일정 정도 올라갈 수 있을 것이다. 이것이 위장결혼의 문제 등을 야기할 수는 있지만 그것은 이주여성의 인권보장이라는 데 비해서 보면 부차적인 문제에 불과하다.

다섯째, 국제결혼 가족과 이주여성에 대한 다양한 사회복지서비스가 제공되어야 한다. 특히 국제결혼 가족에 대한 국민기초생활보장제도의 수급권 심사가 차별 없이 이루어지도록 제도적으로 정비해야 하며, 사회적인 차별로 인해서 내국인 빈곤층보다 생활상의 어려움을 더 겪고 있다는 점에서 국제결혼가족에 대한 특별조치의 강구도 필요하다. 이외에도, 이주여성의 본국어가 통용되는 가정폭력상담소와 이주여성 전용 쉼터의 설피, 보육서비스 등 국제결혼가족에 대한 각종 사회복지서비스의 확대, 국제결혼 이주여성의 사회통합과 취업을 촉진하는 프로그램의 활성화 등의 조치가 필요하다.

2) 다문화가정을 위한 대안 제시

첫째, 다문화가족을 위한 언어교육지원이 체계적으로 이루어져야 한다. 일본의 야마가타 현에서는 다문화가족을 위해 공공기관과 민간단체 그리고 자원봉사자들이 주1회, 1:1을 원칙으로 다양한 장소와 방법을 동원하여 체계적으로 지원하고 있다. 우리나라도 다문화가족을 위한 언어교육의 체계화가 이루어져야 하며, 한국어뿐만 아니라 부모 나라의 언어도 함께 학습 지원되어야 한다.

둘째, 어린이집이나 유치원, 초 · 중 · 고 정규교육을 통해 다문화가족에 대한 체계적인 교육과 다문화 자녀에 대한 선생님의 각별한 관심과 지도가 이루어져야 한다. 교사들은 어린이들과 학부모들에게 다문화 자녀들도 한 가족이요, 우리나라를 이끌어갈 주역임을 계속 교육시켜나가야 한다.

셋째, 가정에서도 다문화가족에 관한 교육이 이루어져야 한다. 학부모들은 우리나라도 다문화가족과 공존할 수밖에 없음을 깨달아야 한다. 또한 부모들은 다문화자녀들을 놀리고 따돌림 시키는 사례가 발생하지 않도록 다문화 자녀와 함께 살아가는 법을 지속적으로 교육시켜야 한다.

넷째, 다문화가족이 많이 거주하고 있는 지역부터 각 지역별로 다문화가족센터가 건립되어야 한다. 센터를 이용하여 출신사회의 친구를 만나 정서적 교류도 하며, 센터 프로그램을 통해 한국의 가족이나 제사, 풍습, 종교 등의 문화를 학습하고 체험할 수 있는 공간이 제공되어야 한다.

다섯째, 다문화가족들의 한국생활 적응을 도울 수 있는 한국의 문화와 풍습 등 일반 생활상식에 대한 매뉴얼이 각 국가 언어별로 개발, 제작되어야 한다. 이러한 매뉴얼은 현재 정부의 각 부처별로 부분적인 제작이 이루어지고 있으나 전국적으로 보급하기에는 턱없이 부족한 실정이며, 이에 많은 재정적 지원이 필요하다.

여섯째, 다문화가족들을 위한 전문 인력이 양성되어야 한다. 국내 80만 명의 다문화가족들을 지원할 수 있는 전문 자격을 갖춘 훈련된 전문 인력의 양성이 시급하다.

그동안 우리 사회는 다문화의 진입속도와 변화에 비해 다문화가족을 맞이할 준비가 너무나 부족하였다. 그러나 다문화가족을 위한 제도적 기반과 국민적 의식을 전화하고 다문화가족의 시급한 욕구를 찾아 체계적이며, 전문적인 맞춤형 서비스로 개입해 나간다면 다문화사회와 다문화가족의 문제를 해결할 실마리를 풀어나갈 수 있을 것이다. 다문화사회의 상호 공존을 위해 유익을 주고받는 윈 – 윈(win-win)관계는 상호 협력하여 미래의 양 국가 간 커다란 사회적 자본이 될 수 있을 것이다.

8. 사회복지적 개입

다문화사회에 따른 문제들을 위한 제도적 기반과 국민의식을 전환하고 다문화가족의 시급한 욕구를 찾아 체계적이며, 전문적인 맞춤형 서비스로 개입해 나간다면 다문화사회와 다문화가족의 문제를 해결할 실마리를 풀어 나갈 수 있을 것이다.

몇 가지 실천적 과제를 제시하면 다음과 같다.

① 외국인에 대한 민족중심주의적 편견을 버려야한다.

② 다문화에 대한 편견에서 벗어나 다문화공동체 문화체험교육이 필요하다.

③ 불법체류자 문제를 해결하기 위해 장기 체류자에 대한 발상의 전환이 필요하다.

④ 외국이주민집단거주지를 양성화하여 그들에게 지격사회의 참여기회를 부여함으로써 지역사회의 안정과 통합을 이루어낼 필요가 있다.

⑤ 이주노동자와 주민의 갈등을 최소화하여 서로 필요로 하는 프로그램의 공동개발 및 시범운영이 필요하다. 이주노동자 지원프로그램은 한국어교육, 인권노동상담, 무료진료, 직업안내, 여가시설 등의 순으로 개발해 나감이 필요하다

⑥ 지역갈등을 해소하고 사회통합을 이뤄낼 프로그램 개발이 필요하다. 지역사회에서 상호 갈등을 줄여 나가려면 이주노동자의 경우 한국어 배우기, 기초질서교육이 필요하며, 주민의 경우 아시아문화이해교육 및 이주민에게 인격적인 대우를 하는 인권교육이 요구되며, 특히 문화 차이에서 오는 이해교육을 증진시킴으로써 차별문화극복을 위한 방안이 모색되어져야 한다.

☞ 사례

• 가정 파탄나면 잘못 없어도 불법체류자 •

2002년 입국한 필리핀인 메그너씨(45, 가명). 메그너씨는 한국에 오자마자 말도 전혀 통하지 않고 한국생활도 전혀 모르는 상황에서 공장부터 다녔다. 지금 와서 생각해보니 그것이 취직이었지만

그때 당시는 그냥 남편이 다니는 공장을 따라다니며 도와주는 것으로 알았다. 영문도 모른 채 공장을 다녔지만 한 번도 월급을 받아 본적은 없다. 말이 통하지 않다 보니 월급은 항상 남편과 시어머니에게로 입금됐던 것이었다. 문제는 남편의 알코올중독과 무자비한 폭력, 끊임없는 매질을 견디지 못한 메그너씨는 3년 전에 딸을 데리고 가출, 쉼터로 갔다. 그러나 국적도 취득하지 못했고 법률상 이혼도 안 된 상태로 항상 마음이 불안했다. 가출한 이주여성들은 잘못이 누구에게 있는 남편이 신고하면 일단 불법체류자 신분이 되기 때문이다. 다행이 쉼터의 신원보증으로 불법체류자 신세는 면할 수 있었다.

메그너씨를 더욱 어렵게 하는 것은 외모에 따른 인종적 편견. 기본적인 번역일이 가능할 정도의 영어실력을 갖추고 있지만 외모가 험하다는 이유로 영어교사 취직은 안 되고 있다. 메그너씨는 "항공권 값만 벌면 필리핀으로 돌아가고 싶다"라고 말한다.

• 국적취득 2년이 아니라 5년 걸려 •

익산에 살고 있는 베트남 출신의 라이씨. 한국에 온지 4년 됐지만 아직도 '외국인'이다. 2년이 좀 넘어서 국적을 신청했지만 거부당했고 그 뒤 다시 신청했지만 언제 나올지 모르는 상황이다. 이주여성들은 우리나라에 온지 2년이 되면 국적신청을 할 수 있다. 그러나 3년, 4년 된 여성들 중에서도 우리나라 국적을 가진 사람은 거의 없다. 국적신청이후 대기시간이 길게는 3년까지 걸리기 때문이다. 관계자들은 "아이가 있으면 2년, 아이가 없으면 3년 기다려야 한다"며 "이 일을 담당하는 법무부 직원 수가 수년째 늘지 않고 제자리걸음이다. 아무리 건의해도 들어주지 않는다"고 말한다. 국적이 없는 여성은 생활도 불편하다. 주민등록번호가 없다보니 인터넷 활용에도 제약이 따르고 신용카드 개설도 안 된다. 친정 부모를 초청하려고 해도 남편이 동의해야만 가능하다.

• 취업의 장벽은 높기만 •

익산에 살고 있는 중국 한족의 장수봉씨(31). 한국에 온지는 18개월 밖에 안됐지만 중국에 파견되어 근무하던 현재의 남편을 만나 중국에서 결혼한 뒤 현재 큰 아이가 일곱 살이다. 중국에서 법대를 졸업했고 한국말도 무난한 수준. 직업훈련을 거치면 좀 더 나은 직장을 얻을 수 있겠다는 생각으로 익산역 앞에 있는 직업훈련학원을 찾아갔다. 그러나 거절당했다. 직업훈련은 한국 사람만을 대상으로 하며 외국인은 대상이 아니라는 것이었다.

남원에 살고 있는 증쯔응억씨. 직업을 갖기 위해 생활정보지를 보며 여기저기 전화도 하고 직접 찾아가기도 했다. 그러나 번번이 거절당했다. 외국인이라는 이유 때문이었다. 응억씨는 "나도 한국 사람만큼 일할 수 있다. 정 못 믿겠으면 한 달간 무료로 일해 줄 테니 지켜본 뒤 채용해 달라"고 제안했다. 그러나 뜻을 이루지는 못했다. 이주여성에 대한 편견과 부정적인 생각이 발목을 잡은 것이라고 생각하고 있다.

1) 독일의 이주민 통합정책

독일도 이미 다문화사회를 형성하여 외국인이 전체 주민의 10% 가량을 차지한다고 한다. 독일은 대표적으로 차별배제정책을 실시하였던 국가이다. 그러나 현재에는 독일의 노동법제는 기본적으로 외국인 노동자를 모든 점에서 내국인과 똑같이 대우한다고 한다. 따라서 터키계를 중심으로 한 독일 내의 외국인 노동자들은 내국인과 거의 동등한 수준의 사회보장 제도 혜택을 누릴 수 있다.

또한 사회보험에 의무적으로 가입이 되며, 노동조합에 가입하는 것에도 제한이 없다고 한다. 외국인 노동자를 위한 직업훈련체계도 갖춰져 있으며, 기존에 유입되어 있어서 정착한 외국인뿐만이 아니라 외국계 청소년도 상담 및 직업훈련 프로그램의 대상으로서 법의 보호를 받고 있다. 이는 외국인 노동자나 이민자 청소년들의 실업률이 높아 발생할 수 있는 인종적 갈등과 사회적 불안요소를 미연에 방지하기 위한 정책인 것이다.

2) 영국의 심의다문화주의

영국은 최근에 사회통합을 위한 포용정책에 박차를 가하고 있다. 영국의 경우에는 프랑스와 같은 강력한 동화주의정책을 채택하고 있지는 않는다.

오히려 영국의 경우에는 많은 식민지 경험으로 인해서 다문화주의는 보다 성숙하게 자리 잡고 있다. 즉, 식민지 경영의 영향으로 인도, 파키스탄 등 옛 식민지 출신이 많았던 이민 1세대에서는 큰 갈등을 겪지는 않았으나, 이민 2 · 3세들이 폭탄테러 등에 가담하면서 영국사회의 갈등현상이 표출되게 되었다. 이에 따라 각종 이민자 단체와 백인 주류 사회 사이의 교류를 정부가 적극 지원하고, 종교단체나 교육기관 설립도 후원하고 있다.

3) 일본의 다문화 공생주의 정책

일본도 내향적인 국제주의라는 관점에서 '다문화 공생'주의를 채택하고 있다. 이는 국가적 차원에서 외국인 고유한 문화와 가치관에 대한 인정 및 지원을 추진한다는 점에서 동화주의보다는 한발 더 나아가는 정책이라 할 것이다.

국가 정책적으로는 일본의 다문화정책은 크게 교육 등의 소수민족의 권리를 인정하는 다문화화, 외국인의 정치적 권리를 인정하는 다정치화, 외국인의 직업선택의 자유 등에 대한 다경제화, 그리고 복지제도의 편입을 받아들이는 다사회화등의 정책을 실시한다.

국내법적으로는 일본도 한국과 마찬가지로 국적법상 혈통주의 원칙을 채택하고 있으며, 일본인과 결혼한 외국인이 일본 국적을 바로 취득할 수는 없다고 한다. 다만, 혼인신고를 하게 되면 '일본인의 배우자 등'이 명목으로 체류자격을 얻게 되고, 그에 준하는 사회복지 해택을 받게 된다.

즉, 건강보험법, 국민연금법, 후생연금보험법, 노동자 채해보상보험법, 아동부양수당법 등이 모두 적용되며, 주택보조, 교육부조 등 공공부조에 관한 생활보호법상으로는 대상자가 아니지만 행정조치를 통해 사실상 적용시켜 준다고 한다. 물론 외국인 노동자에게도 자국인 노동자와 같은 노동기준법이 적용된다.

개별법 마다 구적을 이유로 한 차별대우가 금지되어 있고, 강제노동금지, 노동재해로 요양 중인 노동자 해고 제한, 최저임금제 등 혜택을 누릴 수 있다고 한다. 또한 노동자 재해보상보험, 고용보험, 국민연금, 후생연금보험도 적용되고 있다.

부록 2 용어

〈다문화 사회 관련 용어〉

국경 없는 마을	이주노동자 밀집지역에서 차별문화를 극복하고 다문화 공동체 형성을 목적으로 하는 용어이다.(예: 안산시 원곡동)
국경 없는 시민권	지구시민사회의 시민권으로서 한 사회에서 정치, 경제, 사회, 문화적 실체로서 인정받는 정착의 상태를 의미한다.
노동의 유연화	노동력의 활용 전략 가운데 특히 수량적 노동시장의 유연화 전략을 의미한다. 이것은 우리나라 근로자 수의 증감 또는 하청이나 외주 가공 등 작업의 외부화를 통한 수량적 유연화 전략이 선호되기 때문이다.
문화적 사고	문화는 주어진 것이 아니라 창조되는 것으로 보는 견해이다. 문화적 사고는 문화변혁과 문화 창조 등의 내용을 포괄한다.
에스닉(Ethnic)	특정 국가 내에 존재하면서 민족적 자립과 독립을 지향하고 있는 개별 인간집단, 일반적인 인간 집단 내지 인종집단
3D업종	노동 강도가 세고 저임금이며, 산업재해의 사고 위험에까지 심하게 노출되어 있어 한국 노동자들이 기피하는 직업
지구사회 시민권	시민의 지위를 부여 받은 개인과 정치공동체 사이의 관계를 의미하는 것
지구촌 마을	통신, TV, 교통의 발달로 지구촌이 하나의 공동체가 되었다는 의미이다.
글로컬	국제화, 세계화를 의미하는 글로벌이라는 의미를 포함하여 보다 작은 지역단위에서 현지화를 추구하는 개념
혼종성	문화적, 언어적, 정치적 상호의존과 상호영향에 대한 주장을 통해서 우월적 사회와 열등한 사회, 지배적 국가와 피지배 국가, 식민지와 피식민지 사람들에 대한 상호연관성에 초점을 두고 있는 개념이다.
다문화	국제결혼이주여성의 수가 급격하게 증가함에 따라 결혼이주여성의 처우가 주요한 사회적 이슈로 다루어지게 된 것과 관련이 깊다
다문화공생	일본에서 서로 다른 인종들이 지역사회에서 함께 살아가는 방법을 나타내는 용어이다.
디아스포라	한국사회에 거주하는 이주민이 낯선 곳에 머물러 사는 사람들의 존재인식을 갖게 되는 것을 말한다.
화교	중국 국적을 가진 해외거주 중국인들을 통상적으로 지칭하는 말이다.

〈다문화가족 관련 용어〉

이주민	이주노동자, 결혼이민자, 재중동포, 난민, 귀화자, 입양자, 국내 출생 이주노동자 자녀 등 미래지향적 측면에서 이들을 바로 시민권적 차원에서의 이주민이라고 할 수 있다.
코시안(Kosian)	Korean+Asian의 합성어. 혼혈아 등의 차별적 언어를 해소하기 위해 사용한 용어, 결혼한 이주노동자의 자녀도 포함하여 부름.
혼혈인	1세대 혼혈인) 미군과 한국여성들 사이에 태어난 자녀 2세대 혼혈인) 외국인 노동자와 한국인 여성과의 사이 태어난 자녀 3세대 혼혈인) 동남아 여성과 한국인 남성과의 사이에 태어난 자녀
다문화 가족	외국인노동자, 국제결혼이주자, 새터민(북한이탈주민), 그 밖에 외국인 거주자, 외국인과의 사이에 태어난 자녀들을 비차별적으로 부르는 용어이다.
하프(Half)	일본에서 혼혈인을 호칭하는 용어. 차별적인 용어이므로 더블이라는 용어를 권장하여 사용하고 있다.
더블(Double)	일본에서 혼혈인을 호칭하고 있는 용어이다.

생각할 거리

1) 다문화주의에 대해서 토론해보자.
2) 단일민족과 다문화주의의 차이점에 대해 이야기해보자.
3) 다문화정책을 위한 외국의 경우는 어떠한지를 알아보자.
4) 다문화로 인한 사회문제를 어떻게 예방해야 하는지 토론해보자.

제 13 장

환경위기와 환경문제 – 인위적 말살

학습목표

1. 생태문제와 환경과의 관계를 알아보자
2. 환경오염이 생명에 미치는 영향을 알아보자
3. 환경, 먹거리의 중요성, 영향

1. 들어가기

한국사회에서는 1960년대 이후 자본주의적 산업화가 진전되면서 환경문제가 점차 심각한 사회문제로 대두되었다.

인간이 생존을 위해 추구했던 산업화가 역설적이게도 환경오염으로 생존을 위협하는 결과를 낳았다. 이것은 인간생존의 딜레마, 즉 물질적, 경제적 생존과 생태학적, 환경적 생존 간의 딜레마를 여실히 보여주는 것이며, 한편으로는 개발과 환경의 딜레마이기도 하다.

발전과 편리함은 모순에서 시작된다. 과학의 발전은 인간으로 하여금 편리함을 갖게 한다. 그러나 과학의 발전은 인간에게 치명적인 파괴를 안겨주하기도 한다. 따라서 개발을 위해 자연을 파괴하는 상황은 생태파괴라는 심각한 문제를 대두시키고 있다. 생태파괴로 인한 피해는 돌이킬 수 없는 결과를 낳고 있다.

오늘날 환경문제는 범지구적이며 인류의 생존자체를 위협할 만큼 심각하다.[1] 특정 국

1. 2003년 여름 유럽에 덮친 더위와 대기오염으로 2만 명 이상이 사망하였고, 농작물은 100억 유로에 달한 피해를 입었다. 2004년 12월 남아시아 일대를 덮친 거대한 지진해일 쓰나미(Tsunami)는 30만 명

가에서 발생한 환경문제는 더 이상 특정 국가만의 문제가 아니라 국경을 초월하여 영향을 주는 전 지구적 문제가 되고 있다. 이제 이 문제는 인간이 21세기를 인간답게 살아가기 위해서 시급히 관심을 기울이고 대책을 마련해야 할 분야가 되었다. 근대부터 시작된 산업화 및 인간의 활동과 비례하여 폐기물의 대량발생, 자원고갈, 난개발[2]과 유해화학물질 등 에 따른 자연생태계의 파괴, 성층권의 오존층 파괴, 지구온난화 등이 속도와 규모 면에서 빠르게 진행되고 있으며, 그 폐해가 새로운 형태의 위협으로 발생하고 있어서 대책이 요구된다.

또한 생태문제는 환경문제와 더불어 먹거리 문제도 대두시키고 있다. 지금은 보릿고개라는 말이 무색할 정도로 먹을거리가 풍족한 시대이다. 이제는 없어서 못 먹는 것이 아니라 '죽을지도 몰라' 못 먹게 되었다.

왜 이렇게 되었을까? 왜 참치에서 칼날이 나오고 새우깡에서 생쥐머리가 나오고 미국에서 GMO옥수수와 광우병 의심 쇠고기를 수입해 먹어야 하며, 이제는 멜라민 공포로 먹지도 못해야 하는 것인가?

현재 진행 중인 중국 멜라민 사태는 '생쥐머리' 새우깡이나 '칼날' 참치캔 등의 식품 이물질 혼입사고와는 그 성격이 판이하게 다르다. 왜냐면 인체에 대한 유해성 논란이 있는 GMO옥수수와 미국산 광우병 의심 쇠고기 수입 그리고 이번 멜라민 사고는 단순한 식품 위생의 문제가 아닌, 인체에 직접적으로 해악을 끼치는 '생명'에 관한 문제이기 때문이다.

따라서 환경문제와 먹거리 문제는 한 사회의 문제로서만이 아니라 지구촌이 당면한 사회문제로서의 그 중요성이 더해 가고 있다.

의 사망자와 500만 명의 이재민을 발생시켰고, 2006년 9월에는 인도네시아 동부 자와시도아르조의 한마을 전체가 물과 진흙에 잠겼는데, 당시 진흙 사태가 삼킨 면적은 모나코보다 넓었으며, 이로 인해 발생한 이재민은 1만 명에 달하였다. 해수면 상승, 홍수, 한발의 영향으로 집을 떠나야 하는 사람도 세계에서 최대 2억 명에 달한다. 이에 '환경난민'이라는 신종어가 생길 정도로 그 영향력이 커진 환경문제는 전 세계적으로 집단이주를 부추기는 새로운 원인의 하나로 추가되어있다.

2. 난개발－산림을 훼손하는 무차별적인 개발, 도시의 자족기능을 해치는 개발, 삶의 질을 저하시키는 개발, 도시의 안전망을 저해하거나 사회적 형평성의 불균형을 초래하는 개발을 통틀어 이르는 말이다.

2. 환경문제의 개념

1) 환경문제

(1) 환경의 개념

환경(environment)이라는 말은 매우 다양한 의미로 사용되고 있다. 〈국어사전〉에서는 환경이란 말의 뜻을 "주위의 사물 또는 사정, 거주하는 주위의 외계, 생활체를 둘러싸고 그것과 일정한 접촉을 유지하고 있는 외계"라고 풀이하고 있다. 또 세계적으로 권위 있는 〈브리태니커 사전〉에서는 "유기체 또는 생태계에 영향을 미쳐 궁극적으로 그것의 형태와 생존을 결정짓는 물리적 · 화학적 · 생물학적 요인들의 복합체"라고 정의 내리고 있다.

이와 같이 정의되는 환경은 다른 생명체보다 특히 인간에게 더운 문제시 된다. 인간은 다른 생명 유기체와 마찬가지로 생물학적이고 물리적 과정에 기능적으로 연계되어 있을 뿐만 아니라 문화를 통해 세계를 보고 개념화할 수 있는 능력을 가지기 때문에 환경과의 관계에서도 사회의 여러 가지 규범적 행위구조를 변동시키고자 환경운동 등의 중요한 추진력을 행사할 수 있다는 점이다.

환경오염의 종류에는 수질오염 · 대기오염 · 토양오염 · 소음공해 등으로 나눌 수 있다.

수질오염 – 인위적인 요인에 의하여 자연 수자원이 오염되어 이용 가치가 떨어지거나 생활에 피해를 주는 현상. 하천, 호소(湖沼), 항만, 해역 따위의 자연 수역에 폐수, 분뇨, 오물 따위의 폐물질이 유입되어 생긴다.

대기오염 – 인공적으로 배출되어 인간 생활에 나쁜 영향을 주는 매연, 먼지, 일산화탄소 따위와 같은 물질이 공기와 섞이는 일. 이산화탄소의 증가로 인하여 지구의 온난화, 프레온 가스로 인한 오존층의 파괴 따위가 문제시되고 있다.

토양오염 – 인간이나 동식물에 유해한 중금속이나 화학 물질이 토양에 축적되는 일. 광공업 폐기물인 카드뮴, 구리 따위의 중금속류와 유기 염소 살충제를 중심으로 하는 합성 농약으로 인한 오염이 심해지고 있다.

소음공해 – 소음에 의해 사람과 동물이 심리적 · 신체적 장애를 겪게 되는 공해.

환경오염에 따라 자연은 온실효과 · 오존층 파괴 · 적조현상 · 부영양화라는 심각한 문제를 가져올 수 있다.

온실효과 – 대기를 가지고 있는 행성 표면에서 나오는 복사에너지가 대기를 빠져나가기 전에 흡수되어, 그 에너지가 대기에 남아 기온이 상승하는 현상.

오존층파괴 – 지상으로부터 15km~30km 높이의 성층권에 있는 오존층의 오존이 파괴되어 그 밀도가 낮아지는 현상을 오존층 파괴라고 한다. 남극과 북극의 오존층 파괴에 가장 큰 영향을 주는 주된 물질은 염화 플루오르화탄소들(CFCs)이며 오존층이 파괴되면 지구에 도달하는 자외선이 많아져 피부암 등을 유발하게 된다.

적조현상 – 플랑크톤이 이상 증식하면서 바다나 강 등의 색이 바뀌는 현상. 생태계에 문제를 일으키며 인간의 생활에도 여러 가지 피해를 준다.

부영양화 – 부영양화라는 용어는 '영양분이 풍부하게 공급되었다'는 뜻의 그리스어에서 유래되었다. 강이나 바다 등 수중생태계에 유입되는 생활하수나 산업폐수, 가축의 배설물 등의 유기물질이 유입되어 물속의 질소와 인과 같은 영양물질이 많아진다. 영양물질이 늘어나면 영양소의 순환 속도가 빨라져 조류(algae)의 광합성량이 급격히 증가하여 그 성장과 번식이 매우 빠르게 진행되고 최종적으로 대량증식하게 되는데, 이 현상을 부영양화라 한다. 조류의 급격한 증식으로 인하여 해수의 색이 변화되었을 경우를 적조라 하며, 원인이 되는 생물종에 따라 물은 붉은색, 녹색, 갈색을 띠게 된다.

(2) 환경문제의 정의

20세기에는 산업문제가 근본적인 사회문제였으나 21세기에는 환경문제가 가장 심각한 사회문제로 대두하고 있다고 할 수 있다. 다시 말해서 20세기에는 산업혁명의 문제가 중요했고, 21세기에는 그 폐해를 시정하고 인류를 자연과 더불어 인간답게 사는 것을 목적으로 하는 환경 문제가 핵심적인 사회문제로 등장하고 있다는 것이다. 결국 사회문제의 해결이 복지를 지향하는 것이라면 21세기에는 환경 문제의 해결을 지향하는 환경복지라는 새로운 용어가 더욱 중요해질 것이다.

환경문제는 단순한 과학기술적인 차원의 문제가 아니다. 이것은 사회적, 정책적, 철학적 문제인 것이다. 인간의 자연에 대한 철학적 세계관의 차이가 사회정책에 반영되어 그 결과로서 환경이 파괴되고 오염되어 왔다고 보는 것이다. 오늘날 많은 환경사회학자들은 자연 환경뿐만 아니라 사회 환경도 환경문제로 보고 있으며 이의 동시적 해결을 모색하는 것이 진정한 환경문제의 해결을 위해 필요하다고 주장하고 있다. 결국 환경문제란 인간의 삶에 부정적인 영향을 끼치는 자연환경과 사회 환경으로 인하여 발생하는 모든 문제로서 국가적 차원에서 또는 세계적 차원에서의 사회정책적인 대안을 요구하는 것이라고 정의할 수 있겠다.

(3) 환경문제의 특징

첫째, 다른 사회문제에 비하여 많은 사람들에게 직접 · 간접으로 영향을 미친다.

둘째, 다수의 지역주민의 건강과 동식물의 생존을 직접적으로 위협하여 다른 어떤 사회문제보다 절박한 문제로 대두된다.

셋째, 상세한 영향이 아직 다 밝혀지지 않고 있어서 이들 문제에 대한 심각성이 훨씬 클지 모른다.

넷째, 대부분의 피해가 감정적이거나 점진적이어서 과소평가되는 경향이 있다.

다섯째, 오염물 배출자와 피해자가 다른 경우가 많다.

여섯째, 환경오염으로 인한 생태계의 파괴는 다른 어느 사회문제보다 회복이 어렵고 오랜 기간이 걸리며 많은 비용이 든다.

일곱째, 생태체계의 연속적 오염으로 그 결과가 누적된다.

여덟째, 관할구역과 책임소재가 불분명하여 행정적 조치기 어려운 경우가 많다.

아홉째, 국제적인 문제가 될 수 있다.

2) 먹거리 문제

(1) 멜라민

헤테로고리 유기화합물에 속하는 무색의 결정성 물질.

주로 합성수지를 만드는 출발물질로 쓰인다. 멜라민은 압력 하에서 디시안디아미드를 가열하여 만든다. 가장 중요한 반응은 분자량이 큰 수지성 화합물을 생성하는 포름알데히드와의 반응이다. 이러한 수지들은 가열하여 만들어지나, 일단 생성된 후에는 내수성과 내열성을 갖게 된다. 일반적으로 충전물과 색소로 가공되며 접시류, 그릇류, 조리용 기구류, 핸들로 만들어 사용하거나 목재 · 종이와 직물류의 피복제나 라미네이팅 시약으로 사용된다. 포르미카와 멜맥은 멜라민 수지로 만든 제품의 잘 알려진 상품명들이다. 멜라민－포름알데히드 반응 혼합물에 부탄올을 넣어 만든 부틸화된 멜라민 수지들은 페인트와 니스의 성분으로 사용되는 유체(流體)이다.

(2) 광우병(BSE)

광우병은 1980년대에 영국에서 최초로 발병. 광우병은 최초에 양이 사료로 동물성 사료 먹고 뇌에 구멍 뚫리는 병(스크래피) 걸리고 그 양을 사료로 만들어서 소한테 먹이니깐 광우병이 걸렸다고 한다. 광우병의 잠복 기간은 5~20여 년 정도로 추정. 혹자는 30년까지도 잠복한다고 한다.

• 인간광우병 •

광우병이 사람에게 전염된 '변종 크로이츠펠트 야곱병'(vCJD)을 일컫는 말.

광우병에 걸린 소의 고기를 먹은 사람에게 나타나는 병이며, 광우병과 마찬가지로 뇌의 단백질 이상으로 신경세포가 죽어 스펀지처럼 뇌에 구멍이 뚫려 결국 사망하게 된다. 전염인자인 프리온(Prion)에 의해 발병하며, 전염된다. 환자는 감염 초기에 기억력 감퇴와 감각 부조화 등의 증세를 보이고, 이후 평형감각 둔화와 치매로 발전하며, 결국 움직이거나 말도 하지 못하다가 사망하게 된다.

(3) 유전자조작식품(GMO)

일반적으로 생산량 증대 또는 유통·가공 상의 편의를 위해 유전공학기술을 이용해 기존의 육종방법으로는 나타날 수 없는 형질이나 유전자를 지니도록 개발된 농산물을 말한다. 유전자조작이 벼나 감자, 옥수수, 콩 등의 농작물에 행해지면 유전자조작 농작물이고, 이 농산물을 가공하면 유전자조작식품이라 한다. 무르지 않는 토마토, 수박만 한 감자, 일반 연어 크기의 30배인 슈퍼연어, 살충제에 강한 콩, 고농축 비타민이 함유된 채소 등이 유전자 조작식품의 대표적인 예이다.

3. 환경문제의 원인과 배경

1) 환경문제의 다양한 원인들

환경위기 발생의 직접적인 원인은 산업화, 도시화, 과학기술의 발달 등에서 찾을 수 있다. 그렇지만 환경위기는 다양한 간접적인 원인들과 중첩되면서 한층 심각해지기도 한다. 그러므로 한편으로 환경문제의 다양한 원인들을 밝혀볼 필요가 있으며, 다른 한편으로 어떤 것이 더 직접적이고 주된 원인인지 살펴보는 작업도 필요하다. 우리는 흔히 개개인의 환경문제에 대한 무관심과 환경 파괴행위, 정부의 잘못된 환경정책, 기업의 무책임 한 오염 배출행위 등을 환경문제의 원인이라고 하는 주장을 접하게 된다. 이러한 주장이 전적으로 틀린 것은 아니지만, 사회학적 관점에서 심층적이고 구조적인 원인을 밝히지 않으면 적절한 해결책을 찾아내기 어렵다. 환경문제의 심층적이고 구조적인 원인으로는 인간중심주의적 과학관과 자연관, 자연파괴적인 기술, 산업화, 자본주의적 생산과 소비주의, 인구의 증가, 대량생산과 대량소비 체계 등을 들 수 있다.

(1) 인구성장과 자원고갈

인구증가가 지구환경 위기의 원인이라는 논의는 맬더스(T. R. Malthus)로 거슬러 올라간다. 그는 인구는 기하급수적으로 증가하는데 식량생산은 산술급수적으로 증가하기 때문에 인류가 식량위기를 맞이할 것이라고 하였다. 따라서 그는 결혼연령의 연기와 금욕 등으로 인구증가를 억제할 것을 주장하였다.

실제로 인구성장은 자원의 사용량을 절대적으로 증대시키고 더 많은 재화생산이 더 많은 환경오염을 발생시킨다는 점에서 분명히 환경문제의 원인이 된다.

(2) 과학기술과 환경파괴

자연적 위험과 경제적 빈곤으로부터 해방을 선포한 계몽주의 자연관은 자연을 인간이 극복하고 통제해야 할 대상으로 보았다. 그런데 이러한 자연관은 현대의 과학기술 발전을 통한 환경위기를 낳은 원인이다. 이성, 과학, 진보, 인간복지 증진을 내세운 계몽주의가 지구환경의 위기를 불러온 것이다.

카머너(B. Commoner)는 제2차 세계대전 이후 급격히 악화된 환경오염은 대량생산을 위한 거대기술의 발전에 기인한다고 주장하였다. 그는 거대기술에 반대하여 적정기술을 내세웠는데 이것은 기술이 사용되는 맥락을 고려하는 생태친화적 기술과 중앙에서 통제하는 거대기술이 아니라 작은 공동체에서 통제할 수 있는 작은 규모의 기술을 말한다.

(3) 산업화와 환경오염

오늘날의 환경오염은 산업화와 연관되어 있다. 산업화의 특징은 생산방식의 혁명이다. 산업화를 통한 경제성장 추구와 환경오염 심화는 자본주의와 사회주의를 막론하고 공통적으로 나타난다는 것이 밝혀졌다. 끝없는 경제성장을 추구하는 산업화가 생태계의 수용용량을 넘어서게 되면 환경파괴는 걷잡을 수 없는 속도로 진행될 수 밖에 없다.

자본주의는 산업주의의 한 형태로서 사회주의보다 더 심각하게 환경오염의 확산에 영향을 미친다. 자본주의의 이윤추구 논리는 기업들이 이윤을 늘리기 위해 자원의 낭비에 무관심한 채 상품을 확대재생산하도록 만든다. 이 과정에서 자원의 이용량과 오염물질 배출량은 끊임없이 늘어나 환경위기를 심화한다. 특히 자본주의의 소비주의는 과소비와 낭비를 통해 기업의 확대재생산을 부추김으로써 환경문제의 악화를 낳는 데 기여한다.

2) 환경문제의 원인

첫째, 환경을 고려하지 않은 채 무정부적으로 이루어지고 있는 개발은 현재 환경문제의 주된 원인으로 다가서고 있다. 산업혁명 이후 비약적으로 확대되고 있는 산업은 자본주의 국가에서는 이윤추구의 극대화를 위한 생산력의 발전 형태로 발전을 거듭해 왔다.

따라서 무분별한 개발에 의한 환경파괴는 가장 눈에 띄게는 '산림파괴, 대기오염, 수질오염'과 같은 문제로부터 크게는 산업 발전에 의한 온실가스 배출문제까지 다양한 형태로 나타나고 있다.

둘째, 비약적으로 발전하고 있는 과학기술에 바탕한 과학기술 지상주의는 환경문제를 더욱 가속화시키고 있다. 예를 들어, 핵발전소의 위험성과 방사능 문제에 대해 지속적인 과학기술발전으로 위험도를 0%에 가까워지고 있기 때문에 이로 인한 환경적 문제는 걱정할 것이 아니라는 주장이나, 하천의 수질 오염에 있어 하수정화의 기술이 비약적으로 발전하기만 하면 이와 같은 문제는 자연스럽게 해결될 것이라는 주장들이 그러한 것이다.

3) 먹거리 문제 발생(예)

(1) 멜라민

중국에서 분유에 멜라민이 검출된 이유는 젖소를 키우는 농민들이 우유를 물로 회석 후 회석된 우유의 단백질을 보충하기 위해 멜라민을 사용한 것으로 추정하고 있습니다.

우유 중 단백질 함량 검사는 단백질 중의 질소(N)을 측정하는 방법으로 질소분자가 많은 멜라민(화학구조상 3개의 NH2가 있음)은 단백질 함량 검사 시 회석된 우유가 단백질 함량이 높게 보이도록 하는 물질입니다.

(2) 광우병

광우병이 생긴 원인은 소에게 소도축물 등을 소에게 먹여 그 결과로 단백질에 변형을 가져와 변형된 프리온이 발생하여 이것이 소의 뇌에 퍼져 뇌에 구멍을 뚫어 소를 죽음에 이르게 하는 것으로 알려져 있다.

• 인간광우병 •

광우병에 걸린 소의 고기를 먹은 사람에게 나타나는 병이며, 광우병과 마찬가지로 뇌의 단백질 이상으로 신경세포가 죽어 스펀지처럼 뇌에 구멍이 뚫려 결국 사망하게 된다.

(3) 유전자조작식품

가장 큰 이유는 바로 인구증가로 인한 식량문제를 해결하는 데 가장 가능성이 높으며, 안전문제, 시간문제 등의 몇 가지 문제들만 해결된다면 다른 수단보다 훨씬 효율적인 생산방법이 될 수 있기 때문이다. 예전에는 1제곱미터에 100kg정도의 쌀을 생산할 수 있었던 것이 유전자조작기술(생명공학 기술)을 이용한다면 150kg~200kg 이상의 생산이 가능해지기 때문이다. 인구의 증가세가 크게 둔화되거나 감소한다면 유전자조작기술을 굳이 발전 시켜야 할 필요가 없지만 지금과 같은 추세에서는 필연적으로 유전자조작기술이 발달할 수밖에 없는 것이다.

사례

〈멜라민 사례〉

• 中 '멜라민 분유' 유아 1253명 피해 •

[2008-09-15, 베이징=신화/뉴시스]

멜라민 화학물질 오염 분유로 인해 신장결석을 앓은 유아는 총 1253명에 달하며 지금까지 2명이 사망했다고 중국 보건당국이 15일 밝혔다.

정진탄기자 chchtan7982@newsis.com〈저작권자ⓒ '한국언론 뉴스허브' 뉴시스통신사

• '中 저질분유' 15t 대만 10개 현으로 유통돼 •

기사입력 2008-09-15, 11:39

밀크티 등 각종 저가 식품에 첨가된 듯

(타이베이=연합뉴스) 이상미 통신원 = 중국 싼루(三鹿)그룹사(社)의 저질 분유 15t이 이미 타이베이(臺北)를 비롯한 대만 10개 현으로 유통된 것으로 밝혀졌다.

대만 일간 빈과일보(Apple daily)는 대만 위생서(衞生署)가 총 수입량 25t 중 나머지 15t의 중국 분유가 유통된 유명 제과점을 포함한 총 51개 소매업자 명단을 발표했으며 특히 춘차오(春橋)식품에서 생산하는 캔커피는 홍콩으로까지 수출됐다고 15일 전했다.

위생서는 싼루그룹사의 저질 분유는 지난 6월 '분말형유제품'의 이름으로 25t이 대만으로 수입됐으며 회수된 10t 외에 대부분은 대만의 대표적 음료수인 밀크티(奶茶)를 비롯한 저가 식빵, 커피프림 제조에 사용됐을 것으로 추정하고 있다.

위생서의 한 관계자는 "현재 아기 분유로는 상품화되지 않은 것으로 보고 됐다"며 "하지만 어느 정도의 분량이 소비자의 몸으로 섭취됐는지 파악할 수 없는 상태이기 때문에 발표된 51개 식품회사에서 구입한 제품에 대해 모두 환불 처리를 호소한다"고 밝혔다.

또한 대만 행정원 류자오쉬안(劉兆玄) 행정원장은 중국 저질분유에 대한 대책 회의를 열고 대만 대륙위원회를 통해 중국측에 '수출 식품에 대한 안전 검사에 중국측의 미흡한 대응을 받아들일 수 없다'는 입장을 중국 측에 전하기로 했으며 차후 피해 정도에 따라 배상을 요구하기로 결정했다.

대만 당국은 지난 12일 중국 해협양안관계협회(해협회)로부터 싼루그룹사의 분유 수입 사실을 통보받은 뒤 다음날인 지난 13일 싼루그룹사 분유 1천 자루 분량(25t) 가운데 393 자루(10t 가량)을 회수했다. 중국 각 지에서 총 432명의 신장 결석 영아와 2명의 사망자를 낸 싼루그룹사의 분유제품은 현재 대만 이외의 나라에는 수출되지 않은 것으로 전해졌다.

yunfen@yna.co.kr

• 스페인에서 모자가 인간 광우병으로 사망한 사실이 밝혀졌다. •

CNN은 25일 '가족에서 2명이 광우병으로 사망한 것은 전 세계에서 첫 사례인 것으로 여겨진다는 점'을 주목할 사실로 보도 했다. 사망한 여성(64)과 지난 2월 사망한 그녀의 아들(41)은 스페인 북부 레온지역에서 거주한 것으로 밝혀졌으며 이름은 알려지지 않았다. 바디올라 소장은 "이번에 사망한 모자가 2001년 광우병에 대한 엄격한 통제를 하기 전에 걸린 것 같다"고 추정하고 "모자가 식성이 비슷해 신장이나 간 등 동물 장기를 먹었고 또 뇌를 먹었을 가능성이 있다"고 지적했다. 연구자들은 사망한 모자가 유전적으로 인간광우병에 취약한 구조인지에 대해서도 조사할 예정이다. 스페인 보건부는 "광우병 걸린 고기를 먹고 인간광우병으로 나타나려면 10년 정도가 흘러야 한다" 고 지적했다. 이번에 인간광우병사망은 스페인에서 4번째다.

전 세계적으로 1996년 첫 인간 광우병 사망자가 확인된 이래 영국을 중심으로 200명 이상이 인간광우병으로 사망했다. CNN은 올 6월 현재 전 세계 인간광우병 환자는 영국 167명, 프랑스 23명, 아일랜드 4명, 미국 3명, 네덜란드. 포르투갈 각각 2명, 캐나다. 일본. 사우디아라비아 각각 1명씩으로 집계됐다고 전했다. 이 가운데 프랑스 23명 중 1명, 미국 3명 중 2명, 아일랜드 4명 중 2명, 캐나다. 일본 각각 1명은 영국에서 거주했을 때 인간광우병에 걸린 것으로 나타났다. 미국에서 발생한 나머지 1명도 외국여행 등으로 걸린 것으로 알려져 있다.

• 스페인서 인간광우병으로 母子 사망 확인 •

스페인에서 인간광우병으로 어머니(64)와 아들(41)이 사망한 것으로 확인됐다고 CNN이 25일 보도했다. 스페인 정부는 24일(현지시간) "지난달 사망한 60대 여성은 인간광우병으로 사망했으며 그녀의 아들도 올 2월 인간광우병으로 죽었다"고 밝혔다. 그녀의 이름은 밝히지 않았다.

이와 관련, 후안 호세 바디올라 스페인광우병국립연구센터 소장은 이날 "한 가족에서 2명이 광우병으로 사망한 것은 전세계에서 첫 사례인 것으로 여겨진다. 이 점에서 이번 사례는 주목할 만하다"고 말했다.

이로써 지금까지 스페인에서 인간광우병으로 사망한 사람은 2005년 이후 모두 4명으로 늘었다. 사망자중 3명은 스페인 북부 레온지역에서 거주한 것으로 밝혀졌다.

한편 올 6월 현재 전세계 인간광우병 환자는 영국 167명, 프랑스 23명, 아일랜드 4명, 미국 3명, 네덜란드 · 포르투갈 각각 2명, 캐나다 · 일본 · 사우디아라비아 각각 1명씩이다.

2008.09.26(디지털뉴스부 digital@mk.co.kr)

• GMO 옥수수 먹은 쥐에 이상 …… 인간에도 유해 우려 •

(5월 22일에 보도된 연합뉴스)

유전자변형(GMO) 옥수수를 먹인 쥐의 몸에 이상이 생김에 따라 GMO 식품을 먹는 인간 건강에도 우려가 제기되고 있다고 영국 일간인디펜던트 인터넷판이 22일 보도했다.

인디펜던트가 입수해 이날 폭로한 미국 GMO 기업 몬산토의 1천139쪽 짜리 비밀보고서에 따르면 GMO 옥수수를 섭취한 쥐는 그렇지 않은 쥐에 비해 콩팥이 작고 혈액 성분에도 이상이 생겼다.

이에 따라 GMO 식품 섭취가 인간 건강에도 악영향을 미칠지 여부에 대한 논란이 달아오르고 있다.

의사들은 쥐의 혈액 성분이 변화된 것은 면역체계가 손상됐거나 암과 같은 문제가 생겨 신체가 그에 대응해 싸우려 하기 때문으로 풀이하고 있다.

영국 가이병원의 분자유전학 전문가 마이클 앤터니우 박사는 이번 발견은 "의학적 관점에서 매우 우려스러운 것"이라며 "나는 그들이 쥐 실험에 발견한 중대한 차이점들의 수에 깜짝 놀랐다"고 말했다.

보고서를 작성한 몬산토는 GMO 옥수수를 먹인 쥐에게 일어난 이같은 변화는 쥐들 간의 차이를 반영하는 의미 없는 것이라고 일축했으나, 영국 정부의 한 고위관계자는 "각료들은 이번 연구 결과에 우려하고 있으며 추가 정보를 요구했다"고 전했다.

환경보호론자들은 이번 연구 결과는 GMO 감자를 먹은 쥐의 건강 악화 가능성을보여준 7년 전 영국 연구진의 연구 결과를 뒷받침하는 것으로 간주할 전망이다.

당시 연구를 주도한 아파드 푸즈타이 박사는 주변의 거센 공격으로 연구를 중단하고물러나야 했다.

이번 보도는 영국을 비롯한 유럽 국가들이 GMO 옥수수 시판을 허용할 지 여부를놓고 국민투표를 준비하고 있는 가운데 나왔다.

영국 등 10개국이 이미 GMO 옥수수시판에 찬성한 가운데 유럽연합(EU)은 지난주 실시된 투표에서 합의를 이끌어내는데 실패했다.

(서울 / 연합뉴스)

4. 환경문제의 현황

1) 환경문제

(1) 토양오염

가. 농약에 의한 오염 농약

농작물의 병충해 예방구제에 사용되는 살균제, 살충제, 제초제, 유기 염소계 화합물(DDT, BHC, 앨드린, 엔드린 등), 유기인계 농약(파라티온 등) 제초제, 2.4-D 등 농작물의 병충해 구제에 사용되는 농약은 살균제, 살충제, 제초제 등으로서 살포지역에 대한 토양오염물질로 작용할 뿐 아니라 지하수도 오염시키게 된다. 또한 난분해성 농약은 토양에 오랫동안 잔류하여 식품 중에 농축되어 인간이나 동물에 해로운 영향을 주기도 한다(〈표 13-1〉 참조).

〈표13-1〉 국가별 단위 면적(ha)당 농약 사용량 비교

구분	한국(91)	일본(88)	이탈리아(88)	미국(88)	서독(88)
사용량(kg)	11.2	31.8	13.8	301	2.6
지수(%)	100	284	123	28	23

나. 생활하수에 의한 오염

생활하수를 농업용지에 관개하면 질소나 인이 공급되어 농작물의 생육에 도움이 되기도 한다. 그러나 합성세제는 미생물에 의해 분해되기 어려우므로 흙 속에 오래 잔류하여 식물 성장에 피해를 줄 수 있다. 질소나 인의 양이 과다하게 함유되거나 중금속 등이 함유된 생활하수는 토양을 오염시키고 이러한 오염물질은 식물체내에 축척된다. 또한 처리하지 않은 하수, 특히 분뇨를 토양에 계속 사용하면 토양이 산성화된다.

다. 공장폐수에 의한 오염

산업폐수가 농경지로 유입되면 1차적으로 농작물에 치명적인 피해를 줄 수 있으며, 2차적으로는 독성물질이 토양성분을 급격히 변화시켜 성장을 저해 또는 각종 중금속을 포함한 농작물이 생산된다.

라. 중금속

토양 내에 잔류하고 있는 중금속에 의한 토양오염은 자연적인 현상의 의해서도 발생할 수 있다. 이런 경우는 그 영향을 거의 무시해도 될 정도로 미약하지만 오늘날 대량 생산.소비체제에 의한 산업화로 인하여 발생된 엄청난 양의 폐기물 속에 포함된 중금속의 유입은 그 피해정도가 날로 증가 일로에 있다. 〈표13-2〉는 각종 중금속류 의 발생원과 피해사항을 보여 주고 있다.

〈표13-2〉 중금속류의 발생원인과 피해

중금속류	발생원	토양에서 정상 상태의함유량 (단위:ppm)	농작물 피해	인체 피해
수은	이화학기기, 전기기기, 용매, 살균, 항종양제, 농약, 도금공업 등의 폐수	0.1~0.3	뿌리 발육 저해	급성 : 단백뇨, 신염, 구내염 만성 : 구내염, 치내염
카드뮴	도금, 금속표면 처리, 전지, 도료, 합성수지공업 등의 폐수	0.2~1	잎의 황백화, 뿌리 발육저해, 농작물 생육 저해	급성 : 구토, 설사, 복통, 위염 만성 : 인후염, 비염, 두통, 불면, 빈혈, 간장 및 신장저해, 골격변화
비소	농약, 광산폐수	1~20	뿌리저해, 잎의 황백화	급성 : 구토, 설사, 탈수증, 만성 : 시각장애, 간경변
아연	아연광산, 아연제련소, 철판 표면처리, 고무공업, 도료공업 등의 폐수	0.1~30	잎의 황백화 및 적갈색의 반점	급성 : 피부변질, 탈모, 구토
납	판관의급속paking축전지 제조, 금속표면처리, 베어링 합금, 유약, 농약, 도료제조, 공장의 폐수, 유류첨가제	2~200	잎의 황백화	급성 : 복통, 구토, 설사 만성 : 식욕부진, 변비, 빈혈, 시력감퇴
구리	동판, 동선, 도금 공장, 동광산 폐액	2~200	뿌리 발육저해, 잎의 황백화	급성 : 점막자극, 구토, 설사, 간장장애 만성 : 간장, 소화기관 장애
크롬	잉크, 염료, 피혁, 도금, 화학약품 공장의 폐수	5~3,000	생육 저하	폐암 ,종양

마. 기타

① 방사성 물질에 의한 오염.

② 산성비에 의한 오염 → 황산화물은 토양의 산성화 초래 단순 투기형의 비위생적 매립. 황산화물, 오존, 불소, 구리 등과 같은 대기오염물질이 강우에 의해 지표로 침적되어 토양과 식물에 영향을 주는데 황산화물은 토양을 산성화를 초래할 수 있다.

(2) 수질오염

가. 중금속에 의한 오염

이것은 가정하수보다도 주로 공장폐수에서 기인된다고 볼 수 있다. 중금속의 특징은 우리 몸속에 들어왔을 때, 배출이 쉽지 않으며 주로 간, 지방, 뼈 속에 농축되어 급, 만성 피해를 일으키게 된다. 따라서 인체나 생물체에 미치는 영향으로는 유기물이 많은 물보다 중금속이 낳은 물의 영향이 더 크다고 할 수 있다.

나. 무기물의 다량 유입

이는 주로 호수나 저수지 등과 같이 정체수역에서 발생하는 오염현상으로 이른바 부영양화현상이다. 이는 물속 에서 비교적 낮은 농도로 존재하는 질소나 인이 다량으로 들어옴으로써 식물성 플랑크톤의 과도 성장을 일으켜 발생하는데, 물의 색깔을 녹색으로 만들고, 다량의 식물성 플랑크톤이 호수 밑바닥에 쌓이고 썩음으로써 호수바닥 근처의 물은 산소가 없는 죽은 물로 만드는 오염현상이다.

다. 전염성 세균에 의한 오염

이러한 세균들은 감염된 동물과 사람의 배설물이 물에 유입되고 이 물을 처리하지 않은 채 여러 경로를 통하여 사람에게 들어올 때 발생하게 된다. 이러하 수인성 전염병은 이질, 장티푸스, 파라티푸스, 콜레라 등을 일으키게 된다.

라. 유류오염

현재 세계적으로 연간 5억톤의 석유수송이 해상에서 이루어지고 있으며, 그로 인해 이러한 유류의 해수 유입량은 0.4%에 이르고 있으며 수송선이 좌초되면서 ㅁ낳은 양의 기름이 바다로 흘러들어 해양을 오염시키고 있다. 이러한 유류에 의핸 오염은 물고기나 수중식물 기타 생물에 악영향을 주고 있으며, 물의 대기 증발 과정과 대기 중의 산소유입을 차단하기도 한다.

마. 영양 염류

식물의 생장에 필요한 영양소를 제공해 주는 염류로 암모니아, 질산염, 아질산염, 인산염 등이 있다. 이러한 영양 염료가 적당히 있어야 하나 집에서 버리는 물이나 논밭에서 비료가 섞인 물이 하천이나 호수에 흘러 들어오면 플랑크톤이 많이 번식하여 물을 오염시킨다.

바. 합성세제

합성세제는 물에 녹은 상태에서 미생물에 의한 분해가 어렵고 , 물위에 거품이 생기게 되어 산소가 물속으로 녹아 들어갈 수 없게 될 뿐 아니라 햇빛을 차단시켜 플랑크톤의 정상적인 번식을 방해하는 등 물을 오염시키기도 한다. 또 여기에 세척력을 높이기 위하여 넣은 '인'은 인산염이 되어 부영양화 현상을 일으켜 물을 썩게 한다.

(3) 대기오염

가. 오염원과 오염물질

대기오염의 발생은 연료의 연소에 의한 것과 산업체에서 제품의 제조, 가공 등 산업공정에서 발생되는 것이 주류를 이루고 있다. 연료의 연소에 의해서 발생하는 오염물질에는 황산화물, 질소산화물, 일산화탄소, 분진 등이 있으며 산업공정에서 발생하는 오염물질은 산업의 종류, 제조, 방법, 원료, 제품 등에 따라 다양하다.

나. 자동차 배출가스

일반적으로 자동차에서 배출되는 오염물질은 배출가스 규제대상이 되는 일산화탄소, 탄화수소, 질소산화물 및 매연(경유차의 경우)과 그 밖에 아황산가스, 오존 및 가솔린의 옥탄가 향상제로 첨가되는 4ethyl 납 [Pb(C2H5)4]에 의한 연화합물 등이 있다. 이러한 배출가스의 생성원인을 살펴보면 배출가스 중 탄화수소는 연료의 일부가 미연소된 그대로, 또는 일부 산화, 분해되어 배출되는 것이다.

(4) 소음공해

소음은 환경을 파괴하는 공해 요소 중 하나이지만 생태계 파괴 등 자연을 대상으로 한 물질적 피해가 없다는 점이 특이하다. 물질공해처럼 생명에 중대한 위험을 미치는 것은 아니나 소음에 접하는 순간 불쾌감을 느낀다는 점이 다른 공해와 다르다. 대기오염과 수질오염이 인간의 감각으로 직접 감지하기 어려운 오염인 데 반하여 소음은 인간의 감각기관을 이용하여 스스로 감지할 수 있기 때문에 감각공해라고도 한다. 또 도시생활에서 인간의 활동량 증가로 소음을 발생시키는 에너지 방출이 커짐에 따라 도시형 · 생활형 공해로 문제가 대두되는 측면도 있다.

영향으로 청력의 저하와 손상 등 청력에 미치는 영향, 스트레스와 불쾌감 등의 심리적 영향, 업무 · 학습 등의 생활방해, 자율신경실조증 · 고혈압 등의 생리적 영향, 수태율 · 출산율 저하와 사산율 · 기형발생률 증가 등 임신 · 출산에 미치는 영향, 소음발생원 근처의 땅값 하락 및 가축의 산란율 저하 등의 사회적 영향이 있다.

일반적으로 공해로서의 객관적 기준을 정하기 위해서는 음량이 크거나 충격적이어야 하는데, 평가소음도 50데시벨(dB) 이상이거나 고주파 성분이 400Hz 이상인 음은 소음공해로 본다. 발생원에 따라 공장소음 · 교통소음 · 생활소음 · 항공기소음으로 나눈다.

① 정의 : 기계, 기구, 시설 기타 물체의 작용으로 인하여 발생하는 강한 소리

② 소음의 발생원 : 소음의 발생원은 다음과 같은 4종류로 대별할 수 있다.

발생원의 종류	소음의 예
공장, 사업장	공장의 기계음 및 작업음 등
건설작업	건설현장의 기계음, 작업음 및 발파음 등
교통기관	자동차소음, 항공기소음, 철도소음 등
기 타	가두소음(확성기 등), 인근소음(쿨러 등)

③ 소음 방지기술 : 소음 발생 감축, 소음 전파경로 차단, 수용체의 방어.

(5) 폐기물

- 정의 : 우리들의 생활, 사업 활동에 따라 발생하는 쓸모없는 물질로 주로 고체상의 물질
- 쓰레기 종량제 : 1995년부터 시행하고 있는 쓰레기 종량제는 쓰레기를 규격봉투에 담아 버리도록 하여서 쓰레기양에 따라 수거료를 부담하는 제도.

(6) 식품오염

식중독, 유해물질 체내 축적, 사망 등 심각한 영향 식품첨가물에 대한 엄격한 규제 필요.

(7) 방사능 오염

발암성, 돌연변이 유발성, 기형 유발성 등 낮은 오염도에도 심각한 결과

2) 먹거리 문제

(1) 중국산 식품의 최근 5년간 수입현황(매일경제, 2008)

중국산 식품 최근 5년간 수입현황
(자료: 식품의약품안전청)

	2003년	2004년	2005년	2006년	2007년
검사건수	18만 5299	19만 6968	21만 5494	23만 8539	27만 163
중량(t)	1111만 9000	1145만 4000	1126만 1000	1122만 7000	1179만 8000
금액(달러)	58억 100만	65억 400만	75억 8600만	78억 1100만	84억 8800만
부적합 건수	1002	955	953	922	1451

중국산 식품은 2007년 한 해에만 1179만t, 84억여달러어치가 쏟아져 들어왔다. 2003년 1111만t에서 시작해 꾸준히 증가하고 있다. 통관과정에서 부적합 판정을 받은 '불량식품' 역시 함께 늘어나고 있는 추세다. 2003년 1002건이었던 것이 지난해에는 1451건으로 50% 가까이 증가했다.

위해식품은 통관과정에서 적발하는 것이 최선이다. 이미 유통이 시작된 뒤에는 회수가 쉽지 않기 때문이다. 한나라당 신상진 의원이 식약청으로부터 제출받은 자료에 따르면 2005년부터 2월 6월까지 총 364건의 위해식품 회수조치가 취해졌다. 평균 3.5일에 1건 꼴이다.

식품종류별로 보면 과자류와 수산물 가공품이 55건씩으로 전체의 30%를 차지했다. 그러나 회수율은 과자류 10%, 수산물 가공품 22%에 불과했다. 특히 두부류와 어육가공품 등 유통기한이 짧은 식품은 회수율이 0%였다. 이미 소비자들의 몸속으로 들어갔다는 의미다.

전체적으로 보아도 회수율은 2005년 22.7%, 2006년 12.9%, 2007년 9.9%, 2008년 상

반기 13.6%로 개선되지 않고 있다. 신 의원은 "통관과정에서 검역을 통과했더라도 철저한 사후 조치가 뒤따라야 한다."며 "식품회수 시스템의 지속적인 개선과 모니터링이 필요하다"고 말했다.

(2) 멜라민 파동이후의 관련업계의 현황(한중 우유업계의 희비)

13억 중국인을 경악시킨 멜라민 분유 파동이 한국과 중국의 대표적인 우유업체의 희비를 엇갈리게 하고 있다.

국내 대표적인 우유생산업체인 매일유업은 9월 23일 장중 한때 1만2100원까지 치솟다가 5.29%가 오른 1만1100원으로 장을 마쳤다. 연간 중국에 100만달러어치를 수출하는 매일유업은 멜라민 파동이 터진 뒤 중국 내 주문이 일주일에 3000캔에서 4000캔으로 30% 이상 늘었다. 주문량이 많지 않았던 중국 각 성(省)에서도 주문이 쇄도하고 있다. 중국 내 매출 증대 소식에 힘입어 주가가 오르자 매일유업은 오히려 표정 관리에 한창이다. 매일유업 관계자는 "멜라민 사태로 인한 반사이익을 지나치게 즐기는 모습으로 비쳐지면 자칫 중국 내 혐한 분위기를 일으킬 수 있다"고 말했다. 이날 남양유업도 장중 상승세를 보이다 0.5% 소폭 하락한 채 장을 마쳐 나름대로 선전한 것으로 평가됐다.

반면 중국의 우유업체들은 한숨만 내쉬고 있다. 중국 내 최대 우유업체인 멍뉴유업(蒙牛乳業)은 지난 17일 20.00 홍콩달러에서 거래가 정지된 지 6일 만에 이날 홍콩H 주식시장에서 거래를 재개했지만 60.25%가 폭락한 7.95달러에 장을 마감했다. 1999년 네이멍구(內蒙古)에서 시작한 멍뉴유업은 창사 후 매년 138%의 경이적인 초고속 성장을 이루면서, '멍뉴 기적'이란 신조어까지 만들어 낸 기업.

2004년 홍콩거래소에 주당 3.925 홍콩달러에 상장된 후 승승장구를 해왔지만 이번 멜라민 파동으로 최악의 상황을 맞고 있다. 한편 이 업체에는 미래에셋이 5.49%(7월 21

일 공시 기준)의 지분을 갖고 있다. 중국 우유업체의 위기가 국내 중국 펀드 투자자들에게도 '강 건너 불구경'이 아닌 셈이다.

(3) 제과주의 하락세

주요 제과업체 실적 (단위 : 백만원)

종목	2분기 매출액	3분기 추정 매출액	2분기 영업이익	3분기 추정 영업이익
농심	394.829	424.797(7.59%)	19.171	28.815(50.30%)
롯데제과	332.107	339.930(2.36%)	33.258	34.754(4.50%)
오리온	139.545	141.697(1.54%)	13.045	7.008(-46.28%)

※ 괄호 안은 증감률. 자료=에프앤가이드

중국발 멜라민 파동이 국내 식품관련주로 번지고 있는 모습이다. 일단 크라운제과가 직격탄을 맞은 상황이지만 롯데제과, 오리온, 농심 등 다른 제과업체도 안심할 수 없다. 곡물가격 상승에 따른 원가부담 증가와 경기부진 악재가 겹친 상황에서 이번 멜라민 파동이 얼마나 이어질지 촉각을 곤두세우고 있다.

2008년 10월 25일 크라운제과는 전일 대비 5.66% 하락했다. 계열사인 해태제과 제품에서 멜라민이 검출됐다는 소식의 여파가 컸다.

이와 함께 오리온(－2.31%), 농심(－1.09%) 등 다른 제과업체 주가도 약세를 보였다. 그러나 롯데제과는 장 초반 하락을 극복하고 1.92% 상승 마감했다.

식품의약품안전청은 전날 중국에서 주문자상표부착생산방식(OEM)으로 제조된 해태제과 '미사랑 카스타드' 등 2개 과자에서 멜라민이 검출됐다고 발표했다.

해태제과 지분 53.7%를 보유하고 있는 크라운제과는 장하성펀드와 외국인을 중심으로 매수세가 몰리면서 지난 한 달간 주가가 30% 이상 올랐지만 이번 멜라민 파동 직격탄을 맞으면서 당분간 주가 충격이 불가피할 전망이다.

정성훈 현대증권 연구원은 "연초에 새우깡 쥐머리 파동 여파가 3개월 정도 영향을 미쳤듯 이번 멜라민 파동도 상당 기간 지속될 것"이라면서 "먹을거리 문제로 시작된 소비심리 위축이 더 큰 악재"라고 분석했다.

3분기 실적도 그리 긍정적이지 않다. 원가부담을 가격 인상으로 커버한 측면도 있지만 효과는 미미하다. 또한 3분기에 발생한 곡물가격 하락 효과는 4분기부터 실적에 반영될 가능성이 높다. 하지만 감정적 측면만 쉽게 극복된다면 그리 큰 문제는 아닐 수 있다는 의견도 나온다.

노세연 삼성증권 연구원은 "롯데와 오리온 쪽에 확인한 결과 중국 OEM도 없고 생산원료도 중국 쪽에서 들여오지 않는다고 했다"면서 "현재 멜라민 파동으로 제과업체가 가장 걱정하는 것은 심리적 동요"라고 말했다.

노 연구원은 "자칫 이런 사건이 감정적 문제로 확대되면 꽤 오랜 시간 제과업체 매출에 영향을 미친다"고 덧붙였다.

김민정 유진투자증권 연구원도 "롯데와 오리온 등 크라운제과 외 업체들은 멜라민에 노출될 가능성이 낮다는 점에서 현재 주가 반응은 과도하다"면서도 "하지만 먹을거리 불신이 확산되면서 과자 소비가 위축될 가능성도 높아 저가매수보다는 사태 추이를 지켜보며 기다릴 필요가 있다"고 했다.

긍정적인 측면이 있다는 의견도 나왔다. 현재 해외 브랜드로 승부를 걸고 있는 오리온은 중국 업체들이 신뢰를 잃으면서 중국 현지에서 반사이익을 누릴 수 있다는 것. 특히 남양유업 매일유업 등은 분유 수출에서 반사이익을 누릴 수 있다.

이정기 대신증권 연구원은 "과거 농심 새우깡 파동 등을 생각해보면 식품 관련 문제는 무조건 하한가로 밀리는 게 관례였다"면서 "하지만 오늘 주가가 비교적 견고하게 버텨낸 것을 보면 감정적 문제로 확대되는 일은 없을 것 같다"고 전했다. 그는 또 "멜라민 사태가 제과업체 3분기 수익성에 크게 영향을 미치지는 않을 것"이라면서 "판매가격 인상 효과가 얼마나 컸느냐에 따라 업체별 이익 개선 정도가 정해질 것"이라고 했다.

(4) 광우병 국내 검색 현황

국립 수의과학검역원에서는 BSE(광우병)가 1985년 이후 영국에서 확산됨에 따라 BSE(광우병)의 국내 검색과 예방을 위한 정밀진단기법을 이미 확립 한 후 병성감정으로 의뢰되는 가검물을 통하여 국내감염 여부를 점검하고 있었으며, 1996년 BSE(광우병)가 사람의 vCJD와 관련이 있다는 발표가 되자 즉시 BSE(광우병) 발생국으로부터 생축, 육류 및 그 부산물의 수입을 금지하였을 뿐만 아니라, 국내 유입 여부를 확인하기 위한 전국적인 예찰을 시작하였다. 그 동안 국가검역 창구를 통하여 수입된 육골분을 면밀히 조사한 결과 도자기 제조용으로 고온처리된 골분 이외에는 유럽 발생국으로 부터 수입된 사실이 없고, 사료용 육골분은 미국, 호주 등 비발생 국가에서 수입된 것으로 확인 되었다.

또한 국내 사육 가축에 대한 BSE(광우병) 감염 여부를 확인하기 위하여 다음과 같은 소를 대상으로 뇌 조직을 채취하여 병리조직학적인 검사와 면역조직화학염색법, 면역블로팅법, 전자현미경 검사 등을 수행하였다.

- 각 농장에서 질병 발생시 병성감정을 위하여 의뢰되는 가검물중 신경증세를 나타내는 소
- 광견병으로 의심되어 살처분 되는 소
- 결핵, 부루셀라로 판정되어 살처분 되는 소
- 후구마비에 의한 기립불능증으로 도축되는 소
- 도축장에서 도축되는 소 중 무작위로 선택한 소

검사두수는 전국 각 시도별로 일정량의 가검물을 채취하였으며, 1996년도는 당시의 심각성을 고려하여 1,616두를 검사하였고 다음해부터 2000년 까지는 OIE 규정에 따라 통계적인 유의성이 인정되는 300두 내외를 검사하였으며 2001년에는 프랑스의 감염 쇠고기 유통 사건을 계기로 검사계획을 1,000두로 확대하여 현재까지 789두 완료 하였고 계속 검사가 진행 중에 있다. 한편 지난해 여름 경기도, 충청도를 중심으로 문제가 되었던 기립 불능 증세를 나타내는 소와 국내에서 남은음식물 사료를 급여한 소에 대해서도 검사하였으며, 검사결과의 정확성과 신뢰성을 확보 하고 국민들의 불안감을 해소하기 위하여 의과대학과 수의과대학 전문교수와 공동으로 검사하여 그 결과를 분석하였다.

1996년부터 2001년 9월까지 실시한 국내 사육 소 3,832두에 대한 검사 결과 BSE(광우병)로 의심되는 개체는 한건도 없었고 모두 음성으로 판정되어 우리나라에는 BSE(광우병)가 발생되거나 유입되지 않은 것으로 판단하였다.

농림부에서는 사육 가축에 대한 검사뿐만 아니라, 발생 가능성을 근본적으로 차단 하기위한 방역조치로 금후에는 소, 양 등 반추가축에 육골분 사료와 남은음식물 사료를 급여하지 못하도록 제도화(2000.12.1)하여 국민들이 안심하고 쇠고기를 섭취할 수 있도록 모든 노력을 경주하고 있다.

• 광우병에 관련된 사례 – 영국의 깁스 부부의 딸 조안나 – 영국의 인간광우병 사례 •

2003년 1월 외동딸 조안나(당시 15세)를 잃었다. 사인은 `인간 광우병`.

사망 전 유난히 쇠고기 음식을 좋아했던 조안나는 2001년 5월부터 이상증세를 보이기 시작했다. 한밤 중에 일어나 소리를 지르는가 하면, 시간이 지나자 손을 쓰지 못했고 나중엔 걷지도 못했다. 이어 음식을 삼킬 수 없게 되는 상황에 이르렀고 결국 목숨을 잃었다.

깁스 부부는 어린 딸의 죽음을 잊지 못해 눈물을 흘리면서 "다른 나라들도 이 병에 대해 알아야 한다"고 밝혔다.

인간광우병(vCJD)으로 사망한 영국 소녀 조안나의 어머니 재닛 깁스가 광우병의 위험성에 관해 다음과 같이 증언하고 있다.

"조안나는 명랑하고 활달한 아이였어요. 악단에서 활동하고 경비행기, 말 타기, 조정을 즐기는 매우 활달한 아이였지요. 그런데 13살 되던 해 이상한 점이 발견되었어요. 시무룩하고 생기가 없고 노 젓는 것도 서툴렀어요. 사춘기 증세인가 생각했죠. 그런데 어느 날 학교 수학시간에 컴퍼스로 자기 손을 찌르기 시작했어요. 옆에 있던 친구가 보니 조안나의 표정이 끔찍했대요. 집에서 칼이나 컵으로 가족들을 위협하기도 했구요. 그 다음엔 걷는 것도 이상해지고 말도 어눌했어요. '엄마 내 다리가 웃겨'라고 하더니 휠체어가 필요한 상황이 됐죠. 무도병이 왔어요. 다리가 멋대로 춤을 추는 증세죠. 저는 운전을 할 때 조안나가 제발 가만히 있기를 바라는 기도를 했어요. 자리를 박차고, 차문 밖으로 나가고 그랬거든요. 정신 이상도 깊어졌어요. 집안에서도 저를 줄곧 따라다니고 인형을 늘 가지고 다녔어요. 어린아이로 퇴행하는 거였죠. 또 밤이면 공포에 떨며 소리를 치는데 제가 달려가면 저를 마치 괴물 보듯 밀쳐냈어요. 이때까지만 해도 왜 이런 증상이 나오는지 진단이 나오지 않았어요. 결국 조안나는 침대 위에서만 생활하게 되었고 요실금 증상, 음식을 삼키지 못해 위장을 뚫어 튜브로 음식물을 넣어줘야 했지요. 결국 침도 삼킬 수 없는 지경이 되더니 인공호흡기로 생활했고 2003년 1월 1일 사망했어요. 15살 나이였죠. 할 수 있는 치료는 없었어요. 기도를 하거나 시골길 드라이브, 마사지, 수 치료 정도. 조안나의 가장 친한 친구 3명은 딸아이가 죽은 뒤 치료를 받아야 했어요. 충격 때문이었죠. 조안나를 한번 만나러 오기까지 그 아이들의 용기가 필요했습니다. 광우병이 얼마나 파괴적인 병인지 알아야 해요. 나중에 엄청난 비용을 치를 수밖에 없다는 사실을 알아야 합니다."

당시 영국에선 조안나 외에도 `인간 광우병` 으로 사망하는 피해자들이 급격이 늘어났고, 당국이 조사에 착수했다. 이에 따라 병리학자들이 환자들의 뇌를 부검했다. 결과는 놀라웠다. 뇌를 보니 광우병에 걸린 소의 뇌처럼 구멍이 숭숭 뚫려 있었기 때문이다.

원인은 바로 광우병에 감염된 쇠고기였다.

방송은 소의 뼈와 내장을 다시 소에게 먹이는 `동종식육`이 광우병의 원인라고 지적했다. 그런데 미국의 경우 초식 동물인 소에게 육골분 사료를 먹이기 시작한 것은 이미 오래였다. 때문에 소가 광우병에 걸릴 위험과 사람에게 옮을 가능성 역시 그만큼 높았다.

(5) 유전자재조합 표시대상 식품 용도별 수입현황(<표13-3> 참조)

<표13-3> 식품 용도별 수입현황

구분			계			GMO 표시			GMO 표시생략		
			건수	중량	금액	건수	중량	금액	건수	중량	금액
농산물	대두	판매용	264	116,736	78,292	-	-	-	264	116,736	78,292
		가공용	14	206,171	109,010	14	206,171	109,010	-	-	-
		소 계	278	322,907	187,302	14	206,171	109,010	264	116,736	78,292
	옥수수	판매용	8	719	381	-	-	-	8	719	381
		가공용	230	399,137	142,506	-	-	-	230	399,137	142,506
		소 계	238	399,856	142,887	-	-	-	238	399,856	142,887
소 계			516	722,762	330,189	14	206,171	109,010	502	516,592	221,179
가공식품			4,071	67,921	86,700	1,179	3,303	8,310	2,892	64,617	78,390
계			4,587	790,683	416,889	1,193	209,474	117,320	3,394	581,209	299,569

출처: 식약청, 2008. 4.30 현재 (단위 : 건, 톤, 천달러).

- **GM 작물의 재배 현황** (그림 1, 2)

세계적으로 식량, 에너지, 환경 문제가 인류의 생존을 위협하고 있어 환경 친화적이며 높은 생산성을 약속할 수 있는 대체기술의 개발이 필연적으로 요구되고 있다.

식량 및 대체에너지원의 공급을 증대시키고 환경을 보존시킬 수 있는 환경친화 농법으로 생명공학 기술을 이용한 유전자 변형 작물의 활용이 유력한 방안으로 인식되고 있다. 1990년대 중반부터 GM작물의 재배가 시작된 이래로 그 규모가 해마다 급진적인 증가 추세를 보이고 있다.

2006년 GM작물의 총 재배면적은 1억1400만ha로, 이는 2005년도의 1억2백만ha에 비해 12%가 증가했다. 2005년도에도 전년도 대비 재배면적 증가율이 13%인 것을 감안하면 급속히 빠른 속도로 확대되고 있음을 알 수 있다.

〈그림13-1〉 년도별 세계 GM작물 재배면적 추이(Iames, 2007)

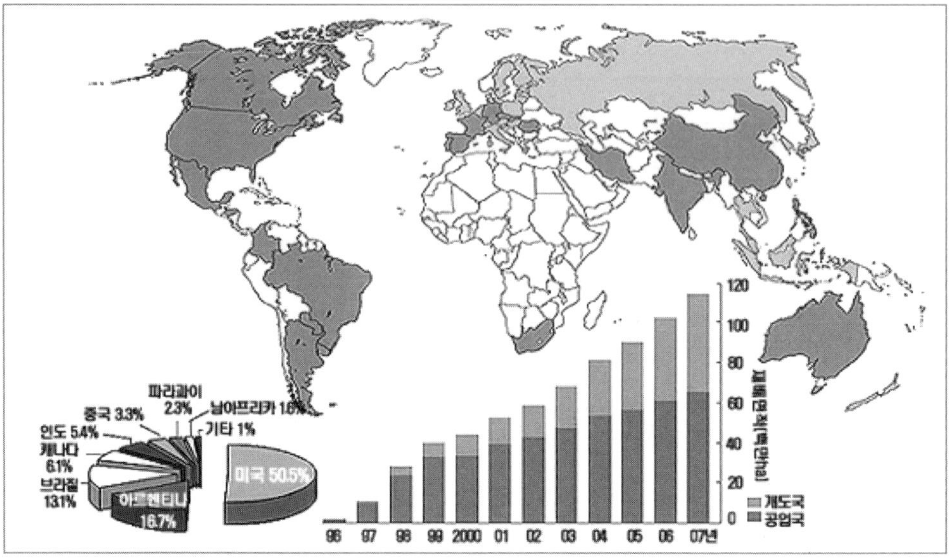

〈그림13-2〉 작물별 GM 재배면적과 일반 품종에 대한 재배 비율(Iames, 2007)

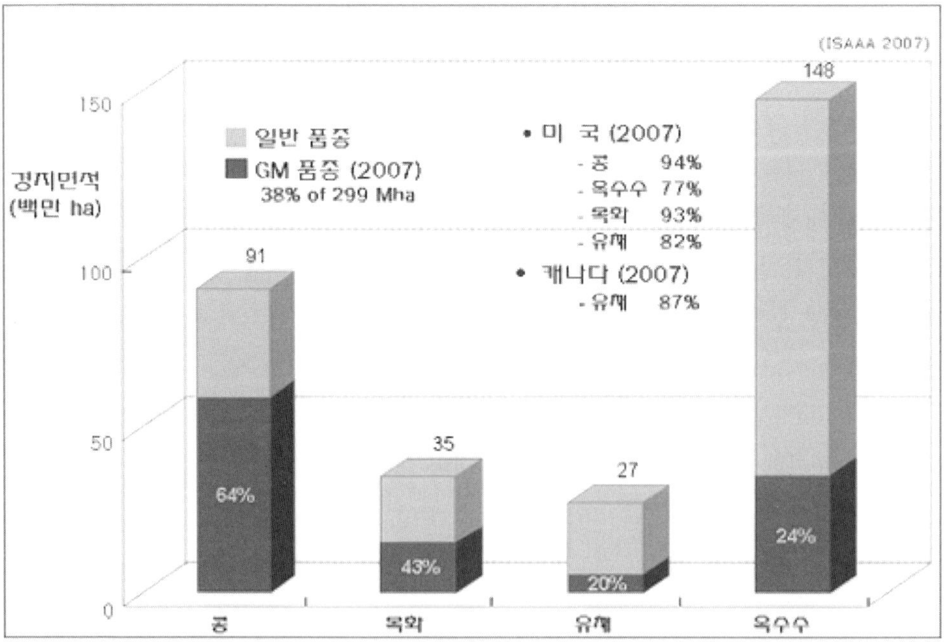

2007년도에는 23개국, 1,200만 명의 농부들에 의해 GM작물이 재배됐다. 특히 미국은 5,770만ha에서 GM작물을 재배했는데, 이는 세계 전체의 50%에 해당한다. 아르헨티나가 1,910만 ha(17%), 캐나다가 700만ha(6%), 브라질이 1,500만ha(13%), 중국이 380만 ha(3%)에서 GM작물을 재배했다.

GM작물 재배면적의 43%에 이르는 4,940만ha를 개발도상국에서 점유함으로써 꾸준한 상승세를 보이고 있다. 작물별로 보면, 콩의 경우 세계적으로 5,860만ha로 총 GM작물 재배면적의 57%를 차지하고 있고, GM옥수수는 3,520만ha(25%), 목화 1,500만 ha(13%), 유채가 550만ha(5%)에 달했다.(그림 참조)

5. 환경문제에 대한 이론적 접근

1) 기능주의

기능의 관점에서 환경문제는 인격, 사회, 문화체계가 유기체적 체계의 균형을 위협하는 데에서 비롯된다고 본다. 즉 지나친 산업증가로 생태계의 균형을 위협한다고 보는 것이다. 환경오염의 구체적 원인은 공장이나 가정, 자동차 등의 매연, 폐수, 쓰레기 등이지만 구체적인 원인은 인구증가와 도시화, 경제성장의 문제라고 보는 것이다.

2) 갈등주의

갈등주의는 환경문제를 유용한 자원을 차지하기 위하여 많은 이익집단들이 갈등을 일으키게 되고 그러한 과정에서 환경문제도 발생할 수 있다고 본다. 환경에 영향을 주는 결정은 국가체계 또는 세계체계의 균형을 유지하려는 기반에서 이루어지는 것이 아니라, 어떤 이익집단이 다른 이익집단들에 자신의 의지를 심어주는 결과이다. 또한 유용한 자원을 어떻게 사용하느냐에 대하여서도 갈등이 일어나고 그 결과 사회문제가 발생할 수 있다고 본다.

3) 상호작용주의

상호작용주의는 환경문제를 체계를 위협하는 객관적 조건이 아니라, 사람들이 주관적으로 문제로 파악한 상황이다. 사람들은 그들의 가치와 이익에 입각하여 어떠한 상황을 환경문제로 파악할 수도 있고 그렇지 않을 수도 있다. 따라서 환경문제는 사람들의 가치와 이익에 의하여 발생한다고 본다.

4) 사회주의

사회주의 관점에서는 환경문제도 자본주의의 본질적 속성에서 발생한다고 한다. 더 큰 이윤을 추구하는 과정에서 환경문제가 발생하고 환경문제 자체를 이윤추구의 한 방편으로 사용한다고 본다. 즉 기업이 성장하고 확장하면서 더 큰 이윤을 남기기 위해 노동력을 줄이려하고 노동절약기술을 구입하려한다. 이 기술은 에너지를 보다 많이 소비하고 오염물질을 더 배출한다. 그러므로 공해를 유발하는 기술은 인간이 아닌 자본주의 경제의 욕구를 충족시키기 위해 개발되는 것으로 본다.

5) 녹색주의

녹색주의자들은 주요한 명제는 성장에는 한계가 있다는 것이다. 즉 사용할 수 있는 재생/비재상의 자원에는 한계가 있다는 것과 늘어나는 쓰레기를 지구가 감당할 수 없다는 것이다. 그래서 현재의 생산체계와 소비체계의 구조 조정이 필요하다는 것이다. 녹색주의에는 기술이 발전하면 환경문제도 기술로 해결할 수 있다고 생각하는 기술주의(환경주의)가 있지만 생태중심주의와 다른 것은 환경문제는 기술로 절대로 해결할 수 없으며 경제개발과 소비를 줄이는 방법만이 해결책이라는 환경주의/생태주의가 있다.

① 환경주의 – 산업화에 따른 환경오염을 과학기술의 발전과 이용을 통해 감소시킬 수 있다고 믿는 것

② 생태주의 – 오염의 연원이요, 주체인 인간에게 눈을 돌리고 것

6. 환경문제 해결을 위한 방안과 대책

1) 환경위기와 극복에 대한 전망

자연생태계의 문제는 지역과 국가 차원의 문제인 동시에 지구적인 차원의 문제이기도 하다는 인식이 확산되고 있다. 그렇지만 위기를 해결하기 위한 구체적인 행동은 여전히 미약하다. 따라서 다음과 같은 노력이 필요하다.

① 국가 간의 환경위기에 대한 공동인식 : 자원과 에너지 줄이기 대책

② UN을 통한 정부 간 기구들의 협정 : 그린피스와 같은 NGO 활동의 필요성

③ 성장주의적 가치에서 생태주의적 가치로의 전환

④ 환경운동의 확산을 통한 환경정치 등

2) 환경 문제에 대한 대책

깨끗한 환경을 후손에게 물려주기 위해서는 정부는 지역 주민의 지속적인 발전과 생활을 보장할 수 있는 환경적으로 건전하고 지속 가능한 개발(ESSD)정책을 수립하여야 한다.

(1) 정부의 환경정책

환경관련 법규를 확충하고 환경영향 평가제도를 도입하는 등의 변화가 있었으며, 환경관련 예산도 크게 늘어나는 등 적지 않은 변화가 있었다. 그러나, 아직 일반의 관심사나 환경문제의 심각성에 비추어 환경정책 전형은 정부에서 환경기준을 결정하고, 감시하며, 기준을 위반한 공해 발생자에 대하여 처벌하는 방법을 사용하고 있다.

가. 환경법체계의 개선

환경법은 인간의 경제적인 활동에서 파생되는 환경문제를 해결하기 위한 규범이자 자연자원의 이용, 관리에 대한 준칙이다. 즉 산업사회에서 소비 지향적인 생활양식과 관련하여 환경변화를 관리하기 위한 법규범의 총체를 의미한다. 우리 나라의 환경법은

1963년에 제정된 공해방지법이 효시이다. 이후 1971년에 개정되어 대기, 수질, 소음(진동)오염 등에 대한 규제를 하게 되었다. 그후 1980년에 개정된 제5공화국 헌법에 환경권이 기본권의 하나로 포함되었다. 현재는 1990년 제정된 환경정책기본법을 필두로 환경오염피해 분쟁조정법, 소음(진동)규제법, 환경영향평가법, 수질환경보전법, 유해화학물관리법 등 27개 법이 환경부 소관으로 되어 있다.

나. 환경행정체계의 전환

환경변화로 인한 인간의 위험, 즉 환경문제는 궁극적으로 경제활동에 대한 행정적 관여를 통해 해소된다는 점에서 환경변화를 파생시키는 경제활동에 관여하기 위한 행정적 수단이 환경행정제도이다. 우리나라 환경행정은 1967년 보건사회부 보건국 환경 위생과 공해계에서 시작하여 1973년 보건사회부 위생국 공해과에서 담당해 왔다. 1980년 보건사회부 외청인 환경청으로 독립하고 1986년에 6개 환경지청을 설립하게 되었다. 그 후 1990년1월 환경처를 승격하고, 다시 1994년12월에 환경부로 승격하였다.

행정체계의 전환에서는 우선 사후규제 중심에서 사전예방체계로의 전환과 환경영향권역별 관리체계로의 전환을 들 수 있다. 그리고 환경 오염피해 구제제도의 확립, 폐기물관리체계 개선을 꼽을 수 있다. 이러한 변화 또는 개선이 있으나 여전히 정부중심의 규제 일변도의 방향이라는 문제점이 있다.

- 대기분야, 수질분야, 토양오염, 폐기물 등의 여러 분야에서 규제와 해결방안을 적극적으로 추진하여야 할 것이다.
- 환경법을 제정하여 개발과의 조화를 이루면서 환경정책을 수립하여야 할 것이다.
- 환경정책은 국민들에게 잘 홍보되고 실천 될 수 있도록 적극 추진되어야 할 것이다.
- 환경과 자원을 과학적으로 관리하여야하며 원인규명과 그 대책을 수립 추진하여야 한다.
- 국제적으로 그린라운드에서 선진국들에 의한 환경제제정책에 대한 적절한 대책이 마련되어야 할 것이다.

(2) 민간의 대책

환경문제에 대한 민간 차원의 대책은 여러 방면에서 일어나고 있는 환경운동을 들 수 있다. 환경운동은 환경오염 또는 피해지역의 환경운동, 전문환경운동단체, 그리고 환경운동에 참여하고 있는 넓은 의미의 시민운동을 포함한다.

환경운동은 크게 두 가지 내용으로 활동을 하고 있는데 하나는 환경오염에 대한 끊임 없는 감시활동을 펴는 것이다. 우리나라 같은 개발도상국가는 대게 정부도 생산주체의 하나로서 경제성장을 주도하기 때문에 결국 시민들의 환경문제에 대한 감시와 통제가 필요한 것이다. 다른 하나는 시민들 스스로 환경문제의 중요성에 대한 인식의 폭을 확대해 가는 것이다. 나아가서 환경오염을 방지하도록 하는 운동이다. 생활쓰레기를 줄이는 노력, 일회용품을 덜 사용하는 노력 등이 여기에 해당하는 것이다. 또 환경운동 시민단체에서 무공해비누 등 환경오염을 줄일 수 있는 제품을 만들어 보급하는 일, 사회교육의 일환으로 환경문제에 대한 시민교육을 하는 일 등 다양한 노력등이 여기에 해당한다.

가. 질서의식과 도덕성

정부의 홍보활동에는 한계가 있으므로 우리 국민들 각자의 질서의식이 선행되어야 할 것이다. 철저한 분리 수거해야 될 것이며 남이 쓰레기를 무단 투기하는데 나도 할 수 있다는 생각을 해서는 안 된다는 도덕성이 절실히 요구된다. 또한 일회용품을 사용하고 버릴 때, 다 사용한 칫솔, 비닐봉지, 라면 그릇, 볼펜 등을 버릴 때는 이것이 자연환경에서는 분해되지 않는데 그대로 버려도 되는가 하는 걱정이 앞서야 할 것이다. 합성세제를 마구 쓰고 버려도 양심에 가책을 받을 줄 아는 도덕성을 갖춘 국민이 되어야 할 것이다.

나. 각 단체에 의한 홍보활동

최근에는 민간 환경단체들이 강력한 환경 활동을 전개하여 그 영향력이 커지고 있다. 그러나 최근 도입된 지방자치제도 하에서 지역 이기주의적인 개발에 따라 환경이 오염되고 있음에도 불구하고 피해를 입는 주변 주민들 또는 국민들이 강력하게 제재하기도 어려운 실정이다. 이같은 폐단을 개선하기 위하여서는 중앙정부의 강력한 제도가 필요하며 아울러 강력한 민간단체의 힘이 더 요망된다. 한편으로 방송사, 신문 등 언론기관에서 환경보전 의식 향상과 계몽활동에 앞장서야 할 것이다. 또한 환경 보전에 있어서의 사회의 질서와 도덕성 회복에도 선도적인 역할을 하여야 할 것이다.

다. 환경보존운동

오늘날 환경보전운동은 종래의 인식단계를 크게 벗어나 지식 공급의 단계, 평가 능력 단계, 기술 습득단계, 참여의 단계로까지 확대되면서 다양한 활동영역으로 확대되어 가고 있다. 환경보호운동은 먼저 나부터 실천하는 정신이 필요함을 인식하고 다음의 표의 실천 가능한 사항을 우선 지켜나가야 한다.

- 민간 환경단체
  지속가능한 개발 네트워크 한국본부(KSDN), 녹색 소비자연대, 환경운동 연합(KFEM), 녹색 연합, 지구를 위한 학생연대 등등

3) 먹거리 문제

(1) 멜라민사태에 대한 올바른 정부관, 기업관 제시

식품의약품안전청(식약청)이 멜라민이 섞일 수 있는 중국산 수입 과자류 전반에 대한 조사 내용을 10월 6일 발표했다. 결론은 그 동안 드러난 10개 품목 외에는 안전하다는 것이다. 그나마 다행이며, 이로써 소비자들의 불안감을 한껏 자극했던 '멜라민 파문'이 진정되기를 기대한다. 나아가 식탁에 자주 오르는 중국산 버섯과 채소에 대해서도 검사한 결과 멜라민이 전혀 검출되지 않았다니 불필요한 걱정까지 덜 수 있게 됐다.

그러나 결과적으로 큰 탈이 없었다는 이유로 이번 사태를 그냥 넘길 수는 없다. 당국의 안이한 대응과 기업들의 도덕적 해이는 언제든지 또 다른 'OOO파문'을 낳을 수 있기 때문이다. 지난 달 초 중국의 멜라민 사태가 국내 언론에 보도되기 시작했으나, 중순에 멜라민 사료로 키운 양식 메기 수백 톤이 발견되기까지 식약청은 아무런 조치도 하지 않았다. 오죽하면 전재희 보건복지부 장관이 국회 국정감사에서 "늑장 대처가 맞다. 국민에게 송구스럽다"며 머리를 숙였겠는가.

소비자를 대하는 관련 기업들의 행태는 더욱 문제였다. 처음 멜라민 과자가 확인됐던 기업이나 나중에 드러난 기업이나 사회적 책임의식은 손톱만큼도 찾기 어려웠다. 식약청 못지않은 연구인력과 설비가 있는데도 중국 사태 이후 아무런 자체조사를 하지 않았거나, 알고 있으면서도 정부가 확인할 때까지 모른 척하자는 심산이 아닐 수 없다. 일본에서는 유사한 상황이 벌어졌을 때 기업주가 사장들과 함께 기자회견을 자청해 국민에게 깊이 사죄했다. 그 정도의 사회적 책임은 있어야 소비자의 신뢰를 구할 수 있다.

식약청은 앞으로 판매금지 제품의 정보를 제공하고, 유사사태의 대응 매뉴얼을 마련하겠다고 한다. 그 동안 그만한 일조차 하지 않고 있었다는 것이 놀랍다. 식약청과 기업

에 대한 책임 추궁이 불가피한 이유다. 아울러 수년 전부터 거론되고 있는 식품 안전관리의 일원화 방안도 매듭이 지어져야 한다. 이번에도 사태가 불거지자 복지부와 농수산식품부는 여전히 자기들 중심의 일원화만 고집하고 있다. 소비자 입장을 먼저 생각하는 범정부적 차원의 조정이 필요하다.

(2) 유전자조작식품－유기농식품

유기농식품을 구입해 먹는 것이다. 이것 역시 자신의 건강과 환경을 구하는 길이다. 그러나 유기농식품이 좋다는 것은 누구나 알지만 가격에 대한 부담 때문에 망설여지는 게 사실이다. 그러나 유기농식품을 먹는 것은 건강에 대한 일종의 보험이며 많은 소비자들이 유기농식품을 찾게 되면 자연히 가격도 하락할 것이라고 말한다. 또한 소비자의 요구와 소비기호에 따라 거대기업도 유기농쪽으로 관심을 돌리게 될 것이라고 말한다.

그렇다면 우리나라의 유기농에 대한 실태는 어떨까?

지난 40여 년간 우리의 농업정책은 증산 위주의 화학영농으로 일관하면서, 농민들은 자연생태계를 비롯한 환경의 괴현상에 무감각해졌으며, 유기농업에 대해서도 전혀 관심을 갖지 않았었다. 그러나 최근 3~4년 사이에 각종 공해문제가 표출되기 시작하면서 식품오염의 심각성이 자주 대두되는 데다 수입농산물에 대응하기 위한 우수농산물 생산의 필요성이 절실해지게 되었다. 농협중앙회에서는 1990년 초부터 조합원대상의 '영농경영기술지원단' 교육시에 유기농업을 소개하기 시작하면서 매년 2백여개의 조합에서 유기농업경영기술지원교육이 실시되고 있다. 농림부에서도 1991년 7월에 유기농업발전기획단을 설치운영하면서 농민들에게 유기농업의 지도와 효율적인 지원대책을 강구하기 시작하는 등 상당한 관심을 기울이게 되었다.

다만 우리나라와 같이 유기물의 함량이 극히 낮은 토양에는 화학비료를 현재 사용량의 30%까지는 허용해야 유기농업도 가능하다는 의견과 원칙적으로 전면금지시켜야 한다는 의견이 팽팽히 맞서 1년여의 검토 끝에 1992년 8월20일의 제2차 위원회에서 철저한 유기농업의 기준 확립과 유사표시의 근본적인 규제를 위하여 다음과 같이 유기농업의 정의를 확정하였다.

7. 사회복지적 개입

환경의 질을 개선하기 위한 기본적 전략단위로서의 생활공간을 설정하는 일이 무엇보다도 우선되어야 하겠다. 무엇보다도 환경권을 인간다운 삶을 보장하는 기복적 권리의 하나로 인정할 필요가 있다. 환경운동에서도 환경권을 쟁취하기 위한 운동을 전개하여야 할 것이다. 또한, 자연환경에 대한 기복적인 시각 변화가 필요할 것이다. 정복의 대상으로서의 자연이 아니라 인간과 조화를 이루어 함께 살아가는 생존과 삶의 질을 보장하는 기본터전으로서의 환경이라는 방향으로 인식의 전환이 이루어져야 할 것이다. 이를 위하여 학교교육 및 사회교육에 환경교육을 필수적으로 포함시켜야 할 것이다.

환경권은 제3세대 인권이며 복지권과 마찬가지로 사회권적 기본권의 하나이다. 즉 인간다운 생활을 영위한다는 데 필수적인 권리의 하나이다.

따라서 복지의 일환으로 다음 몇 가지를 제안한다.

① 지역사회운동으로써의 환경운동 전개

② 환경에 관한 다양한 프로그램의 개발 : 규제 위주가 아니라 예방중심의 프로그 램 개발

③ 복지기관들의 적극적인 환경 개선의 동참 등

8. 제언

환경이 깨끗한 것은 모든 사람들이 바라는 바이다.

환경문제가 생기는 것은 환경에 주인이 없기 때문이다. 주인이 없는 환경은 누구나가 다 공유하기 때문에 어느 누구도 아끼려는 인센티브가 없다. 규제를 통해 환경을 보존하기보다는 이해 당사자들이 오염행위를 줄이거나 오염된 문제를 복구하려는 인센티브체계를 만드는 것이 환경을 가꾸는 토대가 될 수 있을 것이다.

오늘날 환경문제는 우리 사회의 자본주의 경제정치체제를 배경으로 발생하는 것이며, 또한 한 개인이나 특정집단, 혹은 한 국가에 국한되는 것이 아니라 지구촌이 당면한 사회문제로서의 중요성이 더 해 가고 있는 것이다. 그리고 환경문제는 자연 그 자체에서 발생하는 문제이기보다는 자연과 인간과의 관계에서 발생하는 사회문제라는 점을 인식

해야 할 것이다.

생각할 거리

1) 경상남도에서 개최된 '람사르 총회'의 의의에 대해 토론해보자
2) 환경문제를 일으키는 근본적인 원인이 무엇인지 토론해보자
3) 자본주의 체제에서의 환경오염을 어떻게 극복해 나갈 수 있는지 토론해보자
4) 영화 '지구가 멈추는 날'을 보고 토론해보자

제 14 장

인권문제 - 누구나 누려야 할 권리

학습목표

1. 인권의 개념, 중요성
2. 사회복지와 인권의 관계
3. 인권의 관점

1. 들어가기

2008년은 세계인권선언 60주년이 되는 해이다. 최근 TV나 인터넷, 신문 등 대중매체에서 인권문제에 관한 뉴스를 많이 볼 수가 있다. 07년 인권위원회 통계자료를 보면 진정사건 접수 현황에서 총 6,274건 중 인권침해는 5,068건으로 80.7%에 이르고 있다. 이처럼 우리나라는 아직까지 인권의 사각지대에 놓여있다고 볼 수 있다. 우리나라에서 일어나고 있는 인권문제는 여성 · 노인 · 이주노동자 · 장애인 · 청소년 · 군인 등 다양하게 일어나고 있다. 인권문제는 개인에게서 일어나지만 나라 전체의 문제로 볼 수 있다. 인권문제의 종류도 다양하다. 본서에서는 사회적 약자인 여성 · 이주노동자 · 장애인 · 청소년의 인권침해 문제를 다루어 보려고 한다.

2. 인권의 개념

1) 인권(Human Rights)이란?

인권(Human Rights)의 개념은 봉건사회의 몰락과 근대 자본주의 사회의 형성이라는 역사적 측면과 인간의 해방이라는 보편적 사상의 발전이 결합되어 나타났다. 인권(human rights)의 개념은 17세기 이후 서유럽의 자유주의 정치사상에 입각한 자연법사상에서 비롯되었으며, 인권이란 용어는 『인간의 권리(Rights of Man)』라는 Paine(1971)의 저서 제목과 동의어인 '인간의 권리(Rights of Man)'에서 유래된 것이다(안치민, 2003).

이러한 인권은 모든 개인에게 보편적으로 적용되는 생명, 자유, 평등, 정의, 사회적 책임과 같은 광범위한 기본 가치들(염형국, 2004; 이혜원 역, 2005)이 내포되어 있으며, 정태적 개념이 아닌 사람들 사시의 의사소통과 상호작용을 통해 구성되고 진화하는 역동적 개념이다(Ife, 2001). 그러므로 인권을 바라보는 관점 또한 매우 다양하다. 인권을 인간이기 때문에 당연히 갖는 천부적 권리로서 인간의 존업성을 보장받을 권리로 보는 관점이 있는가 하면, 평등할 권리 또는 차별받지 않을 권리로 보고 시대와 국가의 상황에 따라 강조되는 인권의 내용과 영역이 다양하다고 보는 관점도 있다(Sweet, 2003; 이창수 외, 2005; 김중섭, 2001). 또 다른 인권에 대한 관점은 자연법적 전통에 따른 천부적 권리로서의 인권 개염의 모호함을 비판하면서, 인권 관련 헌장, 선언, 헌법, 협약 등에 의해 구체적으로 규정된 권리로만 보아야 한다는 관점도 있다(Sweer, 2004). 이와 같이 인권 개념은 학자들마다 그리고 시대와 사회 · 문화적 맥락에 따라 달라지기도 하므로 그 개념을 명확하게 정의한다는 것은 매우 어려운 일이다.

인권의 사전적 의미는 '사람이 사람답게 살기 위해 필요한 것으로서 당연히 인정되는 기본적 권리' 또는 '인간이 자연인으로 누려야 할 당연한 권리'를 의미한다. 그러나 세계인권선언에서는 인권의 개념을 보다 적극적으로 해석하여 '인간의 권리(Rights of Man)'를 넘어 '인간이 되기 위한 권리, 인간이 가져야할 당연한 권리'로 보고 있다(국가인권위원회, 2004). 세계인권선언에 의하면 인권은 인간이 누구이고 무엇을 하든지 간에 하나의 존엄한 존재로서 존중받을 권리라고 규정하고 있으며, UN 인권센터(UN Center for Human Rights)는 인권은 일반적으로 우리의 타고난 천성에 내재되어 있는 것으로, 이것 없이는 인간으로 살 수 없는 권리라고 정의하고 있다. 또한 우리나라의 국가인권위원회법에서는 "헌법 및 법률에서 보장하거나 대한민국이 가입 · 비준한 국제인권조약 및 국제관습법에서 인정하는 인간으로서의 존엄과 가치 및 자유와 권리"라고 규정하고 있다. 즉, 인권의 개념은 사람답게 살 권리(human rights)이며, 인간의 그 자체로서 존엄성을 인정받고, 인간이기 때문에 갖는 당연한 권리이자 누구에게도 양보할 수 없으며, 침해당해서는 안되는 절대적 권리이다(권중돈, 2006). 이와 같은 인권에 대한 기존 개념을 종합하여 볼 때, 인권이란 '인간이 태어날 때부터 갖게 되는 자연적 권리에서부터 인간의 존엄성을 바탕으로 사람이 삶을 살아가는데 필요한 자유권적 기본권을 포함하여 인간다운 삶을 살아가는데 필요한 모든 권리'라고 정의할 수 있다.

2) 인권의 특징

인권은 몇 가지 중요한 특성을 지닌다(염형국, 2004; 국가인권위원회, 2004.9). 첫째, 인간이 갖는 기본적 권리이다. 인권은 인간이기 때문에 갖는 천부적, 생래적 권리이며, 인간다운 삶의 영위에 필요한 권리 즉, 인간의 권리라기보다는 인간답게 살 권리(human rights)이다. 둘째, 인간이 갖는 보편적 권리이다. 성, 연령, 종교, 사회적 신분 등에 관계없이 모든 인간이 인간이기 때문에 가질 수 있는 권리이다. 셋째, 약자를 위한 권리이다. 사회적 약자는 당연히 누려야 할 권리를 침해 또는 박탈당하는 경우가 많으므로, 이들을 위해 반드시 지켜지고 확보되어야 하는 권리이다. 넷째, 책임을 동반한 권리이다. 이외에 인권은 개인과 집단을 포괄한 권리, 정당성의 기준으로서 국가권력을 제어하고, 사회변화를 요구하는 등의 특성을 지니고 있다. 다섯째, 인권은 법으로 보장되는 권리 이상의 것이다. 즉, 인권은 법에 따라 보장되고 있는 권리에만 한정되지 않으며, 형행법이 보장하고 있지 않더라도 인간의 존엄성을 보장하는 데에 반드시 필요한 권리는 인권으로 보장해야 한다.

3. 인권의 원인과 배경

1) 경제성장과 인권

국민의 삶이 빈곤으로부터 벗어나지 못한 상태에서는 인권의 유린이나 억압이 체계적으로 일어날 가능성이 높다. 일반적으로 경제개발을 제1의 목표로 설정하고 있는 국가에서는 빈곤타파를 위해 개발 독재가 용인되는 경향이 많다. 아시아 여러 나라의 정부가 소위 '개발도상국에서 선진국으로'라는 모토하에 진행된 경제개발을 이유로 하여 권위주의적 · 독재적 인권침해와 탄압을 자행해 온 것이 그 예이다.

2) 국가안보와 인권

국가안보 이데올로기는 권력자와 대다수 국민 사이의 관계를 설명하고 정당화하는 역할을 한다. 정부는 국가안보를 이유로 정치과정에 국민이 참가하는 것을 제한하고, 강한 행정부와 약한 입법부 및 사법부로 특정 지워지는 중앙집권적 정권을 만들어낸다. 그 결과, 국가안보라는 이름 아래 집회의 자유, 언론의 자유, 학문의 자유 등과 같은 기본적 인권이 극단적으로 제한되는 것이 정당화 된다. 또한 인권을 침해하는 기구로서 군대, 경찰, 정보경찰 등의 조직과 활동이 합리화된다.

이러한 현상은 1980년대 말에 이르러 냉전체제가 국제적으로 끝나고, 한국을 비롯한 아시아 각국에서 상당 정도로 민주화가 지속되어 더 이상 독재라는 말이 일반적으로 사용되지 않는 현재까지도 지속되고 있다. 몇몇 국가들이 군사독재체제에서 민간정부로 이양되었으나, 뿌리깊게 파고든 일상의 군사문화는 그대로 남아 있어, 민간정보라 하여도 여전히 인권침해를 행하고 있는 실정이다. 한국의 경우, 민주화라고 하는 정치적 수사에도 불구하고 국가안보를 이유로 더 많은 정치범, 시국사범들의 구속과 처벌, 노사분규에 대한 강압적 탄압 등 인권문제는 계속 발생하고 있다.

3) 세계화와 인권

인권의 침해가 세계화라는 구호하에 정당화되고 있다. 세계화는 시장과 자본의 확대를 가져왔지만, 외채와 빈곤, 불평등의 확대도 동시에 수반하고 있다. 세계화된 자본주의 질서하에서 일국의 범위를 넘어서는 인권의 문제가 발생하고 있다. 다국적기업의 노동탄압, 이주노동자나 소수민족에 대한 폭력 등이 그것인데, 이들에 대한 인권 침해는 이미 존재하던 자국 내 인권상황의 열악성으로 인해 더욱 증폭된 형태로 나타난다.

세계화로 인해 개별국가의 역할은 축소경향에 있어 인권의 문제는 이제 한 국가의 정부수준에서뿐만 아니라 국경을 넘나드는 다국적 자본에 의해서도 좌우되고 있다, 개발독재와 국가안보 논리가 일정 정도 쇠퇴한 시점에서 이제 세계화의 논리가 인권억압의 자리를 대신하고 있는 것이다.

4. 인권의 현황

분야별로 인권에 대해서 간략하게 살펴보겠다.

1) 청소년의 인권

우리나라 청소년들은 학교 내에서 인권침해가 높다고 생각하고 있다. 아래 표 〈표14-1〉을 보면 학생들은 학교 생활규칙 중 복장관련 규칙들, 두발관련 규칙들, 학생회 입후보자 성적 제한 규정 등이 인권 침해하고 있다고 생각하는 경향이 높은 것으로 나타났다. 이는 학생들은 학교생활규칙이 인권을 침해한다고 여기는 정도가 높은 반면, 교사들의 응답은 그렇게 여기는 정도가 낮은 것으로 나타나, 제재를 가하는 측은 교육이라고 생각하는데 반해 제재를 받는 측은 인권침해라고 여기는 것임을 알 수 있다.

〈표14-1〉 학교규칙 인권침해 인식의 집단별 비교

내용	순	규칙	학생	학부모	교사
			평균	평균	평균
복장	1	교복상용	2.24	1.94	1.70
	2	교복 변형 금지	2.43	1.98	1.74
	3	외투 제한	2.62	2.20	1.95
	4	외래어 표기 금지	2.69	2.29	1.99
	5	점퍼 금지	2.78	2.42	2.07
	6	속옷 제한	2.55	2.21	1.94
	7	양말 제한	2.69	2.29	2.07
두발	8	두발 길이	3.14	2.38	2.13
	9	두발의 형태	3.17	2.47	2.26
	10	무스 금지	2.38	2.08	1.95
	11	염색, 파마 금지	2.32	1.88	1.82
용모	12	화장 금지	2.12	1.78	1.76
	13	매니큐어 금지	2.27	1.83	1.80
	14	장신구 금지	2.46	1.90	1.86
	15	신발 제한	2.62	2.01	2.01
	16	가방 제한	2.79	2.20	2.20

이성	17	이성 손잡기 금지	2.74	2.17	2.12
	18	이성 포옹 금지	2.54	1.91	1.79
	19	불건전 교제 금지	2.12	1.79	1.73
집회와 결사	20	동아리 제한	2.47	2.09	1.94
	21	모금 제한	2.31	1.97	1.83
	22	간행물 제한	2.29	2.00	1.87
	23	정치활동 금지	2.36	1.92	1.79
	24	집회 제한	2.57	2.19	1.98
자치	25	입후보 성적제한	2.86	2.55	2.22
	26	입후보 벌점제한	2.53	2.28	2.00
합계			2.5276	2.1134	1.9304

출처: 국가청소년위원회 · 국가인권위원회, 중 · 고등학생 인권상황 실태조사, 2006.12.

2) 이주노동자의 인권

(1) 산업안전보건교육의 미비

대부분의 이주노동자들은 소위 '3D'업종에 종사하므로 정기적인 안전보건교육의 필요성은 더욱 절실하다. 그러나 이들 사업장의 안전보건교육은 오히려 타 업종과 규모에 비하여 매우 낮으며, 특히 이주노동자들의 경우에는 언어적 장벽으로 인해 기본적인 안전수칙에 대한 인지조차 힘든 상황이다. 산업안전보건법에는 사업주의 의무로 생산직 노동자에 대해 월2시간 이상의 정기 안전보건교육을 실시하도록 강제하고 있으나 실제 사업장에서 이를 준수하는 곳은 거의 없는 것으로 봐야 할 것이다. 왜냐하면 사업장 자체 안전보건교육을 시행할 능력의 부재, 이에 대해 문제제기를 해야 할 노동조합으로 조직되지 못한 이주노동자들 조건과 정부의 미흡한 관리감독이 이유이다. 실제 노동부가 직접 하고 있는 안전보건교육이 거의 유일할 텐데 이조차도 매우 미미해서 노동부가 이주노동자단체의 협조를 받아 교육시킨 이주노동자는 575명에 불과하다는 사실이 이를 잘 보여주고 있다.

(2) 구조적인 노동재해 은폐

재해은폐는 구조적인 것에 뿌리를 두고 있는데, 우선은 신분의 불안정성을 악용한 사업주의 고용불안 위협과 압력 그리고 재해발생율에 따라 보험료율이 책정되는 현행의 보험료 부과방식 등이 실제 산재보험 처리를 어렵게 하고 있다. 국정감사자료를 통해 드러난 '산재은폐 건수'는 연간 1,097건 정도의 규모이다. 또한, 노동부 산하 한국산업안전공단 설문조사결과에 따르면, 산재 · 직업병 진료를 받은 노동자 중 18%만이 산재보험으로 처리했다고 밝히고 있어 재해은폐가 매우 빈번히 이뤄지고 있음을 알 수 있다. 결국 이주노동자들은 기본적으로 재해가 은폐될 수밖에 없는 구조에 놓여있다고 할 수 있다.

(3) 산재보험으로부터의 배제

몇 년 전까지만 해도 근로복지공단은 중기협 산업기술연수생만 산업재해보상보험에 적용된다는 내부규정을 들어 해외투자법인 산업연수생에게는 산재보험적용을 거부해왔다. 한국노동연구원의 조사결과에 따르면, 이주노동자를 고용하고 있는 기업체 433개 중 산재보험에 가입하고 있는 곳은 응답업체의 65.4%에 그쳤고, 이주노동자들 자신이 산재보험에 가입되어 있다는 사실을 인지하고 있는 경우도 5.7%에 불과했다. 결국, 실제 산재보험이 이주노동자들에게는 노동재해에 대한 보호장치로서의 기능을 못하고 있음을 실증적으로 알 수 있다.

(4) 직업재활교육으로부터의 배제

근로복지공단을 통해 제공되는 직업재활사업은 대상자의 협소함과 교육 내용의 실효성 문제로 그 의미 자체가 퇴색되어 있는 것이 실정지만, 장애가 곧 실업과 출국을 의미하는 이주노동자들의 경우에는 이나마도 매우 필요한 서비스이다. 그러나 근로복지공단은 이주노동자들의 직업재활교육에 대해서는 신청접수조차 하지 않고 있어 장애이주노동자들의 재활은 완전히 방치되고 있다.

3) 장애인의 인권

(1) 이동권(활동권)의 침해

이동권이란 어떠한 목적으로 통행을 할 때 출발지에서 목적지까지 수단 및 동선을 확보함에 있어 제약을 받지 않고 자유로울 수 있는 권리이다. 최근 들어 장애인의 이동권 확보를 통한 사회참여에 대한 논의가 이루어지고는 있으나 현실적으로는 이동권 측면에서 많은 차별상황에 있다. 2004년 한국여성개발원 · 한국보건사회연구원의 조사에 따르면 응답 중 55%가 외출시 불편함을 느끼고 있으며 34.4%는 가장 불편함 점으로 교통수단의 이용의 어려움을 지적했다. 또한 응답자 중 58.1%가 이동권에 있어서 차별을 경험하였다고 응답하였다. 이러한 불편함과 차별은 결국 장애인의 교육, 노동, 문화 등 다양한 사회 영역에의 참여를 박탈하고 국가에서 제공한 각종 기회를 누릴 수 없게 하는 사회적 차별로 이어진다(〈표14-2〉 참조).

〈표14-2〉 외출시 가장 불편한 점

외출시 불편한 점	%
교통수단 이용의 어려움	34.4
주위사람의 시선	19.6
편의시설의 부족	19.5
외출도우미가 없어서	6.8
기타	19.7

출처: 한국보건사회연구원, 장애인의 사회적 통합을 위한 차별해소 방안, 2004.

(2) 노동권의 침해

장애인의 사회생활을 위해서 우선적으로 필요한 것은 경제적 자립이며, 이를 위해 가장 우선적으로 지원되어야 하는 것이 장애인의 직업재활, 즉 노동이라 하겠다. 그러나 대부분의 성인 장애인들은 만성 실업 상태에 놓여있다. 2004년 한국여성개발원 · 한국보건사회연구원의 조사에 따르면 취업 중인 장애인은 전체 장애인의 37.7%로 낮은 취업을 보였으며 더욱이 장애인 복지 방향이 잘못되어 있기 때문에 격리수용차원의 보호작업장에 41.3%가 취업중이다. 또한 취업을 한 후에도 고용주가 장애인에 대하여 비하하거나 편견을 가지고 있고 동일조건의 비장애인 근로자보다 임금을 낮게 받는 등 고용환경에서의 차별도 일어나고 있어 장애인으로서 노동활동을 한다는 것은 많은 어려움을 가지고 있다(〈표14-3〉 참조).

〈표14-3〉 직장생활에서의 차별경험 (고용측면)

직장생활에서의 차별경험(고용환경측면)	%
동일조건의비장애인 근로자보다 임금을 낮게 받음	44.0
승진이나 승급시 합리적인 이유없이 비장애인근로자와 다른 대우를 받음	43.3
장애로 인해 퇴직을 강요당한 적이 있음	28.9
주위 동료근로자들의 지나친 배려로 인해 불쾌감을 느낌	44.6

출처: 한국보건사회연구원, 장애인의 사회적 통합을 위한 차별해소 방안, 2004.

(3) 건강, 의료권의 침해

건강권이란 생명 · 건강을 지키는 인간의 권리로 제2차 세계대전 이후 국제연합 헌장을 비롯한 세계인권선언, 세계보건기구(WHO)헌장, 국제인권규약 등 인권보장을 강조한 문서가 발표되면서부터 건강권을 인권의 하나로 인정하는 경향이 국제적으로 확산되고 있다. 2000년 장애인 실태 조사에 의하면 우리나라 장애인은 1,449,5천 명으로 추정되며 출현률(인구 100당 장애인 수) 3.09%로 매년 장애인의 수는 증가하고 있다. 이 중 89.4%의 장애는 각종 질환 및 사고 등 후천적 원인에 의해서 발생하고 있다. 이러한 각종 질환과 사고에 의한 장애는 장애예방에 의해, 장애가 발생된 경우는 적절한 의료서비스 제공에 의해 장애정도를 줄일 수 있고 재활과 사회복지서비스에 의한 정상화가 가능해져 사회참여가 가능해질 수 있다. 즉, 장애인들에게 있어 생계보장의 욕구와 더불어 건강권 확보를 위한 보건의료서비스는 장애인의 가장 중요한 복지욕구 중의 하나이다. 그러나 현실적으로 장애인들은 건강권 확보를 위해 병 · 의원을 이용하는 경우 차별을 받고 있는 실정이다.

2004년 한국여성개발원 · 한국보건사회연구원의 조사에 따르면 50.8%가 병 · 의원 이용시 차별을 경험하였으며, 차별경험을 세부적으로 보면 '편의시설 미비로 병 · 의원 이용이 제한된 경우가 있다'가 35.5%, 병 · 의원 직원으로부터 무시당한 경우가 이다'가 35.5%로 나타났다(〈표14-4〉 참조).

〈표14-4〉 병 · 의원 이용시 차별경험

병·의원 이용시 차별경험	%
장애를 이유로 병 · 의원 진료를 거부	18.0
편의시설 미비로 병 · 의원 이용이 제한	35.5
병 · 의원 직원의 무시	35.3
휠체어 등의 장비제공 거부	20.9

출처: 한국보건사회연구원, 장애인의 사회적 통합을 위한 차별해소 방안, 2004.

(4) 교육권의 침해

장애인 교육은 정신적 특성, 감각능력, 신체운동 및 신체특성, 사회적 행동, 또는 의사교환능력이 보통 또는 정상으로부터 지나치게 이탈되어 있는 학령기 장애인을 대상으로 교육내용과 교육방법, 교육자료, 교육환경 등에 변화를 주어 가르치는 교육을 뜻하며, 이러한 교육은 장애인의 자립을 위해 가장 필요로 하는 취업의 중요한 요인이다. 그러나 장애인들은 교육수준이 낮고 이에 따라 경제활동 참여의 제한을 받아 경제적으로 열악한 상황에 놓이게 되는 결과를 가져온다. 2001년 특수교육연차보고서에 의하면, 장애아동의 교육 수혜율이 약 46%인 것으로 나타났다. 의무교육임에도 불구하고 50%이상의 학생들이 학교를 진학하지 못하고 있다는 것이다.

2004년 한국여성개발원 · 한국보건사회연구원의 조사에 의하면 장애인 1000명 중 49.1%가 편의시설이 미비하여 교육에 불편을 겪은 적이 있다고 응답하였으며 학급 친구들로부터 따돌림이나 놀림을 받은 적이 있다는 응답도 47.5%이다. 이외에도 적절한 시험환경의 부재로 어려움을 겪는 적이 있다고 46.6%가 응답하였다. 이와 같이 입학을 한 후에도 교육환경의 열악성으로 인해 장애인들이 교육에 많은 어려움을 겪고 있다는 것을 알 수 있다(〈표14-5~6〉 참조).

〈표14-5〉 학교생활에서의 차별경험 (교육기회의 측면)

학교생활에서의 차별경험(교육기회의 측면)	%
어린이집이나 유치원의 입학거부	28.1
정규학교의 입학거부	30.9
입학때 특별조건 부과	24.6
취학시 특수학교 진학 혹은 취학 강요	30.4
적절한 학교가 없어서 진학하지 못함	31.2
전학을 거부당하거나 강요당함	19.9

출처: 한국보건사회연구원, 장애인의 사회적 통합을 위한 차별해소 방안, 2004.

〈표14-6〉 학교생활에서의 차별경험 (교육환경 측면)

학교생활에서의 차별경험(교육환경측면)	%
편의시설미비로 교육에 불편 겪음	49.1
교육 참여 거부당함	31.7
교사의 차별·부당한 대우	34.2
학급 친구들로의 따돌림·놀림	47.2
진로지도시 부당한 대우	32.4
적절한 시험환경의 부재	46.6
적절한 교재의 부족	43.8
교육시설(교육설비나 기숙사)의 부족	44.9
통학버스의 부족	41.8
학습도우미(점역, 음역, 글쓰기, 수화통역 등 특별 한 욕구에 필요한)부족	42.6
특별한 교육 및 치료에 드는 교육비의 지원 부족	46.6

출처: 한국보건사회연구원, 장애인의 사회적 통합을 위한 차별해소 방안, 2004.

(5) 가족생활문제

가족들이 장애인을 대하는 잘못된 태도는 크게 두 가지로 나타난다. 극단적인 보호나 무시하는 태도를 보이고 있는 것과 가족 행사시 참여하지 못하게 하고, 형제 결혼시 상대 가족에게 알려지는 것을 꺼려해서 인사를 시키지 않거나 혼자서는 절대 외출조차 하지 못하게 하는 과보호로 인해 자립기회를 주지 않는 경우가 많다.

2004년 한국여성개발원 · 한국보건사회연구원의 조사에 따르면 가족생활에 있어서의 40.2%가 가족생활에서 차별을 받는 것으로 나타났다(〈표14-7〉 참조). 가족 내적인 문제는 본인이 문제제기하기 어려운 사회적 분위기와 가족 내 관계로 인해 외부개입이 어렵고, 혹여 외부에 알리면 누워서 침 뱉기 한 것 이상이 되지 않는다며 비난의 대상이 되고, 앞으로 가족들과의 단절을 결심해야 되는 상황이여서 문제는 심각해도 해결하기 어려운 상황이다. 따라서 이에 대해서는 가족들의 인식개선을 위한 지속적인 교육과 가족 모임 등을 지원하고, 사회인식을 바꾸어 나가는 것이 오래 걸리겠지만 대안일 수밖에 없다.

〈표14-7〉 가족생활에서의 차별

가족생활에서의 차별	%
장애를 이유로 가족에게 미안하게 생각함	71.6
이웃과의 관계에서 차별이나 따돌림을 당함	38.2
부모로부터 차별을 받음	25.5
형제, 자매, 친척으로부터의 차별을 받음	35.6
가족의 행사나 나들이 때 따돌림을 당함	26.9
가족에게 폭행을 당함	11.5
강제로 입원한 경험이 있음	8.8
가족의 결혼시 장애로 인해 괴로움이나 억울한 대접을 당함	20.4
장애를 이유로 결혼을 반대한 경우가 있음	30.8
본인 결혼시 장애로 인해 괴로움이나 억울한 대접을 당함	33.8
장애를 가졌다는 이유로 이혼을 요구 당함	15.3
장애를 이유로 양육권을 침해당함	14.1

출처: 한국보건사회연구원, 장애인의 사회적 통합을 위한 차별해소 방안, 2004.

(6) 주거생활에서의 차별

가족 중에 장애인이 있다는 사실만으로 주인으로부터 입주를 거부당한 경험이 있는 장애인들이 있다. 그리고 집값을 부당하게 높게 지불한 경험을 한 경우도 있고, 주택 개조 시 주인으로부터 거절당한 경우도 많이 있다. 이웃과의 친목활동에 있어 의도적으로 배제를 받은 경험이 많이 있고, 공동주택에서 편의시설을 사용하는데 불편을 경험한다고 한다. 잘 나타나지 않을 것으로 보이는 주거 생활에 있어서의 차별사례는 의외로 구체적이다.

☞ 사례
- 휠체어 때문에 계단의 경사로 설치를 하는데 이해가 없음
- 재수가 없다는 이유로 방을 주지 않음
- 동네 단합대회 같은 행사에 참여가 안됨
- 반상회에 서로 불편하니까 좋은 말로 오지 말라고 함
- 농아인이기 때문에 싫다고 하여 동네에서 이사가라고 한 경우가 있음
- 이웃에서 빈정대고, 옆에 있는데도 험담을 하는 등 따돌림을 받았을 때

(7) 문화생활권의 침해

장애인이 문화생활을 운운하면 별 요구 다한다고 생각하는 사회적 분위기가 아직도 있다. 경제수준이 높아지면 당연히 수반되는 문화, 여가 활동에 있어 장애인만은 여전히 어려움을 겪고 있는 것으로 조사됐다. 영화관, 연극극장, 수영장 등 문화, 체육시설 미비 그리고 어떻게 장애인이 이런 활동에 참여할 수 있겠느냐는 일반인들의 태도로 인해 많은 장애인들은 사회적으로 심한 차별을 받고 있다.

하지만 헌법 제11조 제1항을 보면 "누구든지 성별 · 종교 또는 사회적 신분에 의하여 정치적 · 경제적 · 사회적 · 문화적 생활의 모든 영역에 있어서 차별을 받지 아니한다."라고 되어 있다. 또한 1998년 12월에 제정된 장애인인권헌장을 보면 제7조에 "장애인은 문화, 예술, 체육 및 여가활동에 참여할 권리를 가진다."라고 명시되어 있다. 그럼에도 많은 장애인들이 일반적으로 집안에서 많은 이동을 필요로 하지 않은 TV시청이 많은 편이며 집밖으로 이동이 가능해야 할 수 있는 문화 · 여가 · 체육활동은 상대적으로 미미한 수준이다. 이렇듯 장애인은 문화적 생활에서 차별을 받고 거부를 당하는 것이 현실이다(〈표14-8〉 참조).

〈표14-8〉 문화 · 여가 · 체육활동 중 차별경험

문화·여가·체육활동 중 차별경험	%
극장 · 공연장에서의 입장거부 혹은 부당한 대우	17.1
운동경기 관람에서 입장거부 혹은 부당한 대우	12.2
스포츠활동을 하는데 있어서 시설이용의 거부 혹은 부당한 대우	24.1
극장 · 공연장 · 스포츠시설 등을 이용할 때 편의시설 미비로 이용하지 못함.	37.3

출처: 한국보건사회연구원, 장애인의 사회적 통합을 위한 차별해소 방안, 2004.

(8) 선거에서 차별

시민적 · 정치적 권리 항목 중 가장 대표적인 항목이 참정권이다. 국민의 기본권으로서, 우리나라 국민이면 모두가 선거권과 피선거권을 공히 갖는다는 것이다. 하지만 가장 차별을 줄일 수 있는 부문에 해당함에도 적지 않은 차별이 이루어지고 있다는 것이 문제다. 특히 선거는 모든 국민이 보편적으로 누리고 있다는 사실에 근거한다면 장애인이 당하고 있는 우리 사회에서의 차별을 가늠해 볼 수 있겠다(〈표14-9〉 참조).

〈표14-9〉 참정권에 있어서의 차별경험

참정권에 있어서의 차별경험	%
동우미를 동반한 기표소 입장 제지, 본인의 동의없이 대리투표를 하는 등의 투표권 침해	11.9
시 · 청각장애인의 경우 후보자정보와 투표절차를 점자 · 확대인쇄물 · 녹음테이프 등으로 제공받지 못해 투표를 못함	41.2
투표소의 편의시설이 설치되어 있지 않아 투표를 못함	14.0

출처: 한국보건사회연구원, 장애인의 사회적 통합을 위한 차별해소 방안, 2004.

4) 여성의 인권

(1) 여성의 사회권의 현실 – 여성은 정리해고 1순위

자본주의 체제하에서 무엇보다 중요한 것은 최소의 비용으로 최대의 효과를 누리는 것이다. 이러한 속성은 노동 분야에서 가장 두드러지는데, 노동의 유연화 정책이 바로 그것이다. 이 정책은 여성의 노동력을 주변화시키고 여성을 보충적 인력으로 전락시킨다. 여성의 생리적 특성에 대한 그릇된 평가가 여성의 노동력을 남성의 그것보다 열등한 것으로 인식시키기 때문이다. 여성은 가사일을 담당해야 하고 남성은 직장일을 해야 한다는 성별분업이데올로기도 이와 같은 맥락이다. 특히 가부장에 사상이 강한 한국 사회에서는 여성의 노동력에 대한 공정한 평가가 제대로 이루어지지 않고 있다. IMF 이후 산업구조조정을 수행하기 위해서는 인력감축이 불가피한데, 남자에 비해 생계에 대한 책임이 덜하고 생산성도 낮은 여성 노동자들이 양보하라는 것이 그러한 논리이다. 역사적으로 공황과 같은 경제위기는 보수화를 부채질하고 여성의 역할을 가정으로만 축소시켜 왔으며, 한국 사회도 예외일수는 없는 것이다. 여성이라는 이유로 정리해고 1순위가 되는 여성 노동자의 현실은 그 대표적인 모습이다. 비록 불기소사건이긴 하지만 대표적인 예로 한국사회에 만연하고 있는 것을 하나 들어보겠다.

(2) 남성 중심적, 악화하는 노동조건, 차별

노동의 유연화 정책에 의해 여성 노동력은 주변화, 보충적 인력으로 전락하고 있다. 그 대표적인 예가 임시직 · 일용직 · 파트타임직 등의 비정규직으로 전환되는 경우다. 파견 · 계약직 · 파트타이머 · 일용직 등 비정규직 여성들 대부분은 정규직과 동일한 업무에 대해 동일한 시간을 들여 일하면서도 정규직의 60% 내외의 임금만을 받고 있다. 또한 단기고용계약, 모성보호 부재, 사용자의 편의적인 해고 등으로 복지혜택을 받지 못하거나 고용불안에 시달리고 있다. 더구나 이들 여성들이 저임금, 불안정 고용상태에 있다는 사실은 전체 여성노동자의 노동조건을 저하시킬 수 있는 가능성으로 작용한다.

열악한 노동조건은 비단 비정규직 여성들만의 문제는 아니다. 여성노동자의71.7%가 5인 미만 사업장에 집중해 있는데 이들에게는 근로기준법의 핵심적인 내용인 퇴직금, 연 · 월차휴가, 연장야간근로수당 등의 조항이 적용되지 않고 있다. 특히 여성노동자들의 경우 영세사업장, 무등록 공장에서 일하고 있기 때문에 고의적이고 상습적인 임금체불로 인한 고용불안과 생계위협의 문제가 심각하다. 또한 여성노동자들은 밀리는 임금에도 불구하고 실직의 두려움 때문에 이렇다할 항변조차 제대로 하지 못하고 있는 실정이다. 한편 기업측은 경제위기를 이용하여 노동시간 변경, '변형근로시간제' 도입, 연봉제와 능력주의 인사제도 도입, 일방적인 휴가 강제사용과 사용하지 않은 휴가에 대한 수당 미지급 등의 성차별적인 부당노동행위를 저지르고 있다. 생산직 노동자들에게 휴가를 돌아가면서 사용하도록 하는 과정에서 여성노동자들에게 먼저 휴가를 사용하도록 하는 사업장도 있다.

성별에 따른 차별대우 중 '합리적 이유 없는' 차별만이 법이 금지하는 성차별에 해당한다. 따라서 합리적 이유가 있는지가 평등여부 판단기준이 된다. 성별에 따라 근로자를 달리 대우함에 합리적 이유가 있는지 여부는 사회통념에 따라 각 사안별로 판단하여야 하며, 당해사업의 목적과 직무의 성질 · 태양 · 작업조건 등을 구체적 · 종합적으로 고려하여 기업경영상 남녀를 달리 대우할 수밖에 없는 불가피성이 인정되어야 하며 구분대우의 불가피성이 인정된다 하더라고 그 방법정도들이 적정한 범위 내에 있지 않으면 안 된다 할 것이다. 차별금지의 구체적 내용에 있어서는 모집과 채용에 있어서 차별금지, 임금에서의 차별금지, 임금외의 금품지급등에서의 차별금지, 교육 · 배치 및 승진에 있어 차별금지 정년 · 퇴직 및 해고에 있어 차별금지가 있다(남녀고용평등법 참조).

(3) 모성보호의 악화

• 사회권조약 제10조 •

산전 산후의 상당한 기간 동안 산모에게 특별한 보호가 주어져야 한다. 직장생활을 하고 있는 산모인 경우에는 그 기간 동안 유급휴가나, 상당한 사회보장의 혜택이 따르는 휴가를 주어야 한다.

모성보호는 남녀간의 본질적 차이이며, 생물학적인 차이인 여성의 임신, 출산, 수유 등의 모성기능을 보호하는 것이다. 이는 실질적 남녀평등을 구현하기 위하여 필수 불가결한 것이며, 다음 세대의 인적 자원을 창출한다는 사회적 기능이 있으므로 더욱 강화해야 하고 그 비용은 국가의 공공기금이나 사회보장 차원에서 부담되어야 한다.

국제노동기구(ILO)도 모성보호에 관한 협약을 채택해 모성보호를 중요한 여성인권의 하나로 들고 있다. 우리나라에서는 모성보호와 여성보호를 엄격히 구별하지 않고, 육아에 대한 여성의 보호까지 모성의 보호로 간주하고 있다. 다만 여성발전기본법은 '모성보호의 범주를 임신, 출산, 수유기간중의 보호로 규정하고 그 보호의 강화와 비용의 사회분담화를 국가와 지방자치단체의 책무로 규정하고 있다. 또한 근로자기준법은 모성보호를 위해 출산휴가, 수유시간, 임신 중 여성의 경이한 업무로의 배치, 임신 중 여성에 대한 탄력적 근로시간제의 적용 배제에 관한 규정'을 두고 있다. 그러나 출산휴가를 제외하고는 거의 적용되지 않고 있으며, 법적으로도 여성노동자의 대부분이 종사하는 5인 미만의 사업장에는 해당되지 않는다. 특히 그 비용을 사업주에게 100% 전담시키고 있어 여성고용 기피나 여성차별의 원인으로 작용하고 있다. 출산휴가 중 여성을 정리해고 하거나, 생리휴가, 출산휴가 등이 지켜지지 않는 경우 또한 비일비재하다.

5. 인권에 관한 재정립

현대사회에서 발생하는 다양한 인권문제들을 설명하기에 근대적 인권사상으로는 한계를 보인다. 따라서 환경권 등 새로이 주장되는 인권들의 변화들을 수용하면서도 본질을 유지하는 인권개념의 재정립이 요청된다.

1) 하버마스의 인권이론

근대법의 인간상이 '자유롭게 판단하고, 책임 있게 행동하는 인간'이었다면, 하버마스는 '언제나 자유롭게 규범의 올바름에 대해 문제제기하고, 그가 따르고자 하는 규범에 대해 합리적이고 설득력 있는 근거를 부여하는 시민'상을 전제한다. 따라서 시민들은 후견주의적으로 보장된 급부요구의 이익을 누릴 뿐만 아니라, 사실적 불평등에 직면하여 법적평등을 새로이 생성시키는 척도를 해석해내는 과정에 스스로 참여해야 한다. 이러한 과정 속에서 인권 형성된다. 즉 하버마스에게 있어서 인권은 자연법적인 실체를 가진 것이 아니라 대화와 토론의 과정에서 절차적으로 형성되는 것이다.

한편 하버마스는 인권은 기본권과 분리된 순수한 도덕적인 권리가 아니라 오히려 "바당부터 법적본성을 지니고 있다"고 본다. 즉 인권이 기본권의 지위를 요구하는 것은 인권의 의미에 속하는 것이다. 인권은 한편으로는 도덕적인 정당화 기제를 가지고 있지만, 다른 한편으로 실정법질서에 연결되어 있고 그렇기 때문에 인권은 이미 제정된 실정법상의 기본권을 구체화하는 과정에서 배후근거로 작용하기도 하고, 새로운 기본권 목록을 추가하는 데 근거가 되기도 한다.

2) 대화로서의 인권

무엇을 '말한다'는 것은 곧 '말해지는 내용의 타당성을 요구하는 것'이다. 따라서 대화의 과정 속에서 말하는 자와 듣는 자 사이에 타당성이 인정된 내용의 구속력을 인정하자는 계약과 유사한 관계에 들어간다. 즉 말함의 실행적 부분에는 '법의 선구조 또는 유사구조'가 내재해 있다고 볼 수 있고 인권도 바로 말함의 실행적 부분에 내재해 있는 것이다. 이러한 말함 속에 존재하는 인권은 대화 당사자들이 서로의 말에 귀기울이고, 각자의 주장을 뒷받침하는 근거가 설득력 있는지를 지속적으로 성찰하는 태도와 그런 태도의 현실화 가능성이 확보된 상황에서만 가능하다.

인권개념은 존재론적인 실체의 형태가 아니면서도 우리의 삶에 실재한다. 인권 개념을 내용적으로 어떻게 구성하는 것과는 상관없이 지구촌 어디에서나 이미 인권이라는 말의 사용자체가 어떤 문제에 대한 규범적 상호이해나 이데올로기 비판의 사회적 역량을 응집시키는 힘을 발휘하는 현실은 인권이 사회적 실재임을 말해준다. 인권으로 개념화되는 개인의 이익이 수없이 부당하게 침해되더라도 그런 침해상황을 반인권적인 상황으로 서술함으로써 교정될 가능성마저 확보되지 않은 사회는 구성원을 통합시키기가 거의 불가능하다. 그러니까 절대적인 내용의 인권이 존재하지 않는다고 하여도, 인권을 말하는 행위가 있고, 그 행위가 어떤 사태의 규범적 의미에 대해 사람들을 강하게 설득시키는 힘을 실제로 발휘한다면 인권은 엄연하게 존재한다고 할 수 있다.

6. 문제 해결을 위한 방안 및 대책

1) 청소년

(1) 청소년 인권정책 기본계획 수립

청소년정책 통합기구인 국가청소년위원회 발족과 더불어 청소년 인권분야를 청소년 정책의 새로운 의제로 설정하고, 이를 체계적 · 합리적으로 추진하고자 인권전문가와 전문 연구기관의 참여를 통해 인권정책 방향과 과제를 설정하였다. 2005년 5월 청소년 인권 정책 기본방향에 대한 연구 · 자문을 위해 청소년인권 TF팀을 구성 · 운영하였으며, TF팀의 성과를 기초로 한국청소년개발원에서'청소년인권정책 기본방향 연구'를 수행하여 중장기적 청소년인권정책 시행의 발판을 마련하였다. 이 과정에서 청소년관련 부처와 관계 기관 및 전문가의 광범위한 참여를 통해 청소년과 일반 국민의 청소년인권에 대한 의식을 강화하고 공감대를 확산하는 데 기여하였다.

(2) 청소년인권분과위원회 운영

국가청소년위원회는 청소년 인권관련 주요정책에 대한 정책자문과 주요사항에 대한 대응활동을 펼치기 위해 청소년인권분과위원회를 2006년도부터 구성하여 운영하여 왔다.

2007년도 분과위원회는 법조계 인사 3명, 학계 인사 4명, 청소년단체 전문가 1명 등 총 8명으로 구성되어 운영되고 있다. 분기별로 정기회의를 개최하여 2007년 청소년인권보호 기획과제인 수사상 인권침해과제, 학원 심야교습 과제, 학칙제정절차 과제, 징계학칙 과제 등에 대해 중점 검토하였다. 한편, 현재 자문위원회로 운영되고 있는 분과위원회를 심의위원회로 구성 · 운영하기 위하여 관련 법안 개정을 추진하고 있다.

(3) 청소년인권환경 개선을 위한 4대 핵심과제 발굴 · 추진

국가청소년위원회는 선택과 집중을 통한 청소년 인권환경 개선 추진을 위하여, 우리 사회 곳곳에 엄존하고 있는 청소년인권침해 사례를 탐색하고 있다. 그 중 고질적 인권침해 사례를 선정 · 개선하기 위하여 학계 · 청소년 연구기관 · 청소년 단체 등 100명의 전문가 풀을 구성하고, 2007년 3월부터 5월까지 2차에 걸쳐 정책델파이를 실시하였다. 그 결과 학원심야교습 시간, 수사상 인권침해, 학칙제정절차, 징계학칙 등 4대 핵심과제를 발굴 · 선정하여 청소년 인권보호 4대 기획과제로 삼고 중점 검토하였다.

그 중 청소년 인권에 가장 심각한 영향을 미치는 학원심야교습 시간제한의 개선을 위하여 16개 시 · 도 교육청에 심야교습시간을 밤10시까지 제한해 청소년의 수면권, 건강권 등을 보장해줄 것을 요청(2007.8.7)한 바 있다.

(4) 청소년인권 조사연구 및 교육

국가청소년위원회는 중 · 고등학생의 인권상황실태조사를 실시해 청소년들의 학교생활규칙, 인권 침해 실태, 선진국 사례 분석 등 다양한 경로의 고찰을 통해 인권 침해 개선 방안을 마련하고자 하였다. 본 조사는 2006년 7월 18일 국가인권위원회와 체결한'청소년 인권의 보호 · 증진을 위한 양해각서'에 근거하여 국가인권위원회와 공동으로 수행되었다.

또한, 국가청소년위원회 LMS 시스템 탑재 및 YOUHT DREAM 홈페이지에서의 활용을 위하여 원격교육 교재인'사이버 민주시민 교육'및'자율적 참여 활성화를 위한 사이버 매뉴얼'을 개발 · 보급하였다. 본 교재는 청소년의 정책참여, 경제활동 참여, 사회문화 분야의 참여, 사이버 공간에서의 참여 등을 주제로 하여 슬라이드 기법과 나레이션 효과를 이용하여 만들어진 멀티미디어 콘텐츠로서 청소년들이 쉽게 이용하고 호감을 가질 수 있도록 되어 있다. 참여기구 청소년들을 대상으로 필수 교육 교재로 활용하는 등 청소년들의 참여역량을 강화하는데 지속적으로 활용할 예정이다.

청소년들의 인권보장을 위한 과제 중 미결구금 상태에서의 청소년인권보호 및 청소년 전문변호인 제도도입과 관련한 개선방안 도출을 위해 수사상 인권침해에 대한 조사연구를 시행하였다. 어려운 상황에 직면한 청소년들의 인권보장을 위한 「소년사법절차에서의 청소년인권보장 방안」 연구를 통해 현행 미결구금제도 및 소년전담변호사제도의 실태 및 문제점, 선진국 제도에 대한 자료조사 등에 대해 중점 검토하였다. 참고로 인권 4대 기획과제 중 나머지 과제들은 2007년도 하반기에 시행될 예정이다.

(5) 청소년 권익침해 사례 접수 시스템 운영 및 논의의 장 마련

국가청소년위원회는 청소년 권익침해 사례에 대해 적극 대응하고자 2006년 위원회 홈페이지'신고센터'에'청소년인권지킴이'메뉴를 구축하여 지속적으로 운영하고 있다. 권익침해 사례 신고메뉴는 아르바이트, 청소년의 권리와 의무, 학교폭력, 두발 · 체벌 · 교복 등 학교생활, 가정폭력, 성폭력, 음주 · 흡연 · 약물 등 일탈행위, 방과 후 활동, 청소년증 등으로 분류되어 있다. '청소년인권지킴이'시스템에 제기된 민원사안은 그 성격과 시급성에 따라 단순응답, 타부처 인계, 긴급대응, 중점검토 및 조사 등의 형태로 대응하고 있다.

또한, 11월 3일 학생의 날을 기념하여 청소년이 스스로 기획한 행사를 통해 청소년 인권에 대해 논의할 수 있는 기회를 제공하고자'2006 청소년인권페스티벌'행사를 개최 · 진행하였다. 청소년, 교사, 학부모 등이 참여하여 청소년 두발, 체벌, 아르바이트, 탈학교청소년 문제 등 청소년 인권에 대한 다양한 논의를 하였다. 본 행사를 통해 성인들에게는 청소년 인권에 대해 고찰해 볼 기회를, 청소년에게는 스스로의 인권보호 및 권익증진에 대해 고민해 볼 기회를 제공함으로써 청소년인권에 대한 전 국민적 공감대를 형성하는데 기여하였다.

(6) 청소년인권센터

청소년인권센터는 청소년인권관련 실태 및 의식조사, 침해사례 접수 및 개선 조치, 인권교육 및 프로그램 실시, 인권캠페인 활동 등을 통해 청소년 인권 보호와 권익 신장을 위해 활동하는 기구이다. 현재 충남청소년인권센터를 비롯하여 광주, 전남, 군포, 울산, 익산, 진주, 군산, 제주시 청소년인권센터가 운영 중이며, 사회 인권단체 중 흥사단, 인권운동사랑방과 다산인권센터, 인권실천시민연대 등에서 청소년 인권문제에 대한 관심을 기울이고 있다. 청소년인권센터는 청소년 인권문제에 관심을 갖는 민간단체에서 자체 인력과 사업비로 운영하고 있다(일부 센터의 경우 자치단체의 지원이 있었으나, 현재는 모두 중지 된 상태임). 조사 결과에 따르면, 인권센터는 사회적 관심 부족, 열악한 재정, 전문 전담인력과 네트워크 부족, 청소년 인권 침해 상담 · 접수 및 처리 권한과 시스템 미흡, 청소년 인권 관련 프로그램과 자료 부족 등으로 어려움을 겪고 있다. 정부와 자치단체의 안정적인 지원과 관심을 통해 청소년인권센터가 청소년인권 모니터링 기구로서 적극적인 역할을 수행할 수 있도록 할 필요가 있다.

2) 이주노동자

(1) 산재보험법, 산업안전보건법 등 노동법 전면적용

노동법이 전면 적용되어야 이주노동자 스스로 노동자의 권리주장이 가능해 질 수 있다. 따라서 산재보험법, 산업안전보건법을 포함한 각종 노동법이 실질적으로 전면적용될 수 있도록 제도개선이 시급하다. 이를 위해 현재 국회에 청원된 '외국인노동자 노동허가 및 인권보장에 관한 법률'이 시급히 법제화되어야 한다.

(2) 정확한 실태파악과 당사자가 참여하는 정책마련

잘못된 통계에 기초한 정부정책은 문제해결에 도움이 안된다. 따라서 이주노동자 노동재해에 대한 정확한 실태를 파악하고 이에 기반해서 정부 정책이 마련돼야 할 것이다. 또한 정부 정책마련 과정에 당사자인 이주노동자의 참여가 실질적으로 보장되어야 한다.

(3) 산재보험의 보장성 강화 등 보험제도 개선

비단 이주노동자들 뿐만 아니라 현재 산재보험을 통한 보험급여는 매우 불충분한 상황이다. 따라서 현재 약 20%에 달하는 요양급여 본인부담분과 생존권조차 보장하기 힘든 수준으로 지급되고 있는 휴업급여, 장애급여를 현실적인 수준으로 대폭 인상해야 할 것이다. 그리고 재활사업 확충을 통해 장애이주노동자가 최소한의 자활의 조건을 갖출 수 있도록 해야 할 것이다.

또한 현재 사업주 날인 등으로 인해 이주노동자의 산재보험 진입자체를 가로막고 있는 말도 안되는 조항은 당장 폐지하고 근본적으로 재해자중심으로 재해인정과정등이 바뀌어야 한다.

(4) 정부 관리감독 강화

지금까지 정부의 관리감독은 '계획'만 있었다고 봐야한다. '외국인 근로자 산재 예방대책'에서는 안전보건점검을 실시한다고 했으나, 발표한 보도자료에서는 6개월간에 걸쳐 재해다발 7개 업종에 대해 우선적으로 집중점검한다고 밝히고 있어 지난 1년사이 어떤 내용의 점검을 했는지 의문이 들 따름이다. 또한 clean3D사업의 경우 사업주에 대한 경제적 지원만 있을 뿐 실제 사후관리나 평가가 되고 있지 않아 결과적으로 노동부의 지도감독에서 방치되는 결과만을 초래하고 있다. 결론적으로 노동부의 지도감독이 실질적으로 강화되어야 할 것이고 또한 명예산안감독관의 역할 강화로 타사업장 출입권을 부여하는 등의 제도개선을 통해 실질적으로 안전보건이 제대로 되는지 감시감독할 수 있어야 할 것이다.

3) 장애인

(1) 소득보장

상이한 연금 및 배상제도간의 급여의 형평성이 이루어져야 할 것이며, 보다 다양한 장애인관련 수당제도를 도입, 실시하고, 공공부조면에서는 장애로 인한 추가비용을 보전하기 위한 부가급여가 이루어져야 할 것이다. 이러한 직접적 소득보장제도 이외에 각종 세금 및 이용요금의 감면확대를 통하여 간접적 소득보장제도가 강화되어야 할 것이다.

(2) 주거보장

무주택 저소득장애인에 대한 주택자금 융자제도의 실시, 주택관련 각종 세금의 감면혜택 부여, 주택정비자금 대부제도 등의 실시를 통하여 장애인의 주거안정을 도모하여야 할 것이며, 집단가정의 확대운영 등이 이루어져야 할 것이다.

(3) 고용보장

300인 이상 민간사업체에 대한 규제중심의 의무고용제도에서부터 기업체에 대한 적극적인 지원중심의 정책으로 전환하여야 할 것이며, 중도장애인에 대한 직장복귀 지원대책의 강화, 직업훈련의 강화, 체계적인 직업재활체계의 수립 등이 이루어져야 할 것이다. 또한 일반고용이 어려운 중증장애인을 위한 보호고용제도의 확대가 필요한 바, 이를 위하여 보호고용시설의 다양화와 확충, 우선발주 및 우선구매제도의 실시 등과 같은 제도적 지원이 이루어져야 한다.

(4) 보건 · 의료보장

작업치료실, 언어치료실, 재활병동의 설치확대 등을 통하여 재활의료서비스 공급기관을 확충하고, 보건소의 재활치료기능을 강화해 나가야 할 것이다. 장애인의 의료비 부담을 경감하기 위하여 의료보험 급여기간 제한규정의 폐지, 의료보험 급여항목의 확대, 재활치료 급여항목의 세분화와 같은 의료보험제도의 개선과 더불어 의료비 지원사업의 대상확대 등이 이루어져야 할 것이다. 그리고 물리치료사, 작업치료사, 언어치료사 등 각종 재활의료인력의 양성 및 활용방안을 강구하여야 할 것이다. 보장구 문제와 관련하여서는 보장구 업체에 대한 지원 강화, 국산 보장구에 대한 표준화작업과 수가고시제 실시, 첨단재활용구에 대한 연구개발의 활성화 등이 이루어져야 할 것이다.

(5) 교육보장

통합교육을 장려하여 나가되 특수교육대상자수에 맞추어 특수학교와 특수학급을 증설하고, 조기특수교육기회를 확대하여야 할 것이다. 또한 개별화교육과 순회방문교육 등 다양한 교육방법을 강화하고 특수교육전문인력의 확대양성이 이루어져야 할 것이다. 그리고 장애인의 낮은 교육수준을 제고하기 위하여 저소득층에 대한 교육비 지원확대 등 교육기회의 확대를 위한 제도가 강화되어야 할 것이다.

(6) 재가복지, 시설보호 서비스, 문화 및 생활환경 보장

재가복지서비스부문에서는 장애인종합복지관과 같은 이용시설의 기능을 강화해야 할 것이며, 일반사회복지관과 재가복지봉사센터의 장애인대상사업을 확대해야 할 것이다. 그리고 유료 가정봉사원제도를 도입, 실시할 필요가 있으며, 주간, 및 단기보호서비스를 확대함과 아울러 단기입소훈련시설의 운영도 검토되어야 할 것이다.

(7) 장애인 조직과 교류 확대

단체 및 조직부문에서는 장애인 자조집단과 장애인 관련단체에 대한 지원을 국가가 강화하여 장애인의 조직활동이 활성화되도록 하고, 이들의 의견을 장애인복지정책 수립시 적극 반영하도록 노력하여야 한다. 그리고 국제적으로는 장애인관련 국제단체나 기구와의 교류 확대를 통하여 우리나라 장애인복지수준을 향상시키는데 기여하도록 하여야 할 것이다.

4) 여성

(1) 구체적인 방안

여성노동자들이 부당한 해고와 차별을 당하는 상황에서 벗어나려면, 성차별적인 부당해고를 적극적으로 감시하고 이들 사업자를 규제할 수 있는 공적기관이 있어야 한다. 특히 고용조정의 1차적 대상은 하위직종의 여성 노동자들이라는 점에서, 여성해고자와 여성희망퇴직자 비율이 높은 5인 미만 사업장을 감독할 수 있는 법제가 필요하다.

또 공공부문과 대기업의 구조조정에 따른 해고 과정에서 하위직에 종사하는 여성들이 많이 해고된 이상, 여성의 노동권 침해 상황을 자율적으로 해결하도록 내버려 둘 것이 아니라 적극적으로 개입해서 이를 시정할 수 있도록 행정력을 강화해야 한다. 성차별적 임시직화에 대한 제재 조치 및 정규직과 비정규직 간에 존재하는 불합리한 차별을 엄단하는 것도 절실하다. 이밖에도 남녀 노동자에 대해 직장과 가정의 양립 지원을 위해 공공 보육시설을 확대하고 육아지원을 하는 것도 시급하다. 이를 위해서는 사회보장 관련 예산을 대폭 향상하는 것이 선행되어야 할 것이다.

모성보호 비용을 사업주에게 떠넘기는 정책은 상대적으로 여성노동자를 배제시키는 결과를 낳고 있다. 따라서 모성보호 비용을 사회가 부담하는 정책이 필요하다. 복지정책에서 가족주의를 지양하고, 노인이나, 연소자의 복지를 향상시킴으로써 여성에 떠맡겨지는 복지의 역할을 줄여나가는 일을 병행해야 한다.

(2) 근본적인 방안

가. 남성 우월 사상 및 성별 분업 이데올로기 타파

역사적으로 공황이나 경제위기 상황에서는 보수이데올로기가 득세했다. 그것은 부족해진 일자리와 더욱 접근하기 어려운 노동시장에서, 가능한 한 생산력이 높은 노동력만을 생존시키고 그 외의 노동력은 주변화 시키는 과정에서 일어나는 반발을 무마하기 위한 것이었다. 즉 생산성이 낮다고 판단되는 여성 노동력을 주변화하고 보충적 인력으로 전락시키는 것을 정당화시킴으로써 사회적 반발은 처음부터 억압하는 것이다. 성별 이데올로기는 여성의 역할을 가사노동에만 국한시킴으로써 사회진출을 부정하고 사회에서의 부당한 대우를 당연할 것처럼 여기게 만든다. 이 과정에서 여성문제는 부차적인 것으로 간주되어 사회적 관심 대상에서 제외된다. 여성 실업, 빈곤, 기혼여성의 고통 등 여성 인권의 악화가 심각한 수준에 이르렀음에도 불구하고 아직 정확한 통계조차 확보하지 못한 이유도 이 때문이다. 여성 인권의 확보를 위해서는 무엇보다도 남성=사회, 여성=가정이라는 성별 분업 이데올로기를 타파함으로써 여성의 사회 활동을 적극적으로 보장하고, 보수주의 뒤에 숨겨진 자본주의의 모습을 직시함으로써 여성보다 남성을 우선하는 사회적 분위기를 없애야 할 것이다.

나. 가사노동의 공식적 인정

경제적 · 사회적 · 문화적 권리에 관한 문서들은 공적 분야의 활동에만 초점을 맞춤으로써. 현실적으로 여성과 더 밀접한 관련을 맺는 권리들은 주목받지 못했다. 노동 역시 경제적 가치로 환산되는 공적 영역에서의 활동만을 의미하기 때문에 가사노동이 제외되는 맹점이 있다. 사실 가사노동의 생산성이 얼마인지는 구체적으로 측정한다는 것은, 쉬운 일이 아니며, 측정한다고 해도 그다지 큰 의미가 없다. 모든 정신적 · 물질적 가치를 눈에 보이는 수치로 환산하는 자본주의의 폐해를 반복하는 결과를 낳을 수도 있기 때문이다.

가사노동을 공식적으로 인정하자고 주장하는 것은 가사노동의 대가를 임금으로 환산해달라는 요구가 아니라, 가사노동을 공적 영역에서의 노동과 동등한 것으로 인식하여 여성의 과도한 부담을 없애기 위함이다. 예컨대, 대다수 맞벌이 부부의 경우 가사노동을 여성이 전담하는 비율이 절대 다수 인데, 이것은 가사노동의 가치를 무시한 데서 비롯된다는 것이다. 가사노동도 공적인 영역에서의 노동과 동등한 가치를 갖는 이상, 여성이 공적 노동을 분담하는 것처럼 남성 또한 가사노동을 공식적으로 인정해야 한다. 한편, 국가는 성별 분업에 기반을 둔 경제와 사회구조 및 법제를 변혁시키고 남녀가 공동으로 가정과 직장, 사회 활동에 참여할 수 있는 노동조건, 사회 여건을 만들기 위해 노력해야 한다.

다. 인권교육의 확대를 통한 여성의 연대

경제위기 상황에서 부각되는 것 중에 하나가 가족주의다. 가족주의란 개인보다는 가족을 경제의 기본 단위로 보고, 현실에서의 자립 단위는 개인이 아닌 가족이 된다는 것을 말한다. 가족주의는 자칫 여성들이 스스로 자신의 이해를 대변하지 못하고 가족의 이해와 자신을 동일시하게 만들 수 있다. 이렇게 되면 여성들은 자신들이 해고당하는 것에 대해 일시적으로는 저항감을 가지다가도 쉽게 수긍해 버리고 만다. 많은 여성들이 '나

하나보다는 우리 가족이 잘 되면 최고'라는 생각으로 자신보다는 남편의 고용이 보장되기를 더 원하고 있는 것이 사실이다. 그 결과 여성들 간의 연대마저 약해지게 된다. 여성의 인권 상황에 대해 주체 내부에서도 공감대가 형성되지 않는데 하물며 여성을 보는 시각이 편향된 사람들을 어떻게 설득시킬 수 있겠는가?

따라서 여성 인권에 대한 폭넓은 사고를 기르고 이를 교육함으로써 여성의 연대를 여성 노동자나 빈민, 장애인, 노인, 연소자 등 널리 확장시키는 것이 매우 중요하다. 그 과정으로 무엇보다 중요한 것은 인권교육을 통한 사고의 전환이다. 여성들이 불합리한 성차별에 저항한다는 것은 현실의 문제를 인식하는 의식화 과정을 거쳐 저항이라는 적극적 행동으로 이루어지는 것이며, 이 저항은 여성 인권을 확대함으로써 보다 적극적인 시각으로 여성문제를 바라보는 데서 많은 힘을 얻을 수 있다. 즉 여성들간의 연대를 통하여 여성 인권을 사회적으로 이슈화하고 적극적으로 저항해야 한다.

이런 의미에서 영세사업장 여성노동자, 비정규직 여성노동자, 여성실업자, 특히 저소득무권리 상태의 여성들을 조직화하여 창설된 서울여성노조, 전국여성노동조합, 기타 지역여성노동조합들의 등장은 큰 진전이라 볼 수 있다. 또한 여성노동단체의 활동이 활발해지고 이들의 목소리가 커짐에 따라 여성문제를 보다 적극적이고 발전적인 시각에서 다루는 흐름을 우리는 주의 깊게 바라봐야 한다. 이러한 활동을 통해 사회적 약자라는 의미에서 여성의 연대는 다른 계층과의 연대로 확대됨으로써 더 큰 힘을 발휘할 수 있는 것이다.

7. 사회복지적 개입

1) 청소년– 청소년의 권리증진을 위한 정책방안

부모의 역할이 수행되지 않는 사각지대에 놓인 위기청소년을 위한 사회안전망 구축이 가장 시급한 국가차원의 지원이며 "하루가 다르게 급변하는 세상 속에서 미래를 보는 눈이 없으면 청소년 정책은 성공할 수 없다". 또 청소년 정책의 방향성으로 공무원들의 관행 타파가 필요하며 맨 파워 인프라를 구축해야한다.

2) 이주노동자

(1) 실사구시에 입각한 정책수립

연수취업제도의 문제점을 극복하기 위해서는 실사구시에 입각한 외국인력 정책의 전환이 우선적으로 요구된다. 국제사회는 산업기술연수제도를 한국의 '미숙련 외국인력' 수입제도로 인정하고 있다. 1991년 산업기술연수제도 실시로 '단순노동자 수입 금지 원칙'은 이미 파기된 것으로 보아야 한다. 그러므로 한국이 단순 외국인력 수입을 회피하기 위하여 연수취업제도를 고수해야 한다는 주장은 궤변이다. 즉 개선대책의 기조는 닫힌 노동시장을 개방하는 것이 아니라, 연수생이라는 편법적 외국 인력을 근로자로 정당하게 수입하며, 동시에 통제 불가능 상태에 있는 불법체류노동자를 정부가 체계적으로 관리할 수 있는 방안을 마련하는 데 있다.

(2) 불법체류자 문제의 해결

고용허가제는 근로를 행하는 자에게 처음부터 근로자 체류자격을 부여하는 방식이다. 그러나 이 제도를 실시하면 모든 문제가 자연스럽게 해결될 것이라는 발상은 매우 위험하다. 그 까닭은 산업기술연수제도의 좌초 배경이 되는 '불법 체류자 문제' 때문이다. 중소기업에 취업해 있는 15만 명의 불법체류자를 강력한 단속을 통해 강제 출국시키는 것은 사실상 불가능하다. 현실적으로 가능한 해결책은 기존의 불법 체류자를 양성화하여 그들을 정부의 통제 범위 내로 끌어들이는 것이다. 즉 당분간은 외국에서 신규 인력을 도입하는 데 주력하기보다는 '불법체류 취업자를 양성화'하여 그들의 고용관계를 합법화하는 방법이 최선의 대안이다. 그렇게 되면 불법체류자의 취업기회는 현저히 감소할 것이고, 정부의 단속도 효과적으로 가능할 것이다.

(3) 브로커의 전횡을 막을 수 있는 장치 도입

외국 인력의 도입 주체를 사용자 단체에서 공공기관으로 바꾸고, 외국인력 규모를 국내 노동시장 상황에 맞추어 관리하는 장치가 필수적이다. 그럼으로써 한편으로는 사용자의 선택의 폭을 넓히고, 다른 한편으로는 송출기관이 얻는 부당한 이익을 제거하여야 한다. 연수생의 사업체 이탈 배경 요인 중 하나가 막대한 브로커 비용이라는 점을 고려하면 이점은 매우 중요하다. 즉 브로커가 갖는 이익을 국내기업과 외국인노동자에게 돌아가도록 만드는 것이 필수적이다.

(4) 산업재해와 문화갈등을 줄일 수 있는 장치 마련

한편, 한국에 취업을 희망하는 노동자는 본국에서 한국어 교육, 산업안전 교육, 문화차이의 이해와 적응 교육을 받도록 제도화하여야 한다. 한국어와 한국문화 교육은 산업재해와 문화갈등을 줄일 수 있는 첩경이므로 정말로 중요하다. 구체적으로는 토플(TOEFL)과 비슷한 '국제 한국어 능력 인증시험'을 개발하여 고득점자를 우대하는 방식을 고려할 수도 있다. 이러한 방식은 송출국 정부가 공교육의 교과과정에 한국어를 포함시킬 유인체계로 작용할 것이다.

(5) 외국인노동자와 국내기업에 실익이 되는 제도

고용허가제를 실시하면 외국인노동자는 내국인과 마찬가지로 노동3권을 갖게 된다. 외국인에게 노동3권을 허용한 대만이나 싱가포르 등의 사례를 보면 외국인노동자의 집단행동은 거의 발생하지 않고 있다. 또 고용계약 연장을 목적으로 한 집단행동 금지를 법률에 명문화하는 방식이 널리 채택되고 있다. 현재 산업기술연수생의 임금수준이 내국인에 근접할 정도라는 점을 고려하여 고용분담금은 물리지 않도록 한다. 고용허가제를 실시하면 송출국의 인력이 무제한으로 들어올 수 있다는 주장은 시장의 수요－공급의 법칙을 가로막을 수 있는 국가의 출입국 관리기능을 무시한 공론에 불과하다. 결국 고용허가제가 도입되어 불법체류자가 거의 사라지면 외국인노동자의 임금수준은 그들의 능력에 걸맞은 수준으로 약간 하향 조정될 것이다. 그렇게 되면 고용허가제로 인해 생기는 이익은 외국인노동자를 고용하는 기업이 향유하게 될 것이고, 그것은 국민경제에도 실익이 된다.

3) 장애인

(1) 장애인에 대한 편견해소 방안

비장애인들의 장애인에 대한 편견을 해소하기 위한 방법으로 장애우 권익 문제연구소에서 조사한 자료에 의하면 다음과 같은 방안을 제시했다.

① 사회인식 개선을 위한 의무적인 공익광고(55.8%)
② 장애인에 대한 비하발언을 하거나 편견을 조장했을 때 엄격한 규제(38.7%)
③ 장애인을 고려한 방송제작 가이드라인 제작(34.7%)
④ 방송에서 일정비율의 장애인 참여 쿼터제 도입(33.2%) 등

(2) 정책적 지원 뒷받침

최근에 이르러 장애인에 대한 지원정책에 있어서 축소경험이 두드러진다. 장애인의 발생은 사회적 책임이기에 정책적 지원이 강화되어야 한다.
① 전문 상담소의 증설
② 여성장애인 쉼터의 전국적 마련
③ 피해자 의료지원 강화
④ 심도 있게 고려하여 법 개정 필요(성폭력특별법 제8조에서 '항거불능'이라는 말은 성폭력 피해를 당하는 여성 장애인의 입장을 고려하지 않은 독소조항임)
⑤ 장애인 정책기능을 통합 조정 관리할 수 있는 기구 필요

4) 여성

(1) 성역할에 대한 대책

첫째, 부부의 가사노동 분담에서의 불평등을 해소하고 평등한 가사분담을 실현하기 위해서는 다각적인 노력이 뒷받침되어야 한다.

둘째, 가사노동의 평등을 위해 먼저, 인식적인 측면에서는 가사노동에 대한 개념을 올바로 정의할 필요가 있다.

셋째, 가사노동의 가치는 정확히 평가할 수 있어야 하고 가사노동을 사회화해야 한다.

넷째, 사회정책적인 측면에서 성차별적인 인식의 변화와 함께 역할의 평등성에 대한 교육이 필요하다.

다섯째, 모성보호비용의 사회 분담화와 아동양육서비스의 확대가 필요하다.

여섯째, 가사, 보호, 수발노동에 대한 가치 인정 및 지원 확대와 상담 및 가족서비스 강화가 필요하다.

(2) 교육 및 직업능력 개발

노동시장진출 이전에 축적되는 학력과 기능, 기술 수준의 향상은 현재의 여성을 대상으로 하는 교육제도와 직업훈련제도의 개편을 요구한다. 여성의 교육 수준은 꾸준히 높아지고 있다. 그러나 단순한 고학력화 대신 취업에 용이한 교육 투자의 확대가 중요하다. 직업훈련은 현재 취업상태에 있는 대다수의 단순 여성노동력을 기능 인력화하고 더불어 가용노동력을 활용하기 위해서 중요하다. 직업훈련을 실시하고 있는 곳은 공공직업훈련기관, 사업 내 직업훈련과정과 인정직업훈련기관인데 여성에 대한 훈련을 실시하는 곳은 남성에 비해 상대적으로 적다. 더욱이 교과과정은 남성위주로 설치되어 있고 훈련원 설립 시 여성을 위한 기숙사 및 복지시설의 미흡 등으로 여성의 직업훈련 참여율이 저조하며 훈련내용도 노동시장의 성별분리구조를 반영하고 있다. 그러나 아직까지도 전체 여성취업자 중 직업훈련의 경험이 있는 여성은 소수에 불과해 여성 직업훈련기관의 확충과 지원이 중요한 과제임을 알 수 있다.

특히, 일반적으로 남성 직종이라고 인식되는 분야와 신기술 분야의 직업훈련에서는 여성할당제를 실시하도록 하여야 한다. 이것은 성별 직종분리와 여성의 보조 인력화를 통제하는 한 방법이 될 수 있을 것이다.

(3) 여성노동의 대책

가. 모성보호 및 가족보호의 사회화

아동보육시설 및 노인, 장애인을 위한 시설보호를 확대하고 육아휴직제 및 가족 간호휴가제와 더불어 의존가족을 보호하면서도 계속 직장생활을 병행 할 수 있도록 노동시간을 단축하고 노동조직을 융통성 있게 하며 가정봉사원 서비스제도의 확대 등을 통해 출산 육아시기 및 가족간호의 시기에도 일할 수 있도록 지원하는 것이다. 또한 이러한 가족보호의 역할에 남성도 참여할 수 있게 인식을 고취시키며 더불어 제도적으로 뒷받침하여 남성도 가족보호의 역할을 공유할 수 있도록 하는 사회적 변화를 도모해야 할 것이다.

나. 여성노동관련 법규의 철저한 시행 및 보완

여성취업자의 상당수가 여성노동 관련법규의 적용을 받지 않는 비정규직이나 영세사업체에 종사하고 있어 여성노동 관련 법규가 노동현장에서 실제로 준수되는 비율이 낮은 형편이다. 이러한 현상은 근로 기준법의 여성관련 규정과 남녀고용평등법이 실효성을 갖지 못하고 있기 때문이다.

이러한 실효성을 갖지 못한 노동관련 법들은 임시직, 파트타임 근로, 파견근로, 가내근로 등 다양한 비정규 고용형태로 취업하는 여성 근로자의 고용불안정이나 낮은 근로조건에 대한 보호를 할 수 없을 뿐만 아니라 여성의 비정규직화에도 대처할 수 없으며 간접적 성차별을 야기할 수 있는 고용행위에 대해서도 현행법은 적절히 대처하지 못하고 있다. 또한 각종 성차별의 각종 성차별의 판단기준이 추상적이고 판단자의 주관에 많이 좌우되며 간접적 차별을 규제하는 근거가 미흡하다는 점이 문제된다. 따라서 여성노동 관련 법규가 고용상의 성차별 분쟁을 예방하도록 강화되며 실효성을 가질 수 있도록 개선되어야 할 것이다.

다. 여성관련 실업정책의 강화와 재취업제도 및 노동조건의 개선

여성실업자의 재취업을 장·단기적으로 촉진할 수 있는 방안을 마련하고, 여성실업자를 보호하는 대책이 보다 현실적으로 마련되어야 할 것이다. 여성재취업을 촉진하기 위한 취업알선기능과 공공근로사업 및 여성실업자의 창업지원 등과 관련된 방안으로 첫째, 재취업 촉진을 위한 취업알선, 둘째, 공공근로사업의 보완, 셋째, 여성실업자의 창업지원이 제안된다.

여성취업의 연속성을 지원할 수 있는 제도적 뒷받침과 함께 여성의 재취업을 장려하며 전일 근무를 하기 어려운 기혼 여성을 위하여 시간제 노동을 활용하는 것도 필요하다. 시간제 노동의 조건이 전일제 노동에 상응하는 노동 조건으로 갖추어지며 더불어 시간제 노동이 주로 여성으로 채워지는 성별화가 극복된다면 증가하고 있는 기혼 여성의 노동조건 향상에 기여할 것이다.

생각할 거리

1) 인권은 누구에게나 동등한 수준에서 보장되어야 하는 보편적이며 불가제한적인 가치인 것인가 아니면 합리적인 이성을 가지지 못하거나 부족한 경우 인권 중 일부가 인정되지 않거나 제한될 수 있는가, 만약 그렇다면 '이성능력의 자유로운 사용'이 불가하거나 부족하다는 것은 누가 어떻게 판단해야 하는가.
2) 한 전통문화에 대한 간섭이 보편적 인권의 명목으로 행해질 수 있는가라는 쟁점과 관련하여, 그 찬반에 대한 근거와 정도, 그리고 방법에 관하여 토론해보고자 한다.
3) 세계인권선언, 장애인인권선언, 세계여성인권선언 등에 대한 자료를 찾아보자.

제5부

변화하는 세상

제15장 현대사회문제와 사회복지

제 15 장

현대사회문제와 사회복지 - 새로운 지평

학습목표

1. 새로운 사회문제에 대한 대처 방안
2. 복지국가와 복지사회 실현을 위한 노력

1. 새로운 사회문제의 등장

현대사회는 과학과 기술의 발달, 정보화로 인해 빠르게 변화하고 있다. 빠른 사회변화는 사람들에게 불안과 스트레스를 유발하고 새로운 사회문제를 발생한다. 우리나라의 경우 지난 1990년대 이전까지는 도시빈민문제, 실업문제, 노동문제 등 물질적 빈곤과 빠른 산업화에 따른 사회문제가 주를 이루었다. 하지만 1990년대 이후 물질적인 빈곤은 극복되었지만 상대적 불평등은 깊어가고 자본주의가 고도로 발달하고 세계화가 이루어지면서 경쟁이 심화되고 노동시장이 불안정해지면서 새로운 사회문제가 등장하기 시작하였다. 이에 맞물려 정보통신의 발달로 현실에서 느끼는 불안과 스트레스를 가상공간에서 풀거나, 현실의 어려움에서 가상공간으로 도피하는 현상이 일어나고 있다. 자본주의와 발달과 산업화, 도시화는 우리의 고유한 가치관과 풍속을 해체하였고 새로운 변화에 적응하는 데 어려움을 겪는 사람들은 소외, 고독 등 정신적인 어려움을 겪고 있으며, 이로 인한 새로운 사회문제가 발생하고 있다. 1997년 경제위기 이후 늘어나기 시작한 노숙자문제, 심해져 가는 집단따돌림(왕따)문제, 1980년대 이미 사회문제화되기 시작하였으나 요 근래 다시 부각된 가정폭력문제, 쪽방 또는 고시원 등에 거주하는 도시주거문제, 일방적으로, 병적으로 특정사람에게 집착하는 스토킹 문제, 그리고 일본에서 문제되기 시작한 후 우리나라에도 시작된, 사회에 적응하지 못해 집안에만 틀어 박혀 사는 히끼코모리문제[1] 등이 새롭게 등장한 사회문제이다.

새롭게 등장하는 사회문제는 과거의 것과 어떤 다른 점이 있는가? 즉 새로운 사회문제의 특징은 무엇일까? 현대사회를 특징짓는 대표적인 명칭 중 하나가 탈현대 또는 후현대(後現代)라 불리는 포스트모더니즘[2]이다. 포스트모더니즘을 한 마디로 표현하기에는 어려움이 있으나 지금까지의 이념이나 가치관, 윤리나 행위, 예술적, 문화적 표현으로부터 벗어난 것이라고 할 수 있다. 이 개념은 주로 예술분야에서 사용되었으나 오히려 세상을 바라보는 새로운 관점(패러다임)이라고 할 수 있다. 사회문제론과 결부하여 포스트모더니즘을 이해해 본다면 포스트모더니즘이란 결국 일종의 '일탈'인 것이다. 과거의 사회문제가 사회의 변화에 따른 부정적인 결과가 주를 이루었다면 새로이 등장하는 사회문제는 전통으로부터, 전체로부터, 주류로부터 벗어나는 것이 주를 이룬다. 이러한 벗어남(일탈)은 빈곤과 같은 경제문제도, 가족의 해체와 같은 사회문제도, 약물이나 도박, 게임 등과 같은 개인의 심리적인 문제도 포함하고 있지만 기본적으로는 주체의식의 부재이다. 현대인은 과거에 비할 수 없는 경제적 풍요, 과학과 기술에 의한 편리와 편이, 높아진 교육수준에도 불구하고 나를 잃어버림으로써 전통으로부터, 전체로부터, 주류로부터 벗어나게 되는 것이다. 권위주의와 함께 권위가 사라지고, 자율의 강조가 방종을 가져오고, 관용이 무관심을 낳고, 상대주의가 윤리나 도덕의 부재로 이어지고, 전통의

1. 일본어 ひきこもり[引き籠もり](히키코모리)로(정신적인 문제나, 사회 생활에 대한 스트레스 등의 이유로) 외출하지 않고 집안에 틀어박혀 있는 상태. 또는 그 사람을 일컫는 말이다. 그들은 대체로 사회생활에 적응하지 못하고, 집안에만 틀어박혀 게임이나 만화책 보기, tv시청 등을 하면서 가족과도 단절하고 대부분의 시간을 홀로 보낸다. 처음 시작은 1970년대 입시 과열에서 시작되었다고 한다. 압박감에 지친 일부 청소년들이 등교를 거부하고, 낮에는 집 안에 은둔해 있다가 저녁때가 되어서야 밖으로 나왔다. 일각에서는 이를 정신병으로 간주해 치료를 했으나 ,결국 일부 불량 청소년들의 문제로 매듭지었다. 하지만 현재는 청소년만의 문제가 아닌 전사회적 사건으로 확대 되었고, 일본 인구의 1%인 130만 명에 이른다는 연구가 있다. 서양에서는 코쿤(cocooning)이라 불리기도 한다. 우리나라의 경우 10만 명이 넘는다는 연구결과도 있다.
2. 포스트모더니즘은 현대(modern)에 대한 비판으로 등장했는데, 여기서 말하는 현대란 서구의 현대(근대)정신이다. 그렇기에 포스트모더니즘은 기본적으로 서구 현대정신과 대척점을 이룬다. 포스트모더니즘의 특징을 몇 가지로 정리해 보면 다음과 같다. 첫째, 현대의 이성과 합리주의에 대한 반성이며 반작용이다. 둘째, 세상을 바라보는 새로운 관점(패러다임)이다. 셋째, 현대의 세계관인 이원론에 대한 반대하는 통합주의이다. 즉 신과 인간, 인간과 자연, 합리성과 비합리성, 이성과 감성, 정신과 육체 등을 대립된 것으로 파악하지 않고 하나의 사유형태로 파악해 포용하고 통합하려 한다. 넷째, 염세주의와 상대주의 경향을 보인다.(김정우, 2008, "포스트모던 시대와 인간의 삶", 『대구가톨릭대학교 사회복지학과 박사과정 세미나』, 미간행물)

붕괴가 불안과 함께 한다. 결국 현대인은 어디에도 안주하지 못하는 부평초이다.

새로운 사회문제에는 새로운 접근이 필요하다. 지금까지의 사회복지가 빈곤에 대처하고 노인이나 장애인 어린이와 같은 사회적 약자에 관심을 기울여 왔다면 이제는 한 사람 한 사람이 온전히 살아가게 하는 데 관심을 힘을 쏟아야 할 것이다. 사회복지가 인간 삶의 문화적인 측면과 품위로 눈을 돌려야 함을 의미한다. 참으로 갈 길은 멀다.

한 평 남짓, 햇볕도 들지 않아 대낮에도 불을 켜놔야 하고 화장실도 함께 이용해야 하는 서울시내 '쪽방' 거주민이 3240명에 달하는 것으로 나타났다.

서울시에 따르면 시내 쪽방은 총 291개 건물 3557개다. 이곳에는 일시거주자로 분류된 1137명과 상시거주자로 분류된 2103명 등 3240명이 산다. 상시거주자 2103명 중에는 기초생활수급자가 1008명(48%)으로 가장 많고, 65세 이상 홀몸노인(독거노인)은 638명(31%), 장애인은 415명(21%)이다.

문제는 대부분의 쪽방 주민들이 최저생계비를 받거나 일용직, 공공근로・취로사업 등을 통해 월 40만원에 못 미치는 수입으로 버텨 나가고 있다는 것이다. 보증금이 없다는 이유로 지나치게 비싼 월세(15만~25만원)는 생활고를 가중시키고 있고, 의료보험료도 못 내 제대로 된 의료혜택도 기대할 수 없다.

이와 관련 시는 화재・안전, 보건・의료, 에너지・난방, 생활편의시설 개선, 자활지원 등을 골자로 한 5대 쪽방촌 개선대책을 마련, 올 겨울 시행한다. 시는 우선 쪽방마다 고온을 감지, 자동으로 약제를 뿜어 불을 끄는 '자동확산 소화용구'를 놓고, 위급상황을 전파할 수 있도록 비상방송설비도 설치하기로 했다. 가스를 쓰는 가구에는 가스누설경보기를 달아주고, 화재 등 재난 발생 시 이용할 비상조명등과 완강기, 손전등, 방연마스크를 건물별로 설치 또는 비치할 계획이다. 조명기기는 한전의 협조를 받아 절전형으로 바꾸고 낡은 전선과 콘센트도 교체한다. 손질이 필요한 출입문과 창호도 한국에너지복지재단에 의뢰, 손보기로 했다.

3개 시립병원과 장애인치과병원을 활용해 현장 종합진료실을 운영하고, 치료비가 없는 환자는 치료 후 건강보험심사평가원에 미수금을 청구해 치료비를 충당할 계획이다. 방문건강관리 인원도 현 5명에서 10명으로 늘리고, 쪽방상담소 마다 개인건강관리시스템을 설치해 체계적으로 건강을 관리해 주기로 했다.

시는 이와 함께 영등포동, 돈의동, 동자동 쪽방촌에는 화장실을 새로 짓고, 창신동 쪽방촌의 폐쇄된 화장실을 보수하는 등 생활편의시설도 개선・확충할 방침이다. 이밖에 거주자들이 안정적인 일자리를 얻어 자립할 수 있도록 체계적인 직업재활교육을 실시하는 한편, 신용불량자는 관련 기관과 협조해 신용회복도 돕기로 했다.

시 관계자는 "경기침체로 가장 어려움을 겪고 있는 사회 소외계층에게 큰 힘이 될 것으로 기대하고 있다"고 말했다.

이처럼 사회 환경이 변하고 사람들의 욕구가 다양해지면서 새로운 사회문제가 등장하고 있다. 인간의 욕구가 무한하고 자원은 희소하기에 함께 살아가는 사람들의 이해관계가 충돌하면 사회문제가 발생할 수밖에 없다. 일반적으로 생물의 한 종의 가장 큰 적은 같은 종이라고 한다(이제는 인간이 모든 생물의 최대의 적으로 등장하였다. – 환경문제 참조). 그렇다면 인간의 가장 큰 적은 인간이다. 이런 의미에서 인간이 사회를 이루고 살아갈 수밖에 없는 한 사회문제는 있어왔고 앞으로도 계속될 것이다. 하지만 사회문제가 어쩔 수 없는 것이라고 해서 손 놓고 있을 수는 없다. 적당한 긴장감은 삶의 활력소가 되겠지만 지나치면 몸과 마음을 해치듯이 사회문제도 최소화하기 위해 노력해야 한다. 사회문제의 해소를 위한 노력은 결국 개인의 몫이 아니라 사회의 몫이고, 나라의 몫이다.

2. 사회문제와 사회복지(복지국가)

인간은 개인이 느끼는 문제이든 사회문제이든 문제를 해결하기 위해 오랫동안 다방면으로 노력해 왔다. 종교나 철학, 윤리가 문제해결을 위한 규범적인 측면을 제공해 준다면 정치나 경제가 실제적인 측면에서 많은 역할을 해 왔다. 하지만 현대에 있어 사회문제해결의 선두에 서 있는 것은 사회복지이다.

자본주의를 채택하고 있는 현대국가는 본질적으로 복지국가이다. 복지국가는 기본적으로 자본주의라는 경제체제를, 민주주의라는 정치체제(중국이 예외적인 상황이 되었지만)를, 그리고 사회복지라는 사회체제를 갖추고 있다. 사회복지는 거시적인 측면에서는 자본주의와 시장에 의한 불평등과 왜곡을 민주주의라는 정치적인 역학관계로 풀어나간다고 할 수 있다. 실천적인 측면에서는 사회사업, 사회복지실천 등을 통해 사회적 약자를 사회에 통합하는 역할을 한다. 동시에 사회복지는 사회문제의 해결이라는 큰 역할을 맡고 있다. 사회학이 사회문제에 대한 분석과 이해에 초점을 맞춘다면 사회복지는 사회문제에 대처하면서 해결해 나가는 것에 관심을 갖는다. 사회복지가 사용하는 거시적 정책수단과 미시적 실천은 궁극적으로 사회문제해결을 위한 것이다. 예를 들어보면, 국민기초생활보장제도라는 공공부조정책은 불평등과 빈곤이라는 사회문제를 해결하기 위한 거시적 수단이다. 국민기초생활보장 수급자에 대한 사회복지시설과 사회복지사의 개입과 실천은 그 개인이 가지고 있는 알코올 중독문제, 노동문제, 가정폭력문제 등 구체적인 개인이 가지고 있는 사회문제를 해결하기 위한 노력이다.

복지국가가 사회복지를 통해 거시적 정책 측면에서이든 미시적 실천 측면에서든 사회문제 해결을 위해 노력하고 있으나 그 결과가 만족스럽지만은 않다. 그 원인은 여러 가지가 있는데, 가장 큰 이유는 사회문제에 대한 인식과 원인에 대한 진단이 다르다는 것이다. 사회문제를 해결하기 위해서는 구체적인 정책이나 프로그램이 만들어져야 하지만 개인이나 집단의 이념이 다르고, 이해관계가 다르기에 합의가 쉽지 않다. 예를 들면 경제적 불평등이나 빈곤의 해결을 위한 사회복지재정의 증가를 생각해 볼 수 있다. 많은 사람들이 빈곤의 해결을 위한 사회복지재정의 지출 증가에 찬성하지만 이를 위해 세금을 더 낼 의향이 있는가를 물으면 과반수가 '아니오'라고 답한다. 이처럼 사회문제를 해결하기 위한 구체적인 처방과 행동은 각 개인이나 집단의 이념이나 가치관, 이해관계에 따라 다를 수밖에 없다. 이런 차이와 다름은 사회문제 해결을 위해 헌신하고자 하는 사회복지관계자를 실망시키곤 한다. 하지만 이런 다양성으로 말미암아 인류가 다른 동물과 달리 진화와 발전을 해 왔다는 사실을 인정할 필요가 있다. 차이는 실망의 요소라기보다는 이해와 관용을 통해 행복으로 가기위한 조건으로 이해하여야 한다.

사회문제를 해결하고 바람직한 사회로 나아가기를 원한다면 바람직한 사회에 대한 논의도 필요하다. 바람직한 사회란 무엇인가? 이 또한 사람마다 다르게 생각하고 바랄 것이다. 하지만 많은 사람이 동의하는 하나는 '평등한 사회'[3]이다. 최소한의 물질적 빈곤에서 해방되고 불평등이 없는 사회가 우리가 바라는 사회이다. 경제적 · 사회적 불평등은 배제와 소외를 낳고, 빈곤과 질병을 양산하며 인간성을 피폐하게 한다. 19세기 초 재산이 없는 남자가 참정권을 가진다는 것을 아무도 상상하지 않았으나, 19세기 말 여성이 참정권을 갖는다는 것은 이상한 소리였으나 이제는 그것을 부정하는 사람들이 이상한 사람이 되듯이 불평등이 해소되어 많은 사회문제가 없어지거나 약화된 바람직한 미래의 세계가 올 수 있다는 것을 부정하는 것이 인간의 가능성에 대한 나약한 생각이라고 믿는다.

보다 평등한 사회로 나아가고 사회복지가 인간의 품위를 지켜주는 역할까지 한다면 이런 사회는 분명 바람직하고 기다려지는 사회이다. 하지만 결코 불가능하거나 유토피아만은 아니다. 천리 길도 한 걸음부터라고 했던가! 사회문제를 극복하려고 노력하는

3. 평등이라는 용어는 간단히 정의될 수 없다. 또 정의된 후 그 구체적인 내용에 대해서도 간단히 말하기 어렵다. 여기에서는 소위 모두가 똑같아야 한다는 의미의 평등이 아니라는 것, 각자 능력껏 살면 된다는 의미의 형평도 아니라는 것만 말하도록 한다.

사회복지사가 그리고 사회복지가 그 한 걸음이 아니고 무엇이겠는가.

• 사회문제를 왜 연구하는가? •

Shepard와 Voss(1978)은 사회문제를 연구하는 이유로
첫째, 사회문제를 이해하고 그 문제에 대처하는 사회과학의 역할에 보다 친숙해지며,
둘째, 사회문제에 관한 지식은 바람직하지 못한 사회상황이 어떻게 일상생활에 나쁜 영향을 주는가에 대한 이해를 증진시키고,
셋째, 사회문제의 원인에 대한 이해의 폭을 넓히는 것에 있다고 한다.

반면 최성재(2000)는 사회문제를 연구하는 이유를 다음과 같이 말한다.
첫째, 사회문제에 대한 지속적인 관심을 유발시키기 위하여
둘째, 사회문제에 대한 일반적 이해를 증진시키기 위하여
셋째, 이론과 실제의 관계 확인 및 이해를 위하여
넷째, 사회문제 해결을 위한 필요한 지식을 제공하기 위하여
다섯째, 개인적 호기심이나 관심을 해결하기 위하여

결국 사회문제를 연구하는 이유는 사회문제를 일으키는 사회적 원인을 이해하고, 사회문제에 대한 사람들의 관심을 유발시키며, 이를 통해 사회문제해결을 위한 실마리를 찾기 위함이라고 할 수 있다.

3. 복지국가의 과제

현대 복지국가가 추구하는 최고의 도덕적 선은 전체 사회가 사회적 위험의 예방 및 제거, 상호간의 교류를 통해서 사랑과 행복한 삶을 영위하며, 개성의 자유로운 발전을 통한 자아를 실현할 수 있는 활동영역을 확대하고 지원하는 과제를 해결하는 것이다. 그리고 경제성장과 사회정책이 상호균형을 이루면서 모든 사회 구성원의 삶의 질을 향상시키는 것에 복지국가의 존재 이유가 있다.

국가는 모든 사회 구성원이 그의 인생의 목표를 달성하기 위한 노력과 책임의식을 갖고 사회적 위험들의 예방 방법들을 모색할 수 있도록 연대원칙과 보조원칙을 결합하는 것이다.

복지국가에서의 사회정책의 과제는 현재 혹은 미래에 발생하고 있는 복지국가의 기본원칙에 모순되는 것들을 발견하고 사회정의와 사회적 형평을 달성하는 것이다.

사회문제의 해결은 사회보장 제도의 구축과 관리시스템일 것이다. 그러하기 위해서는 사회보장제도가 시장경제와 경제발전의 과실에 의해서 이미 압도적으로 높은 삶의 수준을 누리고 있는 집단들에게 사회적 급여를 제공하거나 불이익을 감수하고 있는 사회경제적 취약계층(빈곤계층)에게 적절한 이전소득을 보장하지 않는다면 복지국가 내지는 복지사회는 실현되지 않을 것이다.

결국 복지국가의 사회정책은 과거의 대가족이 지겼던 개인과 사회를 매개하는 기능을 담당하게 되었고 전체 사회 구성원이 공동체 의식과 공동책임의 원칙에 입각하여 사회문제를 해결하고 사회개발을 촉진하는 기능을 담당한다.

생각할 거리

1) 대한민국의 현주소(복지수준)를 생각하면서 사회보장 제도에 대해서 살펴보자.
2) 분배와 성장, 즉 복지와 경제의 공유는 가능할 수 있는가? 를 생각해보자.
3) 복지사회 실현을 위한 국가의 역할은 어떠해야 하는가?를 토론해보자.
4) 현재 이슈가 될 문제를 살펴보고 그 원인에 대해 토론해보자.

참고문헌

1. 국내저서

강수돌(1996), 『외국인 노동자 고용 및 관리실태와 정책대안』, 한국노동연구원.
강영실 외 공저(2005), 『사회문제론』, 대왕사.
고영복 편(1991), 『현대사회문제』, 사회문화연구소, 양지.
공계순, 박현선, 오승환, 이상균, 이현주 공저(2003), 『아동복지론』, 학지사.
구도안(1996), 『한국환경운동의 사회학』, 문학과 지성사.
국가인권위원회(2007), 『인권논문수상집』, 국가인권위원회.
국가인권위원회(2007), 『진정 · 상담 · 민원 · 안내 · 처리 · 현황』, 국가인원위원회.
국가인권위원회(2008), 『노인분야 인권교육 교재』, 국가인권위원회.
국가인권위원회(2008), 『연간보고서』, 국가인권위원회.
국가청소년위원회(2007), 『청소년백서』, 국가청소년위원회.
권승 외(2008), 『사회문제론』, 공동체.
금재호(2001), 『여성노동시장의 현상과 과제』, 한국노동연구원.
금재호(2002), 「여성노동시장의현상과정책과제」, 『21세기 여성정치연합 토론회』 발표문.
금재호(2006), 「외환위기 이후 한국의 근로빈곤 실태에 관한 연구」, 한국노동연구원.
기든스, A., 윤병철 외 공역(1990), 『사회이론의 주요쟁점』, 문예출판사.
김경근(1999), 「대학 서열 깨기」, 개마고원, 50쪽.
김경준(2005), 『청소년 복지정책 현황과 개선 방안』, 한국청소년개발원.
김근홍 외 공저(2007), 『사회문제와 사회복지』, 학현사.
김기태 외(2001), 『정신보건복지론』, 양서원.
김대근 외 공저(1999), 『마약과 약물남용』, 북스힐.
김대원 외 공저(2007), 『사회문제와 사회복지』, 학지사.
김범수 외(2007), 『다문화사회복지론』, 양서원.
김범식, 「심화되는 실업문제와 대응방향」, 2001, 삼성경제연구소.
김병완, 『환경정책의 논리와 실체』, 나남출판.
김상균 외 공저(1994), 『사회과학과 사회복지』, 나남출판사.
김상봉(1989), 『학벌사회』, 한길사.
김성경, 김혜영, 최현미 공저(2005), 『아동복지론』, 양서원.
김성이(2002), 『약물중독총론』, 양서원.
김애림(2005), 『여성 탈빈곤을 위한 복지정책연구』, 숙명여대 석사학위 논문.
김양호 외 편저(2003), 『공중보건학』, 현문사.
김영모(1982), 한국빈곤연구, 한국복지정책연구소.
김영모(1982), 『현대사회문제론』, 한국복지정책연구소.

김영모(1982), 『현대사회정책론』, 서울 한복연 출판부.
김영모(2000), 『현대사회문제론』, 서울: 고헌출판사.
김영화 외 공저(2003), 『사회문제』, 삼우사.
김영화 외 공저(2005), 『정치경제학적 "사회문제론"』, 대학출판사.
김영화, 조희금, 명선영, 권신영, 공정원(2007), 『현대사회와 여성복지』, 양서원.
김유정 외 공저(2007), 『개인 · 관계 · 사회』, 양서원.
김윤재 외 공저(2005), 『최신사회문제론』, 유풍출판사.
김은경(2000), 『사이버 성폭력의 개념과 유형』, 형사정책연구소식 61호.
김익균(2003), 『사회문제론』, 창지사.
김장호(1999), 『한국노동경제론』, 한길사.
김종숙(2004), 『정보화사회의 사회학적 접근』, 한국문화사.
김종일 외(2007), 『사회문제론』, 청목출판사.
김태성 · 성경륭(1995), 『복지국가론』, 나남.
김태성 · 손병돈(2002), 「빈곤과 사회복지정책」, 청목출판사.
김학준(2004), 『현대시사용어사전』, 동아일보사.
김형수 외 8인(1995), 『청소년문제와 청소년복지』, 양서원.
김혜경(2005), 『가족복지론』, 공동체.
김혜련 외 공저(2006), 『정신건강론』, 학지사.
김혜영 · 이은주 · 윤홍식(2005), 「여성빈곤의 구조적 요인과 빈곤의 여성화」, 『아시아 여성 연구』 44호.
김혜진(2008), 「다문화시대에 따른 가족윤리연구: 이주결혼여성을 중심으로」, 동국대학교.
노동부(2008), 『2007 노동백서』.
닐 길버트 · 폴 테렐 저(2009), 남찬섭 · 윤태균 역, 『사회복지정책론 : 분석틀과 선택의 차원』, 나눔의 집.
문성기 외 공저(2002), 『공중보건학』, 고문사.
박석돈(2006), 『사회보장론』, 양서원.
박석운(2000), 「외국인노동자 고용 및 인권보장에 관한 법률, 입법 추진전략과 관련하여」.
박석운(2002), 「한국 내 외국인이주노동자 관련 정책의 흐름, 이주노동자 권리향상을 위한 한일공동포럼」.
박선환 외(2006), 『정신건강론』, 양서원.
박수미(2003), 「한국 여성들의 두 번째 노동시장 이행에 대한 종단적 연구」, 『한국여성학』 제9권 1호.
박순일(1993), 『우리나라의 빈곤화 요인분석과 대책방향』, 한국보건사회연구원.
박용순 외(2008), 『사회문제론』, 학지사.
박차상 외(2000), 『현대사회복지학』, 양서원.
박천익(2001), 「경제위기 이후 한국의 빈곤문제와 빈곤정책」, 『사회과학연구 제9집 제3호』.
박홍주, 이은아(2004), 「기혼 여성노동자의 일 · 가족경험과 직업의식」, 『한국여성학』 20권 2호.

배규한 외(1998), 『매스미디어와 정보사회』, 국민대학교출판부.
배임호 외 공저(2001), 『교정복지론』, 양서원.
변화순(1996), 『이혼가족을 위한 대책 연구』, 한국여성개발원.
보건복지가족부(2007), 『국민기초생활수급자현황』.
보건복지가족부(2007), 『보건복지백서』.
보건복지가족부(2007), 『보건복지통계연보』.
삼성경제연구소(2001), 『심화되는 실업문제와 대응방향』.
삼성경제연구소(2003), 『청년실업 증가의 문제점과 대응방안』.
삼성경제연구소(2004), 『일자리 창출의 제약요인과 극복방향』.
삼성경제연구소(2005), 『소득 양극화 현황과 원인' 보고서』.
서상철(2008), 『사회문제와 사회복지』, 공동체.
서울대 현대사상연구회 편(1996), 『이데올로기와 사회변동』, 서울대출판부.
석재은(2005), 「성 인지적 관점에서 본 빈곤 현황과 정책과제」, 민주노동당 정책위원회 『2005년 민주노동당 사회포럼』 자료집.
설진화(2008), 『정신건강론』, 학현사.
성영혜, 김연진 공저(2003), 『아동복지의 이론과 실제』, 동문사.
성정현(2007), 『가족복지론』, 양서원.
송다영(2003), 「사회적 배제집단으로서의 저소득 모자가족과 통합적 복지대책 수립을 위한 연구」, 『한국사회복지학』 54.
신호서(2003), 「장애인의 인구적 실태와 개선방안에 관한 연구」, 한국교원대 대학원 석사.
안홍순(1996), 『사회보장제도에서의 효율성과 효과성』, 한국사회정책연구원, 사회정책논총, 8, 41.
안홍순(1997), 『노동시간 유연화와 고용안정』, 한국사회복지정책연구원.
양옥경(1996), 『지역사회 정신건강』, 나남.
에드워드 G. 그랩(1994), 『사회불평등 : 이론과 전망』, 나남.
엘리엇 저, 안병철 외 역(1993), 『가족사회학』, 을유문화사.
여성가족부(2005), 『가족실태조사』.
여성가족부(2006), 『다문화가족지원법 마련을 위한 연구』.
여성가족부(2007), 『여성백서』.
여성한국사회연구회 편(1995), 『가족과 한국사회』, 경문사.
여지영(2003), 「여성가구주와 남성가구주의 빈곤차이에 관한 연구」, 서울대 박사학위 논문.
오경석 외(2007), 『한국에서의 다문화주의』, 한울아카데미.
옥양련 외 공저(2001), 『오늘의 사회문제』, 유풍.
외국인노동자 대책협의회(2001), 『외국인이주노동자 인권백서』, 다산글방.
요스타 에스핑-안데르센 저(2006), 박형신 외 역, 『복지자본주의의 세 가지 세계』, 일신사.
원석조(2002), 『사회복지정책원론』, 양서원.
원석조(2005), 『사회문제와 사회복지』, 공동체.

원석조(2006), 『사회복지정책론』, 공동체.
원석조(2008), 『사회문제론』, 양서원.
윌킨스, 리차드(1999), 『불평등은 왜 나쁜가』, 당대.
유한구(1998), 「국민 공통 기본교육과정의 성격과 교과의 근본이념」, 『교육학연구』.
윤석범(1995), 『한국의 빈곤』, 세경사.
윤정일(1997), 「입시 및 재정정책을 통한 사교육비 경감 방안」, 한국 교육재정 학회.
윤혜미, 김혜래, 신영화 공저(2005), 『아동복지론』, 청목출판사.
이배근(2002), 『세계의 아동빈곤』, 국제문제논총.
이병희(2003), 『청년실업의 원인과 대책』 [매월 노동 동향] 11월호, 한국노동연구원.
이상돈(2005), 『인권법』, 세창출판사.
이상우외 1(2003), 「청년실업 증가의 문제점과 대응방안」, 삼성경제연구소.
이성언, 최유(2006), 「〈다문화 가정 도래에 따른〉혼혈인 및 이주민의 사회통합을 위한 법제지원 방안 연구」, 한국법제연구원.
이영호(2004), 『정신건강론』, 현학사.
이용교(2001), 「인권에 대한 사회복지계의 접근: 성과와 과제」, 박영란 외, 『한국의 사회복지와 인권』, 인간과 복지.
이재정(2003), 「한국에서의 다문화주의 모색」, 『민족연구』 11호.
이현주(2000), 「빈곤과 차상위계층」, 보건복지포럼(41호), 한국보건사회연구원
장규원(1998), 「새로운 사회문제: 스토커와 그 대책」, 형사정책연구소식.
장애우 권익문제연구소(2001), 『장애우복지개론』, 나눔의 집.
장애우권익제연구소(2006), 『자애인권교육 길라자비』, 장애우권익문제연구소.
장지연(2001), 「비정규직 노동의 실태와 쟁점」, 『경제와 사회』 51호.
정보통신윤리위원회 한국정보처리학회(2006), 『U시대의 인터넷 윤리』.
정현태, 김치영 공저(2008), 『사회복지법제론』, 파워북.
조은 외(1997), 『근대가족의 변모와 여성문제』, 서울대출판부.
조정아 외(2006), 『새터민 문화갈등과 문화적 통합방안』, 한국여성개발원.
조흥식 외(2001), 『산업복지론』, 나남출판.
주왕기 외 편역(2000), 『약물남용 어떻게 치료할 것인가?』, 신일상사.
진미석, 노일경, 손유미(2003), 「직업지도에 나타난 여성 직업구조의 특성」, 『한국진로교육 학회지』 16권 1호.
최경석 외(2006), 『한국가족복지의 이해,』 인간과 복지.
최병두, 김종달 등(2005), 『현대환경문제의 재인식』, 한울.
최선호, 주기종, 배석진, 이양훈, 박종민(2003), 『사회복지법론』, 도서출판 솔로몬.
최선화 외 공저(2008), 『사회문제와 사회복지』, 양서원.
최성재(1995), 「사회문제의 정의와 접근방법」, 최일섭 · 최성재 공편, 『사회문제와 사회복지』, 나남출판.
최송식(2008), 『지역사회정신보건과 사례관리실천』, 공동체.

최영섭(2003), 「청년실업문제의 구조적 원인분석과 중장기정책방향」, 삼성경제연구소.
최일섭 외 공편(1994), 『사회문제와 사회복지』, 나남출판사.
최재석(1989), 『한국인의 사회적 성격』, 개문사.
최재현 역(1987), 『현대사회학이론』, 형설출판사.
최정호 외(1995), 『매스미디어와 사회』, 나남.
최학유, 전창조 공저(2000), 『환경문제의 이해』, 세종출판사.
통계청(1689; 1996; 2005), 『인구, 가구, 주요 이혼력 지표』.
평택대학교 다문화가족센터 편(2007), 『한국사회와 다문화가족』, 양서원.
한국사회학회(2006), 『동북아 다문화시대 한국사회의 변화와 통합』.
한국산업사회학회 편(2008), 『사회학』, 한울아카데미.
한국산업인력공단 중앙고용정보원(2004), 『한국의 고용구조』.
한국이론사회학회 편(2008), 『현대 사회학이론과 그 고전적 뿌리』, 박영사.
한국장애인단체총연맹(2000), 『한국장애인 인권백서』, 한국장애인단체총연맹.
현외성(2005), 『사회복지정책강론』, 양서원.
현외성(2005), 『사회복지정책강론』, 양서원.
홍봉선 외 공저(2007), 『청소년복지론』, 공동체.
홍봉선(2007), 『교정복지론』, 공동체.

2. 외국저서

Bloom, B. L.,(1984), *Community mental health: A general introduction*, Monterey, CA: Brooks/Cole.
Bowen M.,(1978), *Family Therapy in clinical practice.* NY:Jason Aronnson.
Bruno, F. J.,(1989), *The Family Mental Health Encyclopedia*, NY:John Wiley & Sons.
Clegg, S.R.(1992), *Frameworks of Power.* Sage
Cohen, N. A., Tran, T.V.,& Rhee, S. Y. (eds)(2007), *Multicultural Approaches in Caring for Childern, Youth, and Their Families.* Boston : Peason Education, Inc.
Commonwealth of Australia(2000), The Residential Care Manual, Aged and Community Care Division Commonwealth Department of Health and Aged Care.
Dunlap, R.E.,& William R.C. Jr.(1979), *Enviromental Sociology. Annual Review of Sociology.*
Duvall E. M.,(1977), *Marriage and Family Development.* NY: J.B. L. C.
Eitzen, D.S.&M.B. Zinn.(2000), *Social Problems. 8th ed.* Boston:Allyn&Bacon.
Etzioni A.,(1976), *Social Problems.* Englewood Cliffs, New Jersey: Prentice-Hall, Inc.
Gerb J.(1989). *Feminism and Politics : A Comparative Perspective*, Univ. of California Press
Gibbons, D. C.(1982), *Society: Crime and Criminal Behavior*, NY: P.H.
Heslin, J. M. *Social Problems*, 2nd Ed, Englewood Cliffs, N. J.: Prentice-Hall, 1990.

Hill R.,(1949), *Family Under Stress.* NY: Haper & Row.

Hodson R. & Sullivan T.(1995), *The Social Organization of Work*, NY: Macmillan.

Horton, P. B.& G. R. Leslie.(1955), *The Sociology of Social Problems.* N.Y.:Appleton Century Crofts.

Ife. Jim, Human Rights and Social Work, 김형식 · 여지영 역(2001), 인권과 사회복지 실천. 인간과 복지.

Jahoda ,M.,(1958), *Current Concepts of Positive Mental Health,* NY: Basic Books Inc.

Kamerman S. B. & Kahn A. (Eds.),(1978). *Family Policy.* NY: C.U.P.

Kath Woodward(1997), Feminist Critiques of Social Policy, in: Lavalette & A.Part eds., *Social Policy. A Conceptual and Theoretical Introduction*, London: SAGE.

Kaufman and Hotchkiss(2003). *The Economics of Labor Markets*, 6th Edi, Thomson South-Western.

Kymlicka, W.,(2002), *Contemporary Political Philosophy :An Introduction.* 2nd ed. N.Y.: Oxford U.P.

Lolcke, D. C.,(1998), *Increasing Multicultural Understanding.*

Manning, N.,(1985), *Social Problems and Welfare Ideology*, Hants:Gower.

Mcluhan, L. H.(1996), *Understanding Media.* MIT Press: Cambridge,MA.

Merton R. K. and Nisbet R.(Ed), *Contemporary Social Problems*, Boston: Educational Associates, 1976.

Merton, R & Nisbet, R.(ed.)(1971), *Contemporary Social Problems.* New York: Harcourt. Brace & World. Inc.

Milbrath, L.M.(1984), *Environmentalists:Vanguard for a New Society.* Suny Press.

Millar, J. 1996. "Women, Poverty and Social Security". in C. Hallett ed. Women and Social Policy: an introduction. London: Prentice Hall; Harvester Wheatsheaf.

Millar, J. and C. Glendinning. 1989. "Gender and Poverty". Journal of Social Policy 8(3): 363-381.

Pearce, D. 1978. "The Feminization of Poverty: Women, Work and Welfare". Urban and Social Change Review 11: .28-36.

Pearce, D. 1983. "The Feminization of Ghetto Poverty". Society 21: 70-74.

Perry J.& Perr E.,(1976), *The Individual and Social Problems.* Boston: EA.

Peterson, J. 1987. "The Feminization of Poverty". Journal of Economics Issues 21.

Popple, P.& L. Leighninger(1996), *Social Work, Social Welfare, and American Society*, Boston, MA: Allen & Beacon.

Rubington, M. S. & E. Rubington. ed.(1973), *The Solution of Social Problems*, NY: Oxford U. Press.

Schneider L. and Stephan C. W. and Zurcher L. A. and Ekland-Olson S. R., 권오훈 역, 1992, 『사회문제론』, Human Response to Social Problems, Homewood, Illinois: The Drosey

Press, 1981. 서울: 보성출판사.
Sullivan T.,(1980). *Social Problems*, New York: Macmillan.
Sullivan, T. J.(2000), *Introduction to Social Problems*. Boston: Allyn & Bacon.
Sutherland, E. & D. R. Cressey.(1974), *Principles of Criminology*. 9th ed. NY: J. B. Lippintcott
Weber, M.(1985), *Wirschaft u. Gesellschaft*, Tuebiagen.
Webster, F.(2002), *Theories of the Information Society*(2nd ed), London: Routledge.
Weiberg, S.(1970), *Social Problems in Modern Urban Society*, Prentice-Hall, Inc.
Wolfgang M.(1967), *International Criminal Statistics : A Proposal. Journal of Criminal Law*, Criminology, and Police Science.
Zastrow, C.(2000), *Social Problems:Issues and Solutions*. 5th ed. Belmont:W.
Zimmerman S. L.,(1995), *Understanding Family Policy*. SAGE Publications.

3. 단체

통계청 http://www.nso.go.kr/
YMCA 가출 청소년 쉼터 http://shelter.ymca.or.kr/
가족폭력상담소 http://www.woman21.org/
건강가정시민연대 http://www.familynet.or.kr/
다문화가족백서 http://mfsc.familynet.or.kr/
다음증권 http://stock.daum.net/
한국가족복지학회 http://www.familywelfare.net/
한국국제노동재단 http://www.koilaf.org/KFkor_new/korMain/main.php(국제노동협력원)
한국노동경제학회 http://www.klea.or.kr/
한국노동연구원 http://www.kli.re.kr/
한국성폭력상담소 http://www.sisters.or.kr/
한국여성개발원 http://www.kwdi.re.kr/index.jsp
한국여성연구원 http://ewhawoman.or.kr/kwi/index2.php
한국형사정책연구원 http://www.kic.re.kr/

4. 신문 · 언론

공교육비 민간부담률 OECD 26개국 중 최고(종합) 연합뉴스 2008.09.09 18:02.
동아일보 유재동기자 2003.12.09 자
동아일보, 「["공룡"私교육]2부 사교육 부작용과 대안 ③사교육 불평등」(2003.12.09).
매일경제 / 2008.09.29

문화일보. 2004. 12.30.
연합뉴스 이윤영 기자 2008.09.09 자
오마이 뉴스 송경원(진보신당/ 교육) 2008.09.11 자
전주연합뉴스
조선일보뉴스
중앙일보 칼럼 양영유 사회부문 차장 2008.10.06 (월) 자
중앙일보(2008.07.15), 경제면 “한국, 저임금근로자 OECD 1위 … 상 · 하위 10% 임금 격차는 4.5배”, 이상렬기자
한겨레신문. 2005. 10.3.
한겨레 교육방송 교재값 5배 폭리 ‘직원 돈잔치’ 손원제 기자 2006.06.08
한겨레 손원제 기자 2006.06.08 자

5. 기타(카페)

hthttp://cafe.naver.com/social86
http://blog.naver.com/bogildo570
http://blog.naver.com/jackdoshh
http://blog.naver.com/mybung07
http://blog.naver.com/pyjune114
http://cafe.naver.com/gdimformation
http://cafe.naver.com/ksjb.cafe
http://cafe.naver.com/social86.cafe
http://cafe.naver.com/social86/18174
http://cafe.naver.com/social86/41885
http://cafe.naver.com/social86/63601
http://cafe.naver.com/social86/72248
http://cafe.naver.com/social86/76230
http://education sangji,ac,kr/-jbsong
http://edujinbo.tistory.com
http://gmo.kfda.go.kr/ 식품의약품안전청
http://kfem.or.kr/kbbs/bbs/board.php
http://kr.blog.yahoo.com/kdong87/447
http://kr.blog.yahoo.com/sumloss/105348
http://www.hani.co.kr/
http://www.humanrights.go.kr/bbs/content.asp.
http://www.me.go.kr/ 환경부 홈페이지(환경백서)

http://www.mohw.go.kr/silkuk/view-data
http://www.monawa.com/board/view.html?ano
http://www.reportg.com/search/view.php?rpID=52253
건강행태 및 만성질환통계자료집(2005). 보건복지가족부, http://stat.mw.go.kr/
경남여성인권선언문 http://blog.daum.net/chal379
경찰청 www. police. go. kr
경찰청사이버테러대응센터 http://www.netan.go.kr/
교육과학기술부 http://www.mest.go.kr/
국가인권위원회 http://www.humanrights.go.kr/00_main/main.jsp
국가통계포털 http://www.kosis.kr/
근로복지공단 http://www.welco.or.kr/
네이버 백과사전 http://100.naver.com/
네이버 http://blog.naver.com/NBlogMain.nhn?blogId=hglee209&skinType=&skinId
노동부 http://www.molab.go.kr/
다음 블로그 http://blog.daum.net/wannabeet
다음 카페 들.조.애 http://cafe.daum.net/emfwhdo 글쓴이 : 영광
대검찰청 http://www.spo.go.kr
대한민국 정책포털 http://www.korea.kr/
대한민국의 야화 http://cafe.naver.com/koreayahwa/10
봉동지역아동센터(나무를 심는학교) http://cafe.daum.net/miso1091
사이버경찰청 http://www.police.go.kr/
사이버성폭력신고센터 http://www.wmonitor.or.kr
서울지방경찰청 홈페이지 http://www.smpa.go.kr
세계보건기구 정신건강분과(http://www.who.int/mental_health/)
식품의약품안전청 http://gmo.kfda.go.kr/
약물남용자 추정 통계자료(2007). 보건복지가족부, http://stat.mw.go.kr/
위키백과 — 우리 모두의 백과사전. 신자유주의에서 발췌.
위키백과사전 http://ko.wikipedia.org/wiki/
인터넷중독예방상담센터 http://www.kado.or.kr/
장애우권익문제연구소 http://www.cowalk.or.kr/
정보통신 윤리위원회 http://www.kiscom.or.kr/
중앙 아동학대 예방센터 http://korea1391.org/
청소년 폭력예방재단 www. jikim. net
청소년미디어중독예방센터 http://www.mediajoongdok.com/
청소년보호 www. jschool. go. kr
청소년의소중한권리(청소리) http://www.chungsori.net/
통계청 홈페이지. http://www.nso.go.kr/

통계청 http://www.nso.go.kr/ 사교육비실태조사 2007 http://pedu.nso.go.kr/
통계청 www.nso.go.kr
한국 노인학대 연구회 http://www.elderabuse.or.kr/
한국 성폭력 상담소 www.sisters.co.kr
한국대학정보센터 http://www.kuic.co.kr/
한국대학정보센터 http://www.kuic.co.kr/
한국인권재단 http://www.humanrights.or.kr/
한국장애인단체총연합회 http://www.kofod.or.kr/home/main.htm
후곡 에듀플러스 http://cafe.daum.net/egamegoodbye

찾아보기

[사]

[아]

[자]

[차]

[타]

[파]

[하]

저자소개

김치영

부산대학교 사회복지학과(석사)
부산대학교 사회복지학과(박사)
현재 가야대학교 사회복지학과 교수
▪저서 『자원봉사론』(공저), 『사회복지개론』(공저)
『사회복지행정론』(공저), 『사회복지조사방법론』
『사회복지법제론』(공저), 『지역사회복지론』(공저)

정현태

대구가톨릭대학교(철학 / 신학)
경남대학교 대학원(사회복지학)
대구가톨릭대학교 대학원(사회복지학 박사 수료)
현재 한국국제대학교 사회복지학과 겸임교수
▪저서 『사회복지법제론』(공저), 『지역사회복지론』(공저) 등
▪기타 번역, 연구논문(공저) 등

오윤수

서울가톨릭대학교(철학 / 신학)
한림대학교 사회복지대학원 졸업(석사)
대구가톨릭대학교 대학원 사회복지학과(박사 수료)
현재 대구가톨릭대학교, 경북과학대학 등(외래교수)
▪연구논문 「한국의 사회복지 현실과 한국인의 복지의식」, 한국사회복지정책학회, 2009.

이은정

마산시 장애인복지관 재가복지 팀장
대구 가톨릭대학교 사회복지학과 박사 수료
경남 산청군 지역사회복지계획 연구원 참여
현재 마산대학 사회복지과 교수

사회복지를 위한 **사회문제론**

2009년 5월 25일 초판 인쇄
2009년 5월 30일 초판 발행

지은이 | 김치영 · 정현태 · 오윤수 · 이은정
발행인 | 유제구
발행처 | 파워북
주　소 | 서울 마포구 염리동 161-5 대동빌딩 4층
전　화 | (02) 730-1412
팩　스 | (02) 730-1410
등　록 | 1997. 1. 1 제 300-1997-13

정　가 20,000원
ISBN 978-89-8160-126-3

잘못된 책은 바꿔드립니다.